ESG 생존 경영

ESG 생존경영

메가 리스크 시대를
돌파하는 기업의 필수 무기

이준희 | 신지현 | 전형석 | 김소리 | 조선희 | 성진영

중앙books

이제 'ESG 생존 경영'을
알아야 할 때

ESG의 물결이 어떻게 변화하는지를 현장에서 경험하고 있자니, 실로 다이내믹하다. 불과 1~2년 전만 해도 'ESG가 무엇인가'를 궁금해하며, 대기업과 정부에서 ESG 경영을 견인해왔다. 그런데 그 이후 공기업, 중소기업, 스타트업에까지 빠르게 영향이 확산되고 있다. 어쩌면 가장 직격타를 맞은 수출 제조산업인 대기업부터 공급망, 이해관계자 순으로 확산이 되는 당연한 수순일 것이다.

공기업에서는 ESG가 경영평가 항목으로 들어가고 전사교육을 시행하고, 중소기업에서는 정부의 바우처 사업이나 대기업의 교육 및 컨설팅 지원 사업으로 자사 부담은 최소화하면서 ESG 경영 체계화를 할 수 있는 기회들이 생겼다. 스타트업에서도 아기유니콘, 창업도약패키지 등 정부 사업을 지원하거나 공공건물에 입주한 경우 ESG 실천계획을 묻는 사례가 많아지고 있다.

대한민국을 대표하는 ESG 현장 전문가를 모으다

기업 교육도 더 이상 ESG가 무엇인지 묻지 않는다. ESG를 어느 정도 안다는 전제하에 해외 고객 대응을 어떻게 하면 될지, 제조산업 부서별 내재화는 어떻게 할지, 패션 산업의 미래는 어떻게 되어야 할지 등을 구체적으로 묻는다. 이미 시중에는 100권이 넘는 ESG 관련 책이 쏟아져나왔다. 그런데 여전히 채워지지 않는 갈증이 있다. ESG가 워낙 광범위하다 보니 전체 영역을 다루기가 쉽지 않은데, 이 모든 것을 한 개인이 전문적으로 다루긴 불가능하다. 전반적으로 이해하면서 특정 한 영역에 전문성을 키울 수 있으나, 사실 한 영역만 평생 배워도 전문가가 되기 어려운 분야가 ESG다(만약 모든 영역에의 전문가라고 한다면 그건 사기에 가깝다). 그래서 직접 발품을 팔아 찾아낸 현장의 '찐' 전문가들을 모아 이 책을 쓰게 됐다.

대한상공회의소, KOTRA 등 ESG 산업계 인사이트는 물론 정부 정책까지도 제언하는 법무법인 지평 ESG센터 이준희 전략그룹장, 친환경 인증과 글로벌 고객사 의뢰로 우리나라 중소·중견기업 환경 실사를 전문으로 하는 글로벌 인증기관의 전형석 부문장, 노동법, 갈등관리 및 위험성 평가 전문 공인노무사이자 노무법인 조율 김소리 대표, 대한변호사협회 ESG특별위원회 위원이자 법무법인 디라이트 ESG 그룹장 조선희 변호사, 수십 개 기업의 ESG 공시 자문 경험을 보유한 국내 표준 전문기관의 성진영 수석전문위원. 그리고 글로벌 IT기업에서 10년 이상 CSR

을 담당하고, 스타트업에서 CSO(최고지속가능성책임임원)로 기업 내 ESG 내재화를 경험한 필자까지 의기투합했다.

사실 각 전문가별로도 책 한 권 이상이 나올 정도로 깊이가 있지만, 이 책에서는 현업에서 무엇이 중요하고, 어떻게 대응하고, 실행 및 추진해야 하는지 핵심만 추려서 다뤄보고자 했다. ESG 경영을 해야 하는 기업의 리더와 실무자 모두 수시로 펼쳐볼 수 있는 그런 책이 되길 바란다.

늦었다고 생각할 때가 가장 빠른 때

이 책은 총 6개의 장으로 구성되어 있다. 1장에서는 국제통상까지 아우르는 ESG 패러다임 변화와 리스크 시대에 기업이 생존, 성장하기 위한 ESG 경영 방정식을 다뤘다. 기업 경영에 있어 ESG 체계를 잡고 방향성을 설정하는 큰 그림을 그리는 데 도움이 될 것이다. 2장에서는 IT기술의 급격한 발전으로 인한 산업 간 경계가 융화되는 '빅블러' 시대에 ESG 경영을 잘하기 위해 기술을 어떻게 접목할 수 있을지, 또한 해당 기술을 비즈니스 모델 삼아 어떻게 또 다른 성장을 만들어 갈 수 있을지에 대한 미래지향점을 담았다.

3장부터는 환경, 인권경영, 거버넌스, 공시 각 세부 주제별 핵심 과제와 노하우를 담았다. 3장은 ESG 중 가장 높은 관심사이자 당면과제인 환경E 영역에 대한 내용이다. 스코프3의 부상과 전과정평가^{LCA}, 순환경제 구축을 통한 탄소중립 고도화, 제품 라벨링 등 친환경 커뮤니케이션 방법을 다뤘다. 4장에서는 ESG 의 사회^S 영역인 '인권경영'에 대해 설명한다. 임직원의 고용노 동환경, 공급망상의 협력사 관계, 고객과 지역주민 대상 인권경 영 등을 다뤘다. 5장은 거버넌스^G 중 특히 컴플라이언스에 집중 한다. 이 장은 기업 경영 시 발생할 수 있는 법적 리스크를 다루 고 있기 때문에 ESG 관련 규제들이 빠르게 증가하는 요즘 ESG 실천에 있어서 가장 눈여겨봐야 한다. 마지막 6장에서는 우리나 라 정부의 상장사 및 공공기관 공시의무에 힘입어 많은 관심이 몰리고 있는 '공시' 영역이다. 차별화된 ESG 공시의 기획 기술 은 물론 공시를 통해서 ESG 전략 및 계획 수립까지 역으로 선순 환을 만들어 낼 수 있는 인사이트를 포함한다.

기후위기로 인한 갑작스러운 태풍과 홍수로 국내 한 대기업 은 전년 대비 영업이익이 47%가량 감소하는 피해를 입었다고 한다. '이익 극대화', '이해관계자 간의 갈등', '선진국과 대기업 중심의 논리' 등을 따지기에는 기후위기와 인권위기가 시급하 다. '늦었다고 생각할 때가 가장 빠른 때'라는 말처럼 기업의 중 요한 이해관계자로서 우리는 바로 행동해야 한다. 그때 이 책이 올바른 방향과 방법을 알려주는 좋은 가이드가 되었으면 한다.

2023년
신지현

저자 소개

이준희

미국 텍사스 A&M 국제학 석사, 서울대학교 국제학 석·박사 과정을 마쳤다. 글로벌 회계법인을 거쳐 법무법인 ESG 경영 컨설팅 총괄 파트너로서 산업통상, 국제개발, ESG 정책 분야의 민간 전문가이자 중소벤처기업진흥공단, 기획재정부 민관 합동 ESG 정책협의회, KOICA 민간협력 분야 등에서 자문위원으로 활동 중이다. 국내 기업에 맞는 ESG 경영 체계와 시스템, ESG 리스크 관리, 공시와 커뮤니케이션 전략 등에 대한 프로젝트를 총괄하고 있다. ESG 경영을 고민하는 모든 리더와 조직이 어떤 임팩트를 함께 만들 것인지 해답을 찾아가는 ESG 경영 페이스메이커가 되기를 소망한다.

신지현

20여 년간 글로벌 IT기업 등에서 마케팅과 지속가능경영, 기업의 사회적 책임 분야에서 일하며 전문성을 쌓았고, 스타트업에서 CSO로 일했다. 다양한 현장의 경험을 토대로 대기업부터 공공기관, 중소·중견기업까지 100여 건의 ESG 강의를 진행했다. 한국과학창의재단, 법무법인 디라이트의 ESG위원회 위원이자 이화여대 ESG 자문위원이기도 하다. ESG·CSR·SDGs와 같은 키워드에 집중하며 올바른 가치를 실현하는 기업을 찾아 알리고, ESG를 비즈니스 밸류 체인 전반에 걸쳐 적용하는 방법론에 대한 인사이트를 공유하고 있다. 지은 책으로 《한 권으로 끝내는 ESG 수업》이 있다.

전형석

고려대학교 환경생태공학부 졸업 후 아주대학교 대학원 환경안전공학과를 수료했다. 삼성전자 반도체사업부 환경그룹에서 온실가스와 케미컬 관리 및 반도체, LED 제품의 전과정평가와 시스템을 담당했다. 현재는 글로벌 인증기관에서 제품 및 사업장의 자원순환 검증과 친환경 인증을 수행하고, 유해물질의 시험과 위해성평가를 경험하며 이해관계자와의 협력을 통한 투명한 공급사슬망 조성에 힘쓰고 있다.

김소리

경희대학교 법학부와 동대학원 석·박사 과정을 마쳤다. 사회 영역의 핵심인 HR 분야를 대학원에서 2003년부터 연구하였는데 특히 가장 민감한 결사의 자유를 첫 전문 분야로 선택했다. 그리고 이를 기반으로 공인노무사가 된 이후 기업의 인권경영과 지속 성장 가능성에 대한 전문가로 활동하고 있다. 국내 기업 현실에서 실현 가능한 ESG 세부 항목에 대한 정밀 진단을 실시함으로써 기업의 지속 성장을 기반으로 한 기업 맞춤형 ESG의 정착을 위해 힘쓰고 있다.

조선희

서울대학교 법학전문대학원을 1기로 졸업한 후 변호사 자격을 취득, 비엔나 대학교에서 국제법 석사를 취득했다. 경기도사회적경제원 등 ESG 관련 공공기관의 비상임이사 및 비영리국제기구의 ESG자문위원으로 활동하고 있으며, 대한변호사협회 및 서울변호사협회의 ESG위원회 위원이기도 하다. 대기업과는 다른 스타트업,중소기업만의 특징을 반영해 작은 기업도 실천가능한 ESG 방안을 제시하고자 하며, 작은 기업을 위한 지속가능한 ESG를 만드는 데 기여하고자 한다. ESG 전문성을 활용해 우리 아이들이 살기 좋은 사회를 만드는 것이 궁극적인 목표다.

성진영

서울대학교 환경대학원에서 도시계획학 석사 학위를 취득했으며, 국내 표준 전문기관에서 기업 지속가능경영 수준 진단, 전략 수립, 공시 및 검증, 평가 대응 관련 프로젝트를 총괄 및 수행하고 있다. 2016년부터 GRI 지정 보고서 작성 실무 강사로 활동했으며, 제조업, 서비스업, 금융업, 식품업, 제약업, 항공업 등 다양한 산업군의 공시 자문 경험을 보유하고 있다. 인류가 당면한 환경·사회문제 해결을 위해 기업 차원의 역할을 모색하고, ESG를 통해 지속가능성을 확보하고자 하는 기업의 조력자가 되고자 힘쓰고 있다.

차례

1장

ESG 경영 방정식을
제대로 아는 기업이 생존한다

2장

초혁신 시대,
기술로 ESG 경영을 리드하라

3장

친환경으로
기업의 체질을 바꿔라

4장

사람 없이는 기업도 없다

5장

기업은 거버넌스 역량과 함께 큰다

6장

제대로 된 ESG 공시로
기업의 가치를 높여라

Management

ESG 경영 방정식을 제대로 아는 기업이 생존한다

이준희

ESG, 그리고
ESG 경영을
이해하는 법

    ESG에 대한 세계적인 열풍으로 너무 많은 정보와 설명이 존재한다. 하지만 기업과 경영기법의 패러다임 변화 관점에서 ESG를 이해할 필요가 있다.

    주주 자본주의에서 기업은 재무적 성장을 중심으로 성장해 왔다. 하지만 이제 더 이상 이러한 방식이 기업의 가치를 다 설명할 수 없게 되었다. 2000년대부터 기업의 비즈니스가 환경과 사회에 미치는 영향이 커지고, 정부의 역할과 기능에 민간 기업들의 참여와 협력이 강화되었다. 정부와의 관계가 중요해지고, 사회에서 기업의 역할도 커지고 있기 때문이다.

    ESG는 환경Environmental, 사회Social, 거버넌스Governance의 약자다. ESG 개념은 2004년 코피 아난 UN 사무총장이 "제3세계, 개도국의 환경과 사회문제는 더 이상 국제사회와 국가정부 차원에서만 해결하기 어렵고, 기업을 포함한 민간도 지속가능성을 위해 참여와 협력을 해야 한다"고 촉구하면서 등장했다. 또한 환경E, 사회S, 거버넌스G 이슈를 경제, 금융 투자 분야에 통합적으로 반영하는 것을 논의했고, 2006년 책임투자원칙PRI이 출범하면서 ESG 요소*가 구체화되었다.

특히 2008년 세계 금융위기를 겪으면서 이익 중심의 주주 자본주의가 아닌 이해관계자 자본주의의 필요성이 부각되었다. 2015년 UN의 지속가능개발목표SDG 수립 및 UN 파리기후변화협정을 기준으로 기업의 ESG 경영은 본격화되기 시작했다.

기업은 ESG 패러다임 안에서 끊임없이 사회의 신뢰를 기반으로 한 성장을 추구하게 되었다. 앞으로 세계적인 리스크 속에서 살아남는 기업은 환경적·사회적 변화와 필요를 기반으로 비즈니스의 기회를 전략적으로 만들어가며, 스마트하게 ESG 경영을 도입하고 성장해나가는 기업이다.

지금부터 ESG 경영을 영역별로 살펴보면서 ESG 경영의 도전과 변화에 대해 이해하고, ESG 혁신을 통한 통합 가치 창출 전략을 통해 리스크와 기회 관점에서 ESG 경영에 대해 논의하고자 한다. 더 나아가 한국의 중소·중견기업들을 포함한 모든 기관의 경영자와 리더, 실무 담당자 들이 ESG 경영을 부담 없이

• ESG 관점 투자자들의 6개 원칙. ESG 이슈를 투자 분석/의사결정 시 적극 반영, 자산 보유 정책 및 운용에 적용, ESG 정보 공개, 투자업계 ESG 원칙과 이행 확대 노력, 이행 효과성 제고를 위한 협력, 이행 세부내용 보고 등을 포함함.

시작하고, 성공적으로 기업의 성장과 연결할 수 있는 방향성과 시사점을 제시하겠다.

ESG 경영의
개념

ESG는 기업의 경영활동에 요구되는 윤리와 사회, 환경적 책임에 대해 객관적으로 판단하고, 투자자들이 기업 가치를 종합적으로 평가하게 해주는 기준이다. 또한 재무제표의 숫자가 다 설명하지 못하는 지속가능한 성장 가능성과 비즈니스에 영향을 주는 경영활동에 대한 종합 정보다.

기업에서 ESG 경영 체계를 수립하기 위해서는 ESG 경영의 개념을 명확히 이해할 필요가 있다. ESG 경영이 무엇이고, 어떻게 하는 것인지, 그것을 통해 기업이 어떤 경쟁력을 갖추게 되는지에 대한 답을 찾는 것이 ESG 경영의 핵심 중 핵심이다. 무엇보다 ESG와 ESG 경영을 구분하는 것이 필요하다. 그러기 위해서는 ESG를 기업의 외부적External · 거시적인Macro 요인과 내부적Internal · 미시적인Micro 요인으로 구별하는 것이 중요하다.

모든 기업은 경영체계를 가지고 있다. 경영활동을 하는 기준과 프로세스, 그리고 계획된 목표와 방향성을 달성하기 위한 일하는 구조와 방식을 가지고 있는데 이를 경영 시스템이라고 한다. ESG 경영을 제대로 도입하기 위해서는 무엇이 기업 환경적으로 요구되고, 무엇이 기업 경영 시스템 내에서 변화를 일으키는지 균형 있게 판단하고 전략적으로 의사결정해야 한다.

정부와 시장의 규제와 정책, 금융과 투자의 평가 기준, 소비자와 고객사의 요구 등 ESG 자체는 국제사회를 기반으로 하므로 거시적이고 규범적이다. 반면 ESG 경영은 기업이라는 경제주체의 미시적 경영관리 기법이고, 경영활동의 이행 전략이다. 또한 ESG 경영은 외부의 정부, 투자자, 고객, 소비자, 임직원, 협력사, 지역사회 등 기업을 둘러싼 이해관계자들의 요구를 기반으로 경영을 전략적으로 관리하고 성장시키는 '이해관계자 경영'이라는 개념으로 설명하기도 한다.

ESG 경영활동은 2가지 관점에서 고려해야 한다. 첫째는 기업 경영으로 인한 환경이나 사회의 이해관계자들에게 미치는 부정적인 영향Negative Impact을 최소화하는 일, 둘째는 긍정적인 영향Positive Impact을 극대화하는 일이다. 비즈니스 과정에서 일어날 수 있는 환경문제나 사회문제를 최소화하고, 비즈니스가 경제적 효용뿐 아니라 환경·사회적 이슈를 해결하는 데 기여할 기회를 확대하는 것이다.

모든 기업이 ESG 경영을 도입하고 정비하는 첫걸음은 ESG 경영의 주요 영역을 살펴보는 것이다. 지금까지 해온 경영활동을 ESG 경영의 영역별로 분류하고, 어디가 부족하고 어디는 괜찮은 수준인지, 또 어떤 부분은 인식조차 하지 못하고 있는지 등을 검토한다. 또한 영역별로 어떤 이슈가 가장 중요하고, 어떤 이슈가 단기간 쉽게 해결되지 않는 중장기 경영 과제인지를 파악해야 한다.

ESG 경영으로
바뀌는 패러다임

ESG 경영은 기업 경영에서 규제를 준수하며 대응해왔던 영역이고, 정량적 숫자도 관리하는 영역이다. 하지만 전통적인 기업 경영관리에서 공장과 사업장을 중심으로 관리했던 탄소·에너지·노동에 대한 이슈는 그 범위와 대상이 확대되고, 대응하는 관점보다는 전략적으로 경영관리를 한다는 관점으로 변화하고 있다.

다음은 국내외 ESG 공시 가이드라인 및 ESG 평가기관들의 기준, 선진 기업들의 ESG 경영에 대해 조사해 정리한 것이다.

ESG 경영의 21개 영역

환경(E)	사회(S)	거버넌스(G)
기후대응(탄소와 에너지)	안전보건	이사회
자원 선순환	인권경영	위원회
물 관리	인적 자본	리스크 관리
오염 및 배출	공급망 책임	컴플라이언스 프로그램
제품 책임	정보보호/보안	ESG 운영 체계
친환경 제품	소비자 보호	기업 소유권/운영
생물다양성	지역사회 임팩트	이해관계자 소통

E와 S 그리고 G의 영역은 각각 7개로 나눌 수 있으며, 모든 영역의 이슈는 사업장 중심의 경영활동을 넘어 비즈니스 가치사슬에서의 요구로 확대된다는 공통점을 가진다.

먼저 환경에서 기후 대응의 영역은 탄소와 에너지를 효율적으로 쓰는 것이다. 이전에는 관리해야 하는 대상이 사업장 내 환경오염물질에 대한 투명한 관리와 활동 보고였다면, 이제는 오염물질을 줄이는 명확한 목표량과 시점, 이행 방안에 대한 계획 그리고 성과 관리 방안이 구체적으로 있어야 한다. 제품을 만들고 판매하는 전 과정에서 환경에 미치는 경영활동으로 확대되어 탄소 배출을 줄이는 것을 포함하여 원료와 폐기물에 대한 사용량 감소Reduce, 재사용Reuse, 재활용Recycle 등에 대한 경영활동이 요구된다.

단기(1~2년), 중기(3~5년), 장기(10~30년)로 나누어 구체적인 목표와 성과에 대한 측정과 평가를 할 수 있어야 하고, 제품 단위의 전 과정에서 환경 영향에 대한 정보를 공시하도록 요구가 강화되는 추세다. 기후와 환경은 재무와 시장경쟁력에 매우 밀접한 경영 요소가 되고 있다. 기후 변화와 제품 책임에 대한 글로벌 규제가 강화되면서 환경 이슈는 산업과 통상에 대한 이슈까지 확대되었다. EU의 탄소국경조정제도CBAM는 탄소 배출량 감축 규제가 강한 국가에서 약한 국가로 탄소 배출이 이전하는 이슈를 해결하기 위해 EU의 제품 단위에 부과하는 무역 관세다. 미국의 증권거래위원회SEC는 기후 공시 의무화를 통해 기업들의 온실가스 배출량을 포함하여 기후위기의 재무적 영향에 대해 구체적인 정보를 공개하도록 했다.

다음으로 사회 영역의 원동력은 사람 중심의 기업 경영 관리다. 주요 선진국의 규제뿐 아니라 국내법도 강화되고 있으므로 ESG 경영에서 가장 익숙하면서도 변화하기 어려운 영역이라고 볼 수 있다. 기업의 사람과의 관계, 일하는 방식과 문화의 변화가 필요하기 때문이다.

EU와 미국이 인권과 노동, 공급망 관리 영역에서의 규제를 강화하고 특히 인권경영이 비즈니스의 경쟁력에 직접적으로 영향을 주면서 ESG 경영의 핵심 이슈로 부상하고 있다. EU의 강제노동 결부 상품 수입금지 법안, 미국의 위구르 강제노동 방지법 등은 제품이 생산되는 과정에서 위법한 노동 이슈가 있다면 수입을 금지하는 법으로, 기업들이 생산 과정이나 구매 단계에서 인권경영 정보를 더욱 철저하게 확인하고 관리하도록 한다.

또한 EU의 지속가능한 기업 실사 지침, 독일의 기업 공급망 실사 법안, 네덜란드의 아동노동 실사 의무법, 프랑스의 기업 실사 의무법, 영국의 현대판 노예방지법, 미국의 캘리포니아 공급망 투명성법 등은 글로벌 비즈니스 거래와 무역에서 기업의 제품과 비즈니스 과정에 대한 컴플라이언스(사회 영역) 요구를 더욱 강화한다.

한국에서도 기업들은 산업안전보건법, 중대재해처벌법 등으로 인권경영을 준법 리스크 경영 이슈로 관리하고 있다. 임직원을 포함한 협력회사까지 안전보건 이슈 관리, 다양성, 차별 금지 등 '해서는 안 된다' '지켜야 한다'의 기준이 높아지고, 제품과 비즈니스 과정에서 인간에게 미치는 영향력을 최소화하는 활동에 대한 점검이 강하게 요구되고 있다. 따라서 공급망에 대한 ESG 관련 리스크 관리, 소비자의 보호(안전) 및 지역사회 임팩트(사업장 기반 지역문제 해소 및 기여 활동) 등이 더욱 중요해졌다.

또 하나 변화하는 개념은 사회 영역에서의 인적 자본Human Capital이다. 고용과 급여를 잘 챙기고 일하기 좋은 직장을 만들고 임직원들의 복지를 챙기는 인적 자본Human Resource 관리뿐 아니라, 임직원이 얼마나 기업 생산성과 비즈니스 경쟁력에 연계되어 투자되고 기여할 수 있는지가 기업의 경쟁력을 좌우한다. ESG 경영은 철저하게 투자자 관점에서 건강하고 리스크를 최소화하는 기업 경영이다. 그렇기 때문에 비용을 투입하는 게 투자와 성과가 될 수 있도록 사람과 비즈니스 성장을 연결하는 인적 자원개발HRD은 지속가능한 기업 성장의 핵심 요소다.

몇 년 전 만난 한 고객사는 기술 기반으로 설립되어 국내 대기업에 장비를 납품하면서 급성장했고, 선진국 시장에서 의료 기술 기반의 새로운 사업을 시작하고 있었다. 글로벌 투자기관들은 이 회사의 잠재 성장성에 관심을 보이고 투자를 검토하면서 사회 영역에 관련된 질문을 많이 했는데, 그중 중요하게 확인한 부분이 인적 자본이었다. 그래서 이 기업은 새로운 사업 분야의 기술을 가진 전문 인력의 채용과 유지뿐만 아니라 기존 사업의 핵심인력 관리 등을 포함하여 중장기적으로 기업의 성장세에 합당한 HR 전략과 개발은 어떻게 갖춰 나갈 것인지를 계획하고 실행방안을 마련해야 했다. 단순히 재무적인 성장과 투자 관점에서 벗어나 리스크 관리와 함께 투자와 성장관리라는 점에서 ESG 경영을 이해해야 하는 것이다.

마지막으로 거버넌스는 비즈니스 윤리Business Ethics와 의사결정구조와 방식에 대한 체계를 의미한다. 의사결정구조, 리스크 관리의 체계와 운영, 투명한 공시와 이해관계자 커뮤니케이션이 주요 영역이다.

좋은 거버넌스는 투명하고 책임 있는 의사결정구조다. 이것은 이사회 중심의 경영, 이사회의 전문성·다양성, 독립적이고 효과적인 이사회 운영 등을 통해 체계적으로 리스크 관리를 하고, 주주 가치 제고와 지속가능경영을 위한 관리체계를 갖춘다.

보통 ESG 경영에서 거버넌스를 이해할 때 큰 거버넌스Big Governance의 개념으로 기업 경영 정보의 투명한 공시와 소통을 포함한다. 기업의 재무와 ESG 경영활동 정보가 투명하게 공개되어 있는지, 의사결정 프로세스와 결과가 균형 있게 이루어졌는지 등을 주주를 포함한 이해관계자가 알 수 있는 소통 체계와 방식도 포함한다. 이는 '기업이 얼마나 양심적이고 투명한가' 하는 윤리 수준 및 기업문화와도 연결된다. 한국은 아직 이사회 중심의 운영을 도입하는 과정이기 때문에 거버넌스, 특히 지배구조를 빠르게 변화시키기는 어려울 수 있다. 하지만 작은 기업일수록 준법경영과 윤리경영에서 시작해 거버넌스에 대한 준비를 해나간다면 체계를 잘 갖춰 성장할 수 있다.

ESG, 대응과 통합을 넘어
혁신으로 전환할 때 ─────────

한국에 ESG 열풍이 거세게 분 것은 2020년부터다. 유행처럼 찾아왔지만 시간이 갈수록 기업 경영의 패러다임으로 자리 잡아가고 있다. 표 '한국 기업들의 ESG 경영 도입과 확산'을 보면 국내 기업은 윤리-책임-가치(기업의 사회·환경적 가치)-통합(재무와 비재무 경영의 기업 가치 통합)의 단계까지 꾸준히 ESG 경영을 시대별 패러다임에 맞게 도입하고 관리하기 위해 노력해왔다.

한국 기업들에 ESG적 경영 요소가 본격적으로 인식된 것은 1990년대 말부터였다. 우리나라 공공기관 경영 평가에 윤리경영 항목이 도입되면서, 삼성그룹이 재단을 통한 사회공헌 활동을 하면서 기업의 사회적 책임CSR이란 용어를 보편적으로 쓰기 시작했다.

또한 2000년대는 자유무역과 투자가 급증했다. 많은 기업들이 값싼 노동력과 자원의 효율적인 활용을 위해 해외로 진출해, 현지 생산과 공급망 구축을 위한 투자를 활성화했다. 이때만 하더라도 공장에 있는 안전환경팀에서 환경보고서를 작성하고, 환경 규제 준수 차원에서 정보 공개나 데이터를 관리했다.

2010년대가 되면서 대기업 그룹사를 중심으로 홍보, 사회공헌 담당 부서를 중심으로 한 CSR팀을 신설하기 시작했다. GRI 기반 지속가능경영 보고서를 발간하기 시작했고, 당시 네덜란드 자산운용사 로베코샘(현 S&P CSA)의 다우존스 지속가능경영 평

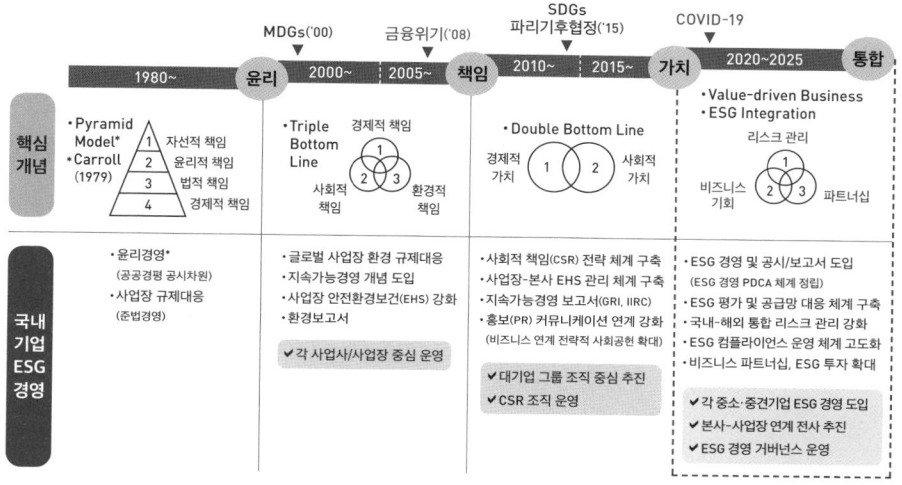

한국 기업들의 ESG 경영 도입과 확산

가를 받는 것이 유행처럼 퍼졌고, 기업들은 보여주기식 평가 결과에 매몰되었던 시기였다. 이때만 해도 지속가능경영은 재무적으로 여력이 있을 때 할 수 있는 것이고, 사회공헌이나 홍보 차원의 기업 이미지를 만들어내는 활동으로만 인지하는 수준이었다.

하지만 2015년 이후 글로벌 거래나 투자를 위해서 ESG 관련된 활동들을 정리하여 투자자와 글로벌 고객사의 요청에 대응해야 하는 일들이 더 생기기 시작했다. 영업과 마케팅팀에서 고객과 시장의 요구에 하나하나 대응하기 어려우므로, 기획총괄 부서에 회사의 지속가능경영 보고서를 만들어주거나 관련 데이터를 모아달라는 요청을 하기 시작했다. 재무·IR 부서에서는 기관투자가들이 윤리와 거버넌스 등에 대한 질문을 하거나 환경, 안전에 대한 경영계획을 확인할 때 전략적으로 대응하는 데 어려움을 겪었다.

이처럼 투자자와 고객사의 요청에 ESG 경영 정보의 필요성이 커지고 있는 상황에서 팬데믹이 찾아왔다. 팬데믹으로 인한 비즈니스 사업장 폐쇄Shut Down는 시장의 공급망 관리 위기를 가져왔고, 공급망 리스크 관리는 기업의 지속가능경영에서 중대한 이슈가 되었다. 그리고 2020년 세계 최대 자산운용사 블랙록의 CEO인 래리 핑크는 직접 한국 대기업들에 서신을 보냈다. 이해관계자 경영, 직원들의 요구사항 반영, 넷 제로를 위한 전략 수립, 고객에 대한 ESG 의결권 제공 등의 내용을 강조하는 연례서한을 공개했는데, 이로써 한국 기업들의 ESG 경영은 뜨거운 화두로 떠오르게 되었다.

기업들은 투자자 관점의 ESG 개념 도입, 기업의 위기와 기회의 관점에서의 ESG 경영체계 구축, ESG 경영 정보 공시, 투자자 평가 대응 및 공급망 ESG 평가 대응, ESG 관련 규제 대응 컴플라이언스 운영체계 확립, 공정 개선과 새로운 기술 도입, 비즈니스 기회를 위한 투자와 파트너십 등 대응부터 전략, 통합부터 혁신까지 경영 기법의 지각 변동이 일어나는 중이다.

2023년을 지나면서 저성장과 고위험 경영환경에서 경제와 산업은 더욱 팽팽한 긴장 상태다. 선진국을 중심으로 경제위기에 유연하게 대응하고 회복 탄력성을 높이기 위해 생산과 제조 공급망의 거점 전략에 변화가 일어난다. 새로운 보호무역주의로 인해 글로벌 경영 및 통상 환경은 점점 어려워질 것이다.

이런 상황에 직면한 한국의 제조 기반 기업들은 중소·중견 기업부터 대기업까지 리스크 관리와 극복을 위한 신시장 전략으로 전환할 필요성이 커지고 있다. 이제는 ESG 통합Integration을 넘어 ESG 혁신Innovation으로 전환해야 하는 시점이다.

메가 리스크 시대, 경영은 어떻게 바뀌어야 하는가

    ESG 경영이라고 해서 완전히 새로운 무언가를 요구하는 것이 아니다. 그동안 성장해왔던 기업들의 경영방식과 시스템이 어떻게 변화해나갈지를 찾는 것이다.

    기업을 둘러싼 다양한 이해관계자들이 기업에 ESG 경영을 더욱 요구하고 관련 규제가 강화되는 것은 기업의 성장에 걸림돌이 되거나 잠재적 리스크가 될 수 있다. 따라서 기업은 ESG 패러다임으로 전환되면서 위기와 기회가 공존하는 변화 속에 경영환경에 대한 센싱Sensing과 모니터링Monitoring을 강화해야 한다. 또한 지속가능한 경영관리 방식에도 변화가 불가피하다. 환경적·사회적 규제가 많아지고 복잡해지는 ESG 리스크 시대에 과연 어떤 개념으로 접근해야 하고, 준법경영과 모니터링의 체계는 어떤 식으로 발전시켜야 할지 살펴보자.

향후 ESG 리스크 시대에 기업이 이해관계자들과 어떻게 소통하고 관련 정보를 효율적으로 관리할 것인가는 매우 중요하다. 급변하는 경영환경에서 외부에서의 요구사항을 '대응'만 하지 않고, 그것을 전략적으로 잘 '활용'하는 기업만이 앞으로 재편되는 시장에서 살아남을 수 있기 때문이다. 또한 ESG 공시에 대한 의무화와 그린워싱Green Washing 리스크를 알아보고, ESG 경영관리에 대한 방향성도 짚어보고자 한다.

쌍방향으로, 종합적으로 판단하라

ESG 경영 리스크는 '쌍방향'이라는 점이 핵심이다. 기업이 사회와 환경에 미치는 영향, 그리고 사회와 환경의 변화가 재무적으로 미치는 중대 이슈Materiality라는 2가지 방향성으로, 동시에 종합적으로 판단해야 한다.

기업은 환경과 사회에 영향을 주는 경제주체로서 기업의 윤리를 포함한 CSR을 수행해왔는데, 이것은 기업이 '안에서 밖으로Inside-out' 영향을 주는 행위다. 지속가능한 경영을 위해 기업이 환경과 사회에 책임 있는 활동을 해온 것이다.

그리고 기업과 환경·사회의 관계에서 또 다른 방향의 화살표가 하나 더 있다. ESG는 투자자의 관점에서 지속가능경영의 리스크를 평가하는 개념이기 때문에, 외부환경의 변화와 이슈가

기업 ESG 경영 쌍방향

영향 중요성
(Impact Materiality)

Inside-out

기업

환경/사회

Outside-in

재무 중요성
(Financial Materiality)

기업의 중장기 성과와 재무 성장에 영향을 주는 '밖에서 안으로 Outside-in' 관점이 중요하다.

가장 대표적으로 기후 변화가 기업 경영에 미치는 재무적 영향이 있다. 기후 변화는 자연재해, 질병 등을 야기하는데 유럽의 홍수, 미국과 호주의 허리케인이나 산불에 책임 있는 기업이나 보험회사가 파산하는 경우가 생기고 있다. 또한 탄소중립과 신재생에너지의 전환이 기업의 생산을 비롯한 공정에서의 비용과 시장에서의 경쟁력 등에 얼마나 영향을 미치고 재무적으로 어떤 변화가 있을 것인가에 대해 정확하게 아는 것이 중요하다. 그래서 사업 계획과 전략에 어떻게, 그리고 얼마나 기후 리스크를 반영할 것인지도 중요한 핵심 과제다.

ESG 경영을 잘 활용하는 성공적인 기업은 쌍방향 리스크 개념을 단기적·중장기적으로 잘 살필 수 있고, 주기적으로 경영관리에 반영하며 비즈니스 전략을 재정립해나가는 기업이다.

ESG 리스크 관리와 컴플라이언스로
ESG 경영을 시작하라

컴플라이언스는 기업 전반의 경영활동에서 산업과 비즈니스 관련법을 준수하고, 감시·통제하는 것이다. 더 나아가 기업이 자발적으로 준법경영을 하는 경영관리체계와 운영 프로그램을 포함한다. 이는 규제를 포함한 기업을 둘러싼 약속과 법을 준수하는 것, 그러지 못했을 때 명확하게 설명하고 리스크를 관리하며 예방하는 경영활동이다.

ESG 시대에 기업들은 새로운 규제와 리스크에 대한 관리체계의 정비와 변화를 요구받고 있다. 특히 친환경 관점, 인권 중심의 경영에 대한 요구가 많아지면서 이해관계자들과 접점이 있는 부서들*의 리스크 관리가 더욱 중요해지고 있다. 기업들이 요구받는 리스크 경영 체계는 준법 리스크의 사후 관리에 중점을 둔 컴플라이언스 대응은 물론, 협력사와 지역사회까지 포함한 모니터링과 선제적 커뮤니케이션까지 포함하고 있다.

다음의 표 '단계별 컴플라이언스 경영'은 컴플라이언스의 1단계에서 4단계까지를 표현한 것이다. 소극적으로 법률을 준수하는 단계에서 부패·반경쟁 행위에 대한 사전 예방, 전사적 준법 리스크 관리, 이해관계자들의 요구를 통합한 ESG 리스크 관리 체계로 구분하고 있다.

---

* 투자자-IR, 고객-영업, ESG 규제-법무/안전환경, 임직원-HR, 협력사-구매 부서 등.

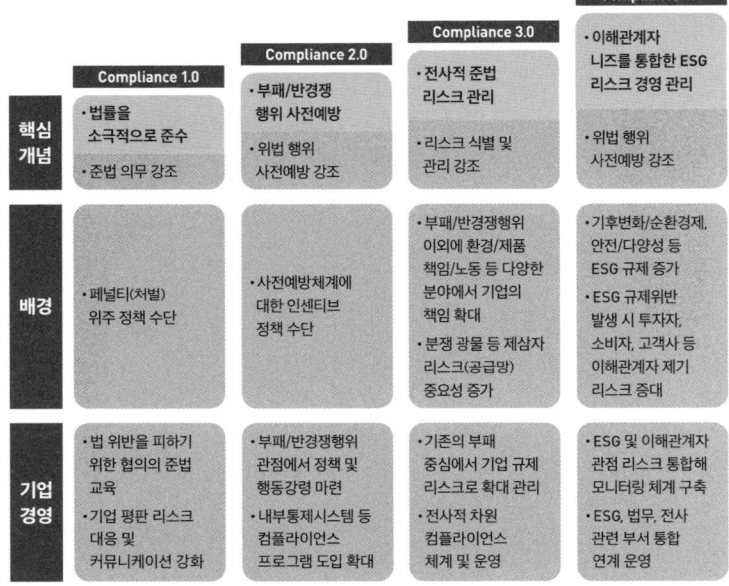

단계별 컴플라이언스 경영

	Compliance 1.0	Compliance 2.0	Compliance 3.0	Compliance 4.0
핵심 개념	• 법률을 소극적으로 준수 • 준법 의무 강조	• 부패/반경쟁 행위 사전예방 • 위법 행위 사전예방 강조	• 전사적 준법 리스크 관리 • 리스크 식별 및 관리 강조	• 이해관계자 니즈를 통합한 ESG 리스크 경영 관리 • 위법 행위 사전예방 강조
배경	• 페널티(처벌) 위주 정책 수단	• 사전예방체계에 대한 인센티브 정책 수단	• 부패/반경쟁행위 이외에 환경/제품 책임/노동 등 다양한 분야에서 기업의 책임 확대 • 분쟁 광물 등 제삼자 리스크(공급망) 중요성 증가	• 기후변화/순환경제, 안전/다양성 등 ESG 규제 증가 • ESG 규제위반 발생 시 투자자, 소비자, 고객사 등 이해관계자 제기 리스크 증대
기업 경영	• 법 위반을 피하기 위한 협의의 준법 교육 • 기업 평판 리스크 대응 및 커뮤니케이션 강화	• 부패/반경쟁행위 관점에서 정책 및 행동강령 마련 • 내부통제시스템 등 컴플라이언스 프로그램 도입 확대	• 기존의 부패 중심에서 기업 규제 리스크로 확대 관리 • 전사적 차원 컴플라이언스 체계 및 운영	• ESG 및 이해관계자 관점 리스크 통합해 모니터링 체계 구축 • ESG, 법무, 전사 관련 부서 통합 연계 운영

평균적으로 한국 대기업의 경우 3단계 수준이다. 주요 영역은 경영활동과 관련된 주요 규제를 중심으로 한다. 공정거래, 부패 방지, 정보 보호, 고용노동, 하도급 공정거래, 안전사고, 환경 보고, 품질 경영 등의 영역에서 리스크 풀Pool을 작성하고, 정기적으로 점검하고 평가하면서 리스크를 관리한다. 한국 대기업의 경우 3단계에서 4단계로 발전하는 과정에서 이해관계자 관점의 ESG 리스크에 대한 정의, 관리체계와 범위, 주관부서와 유관부서의 역할과 기능을 재정립해야 한다.

중소·중견기업의 경우에는 1단계와 2단계 사이에 있다. 법무

팀이 별도로 없어 소극적인 법률을 준수하는 수준이지만 ESG 경영을 도입하면서 2단계와 3단계를 동시에 고려해야 한다. 사업장과 본사의 협업체계와 경영진에 신속하고 독립적인 보고라인을 만들면서 꼼꼼하게 준법경영과 비즈니스 규제 및 리스크를 관리할 수 있는 전사 컴플라이언스 체계를 구축해야 한다.

ESG 컴플라이언스 4단계에서는 준법을 넘어서는, 그리고 기업 내부적으로 통제하거나 관리하는 수준을 넘어서는 이슈가 있다. 따라서 이해관계자들의 요구를 정확하게 파악하고 수시로 투명하게 소통하고 관리하는 체계가 필요하다. 결국 커뮤니케이션의 문제가 핵심인데 투자자 평가와 미디어 평판 이슈는 더욱 전략적으로 접근해야 한다. 이를 위해 사후 대응적인 위기관리와 커뮤니케이션을 예방체계로 바꿔야 한다.

국내외 ESG 투자기관과 평가기관들은 '기업의 ESG 관련 분쟁 이슈Controversies'라는 항목으로 기업들의 리스크를 평가한다. ESG 리스크 관리나 경영 성과뿐 아니라 기업을 둘러싼 지역사회 및 미디어, 대중과 관련한 리스크를 매우 중요한 항목으로 검토하고 있다. 기업의 역할과 책임에 대한 규범이나 가치에 어긋나는 불법이나 부도덕한 경영활동, 사건사고 등으로 훼손된 신뢰와 평판은 기업 가치 평가에 직접적인 영향을 미친다.

'ESG 리스크'란 기업의 윤리와 책임 면에서 기업의 이해관계자들이 기업에 대하여 신뢰를 갖지 못하게 될 가능성이다. 투자자들은 기업의 평판과 고객 및 사회에서의 신뢰가 중장기적으로 중요한 기업 가치와 경쟁력과 직결된다고 본다. 일반 소비자들과 NGO들의 요구 증가, 이슈와 분쟁 제기, 특히 미디어를 통한 기업의 부정적인 평판은 단기간에 회복하기 어려운 기업 가치의 하락과 재무적인 손실을 주기 때문이다.

1996년에 발생한 나이키 불법 아동노동 착취 사건을 기억할 것이다. 당시 나이키는 비난을 피해갈 수 없었다. 예상치 못한 수준의 재무적 손실을 보았고, 신뢰를 회복하기 위한 노력이 지속되었다. 현재 나이키가 사회와 인권에 대한 가치 기반의 메시지를 던지고 커뮤니케이션하는 것은 사회 이슈에 대한 리스크 관리와 사회적 책임 활동에서 시작되었을 것이다. 그 결과 지금은 차별화된 브랜드 이미지로 자리 잡았다.

2015년 폭스바겐 배기가스 조작 사건 또한 ESG 경영 정보의 투명성과 공시의 윤리성에 대한 이슈였다. 폭스바겐은 주가 폭락, 손해배상 등으로 재무적 손실을 겪고 가치가 하락했다. 소송에 대응하고 해결하는 데 엄청난 시간과 비용이 들었고, 이 사건은 폭스바겐의 오명으로 남았다.

2020년 이후 한국 기업들에게도 글로벌 사업장의 가스 누출 인명 사고, 해외 협력사의 불법 아동노동 사건 등이 일어나면서 ESG 경영의 4단계 컴플라이언스는 더욱 중요하게 인식되었다. 이에 따라 ESG 리스크 모니터링을 개선하고 체계를 정립하는 데 노력하고 있다.

2022년 중대재해처벌법의 시행으로 안전사고 리스크, 인명 피해 등에 대한 기업의 책임과 예방적 역할이 더욱더 중요해졌다. 사람 중심의 비즈니스와 경영관리체계를 재정립하라는 요구가 증가하고 있는 것이다.

　결국 이해관계자들에 관한 리스크 관리가 ESG 시대 컴플라이언스의 플러스 알파가 된다. 이해관계자들의 신뢰를 유지하고 관리하는 것, 즉 이해관계자와의 관계Stakeholder Relations가 또 하나의 경영 전략이다. ESG 리스크 관리가 얼마나 잘 운영되는지에 따라 ESG 경영의 내재화Embedding 정도가 결정된다. 이를 위해 가장 중요한 것은 이해관계자 요구사항과 동향을 잘 살펴서 이슈를 파악하는 것이다. 리스크 이슈에 대해 미리 공유하고, 대응 방안과 향후 관리 전략에 대해서 의사결정하는 프로세스가 핵심이다. 이때 의사결정 프로세스와 협의체를 거버넌스라고 한다. 전사 유관부서 간 리스크 이슈 등에 대해서 서로 공유하고, 함께 대응할 수 있는 협업 기회를 만들고 논의하는 것이다. 기업의 규모가 어느 정도 되면 ESG위원회와 이사회 등 구조 내에서 ESG 경영 관련 중대한 이슈를 심의하고 의결하는 체계를 구축할 수 있다. 만약 기업의 규모가 작다면 CEO와 주요 임원들이 함께하는 경영회의나 실무회의 차원에서 주요 부서의 ESG 이슈 등을 논의하고 대응 방안 등을 검토하는 것도 가능하다. 평소에 기업의 신뢰와 평판을 관리하고, 손상된 평판을 탄력적으로 회복할 수 있는 두터운 신뢰가 필요하다. ESG 경영에서 평판 리스크를 명확히 정의하고 예방하며 전략적으로 대응, 관리하기 위해 이해관계자들과의 소통이 잘 이루어지는 기업문화와 시스템은 필수다.

그린워싱과
ESG 커뮤니케이션 리스크

ESG 경영의 핵심은 이해관계자 신뢰를 형성하고 소통하는 전략이다. 이해관계자가 알고 싶은 경영활동에 대한 정보와 투자자가 확인하고 싶어 하는 지표가 무엇인지, 그들은 왜 그것을 공시해달라고 하고 확인하고 싶어 하는지 근본적인 이유를 명확하게 파악해서 그 목적에 맞는 공시와 커뮤니케이션을 하는 것이다. 홍보와 마케팅 목적으로 ESG 관련 기업 활동을 해왔던 한국 기업들이 가장 부족한 부분이 바로 이것이다. 현장에서 ESG 경영을 도입하기 시작하는 한국 중견기업들에게서 자주 들은 이야기가 있다.

"우리 기업은 ESG 경영을 잘하는 외국 기업들처럼 적극적으로 표현하는 것에 익숙하지 않습니다. 그런데 ESG 경영은 '오른손이 한 일을 왼손도 알게 하라'였습니다."

"무엇을 어떻게 소통해야 하는지 잘 몰라서 ESG 경영이 어렵습니다."

"ESG 공시에서 투자자와 이해관계자들이 확인하고 싶은 것이 무엇인지 이해하게 되면 어떤 기업보다도 더 적극적으로 지표와 내용을 관리할 수 있을 것 같습니다."

한국 기업들을 컨설팅하면서 매번 느끼는 것인데 기업이 해야 하는 어떤 과제가 정해졌을 때 수동적이지만 빠른 시일 내에 해내는 의지와 능력은 한국 기업이 뛰어나다. 재무 이외의 활동들을 요구되는 수준만큼 빠르게 처리했던 그간의 경험으로 '근육'이 생긴 것이다. 그래서 ESG 경영 시대에도 반사적으로 움직이게 된다.

하지만 이러한 근육만으로는 ESG 리스크를 잘 관리할 수 없다. 이해관계자들의 요구가 많아지고 보는 눈이 많아지며 끊임없이 평가받는 세상이다. 이제 기업들이 탄소 감축, 재생에너지 사용, 폐기물 재활용 등 자원 선순환 이슈에 대한 환경경영을 선언하고 목표와 성과를 관리하기 시작했지만, ESG 경영 공시의 의무화로 커뮤니케이션에 대한 요구도 증가하고 있다.

또한 기관투자가들의 IR에서도 구체적인 목표 관리와 이행 방안에 대한 답변을 요구하고 있다. 기업들은 ESG 경영활동에 대한 소통을 재촉받고 있고, 대외적으로 준비하고 이행하고 있다는 것을 잘 알려줘야 한다. 그렇기 때문에 의도하지 않아도 ESG 그린워싱에 취약해질 수밖에 없다.

2010년 캐나타의 환경 컨설팅 회사 테라초이스는 '그린워싱의 7가지 죄악Seven Sins of Greenwashing'●이라는 기준을 제시했다. 요점은 기업의 이해관계자들에 대한 '기만성'과 '오인성'이다. 국내외적으로도 그린워싱에 대해 명확하게 판단하기 위한 규제 및 가이드라인이 강화되고 있다. 2019년 EU는 '에코디자인 규정'

● 상충효과 감추기(Hidden Trade-off), 증거 불충분(No Proof), 애매모호한 주장(Vagueness), 관련성 없는 주장(Irrelevance), 유해상품 정당화(Lesser of Two Evils), 거짓말(Fibbing), 부적절한 인증 라벨(Worshiping False Labels).

과 '에너지라벨 규정'을 통해 에너지 효율 등에 대한 명확한 표기와 라벨링 관련법을 개정했다.

2023년 개정된 '표시광고 공정화에 대한 법률'에서도 소비자에 대한 '기만성', '오인성' 등의 문제가 있는 거짓·과장의 표기 광고 금지에 대한 내용을 규정하고 있다. 앞으로 기업들이 구체적인 이행 계획이나 경영관리체계 없이 공시하거나 명확하지 않은 표시나 광고로 형식적인 내용만 소통하면 의도가 없었다 하더라도 거짓말하거나 숨기고 과장하는 것으로 해석될 수 있다. 이처럼 친환경에 대해 오해를 불러일으키는 것은 소송과 분쟁 차원의 이슈로 중요한 경영 리스크가 되었다.

그린워싱은 크게 2가지 개념으로 이해할 수 있다. 첫 번째는 기업 공시 레벨Firm Level의 그린워싱이다. 이는 기업이 ESG 경영 활동 선언이나 일부 경영활동이 마치 그 기업 전체의 변화나 실행인 것처럼 오해하게 하는 공시나 커뮤니케이션이다. 두 번째는 제품 및 서비스 레벨Product/Service Level의 그린워싱이다. 이는 시장의 경쟁구도상에서 동종 업계나 경쟁 기업으로부터 공정한 경쟁 이슈가 제기될 수 있는 제품 정보, 라벨링, 마케팅, 홍보 차원의 문구와 라벨에 대한 것이다.

기업 내에서 그린워싱 리스크에 연계되어 있는 부서는 제품 개발, 마케팅, 영업 홍보, ESG 경영 정보, 기업 이미지 홍보, 소송과 분쟁 리스크 담당 법무와 컴플라이언스 등이다. 특히 친환경 비즈니스 관점에서 신사업과 제품에 대한 시장 경쟁력을 강화하고자 하는 기업이나, ESG 경영 목표나 방향성을 선언하고

그린워싱의 개념

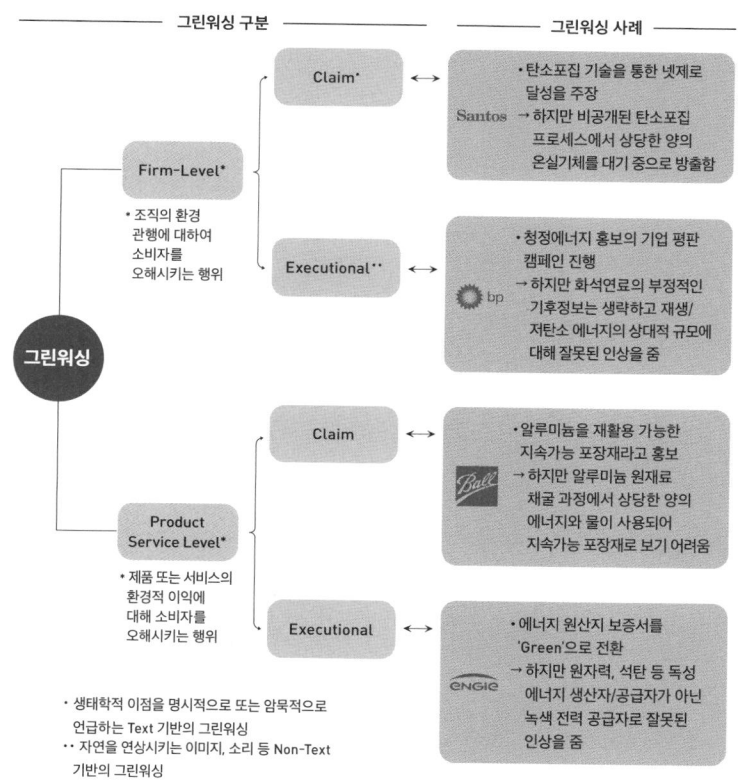

──── 그린워싱 구분 ────　　　　　　　　──── 그린워싱 사례 ────

그린워싱

Firm-Level*
• 조직의 환경 관행에 대하여 소비자를 오해시키는 행위

Claim* ↔
• 탄소포집 기술을 통한 넷제로 달성을 주장
Santos → 하지만 비공개된 탄소포집 프로세스에서 상당한 양의 온실기체를 대기 중으로 방출함

Executional** ↔
• 청정에너지 홍보의 기업 평판 캠페인 진행
bp → 하지만 화석연료의 부정적인 기후정보는 생략하고 재생/저탄소 에너지의 상대적 규모에 대해 잘못된 인상을 줌

Product Service Level*
• 제품 또는 서비스의 환경적 이익에 대해 소비자를 오해시키는 행위

Claim ↔
• 알루미늄을 재활용 가능한 지속가능 포장재라고 홍보
Ball → 하지만 알루미늄 원재료 채굴 과정에서 상당한 양의 에너지와 물이 사용되어 지속가능 포장재로 보기 어려움

Executional ↔
• 에너지 원산지 보증서를 'Green'으로 전환
enGie → 하지만 원자력, 석탄 등 독성 에너지 생산자/공급자가 아닌 녹색 전력 공급자로 잘못된 인상을 줌

• 생태학적 이점을 명시적으로 또는 암묵적으로 언급하는 Text 기반의 그린워싱
•• 자연을 연상시키는 이미지, 소리 등 Non-Text 기반의 그린워싱

대외 커뮤니케이션을 활성화하려는 기업일수록 그린워싱에 대한 이해와 향후 관련 부서의 정책이나 가이드라인, 매뉴얼 등을 마련해 선제적으로 관리해야 할 것이다.

한 예로, 어떤 글로벌 전자 제조 기업은 친환경 소재로 개발된 제품을 유럽에서 판매하려고 할 때 법무와 마케팅이 공동으로 워크숍을 진행하고 그린워싱 마케팅 컴플라이언스 기준을 수립했다. 신제품에 대한 마케팅과 홍보, EU 규제와 고객의 요구에 따른 제품 정보 라벨, 향후 공개에 대한 소송과 분쟁을 예방하는 차원의 ESG 컴플라이언스 교육이다. 또 다른 화장품, 생활용품 사업을 하는 국내 그룹사는 전 계열사 홍보 담당자를 모아 그린워싱 리스크과 커뮤니케이션에 대한 교육을 시작했다. 이처럼 그린워싱 리스크는 기업 경영의 공시와 데이터에 대한 책임을 넘어 ESG 경영과 함께 살펴봐야 하는 전사 차원의 비즈니스 커뮤니케이션 리스크 전략이다.

그린워싱이 갖는 리스크와 기회에 대해 생각해보자. 그 사이의 균형점을 끊임없이 찾아서 기업의 평판과 신뢰를 관리하는 경영 기법은 ESG 경영에서 기업의 가장 중요한 핵심 역량 중 하나이다. 그린워싱 리스크 관리는 저성장·고위험 시대에 스마트하게 살아남는 기업 커뮤니케이션 전략이 가져야 할 균형 감각의 시작인 것이다.

ESG 혁신을 통해
가치를 창출하라

2020년대 ESG 경영의 가장 큰 주제는 재무와 비재무ESG의 통합이다. 이는 재무적 수익과 비용뿐만 아니라 ESG 리스크와 가치 등을 동시에, 종합적으로 고려하며 균형 있는 의사결정을 하는 체계를 의미한다. 대부분의 한국 기업들은 단기 수익과 비용의 효율성 관점에서 의사결정한다. 그런데 최근 ESG 경영을 도입하면서 비용이 들더라도 중장기적인 리스크와 시장의 경쟁력을 고려한 가치창출 관점으로 기업 운영이 바뀌고 있다.

ESG 컴플라이언스가 중요해지는 만큼 ESG 리스크를 근본적으로 없애고 비즈니스 경쟁력을 높이는 방안을 찾는 과정에서 새로운 기술과 파트너십에 대한 논의는 필수적이다. 새로운 규제와 시장의 요구, 환경과 사회적 가치의 변화가 기업에게는 새로운 비즈니스 기회가 될 수 있다.

새로운 비즈니스를 위한
의사결정 ———————————————————

환경·사회 문제를 해결하면서 새로운 비즈니스 기회를 창출하는 것에는 보통 2가지 접근이 있다. 하나는 사회적 이슈를 해결하는 데 기여하기 위해 기업의 사회(환경)적 가치를 기반으로 경제적 가치를 만들어내는 경우다. 다른 하나는 비즈니스의 애로사항을 해결하기 위해 사회적 가치를 만들어내는 경우다.

기업의 비즈니스 역량과 기술을 활용하여 전략적인 CSR 활동이나 사회공헌 사업을 하고, 단순한 사회적 기여를 넘어 가치를 만들어내는 것은 전자에 해당할 것이다. 이것은 외부 이해관계자들의 이슈에서 시작된다. 후자의 경우는 기업이 경영 프로세스나 방식의 이슈가 있을 때 경영 프로세스의 효율성을 개선해서 환경과 사회적 문제 해결에 기여하는 것이다. 이런 방법론과 혁신적 접근은 새로운 시장 포지셔닝을 통해 경쟁력을 갖게된다. 그 결과 시장이 확대되고 기업이 성장한다.

이러한 과정을 표현한 것이 그림 'ESG 경영의 가치 효용과 비즈니스 확대'이다. ESG 경영에서는 재무적 가치와 비재무적 가치를 통합해 효용가치를 극대화하는 방향으로 의사결정을 하게 된다(①→②). ②와 같은 균형적 가치의 의사결정을 통해 성공적인 케이스가 된 경우, 새로운 기술, 투자, 파트너십을 통해 더욱 큰 시장 경쟁력을 갖게 된다(②→③). 이를 통해 ESG 경영은 이해관계자 리스크 대응뿐 아니라 앞으로 세상이 요구하는

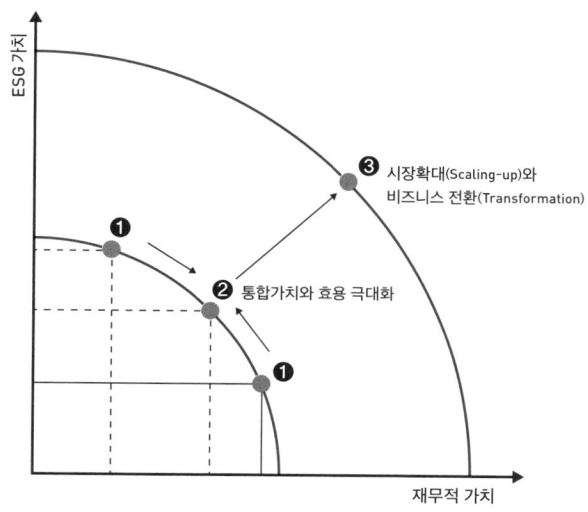

ESG 경영의 가치 효용과 비즈니스 확대

새로운 사회·환경 가치의 비즈니스 모델의 전환과 시장의 확대를 모색하는 경영 전략으로 연결된다.

물 사용량과 탄소 배출을 해결하기 위한 마이크로소프트의 혁신 기술 경영 사례를 살펴보자. 마이크로소프트는 해저에 데이터센터를 만드는 프로젝트를 통해 데이터센터의 효율성 및 실용성, 친환경성 등에 대한 테스트를 마쳤다. 이는 IT회사들이 수요 증가와 성장에 따라 데이터센터를 더 많이 운용하게 되면서 물 사용량과 탄소 배출량을 획기적으로 감축하고자 하는 고민에서 출발했다. 이것은 재무적인 성과와 시장에서의 효용가치를 동시에 창출하는 방안이었다.

2030년까지 탄소 네거티브 목표를 가진 마이크로소프트는 단계별 연구와 투자를 지속적으로 해오면서 다양한 기후 환경에서 물 사용량을 줄이는 기술을 만들어냈다(①→②). 이는 또 다른 기술 접목과 투자, 응용기술의 개발 등으로 새로운 가치를 확대하고 창출하게 된다. 지역 생태계를 지원하는 데이터센터와 건설 분야의 데이터센터 등을 만들어 시장과 혁신형 가치창출 모델을 확산해나가고 있다(②→③).

ESG 경영 개선을 위한
디지털 기술

ESG 경영은 기후와 탄소 그리고 인권이라는 가장 큰 가치와 목적함수를 가지고 있는 경영 방식이다. 에너지와 탄소를 줄이고, 사람 중심의 비즈니스를 통해 과정과 제품이 갖는 임팩트를 모니터링하는 것은 ESG 경영의 핵심이다. 이는 결국 사람이 일하는 방식과 조직이 운영되는 방식을 개선하고 시스템을 바꿔야 가능한 일이다.

이러한 변화의 핵심은 디지털 기술이다. ESG 경영 개선을 위해 논의되는 경영관리로는 다음 3가지가 가장 많다. 첫째, ESG 데이터 기반 경영관리다. 둘째, 안전환경 관리 시스템 및 모니터링이다. 셋째, ESG 컴플라이언스 및 이해관계자 리스크 센싱이다.

첫 번째인 ESG 데이터 기반 경영관리는 새로운 IT기술 시스템의 도입과 변화가 필요하다. ESG 경영은 비재무 경영 정보를 통합적으로 모으고 관리해야 한다. 이를 위해 기존의 재무, HR, 에너지관리 시스템 등 다양한 기업 내부의 경영관리 시스템에 효율적으로 접목시켜서 자동화하거나 경영 데이터를 투명하게 잘 축적Archiving할 수 있는 방안이 필요하다.

이러한 ESG 데이터 기반 경영관리에 대한 수요는 공시 의무화와 규제 증가에 따라 빠른 속도로 높아질 것이다. 또한 기업의 규모가 작을수록 효율적인 관리를 위해 이러한 기술 플랫폼이나 프로그램이 더욱 필요할 것이다.

ESG 공시 의무화와 정량 수치 기반의 목표 및 성과관리를 위해서는 ESG 관련 지표와 경영활동에 대한 정보를 체계적으로 관리해야 한다. 이전까지는 ESG(지속가능경영) 보고서를 쓰면 관련 부서들에 엑셀 템플릿을 배포하고 다시 채워진 파일을 모아서 정리했다. 하지만 이제는 ESG 지표가 다양해지고, 외부 이해관계자의 요구가 많아짐에 따라 보다 효율적인 ESG 경영 정보 및 지표관리체계가 만들어지고 있다. 담당 부서가 수시로 업데이트할 수 있어야 하고, 담당자가 바뀌어도 ESG 데이터는 잘 관리되고 유지되어야 하기 때문이다. 이해관계자들의 요구와 내용을 보다 자주 확인할 필요가 있고, 각 부서는 데이터 관리 기반의 분석을 통해 목표와 성과관리를 재점검할 수 있어야 한다.

둘째로 ESG 경영을 통해 탄소 감축 전략과 환경경영 고도화에 대한 정보를 관리해야 하는 부담이 커지고 있다. 이 시점에 기존 에너지 관리 시스템을 개선하여 다양한 범위의 환경경영 영역과 인풋Input-아웃풋Output-아웃컴Outcome까지 선순환을 관리하는 방안을 개발하고 있다. 특히 폐기물, 물 관리, 재활용과 재사용에 대한 정보까지 종합적으로 관리하고 분석할 수 있다. 이러한 시스템은 향후 기후 변화가 재무에 미치는 영향 등을 분석하고 검토하는 데이터까지 관리한다.

다음으로 중대재해처벌법의 이행, 인권 경영 등에 대한 요구가 증대됨에 따라, 국내외 사업장 임직원을 포함한 협력사까지도 사고 예방에 디지털 솔루션과 기술을 접목하는 경우가 있다. 한 글로벌 제조업 회사는 안전관리 총책임자를 지정하고 국내외 사업장 및 협력사를 포함하여 안전환경을 수시로 점검하고, 일하는 방식에 대한 근원적인 변화를 만들어갔다. 모든 임직원이 업무 프로세스별로 회사에서 제공되는 IT 디바이스를 가지고 스스로 안전 체크를 하면서 일하고, 이슈가 발견되면 바로 기록을 남길 수 있도록 하는 프로그램을 제공했다. 중앙관리 부서에서는 IT 디바이스와 빅데이터 분석 기술을 통해 안전환경 체크 데이터를 모니터링한다. 협력사까지 동일한 기준으로 안전환경 리스크를 체크할 수 있도록 지원하는 사업을 동시에 진행하면서 포괄적이고 상생 기반의 안전환경 리스크 모니터링 체계를 구축하고 있다.

세 번째는 ESG 경영 개선을 위해 논의하는 ESG 컴플라이언스 시스템이다. 새로운 ESG 리스크를 정의하고, 컴플라이언스 운영체계를 ESG 리스크 관리까지 확대해서 관리하는 것은 지금까지의 컴플라이언스 방식으로는 한계가 있다.

법무/컴플라이언스팀에서 엑셀로 사업부서와 관련된 법을 기준으로 리스크 풀을 만들어서 관련 협업 부서에 점검하거나, 이슈가 생기면 조사하거나 보고받는 구조가 변화해야 할 것이다. 선제성과 중장기적 예방 차원에서 개선과 보완이 필요하고 ESG 경영 관점에서 중요한 리스크가 되는 기후나 인권에 대한 리크스 실사^{Due Diligence} 체계가 구축되어야 한다. 기후나 환경 이슈, 이해관계자들의 요구사항이 리스크로 전환되는 '시점과 영향력'을 파악하고 꾸준히 모니터링하고 소통해나가는 것이 필요하다.

따라서 미디어 센싱은 매우 중요한 원천 자료가 될 것이며, 이를 토대로 협력사에 대한 이슈도 해결할 수 있을 것이다. 인공지능^{AI} 기술을 활용하여 협력사와 파트너사, 이해관계자들은 끊임없이 이슈를 파악하고 대응하고 개선하며 비즈니스 가치에 기여해야 한다.

제대로
ESG 경영을 시작하는
중소·중견기업들

2019년 말부터 한국 기업들은 ESG라는 개념을 이해하고 경영에 도입하기 위해 정신없이 달려왔다. 그렇다 보니 차분하게 기존의 경영 방향성을 점검하고 이를 토대로 명확한 경영방식을 찾을 여유가 없었을 것이다.

한국 전체 기업 중 99% 이상이 중소기업이고, 전체 기업 종사자 중 80% 이상이 중소기업에서 일하고 있다. 그러므로 한국 경제의 ESG 경쟁력은 중소기업들의 ESG 경영을 통한 시장경쟁력 강화가 핵심일 수밖에 없다. 중소기업들의 변화 없이는 ESG도, 지속가능한 경제 성장과 사회 발전도 어려울 것이라고 생각한다.

몇 년 전만 하더라도 교육이나 특강을 하면 'ESG는 중소기업과는 관련 없다', 'ESG 경영이 구체적으로 와 닿지 않는다'는 이야기가 다수였다. 그리고 '왜 여력도 없는 중소기업들이 이것까지 해야 하는가?'라는 부담 섞인 거절의 피드백이 많았다. 하지만 2021년 말부터 중소·중견기업들의 인식이 바뀌고 있다는 것을 현장에서 실감하고 있다.

"원래 우리 회사가 하고 있었던 일들이 꽤 많습니다. 이미 하고 있던 일들을 ESG 경영 영역으로 모아 정리해보고, 하나씩 변화할 수 있는 것을 해나가면 되겠어요."

"앞으로 기업을 성장시키기 위해서 우리 회사만의 제품과 시장에 맞는 준비가 필요할 것 같습니다."

이처럼 긍정적인 반응들이 나타나고 있다. 또한 '왜Why 해야 하는지?'에 대한 논의보다는 '어떻게How'에 초점을 맞춘 질문이 많아졌다. 실질적인 질문도 있었다.

"미국 회사에 납품하기 위해 우리 회사는 고객사에서 요구하는 점검사항에 맞춰 사업장, 생산방식에서의 비재무ESG 관련 정보를 보내고 설명하는 과정을 거칩니다. 이미 글로벌 시장 공급망에서 비즈니스 거래를 위해 하고 있는 것입니다. 이것이 이미 ESG 경영에 포함되는 것 같습니다. 이 정도 수준에서 우리가 ESG 경영을 도입한다면 무엇부터 시작하면 좋을까요?"

중소·중견기업들이 성장 단계에 맞는 출발점을 찾고자 하는 질문이라고 생각한다. 하려면 제대로 해보자는 의지가 느껴진다. 실제로 정부의 규제와 시장에서 고객과 투자자들의 ESG 요구는 기업의 경영활동을 변화시키고 있고, 이것은 비즈니스 경쟁력에도 영향을 줄 것이다.

작지만 강한 기업들이
ESG 경영을 통해 성장한다

ESG 경영은 특별히 다른 것이 아니다. 금융, 산업 통상, 경제의 지각 변동을 일으키고 있는 ESG가 기업의 성장 전략과 경영관리 기법을 어떻게 변화시키고 있는지 이해가 필요하다. 이는 새롭게 열리는 시장에서 경쟁력 있게 비즈니스를 하기 위한 최소한의 '드레스 코드'를 맞추는 일이다.

우선 기존의 흩어진 ESG 경영 영역(21개)에 있는 활동들을 잘 모아서 정량적 관리지표, 현황 및 이슈, 향후 운영 로드맵이나 목표를 만들어본다. 동종 유사 산업군의 지속가능경영 보고서, ESG 보고서, 별도 정보 공개 홈페이지 등을 조사하여 방법론 How to을 분석해보는 일이 ESG 맞춤형 드레스 코드를 마련하는 지름길이다.

1단계: ESG 경영 영역(21개)에 대한 기존 ESG 경영 활동에 대한 구슬을 모아서 꿰어본다.
2단계: 기업의 성장 전략과 중대한 ESG 이슈 기반으로 경영 과제 풀Pool을 도출한다.
3단계: 재무-ESG 통합 관점에서 '내부 필요성×시장 경쟁력' 기준으로 우선순위화한다.
4단계: 동종 유사 산업군을 벤치마킹하고 과제별 세부 이행 방안을 수립한다.

5단계: ESG 경영관리 시스템이 지속될 수 있도록 매년 성과 관리와 방향성을 점검한다.

6단계: ESG 가치를 기반으로 새로운 고객과 투자를 연계하여 신시장 전략을 모색해나간다.

ESG 경영을 준비하고 도입하고자 하는 기업들을 위한 책이나 강의 등이 범람한다. 그러나 중소·중견기업들을 위한 ESG 가이드라인과 ESG 경영에 대한 정보는 ESG 공시와 지표관리에 집중되어 있거나, 탄소 중립을 위한 진단과 대출상품에 연결된 ESG 체크리스트 진단 등에 한정되어 있다. 어느 한쪽으로 치우치지 않게 ESG 경영을 해나가려면 먼저 ESG에 대한 이해가 필요하다. ESG와 ESG 경영의 관계는 무엇인지, ESG 경영에서 어떤 영역이 가장 핵심이 되는 것인지를 이해하고 나면 가장 궁금해지는 것이 있다. 바로 ESG 경영과제다.

다음의 3가지 표는 한국에서 ESG 경영을 이미 도입하고 있는 기업들이 ESG 영역별 주요 점검 포인트와 경영과제 방향성을 도출했던 사례들을 종합하여 정리한 것이다. 물론 시간이란 중요한 자원을 고려하며 중장기 로드맵을 단계별로 만들어가야 할 것이다. 특히 우리 기업의 상황에 맞춰 우선순위를 고민해보면 좋겠다. 첫째, 반드시 해야 하는 과제(Must)이다. 둘째, 시장 기회 관점에서 필요한 과제(Needs)이다. 셋째, ESG 혁신을 위한 기술과 투자 기반의 경영 혁신형 과제(Innovation)이다. 이러한 우선순위를 고려하여 ESG 경영 과제 가이드를 검토해보자.

ESG 경영 환경(E) 과제 가이드

중점 영역	주요 점검 포인트	일반 주요 경영과제 방향성

환경
경영
체계
	전사
	환경경영관리
	체계 마련
		• ISO 14001 인증 및 전사(공장-본사 기획) 연계
		  환경 경영 정비
		• 온실가스 외에 폐기물, 유해물질, 물, 생물 다양성 등
		  전반적인 이슈에 대한 기업의 방향성 정립

기후
대응
(탄소 저감)
	탄소배출
	감축 목표 수립
	및 이행 관리
		• 온실가스 배출량을 일괄적으로 검토할 수 있는
		  온실가스 인벤토리(데이터베이스) 구축
		• 탄소 관리 데이터 범위(스코프 1, 스코프 2)의 확대 및
		  목표 수립
		• 목표 달성을 위한 성과 모니터링

	에너지 효율과 재생에너지 관리	• 에너지 효율화를 위한 공정 개선 및 중장기 로드맵 수립 • 에너지 사용 변화에 따른 온실가스 감축 영향 분석 • 재생에너지 활용 증가를 위한 투자 및 방안 마련

	탄소 저감 기술
	개발 및 투자
		• 탄소 포집, 저장 기술 등 기술 연구와 공정 개선 관점의
		  검토 및 방향성 수정
		• 비용과 투자 분석, 파트너십(MOU 등)을 통한 구체적인
		  동향 파악과 의사결정 프로세스 확립

	기후 리스크
	분석 및 관리
		• 기후 변화로 인한 생산과 제품 등의 변화(리스크 및
		  기회 요인) 분석
		• ESG 투자자 및 고객사가 요구하는 중장기 기후 관련
		  리스크 관리 활동 및 공시 준비

자원 선순환 (폐기물)	친환경 원료 조달	• 친환경 원료 조달, 재활용 소싱 등 자원 선순환 관점 개선(구매공급망 연계)
	폐기물 저감 계획 수립 및 관리	• 사업장 폐기물 저감 계획 수립 및 중장기 로드맵 수립
물 관리	물 사용량 관리	• 사업장별, 지역별 수자원 리스크 진단 및 현황 파악 • 용수 사용량 절감 및 재활용 관련 수자원 관리 목표 및 활동 계획 수립
제품 책임	국내외 환경규제물질 관리 체계 강화	• 유해화학물질 규제 준수 현황 점검 및 향후 규제 동향 분석 • 규제 리스크 및 컴플라이언스 리스크 리포팅 협의 체계 강화 • 유해화학물질 관리 데이터 보완 및 단계별 관리방안 도출 • 유해물질 중장기 대체재 검토
	LCA 기준 수립 및 이행	• LCA 관련 외부에서 요구되는 제품 확인 및 비용 검토(철강, 배터리 등 산업군 규제환경, 소비재 산업군 공급망관리 강화 관련) • LCA 관리를 위한 제품탄소관리팀 및 거버넌스 수립 • LCA 방법론 검토 및 관련 데이터 구축 방안 • 중장기 제품 탄소 관리에 대한 비즈니스 경쟁력 강화 방안 수립
	친환경 정의 및 제품 분류 기준 마련	• 비즈니스/제품 특성 기반 친환경 제품 정책 방향성 마련 • 친환경 제품 분류 체계 확립 • 제품의 친환경성 목표 및 성과 관리 체계 • 재생/재활용/생분해/바이오 등 관련 친환경 제품 기술 개발 • 친환경 제품 인증 및 포트폴리오 관리

ESG 경영 사회(S) 과제 가이드

중점 영역	주요 점검 포인트	일반 주요 경영과제 방향성
안전보건	사업장/협력사 안전환경 및 보건 리스크 저감 활동	• 환경안전보건(ESH) 정책 수립 및 목표 관리 체계 구축 (ISO45001 인증) • 협력사 안전보건 리스크 관리 체계 강화 및 지원(공급망 관리 연계) • 지역사회 안전보건 관련 지원 및 활동 강화(지역사회공헌 전략 연계)
다양성 및 포용성	임직원의 다양성 및 포용성 확대	• 글로벌 사업장 및 해외 비즈니스 기반 관련 HR 정책 수립 • 다양성 이슈(여성 인재 포함) 개선을 위한 이행관리 방안 마련
인적 자본	인재경영 정책 및 인적 자본 관리	• 중장기 인적 자본 전략 및 교육 프로그램 로드맵 수립/운영 • 임직원 조사 기반 조직문화 개선 및 소통문화 강화
인권 경영	인권 경영 실사 체계 구축(인권 리스크 모니터링 관리 강화)	• 인권 경영 정책 및 이행 로드맵 구축(임직원, 사업장, 협력사 등 범위, 내재화 등) • 인권 영향 평가 기반 경영활동 개선 및 리스크 관리 고도화 (전사 PDCA 체계 구축)
공급망 책임관리	공급망(협력사) ESG 리스크 관리 체계 구축 및 이행	• 협력사 행동강령 수립 및 이행 관리 로드맵(협력사 구분 기준) • ESG 리스크 연계(국내외) 전사 환경, 인권 리스크 모니터링 체계 확립
지역사회 임팩트	사회공헌 전략 및 관리 체계 수립	• 지역사회 이해관계자 리스크 관리 및 공헌활동 강화 • 파트너십 기반 사회공헌 전략, 이행모델 수립 및 효과성 평가
소비자 보호	소비자(이용자)의 건강과 안전을 위한 제품 개발	• 제품이 갖는 안전 및 보건 영향 평가 및 컴플라이언스 모니터링 • 마케팅 및 라벨링 관련 규정 및 리스크 관리
정보 보호·보안	정보보호 체계 강화	• 정보보안 관리 체계 구축(ISO 27001, ISMS 인증) • 정보보호 컴플라이언스 및 보안 위험성 평가(정기적 수행 및 개선)

ESG 경영 거버넌스(G) 과제 가이드

중점 영역	주요 점검 포인트	일반 주요 경영과제 방향성
이사회 구성/ 위원회 운영	이사회 구성 및 운영/ 이사회 내 위원회 설치 및 운영	• 이사회 전문성, 다양성 정책 수립 및 운영 효과성 평가 • 위원회 종류 검토 및 설치 운영 개선
ESG 운영 체계	ESG 경영 조직 체계 구축 및 운영	• ESG 관련 위원회 기능 보완 강화 및 개선 • ESG 경영 조직 체계 수립 및 실무 R&R 확립 • ESG 투자 기준 및 프로세스 개선
리스크 관리/ 컴플라이언스	전사 컴플라이언스 운영 체계 고도화	• ESG 경영 기반 전사 컴플라이언스(준법, 사업리스크 등) 통합 관리(사업장-본사)
	리스크 통합 관리 체계 강화	• 임직원/사업장/협력사 및 이해관계자 리스크 센싱 및 보고 체계 운영(ESG 통합)

이해 관계자 소통	주요 이해관계자 정의 및 관리	• 투자자 IR, 고객관리, 지역사회(NGO) 등 이해관계자 요구 파악 및 모니터링 • 동종업계, 시장 이니셔티브 참여 및 네트워킹 강화
	ESG 공시 및 전략적 커뮤니케이션 강화	• ESG(비재무) 정보 종합 및 공시(보고서 등) 다각화

환경 경영:
쉬운 것 같지만 어려운 과제가 줄줄이

한 중견 그룹사에서 ESG 경영과제에 대한 검토 회의가 한창이었다. 갑자기 회의 한쪽에서 나이가 있어 보이는 한 임원이 못마땅한 표정으로 이야기를 쏟아놓았다.

"안 쓰던 근육이 아니라 각각 따로 만들어지는 규제와 컴플라이언스가 없던 근육을 만들어서 오히려 쓰던 근육도 제대로 역할을 못하게 합니다. 그게 ESG 근육이라는 새로운 근육입니다. 만들어 붙이라고 해서 그렇게 하긴 하는데 이걸 붙이면 무겁고 부담이 되고 힘이 들어서 걸을 수도 없을 겁니다."

ESG 경영에 대해 실무에 있는 사람들은 이것이 무슨 말인지 너무 잘 알 것이다. 현장에서 중대재해처벌법, 탄소 규제 대응, 환경경영 시스템, 공정 개선뿐 아니라 생산하는 제품의 탄소량 측정 등에 관련한 업무를 맡고 있는 사업장(공장)의 애로사항이 그대로 드러나는 순간이었다. 물론 과도기의 애로사항일 것이고 회사는 이러한 것들을 어렵지만 해나갈 것을 안다. 특히 제품단위의 탄소 측정을 포함한 환경 전과정평가Life Cycle Assessment, 공급망과 밀접하게 연결된 자원 선순환 같은 이슈는 답을 찾아가는 과정에서 많은 고민과 정책 지원이 필요하다.

사람 경영:
ESG 경영과제의 보이지 않는 핵심

어느 저녁 식사 자리에서 한 CEO가 고백했다.

"내가 ESG 경영을 도입하고 추진하는 리더로서의 자격이 있나 싶습니다. 요즘처럼 노조 문제조차 해결하지 못하고 그간의 신뢰가 무너지는 상황에서 솔직히 괴롭습니다."

평소에도 솔직하고 진취적인 리더였는데 한국에서 ESG 경영을 도입해야 하는 리더가 가진 고민이 그대로 전해졌다. 중소·중견기업들의 사회 경영에서 가장 중요한 핵심은 결국 HR에 대한 문제다. 단순히 규제의 요구를 맞추는 것으로 해결할 수 있는 문제가 아니라 사람 중심 가치의 경영기법이 필요하다. 생존하는 것만으로도 너무 힘든 중소·중견기업들이 어떻게 하면 이러한 체계를 잘 잡아갈 수 있을까?

기업과 인권, 평판 리스크와 위기, 제품과 서비스가 인간에게 주는 영향, 그 결과 등에 대한 딜레마는 중요한 과제다. 이해관계를 명확하게 파악하고 얼마만큼 미리 준비할 것인지 선을 긋는 것이 매우 어렵지만, 기업의 평판과 신뢰를 지키기 위해 반드시 필요한 일들이 있다.

① ESG 경영을 위한 기본 자격: 준법과 컴플라이언스

규모가 작은 중소·중견기업들은 거버넌스 부분에서 안 하면 리스크가 되고, 잘 못해도 리스크가 되는 것을 잘 구분할 필요가 있다. 그러기 위해서는 물리적인 조직을 구성하는 것보다는 경영 의사결정과 주요 부서들의 업무 체계를 ESG 경영 관점에서 다시 세워야 한다. 또한 준법과 윤리, 컴플라이언스를 이해하고 이를 기업문화에 녹여내는 일이 가장 중요하다. 이는 기업의 규모에 상관없는 경영의 기본이기 때문에 엄격한 기업의 행동양식으로 내재화해야 한다.

② 효과적인 ESG 경영 체계 구축: ESG 연계 ISO 인증

국제표준화기구ISO의 표준 인증은 기업의 ESG 리스크 경영 관리 체계를 구축하는 효과적인 입문 방법이라고 생각한다. 제품 품질, 환경경영, 부패방지, 준법경영까지 조직의 규모와 특성에 상관없이 반드시 지켜야 하는 법률·규정·규범·행동강령 등에 대해 기업의 운영 정책을 갖춰 나가는 일이기 때문이다.

다음 표는 환경, 사회, 거버넌스의 ISO 표준 인증을 정리한 것이다. 이것은 가장 일반적이고 대표적인 컴플라이언스 체계다. 부패방지 경영 시스템(ISO 37001)을 통해 윤리경영의 기본을 갖추고, 준법경영 시스템(ISO 37001)을 통해 ESG 경영 도입의 기본적인 컴플라이언스 체계를 고도화하는 과정에서 기업의 컴플라이언스 개념이 확산된다. 제품 품질(ISO 9001) 인증, 환경경영 시스템(ISO14001) 인증을 통해 환경오염물질 등을 관리했

ESG 경영 평가에 중요한 ISO 인증

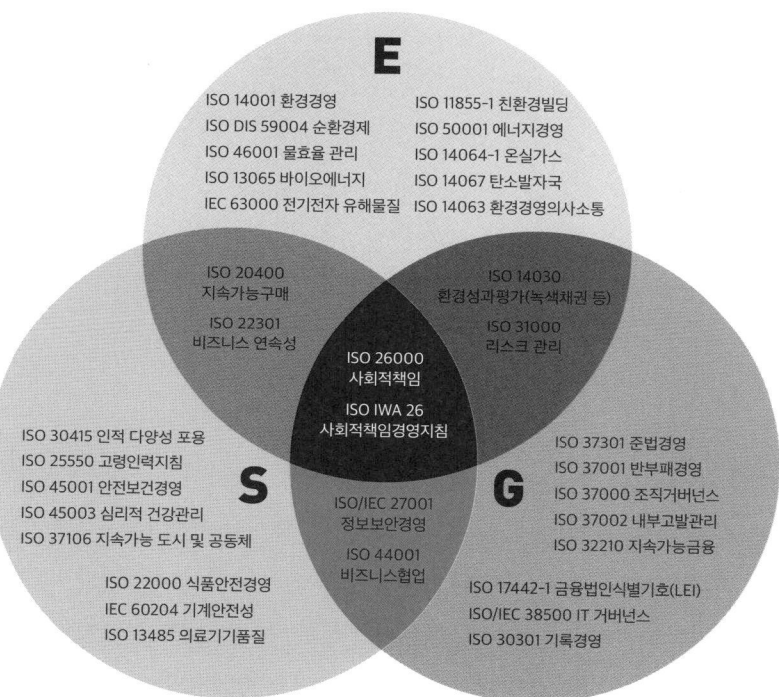

E

ISO 14001 환경경영
ISO DIS 59004 순환경제
ISO 46001 물효율 관리
ISO 13065 바이오에너지
IEC 63000 전기전자 유해물질

ISO 11855-1 친환경빌딩
ISO 50001 에너지경영
ISO 14064-1 온실가스
ISO 14067 탄소발자국
ISO 14063 환경경영의사소통

ISO 20400
지속가능구매
ISO 22301
비즈니스 연속성

ISO 14030
환경성과평가(녹색채권 등)
ISO 31000
리스크 관리

ISO 26000
사회적책임
ISO IWA 26
사회적책임경영지침

S

ISO 30415 인적 다양성 포용
ISO 25550 고령인력지침
ISO 45001 안전보건경영
ISO 45003 심리적 건강관리
ISO 37106 지속가능 도시 및 공동체

ISO 22000 식품안전경영
IEC 60204 기계안전성
ISO 13485 의료기기품질

ISO/IEC 27001
정보보안경영
ISO 44001
비즈니스협업

G

ISO 37301 준법경영
ISO 37001 반부패경영
ISO 37000 조직거버넌스
ISO 37002 내부고발관리
ISO 32210 지속가능금융

ISO 17442-1 금융법인식별기호(LEI)
ISO/IEC 38500 IT 거버넌스
ISO 30301 기록경영

던 경영부서의 활동들을 경영방침으로 만들고 목표, 조직, 프로세스 등을 잘 정리하여 효율성과 성과를 관리하는 경영의 골격을 마련한다. 이는 향후 재무제표와 함께 ESG 정보를 공시하고 ESG 경영활동에 대해 평가를 받을 때도 국제 표준 인증을 받는 과정과 결과를 객관적으로 인정받을 수 있다.

여력이 없는 중소·중견기업들이라도 ESG 경영에 대해 검증을 받아가면서 경영관리 시스템을 도입하는 것은 필요하다. 단

인증은 운전면허증을 따는 것과 같다. 운전을 하기 위한 최소한의 자격이지, 모범 운전자가 되는 데는 시간과 노력이 필요하다는 점을 늘 염두에 두어야 한다.

ESG 경영 중 사회 영역의 핵심은 '사람'이다. 사람 중심의 비즈니스 전략이 만들어지면 결국 이해관계자뿐 아니라 제품과 기술이 갖는 영역까지도 임팩트 관점으로 전환된다. 중대재해처벌법, 산업안전보건법, 인권 실사 등 규제에 대한 수동적 대응을 넘어서 적극적인 경영 변화를 모색해야 할 중요한 시점이다. 이를 위해 기업을 둘러싼 다양한 이해관계자들에게 지속적인 관심을 가지는 것이 중요하다.

ESG 공시와 보고서에서
이것만은 알고 가자

중소·중견기업처럼 규모가 작고 성장하는 기업일수록 ESG 보고서는 이해관계자 경영 점검과 개선의 중요한 매체개가 될 수 있다. 지속가능경영/ESG 보고서를 준비하는 기업들은 다음 5가지를 염두에 두었으면 한다.

첫째, 앞에서 설명한 ESG 리스크의 쌍방향 개념의 공식, '영향 중요성×재무 중요성'을 잊지 말자. ESG는 철저하게 투자자 관점의 공시 보고서다.

둘째, 투자자 관점의 ESG 경영과 보고서를 기획하고 작성할 때 반드시 투자자 관리IR 기능을 파악하자. 그리고 지난 한 해 동안 투자자들의 유형별 ESG 경영에 대한 질문과 고객, 평가 대응에 대한 현황을 파악한다. 또는 유사 동종 업계 보고서의 중대성 평가와 공시 내용을 벤치마킹해서 주요 공통 내용을 파악한다.

셋째, 구매, HR 인사, 전략, 기술 전략과 연구 관련해 C레벨 임원들과 인터뷰를 진행하면서 주요 ESG 관련 부서의 리스크와 기회 관점의 방향성을 잘 담는 것이 중요하다. 이러한 과정은 전사 차원에서 주요 리더들이 ESG 경영의 미진한 부분을 챙기고 추진할 수 있게 하는 교육과 역량 강화 효과도 가지고 있다.

넷째, 중점 이슈에 대해서 서술할 때 정량과 정성을 연계하고 비즈니스 전략과 재무적 상황을 고려해 통합적으로 서술하지 않는 경우가 많다. ESG 경영은 재무와 비재무ESG의 통합적인 관점과 균형 있게 볼 수 있는 시각이 핵심이다. 따라서 ESG 경영 성과를 정성 기술로 풀어내기 전에, 관련한 정량 수치의 변화나 재무와 시장 관점의 전략적 세부 내용과는 어떻게 연결되는지 각 부서가 작성하고, 더 나아가 매년 관리해야 되는 ESG 지표와 경영활동에 대한 관리체계도 수립해야 한다.

마지막으로 다각적인 채널을 통해 ESG 경영 전략과 연계된 브랜드 커뮤니케이션 전략으로의 전환이 필요하다. 앞으로 홍보(PR)와 마케팅은 기업의 ESG 가치와 경영활동에 대한 전문성을 강조하는 이해관계자 리스크 관리 역할 및 기능이 훨씬 강화될 것이다.

따라서 매년 전사 과제나 활동의 근간이 되는 ESG 경영 전략에서 '목적-전략-콘셉트'라는 큰 틀에서 지속가능한 브랜드 커뮤니케이션을 해야 한다. 그린워싱 리스크, 이해관계자 리스크를 잘 식별하고 관리하는 역량은 기본이고, 기업의 진정성을 브랜드 이미지와 평판으로 끌어오는 것이 ESG 공시에서 시작되는 것이다.

냉정과 열정 사이, ESG 경영과 미래

많은 사람이 ESG 경영은 따뜻하고 포용적인 자본주의라고 오해한다. ESG 자체는 그럴 수 있다. 하지만 기업 경영은 전혀 다르다.

ESG 경영은 똑똑한 기업만 살아남는, 그리고 건강한 숫자만 인정받는 스마트 자본주의에 가까운 개념이다. 환경과 사회의 문제를 해결하면서 지속가능한 성장을 추구하는 기업이 살아남는다는 의미는, 기업이 얼마나 기민하고 현명하게 기업의 역할을 재정의하고 새로운 시장 기회를 읽어갈 수 있는가에 대한 문제라고 생각한다.

환경, 사회, 거버넌스로 구성된 ESG 중 어느 것 하나 쉬운 영역은 없다. 동시다발적으로 새로운 규제가 만들어지고 있고, 산업 생태계의 비즈니스 가치사슬에는 미완성인 영역들이 존재한다. 전쟁, 기후변화, 경기침체 등 지속가능성을 위협하는 안개가 자욱한 시점에서 기업들은 어떻게 현명해질 수 있을까? 불확실한 미래를 준비한다는 것은 개인이든 기업이든 막막하고 어려운 일이다. 현명한 기업은 이러한 위기와 기회의 딜레마에서 중장기적인 시각으로 결단을 내리는 기업이다. 기업의 규모와 상관없이 '과학적 분석력'과 '스마트한 열정'을 기반으로, 데이터와 기술에 대한 열린 생각은 물론이고 리더십과 경영 시스템이 유기적으로 연결되어야 한다.

ESG 경영은 위험한 비즈니스의 터널을 지나는 과정에서 꼭 필요한 경영 도구라고 생각해야 한다. 경영 도구의 핵심 사용법을 알고, 길 수도 짧을 수도 있는 터널 끝의 세상을 준비하는 기업, 그런 기업만이 다가오는 미래에 그 가치를 인정받을 것이다.

Innovation

2장

초혁신 시대, 기술로 ESG 경영을 리드하라

신지현

기업의
패러다임을 전환시키는
ESG 경영

요즘처럼 변화가 빠른 시기가 있나 싶다. 그런데 안타까운 것은 이 변화의 속도가 느려질 가능성은 없을 것 같다는 점이다. 더욱 빨라지는 변화의 소용돌이 속에서 기업의 생존과 성장을 고민해야 한다.

코로나로 한시적으로 원격의료가 허용되면서 원격의료 플랫폼 덕분에 위급한 상황에서 약을 구할 수 있었고 직장인과 워킹맘들에게 폭넓은 의료 편익이 제공되었다. 그런데 정부가 감염병 위기경보 단계를 '심각'에서 '경계'로 조정하면 원격의료는 바로 불법행위가 되기 때문에 관련된 스타트업은 생사의 기로에 놓였다.

이처럼 현대 기업들은 서너 개의 공을 가지고 저글링을 하는 것과 같다. 비즈니스 수익 창출, 규제, 경영 리스크 등 어느 한 개의 공만 떨궈도 게임은 끝난다. 이와 같은 초혁신의 시대에 기술을 통해 리스크를 줄이거나 대응할 수 있는 방법들에 대해 살펴본다.

변화하는 비즈니스 환경에서
기업이 살아남으려면

'토스'는 금융업일까, 정보통신업일까? '에어비앤비'는 숙박업일까, 정보통신업일까? 이런 산업계 구분이 무색할 만큼 IT를 기반으로 전통 시장을 파괴하는 스타트업이 생겨났고 지금도 계속 생겨나고 있다. 이에 전통 산업을 선점하고 있던 기업들도 디지털 트랜스포메이션Digital Transformation을 통해서 고객과의 접점을 온·오프로 넓히고, 서비스를 고도화한다. 문제는 산업계 구분이 모호하고 넓어질수록 기업들이 신경 써야 할 리스크의 폭도 넓어진다는 데 있다. 특히 산업군별로 구분되는 규제의 경우 토스는 금융업과 정보통신업이 준수해야 하는 컴플라이언스를 모두 챙겨야 한다.

동시에 기업이 고려해야 하는 이해관계자의 범주도 모호하고 넓어진다. 예를 들어, A라는 패션 기업에 종사하는 B씨는 해당 기업의 임직원이면서, 고객이면서, 비영리 환경단체의 회원이면서, 소액주주이자 파워블로거일 수 있기 때문이다. 이처럼 한 명의 개인이 다양한 페르소나를 가질 수 있어, 기업을 둘러싼 이해관계자에 대한 구분과 그들의 니즈를 반영한 우선순위 및 의사결정을 하는 것이 한층 더 복잡하고 어려워졌다.

하지만 오히려 이러한 시대일수록 특정 산업군에 해당되는 컴플라이언스를 준수하고 특정 이해관계자의 만족도를 높이는 데에만 신경 쓸 것이 아니라, 보다 근본적인 체계를 갖추어 긍정적인 영향력이 다양한 이해관계자에 선순환될 수 있도록 해야 한다.

글로벌 트렌드는
'지속가능성'

전 세계 기술 트렌드를 뽐내는 세계 최대 가전·IT 박람회 'CES 2023'에서 핵심 기술 테마 중 하나로 지속가능성Sustainability이 꼽혔다. 'MarketsandMarkets'의 'Green Technology and Sustainability Market (Nov 2022)' 보고서에 따르면, 친환경 및 지속가능성 관련 기술시장 규모는 2022년 178억 달러(약 22.8조 원)에서 2027년 607억 달러(약 77.6조 원)까지 성장할 것으로 전망하고 있다. 연평균 성장률은 27.8%에 이른다.

온라인 기반 안경 업체 와비파커의 공동대표인 닐 블루멘탈은 "스타트업은 해결책이 명확하지 않고 성공이 보장되지 않은 문제를 해결하기 위해 노력하는 기업이다"라고 정의했다. 그렇다면 앞으로 생기는 기업들은 성공 가능성을 높이기 위해 자금이 몰리는 시장이나 인류가 해결해야 할 과제에 집중할 것이고, 그것을 보다 차별화되는 방법으로 빠르게 해결하기 위해서 기술이나 신소재 등을 활용할 것이다.

물론 스타트업뿐만 아니라 대기업이나 중소·중견기업도 기존 비즈니스의 전환과 혁신을 통해 미래 지향 산업으로 나아갈 것이다. CES가 에너지, 물, 식량(미래 먹거리), 기후위기 등 인류가 당면한 문제와 관련한 '인간 안보'와 '지속가능성'에 주목하며 이를 해결하기 위한 기술의 트렌드와 혁신 제품을 보여주는 것도 이러한 방향성의 단면이다. 이렇듯 오늘날 기술과 ESG의 글로벌 흐름을 보고 있자면 '빅블러Big Blur' 현상을 목격하게 된다. 빅블러는 '경계 융화가 일어나는 현상'을 의미한다.

조용호의 《당신이 알던 모든 경계가 사라진다》에서는 빅블러를 4차 산업혁명 시대에 비즈니스 모델이 대충돌을 일으키는 현상이라는 맥락으로 설명한다. 꽤 오래된 책이지만 과거와 빅블러 시대의 차이점을 6가지 측면에서 구분해놓은 것을 보면 우리가 겪고 있는 지금 이 시대가 '빅블러 시대'라는 것을 명확히 알 수 있다. 생산자-소비자, 중소기업-대기업, 온·오프라인, 제품 서비스 간 경계 융화를 중심으로 산업·업종 간 경계가 급속하게 사라지는 현상을 경험하고 있지 않은가? 이러한 경계의 소멸로 다양한 혁신의 새로운 흐름이 일어나고 있다.

디지털 트랜스포메이션으로 자동차 제조 산업이 모빌리티 IT기술 산업으로 전환 및 확장한다. 동시에 글로벌 빅테크 기업들도 모빌리티에 끊임없는 관심과 투자를 보이고 있다. 더 놀라운 것은 아모레퍼시픽의 고객 맞춤형 기술 '톤워크'와 '코스메칩'이 CES 2023에서 혁신상을 받았다는 사실이다. 뷰티 기업인

경계 융화 시대 전후의 주요 차이점

구분		과거	빅블러 시대
기업활동	소비자 역할	상품 구매, 제한적인 기업활동 보조	기업 활동의 주요 영역에 참여
	기업 관심사	고객과의 거래	고객과의 지속적 관계
가치사슬	서비스 역할	고객 서비스 차원	지속 성장 모델
	비즈니스 모델	동일 시장, 유사한 가치 및 접근 방식	시장 재정의, 차별화된 가치 및 접근 방식
산업	산업 장벽	고유 영역의 업무 존재	산업 간 경계 초월
	경쟁 범위	단일 기업, 가치사슬 간	생태계 중심으로 확대

출처: 시장의 모든 시스템을 재편하다 '빅블러 혁명', 〈코스닥저널〉 2013년 6월호

아모레퍼시픽이 가전·IT 박람회에 참가했다니 격세지감을 느낀다. 아모레퍼시픽의 톤워크는 인공지능과 로봇 팔 기반 맞춤형 메이크업 스마트 제조 시스템 솔루션으로 안면인식 기술과 인공지능 알고리즘을 활용해 얼굴의 색상을 측정하여 최적의 맞춤 컬러를 제안하고, 로봇 팔을 활용해 맞춤형 파운데이션·쿠션·립 제품을 제조할 수 있다.

성장 단계와 산업을 초월하는
ESG의 빅블러 ─────────────────

산업 간의 경계가 모호해지거나 확장되면 그만큼 대응해야 하는

ESG 항목이 변화하기도 한다. 가령 제조 기업이 디지털 트랜스포메이션으로 개인 맞춤형 서비스나 솔루션을 제공할 경우, 개인정보에 기반하여 서비스를 추천해야 하기 때문에 취합한 개인정보를 어떻게 취급하고 활용할지 전략을 세워야 한다.

최근 모 채용 플랫폼 스타트업에서 VIP 서비스를 출시하여 고액 연봉자 대상으로 정보를 취합하는 과정에서 발송 대상자들의 이메일이 모두 노출되었고, 고객 중 한 명이 본인의 개인정보를 전체 회신으로 발송하여 이슈가 되었다. 이는 개인의 취향과 상황에 기반한 '맞춤형' 서비스를 보유한 기업이라면 정보통신업 이외에도 제조 산업, 헬스케어, 콘텐츠 산업, 유통 및 서비스 기업 등 어디에서건 발생할 수 있는 리스크다.

코로나 이후로 많은 소비자들이 오프라인 유인 매장에서 주로 장을 보다가 대부분 온라인 쇼핑으로 전환했다. 자연스럽게 과거 쇼핑 기록을 토대로 추천 아이템을 알려주거나, 생일에 쿠폰을 발급하거나, 유사한 소비 패턴의 다른 고객들은 어떤 물건을 함께 사는지 보여주는 개인 맞춤형 서비스가 활성화됐다. 이때 유통·서비스 기업은 고객 정보 보호에 신경을 써야 하고, 배송 시 포장 패키지가 얼마나 친환경적인지도 고려해야 한다. 또한 배송 기사의 인권과 노동 환경, 데이터센터의 안정성, 입점 브랜드 대표와의 비즈니스 상생관계, 대금 정산 투명성과 적시성 등 고려해야 할 ESG 요소가 폭넓어졌다.

중소벤처기업부 '산업별 주요 ESG 요소 분류'에는 성장 단계와 산업별 특성을 고려한 ESG 기준을 제시했다. 같은 ICT 서

산업별 주요 ESG 요소 분류

산업 분류	Level 1 시드 투자, 기업 가치 100억 원 이하	Level 2-3 시리즈 A~C 이상, 기업 가치 100억~750억 원 이상
바이오·의료	임상시험 참가자의 안전, 제약·의료 서비스에 대한 접근성, 인적 자원의 개발 및 유지	제품에 대한 가격 접근성, 위조 의약품 방지, 제품 안전, 윤리적 마케팅, 공급망 관리, 윤리경영
ICT서비스/게임	데이터 프라이버시와 표현의 자유, 데이터 보안, 인적 자원의 다양성	하드웨어 인프라의 환경 부하, 지적 재산권 존중 및 공정 경쟁, 서비스 중단 리스크 관리
영상·공연·음반	콘텐츠와 제작·관리진에서의 다양성 및 포용성	보도·공연·방송 윤리, 저작권 보호
ICT제조	제품에서의 정보 보안, 인적 자원의 다양성, 제품 수명 주기 관리	공급망 관리, 지속가능한 원료 구매, 온실가스 배출 관리, 에너지 사용량 관리, 용수 사용량 관리, 폐기물 배출 관리, 산업 안전, 지적 재산권 존중 및 공정 경쟁
전기·기계·장비	제품 수명 주기 관리	제품 안전, 에너지 사용량 관리, 위험 폐기물 관리, 지속가능한 원료 구매, 윤리경영
화학·소재	사용 단계에서 제품 환경성 개선, 화학물질의 안전·환경 관리	온실가스 배출 관리, 대기오염물질 배출 관리, 에너지 사용량 관리, 위험 폐기물 관리, 지역사회와의 관계, 산업 안전, 법률 및 규제 관리, 환경 사고 예방 및 대응체계
유통·서비스	근로자 인권 보호, 인적 자원의 다양성	에너지 사용량 관리, 고객 정보 보호, 제품·포장·마케팅에서의 환경·사회적 지속가능성 개선

출처: 중소벤처기업부, ESG 벤처투자 표준 지침(가이드라인), 2022년 7월

비스, 게임 산업 기업이라고 할지라도 초기에는 데이터 프라이 버시와 표현의 자유 등에 신경을 써야 하지만, 기업 가치가 커질 수록 인프라의 환경 부하, 지적재산권 존중 및 공정 경쟁과 같이 ESG 영역별로 경영상 고려해야 할 요소들이 늘어난다.

또한 소부장(부품·소재·장비 업종) 기업의 경우 사업 초기에는

제품 수명 주기^{LCA}와 사용 단계에서의 제품 환경성 개선에 집중하다가 기업이 성장할수록 제품 및 산업 안전, 에너지 사용량 관리, 윤리경영, 지역사회와의 관계, 법률 및 규제 관리 등 ESG 전반에 걸쳐 관리해야 할 리스크 요소가 많아진다.

2021년에는 유행처럼 ESG 바람이 불면서 기업마다 너도나도 친환경 캠페인을 진행했다. 임직원과 고객들의 플로깅(조깅을 하면서 동시에 쓰레기를 줍는 운동) 활동처럼 말이다. '환경'에 모든 관심이 집중되면서 기념품으로 받은 '텀블러'와 '에코백'도 이게 정말 환경을 위한 것인가 싶을 정도로 많다.

하지만 2022년부터는 기업들의 '사회' 영역에서의 본격적인 고민이 시작되었다. 어떤 중소기업 대표가 "ESG를 하긴 해야겠는데, 환경은 돈이 많이 들고, 사회는 너무 어렵고, 거버넌스는 하기가 싫다"라고 했다는데 크게 공감했다. 이처럼 사회 영역은 고용노동 환경, 산업 안전, 개인정보 보호 및 정보 보안, 비즈니스 파트너 동반성장, 지역사회 공헌 등 매우 폭넓어 이에 대한 기업의 관심과 실행이 다소 더디긴 했으나, 임직원-고객-공급망 비즈니스 파트너-이해관계자를 두루 아우르는 '인권 경영'이 곧 사회 영역이고, 환경 이상으로 기업 경영에 있어 중요하다는 것을 인식하기 시작했다.

예를 들면, 기아자동차에서 생산직의 노동 강도를 완화하고 작업 환경을 개선하기 위해서 현대자동차그룹 '로보틱스랩'이 개발한 '웨어러블 로봇'을 생산 현장에 시범 적용했다. 또한 콜드체인(어류, 육류, 청과물, 의약품 등 제품을 생산지에서 최종 소비지까지 저온을 유지함으로써 신선도를 떨어뜨리지 않고 배송할 수 있는 저온의 유통 시스템)에 특화한 친환경 전기 트럭을 제조하는 스타트업 이브이앤솔루션에서는 친환경은 물론이고, 현장 근무자까지 고려한 제품 설계를 한다. 임직원이 직접 배송 현장을 뛰어보니 하룻밤 배송할 때 트럭을 80번 내렸다 탔다 해야 하고, 날씨가 안 좋을 때는 시야 확보가 어렵다는 점을 발견했다. 이에 운전석의 높이를 낮춰서 공간을 확보하고, 열선 유리 기술을 가진 스타트업과 협업해서 제품 사양으로 넣는다고 한다. 임직원뿐만 아니라 물류와 배송 현장에서 일하는 사람들까지 신경 쓴, 환경과 사회 영역을 동시에 고려한 좋은 사례다.

상호 연결된
다중위기의 시대

대기업, 중소·중견기업, 스타트업, 공기업 등 기업의 규모나 특성에 상관없이 모든 기업은 투자, 대출, 조달, 거래, 규제 등을 이유로 ESG를 하게 된다. 이것은 단순히 우리나라에 국한된 문제가 아닌 글로벌의 장기적인 흐름이다. 전쟁, 자연재해, 기후위기, 식량난, 국가 간 갈등 등 위기는 커지고 증폭된다. 기술이 발전하면서 산업 간의 경계가 모호해지고, 기업별 살펴봐야 하는 ESG 요소도 폭넓어지고 있다.

기후위기로 인한 경제, 산업 시스템의 전환 과정도 마찬가지다. 석탄화력발전소 폐쇄는 비정규직 노동자의 일자리를 뺏어가고, 탄소세 적용은 저렴한 고탄소 에너지를 사용하는 저소득층의 세금 가중으로 이어진다.

세계경제포럼WEF에서 발표한 〈2023년 글로벌 리스크 보고서〉에 따르면 '다중위기Polycrisis 시대'가 오고 있다. 이는 2년 안에 닥칠 것으로 예상되는 단기적인 위기와 10년에 걸쳐 도래할 것으로 보이는 장기적인 위기가 각각 상호 작용을 한다는 뜻이다. 즉 각각의 위기는 클러스터상의 다른 위기에도 영향을 미쳐 전체 위기에 복합적인 효과까지 나타날 수 있다는 것이다.

〈글로벌 위기 전망: 상호 연결 지도〉에 따르면 자연재해와 이상 기후, 기후 변화 적응 실패와 같은 환경적인 위기는 대규모 비자발적 이주를 유발하고, 이는 국가 붕괴와 지리경제학적 대립을 야기한다. 이 위기는 다시 공급망의 붕괴와 생계비 위기라는 사회적 위기에도 영향을 미치게 된다. 이처럼 기후위기가 인권위기로 연결되기 때문에 기업은 안팎으로 기업'에' 영향을 미치는 환경적·사회적 요소와 기업'이' 영향을 미치는 환경적·사회적 요소를 고려해 경영해야 한다.

이렇게 심각한 글로벌 위기 상황을 직시한다면, 기업에서는 이중 중대성Double Materiality(사회 환경적 변화가 기업에 미치는 영향뿐 아니라 기업이 사회 환경에 미치는 영향까지 고려하는 것)을 검토하지 않을 수 없다. 유니레버는 2100년까지 2℃가 올라갈 경우의 임팩트Transition Impact와 2100년까지 4℃가 올라갈 경우의 임팩트Physical Impact를 시뮬레이션하여 매출과 지출에 미치는 영향을 분석했는데, 이것이 기업의 생존을 위해 필수적이라는 것을 다른 기업도 깨달아야 할 것이다.

실제로 포스코는 2022년 태풍 힌남노로 인한 직접적인 피해로, 현대제철은 태풍으로 인한 홍수 피해와 파업 영향으로 전년 대비 영업이익이 각각 46.7%, 33.9% 감소했다고 한다. 이처럼 기업이 환경과 사회에 미치는 영향, 환경과 사회가 기업에 미치는 영향까지 촘촘하게 따져보고 대응하지 않으면 그 화살은 부메랑처럼 기업으로 돌아와 부정적인 영향을 미칠 것이다.

오늘날 기업은 생존하기도 쉽지 않은 비즈니스 상황에서 지속가능성을 위한 ESG 경영을 챙기고, 동시에 새로운 시장도 개척해나가는 멀티플레이어가 되어야 한다.

기술과 신소재로 거듭나는 ESG 혁신

2016년 3월 한국고용정보원은 인공지능이나 로봇에 의해 대체될 가능성이 높거나 낮은 직업군 상위 20개 리스트를 발표했다. 자동화 대체가 높은 직업군은 1위부터 3위까지가 콘크리트공, 정육원 및 도축원, 고무 및 플라스틱 제품 조립원이었고, 자동화 대체가 낮은 직업은 1위부터 3위까지 화가 및 조각가, 사진작가 및 사진사, 작가 및 관련 전문가였다. 7년이 지난 오늘날 이 전망을 보고 예측의 의도나 맥락을 모르는 것은 아니지만 '예측'이라는 것이 얼마나 빗나갈 수 있는지 실감하게 된다.

지금은 챗GPT가 시도 쓰고, 작문도 하고, 프로그래밍도 한다. AI 일러스트 앱 '렌사'에서는 5900원을 결제하면 20분 만에 200장의 초상화를 내려받을 수 있다. 한 달도 안 돼 1000만 건의 다운로드를 기록하고 일주일 새 820만 달러를 결제했다고 한다. 빠른 기술의 발전은 인간 고유의 영역이라고 믿었던 '창의성'과 '오리지널리티(원본 창조 능력)'까지 넘보고 있다.

이러한 비약적인 기술의 발전은 산업계의 변화를 이끌어내고 ESG로 풀어야 하는 글로벌 문제에 대한 솔루션으로도 부상한다. 2021년 한 글로벌 IT 기업에서 일하던 필자는 아시아·태평양 지역 대표로 글로벌 '지속가능성 태스크포스팀'에 참여했다. 고객들이 ESG 경영을 잘할 수 있도록 글로벌 전체에 ESG와 관련된 비즈니스 및 CSR 성공사례를 모으고, 고객 제안을 위해 우리가 가지고 있는 기술력·서비스·제품을 연결하고, 국가별 주요 어젠다를 토대로 정부관계팀Government Affairs, 환경관계팀Environment Affairs과 협업하는 일이었다. 이처럼 글로벌 빅테크 기업들은 고객사의 ESG 이슈를 함께 해결하며, ESG를 또 다른 비즈니스 기회로 확보하기 위해 발 빠르게 움직였다.

ESG 경영을 더 잘하기 위한
디지털 기술의 활용 ─────────

기업의 ESG 경영을 혁신하기 위해 기술을 접목해볼 만한 영역으로 크게 탄소 및 재생에너지 관리, 공급망 관리 및 투명성 강화, 인권 경영 및 인재관리와 산업 안전, 컴플라이언스 모니터링과 대응, ESG 데이터 분석 및 공시를 꼽아볼 수 있다. 이는 ESG라는 글로벌의 거대한 흐름 속에서 기업의 지속가능경영에의 토대를 마련하기 위한 비용을 최소화하고, 각 프로젝트의 효과성 및 효율성을 높이며, 장기적으로는 새로운 비즈니스 모델을 구상, 전환하는 데 기술을 어떻게 활용할 수 있을까 하는 것이다. 이에 대해 한 가지씩 살펴보자.

1. 탄소 및 재생에너지 관리

고객사와 투자자의 기업을 향한 환경경영 요구가 강해지면서 탄소 감축과 에너지 전환에 대한 기업들의 움직임이 확산되고 있다. 하지만 단기간에 탄소를 감축하고 재생에너지로 변환하는 것은 그리 쉬운 일이 아니다. 탄소를 감축하는 방법으로는 인프라 개선 등을 통한 절대 배출량을 줄이는 방법과 탄소배출권을 구매하여 상쇄시키는 방법이 있다.

전기자동차 회사로 알려진 테슬라의 경우, 2022년 4분기 탄소배출권 판매 수익은 전년 동기 대비 47% 급증해 8분기 연속 수익을 확보했다. 이러한 수익은 태양광 패널 설치 사업과 에너지 저장 시스템으로 온실가스 배출량을 줄여 판매 가능한 탄소배출권을 확보한 것이다.

이를 탄소 배출 기준을 충족하지 못한 다른 자동차 회사에 판매하여 2020년 2분기에는 4억 2800만 달러의 수익을 올렸다. 동 기간 탄소배출권 거래 매출이 없었다면 2억 3400만 달러의 적자를 기록하는 상황이었다. 테슬라의 순이익은 전기자동차가 아닌 탄소배출권에서 나오는 것이다. '인류의 에너지 문제를 해결하는 것'이라는 사명을 바탕으로 '에너지' 관련 혁신기술을 개발 및 축적해온 덕분이다.

그런데 일반 기업이 탄소배출권 판매 업체를 찾고 검증하는 것은 쉽지 않다. 자발적 배출권 시장 안에서는 비의무 대상 기업이나 기관, 개인이 탄소 감축 프로젝트 등을 통해 탄소 배출량을 줄이고 이 성과를 인증 받아 발행한 크레디트^{Credit}를 거래할 수 있다. 문제는 허위 프로젝트로 발행하는 크레디트를 걸러낼 검증 프로세스가 명확하지 않다는 것이다.

이런 틈새를 노려 기업 간^{B2B} 소프트웨어 업체인 세일즈포스가 '드림포스 2022' 연례행사에서 탄소배출권 거래 플랫폼인 '넷 제로 마켓플레이스$^{Net Zero Marketplace}$'를 발표했다. 글로벌 표준을 토대로 한 검증 프로세스를 통과한 풍력, 태양광, 나무 심기 등의 다양한 프로젝트를 활용하여 탄소배출권을 전자상거래처럼 사고팔 수 있게 된 것이다.

우리나라의 스타트업 중에도 태양광·풍력발전 등을 통해 생산한 재생에너지를 거래할 수 있는 비즈니스 모델과 금융상품이 빠르게 발전하고 있다. 하지만 무엇보다 중요한 것은 기업이 배출하는 탄소에 대한 정확하고 측정 가능한 시스템이 구축되어야 한다는 것이다.

사물인터넷^{IoT} 디바이스 설비를 통해 실시간으로 탄소 배출을 측정·기록·저장하고, 블록체인의 분산원장 기술과 암호화 기술을 기반으로 투명하고 신뢰할 수 있는 관리감독체계가 갖춰져야 한다. 사물인터넷, 블록체인, 거래 플랫폼 등과 같은 기반 기술도 중요하지만 단일 기업을 넘어 정부, 기업, 개인 간의 탄

순환경제: 생물학적 요소 및 기술적 요소 기반 제품 순환

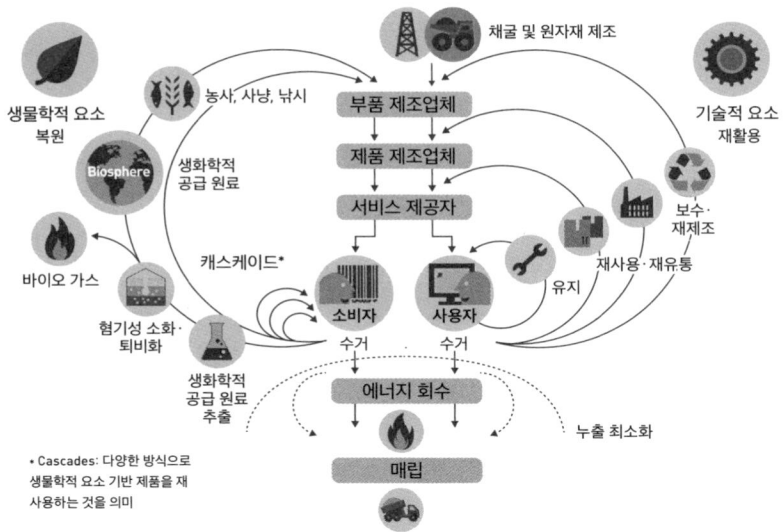

출처: '국제사회의 순환경제 확산과 한국의 과제' 연구보고서 21-08, KIEP 대외경제정책연구원

소 및 재생에너지 거래를 통한 비용 절감과 수익 실현이 가능한 생태계를 조성하는 것도 중요하다.

위 그림에서 볼 수 있는 것처럼 '기술적 요소'에 해당하는 기업의 밸류체인 전 단계에 기술이 접목될 수 있고, 해당 영역마다 기술로 무장한 스타트업이 등장한다. 사용자가 버린 페트병을 수거해서 고급 플라스틱 원료로 기업에 다시 제공하거나 사용자 간에 재사용 및 재유통될 수 있도록 중고 거래 플랫폼을 기업 자체적으로 론칭하거나 당근마켓처럼 해당 서비스를 전문으로 하는 스타트업도 있다.

밸류체인을 개선하고자 하는 기업들은 자체적으로 해당 기술을 개발하기도 하고, 기술력을 보유하고 있는 스타트업과 협업을 하기도 한다. 그보다도 근본적으로 기업은 폐기물 관리 위주의 정책을 넘어 제품의 전 주기를 고려하여 처음부터 순환경제가 반영된 제품 설계를 해야 한다. 제품 수리권Right to Repair●을 보장하여 오래 사용할 수 있고 폐기물을 지속가능한 방식으로 배출, 재생원료로 확보할 수 있도록 개발 및 생산해야 한다.

이 모든 과정에서 기술력이 들어간다. 깨끗한 페트병처럼 재활용 가능한 폐기물을 '비전Vision AI' 기술로 구분하고 로봇 팔이 사람보다 빠르게 분리수거한다. 어떤 중고 거래 플랫폼에서는 AI 기술을 바탕으로 중고 제품의 새 제품에 대한 정보를 매칭해주어 사용자가 판매와 구매를 쉽게 할 수 있도록 지원한다. 구매한 제품의 AS 및 고객관리도 AI 챗봇으로 도와 사용자가 제품을 오래 쓸 수 있도록 하고, 폐기물 처리 시에도 사진만 찍어서 올리면 GPS 기반 근처 폐기물 업체에서 가격 제안을 해서 수거해가는 서비스를 제공하기도 한다.

탄소 감축 및 순환경제를 위해 주목하는 또 다른 기술 영역

● 수리할 수 있는 권리. 수리 보증을 장기간 요청할 수 있는 권리, 수리 방식 및 업체를 선택할 수 있는 권리, 수리에 필요한 부품 장비 등에 접근할 수 있는 권리, 수리가 용이한 제품을 선택할 수 있는 권리 등. 순환경제가 세계적 화두가 되면서 수리권이 부각되었고 우리나라의 경우 2022년 12월 순환경제사회 전환 촉진법(순환경제촉진법)이 통과됨에 따라 2025년 1월부터 시행됨. 순환경제촉진법 제20조에서는 수리권을 "대통령령으로 정하는 제품을 생산하거나 수입하는 자는 제품의 지속가능한 사용을 위해 그 제품이 조기에 폐기되지 아니하고 수리돼 사용될 수 있도록 노력해야 한다"로 정의하며 순환경제촉진법에서는 수리에 필요한 예비 부품 확보에 중점을 둠.

은 '디지털 제품 여권Digital Product Passport'*이다. 3장에서 다루는 '배터리 여권'과 같이 제품의 내구성, 재활용 가능성, 수리 가능성, 재활용 원재료 비율, 환경 발자국 등 지속가능성에 대한 기준 및 충족 여부를 포장·라벨·웹사이트 등에 표시함으로써 소비자가 언제 어디서든 제품 정보를 확인할 수 있도록 하는 것이다.

이러한 디지털 제품 여권이 중요한 이유는 채굴·수송·생산·수출까지 탄소 배출량을 정확히 계산해서 공시하도록 하고, 재활용 가능한 부품 함유량에 대한 정보를 제공하여 순환경제를 이루며, 제품의 생애주기를 관리하여 궁극적으로는 재생원료 재투입이 얼마나 되는지 업종별 데이터베이스를 구축할 수 있기 때문이다.

이와 같은 국제통상에 관련된 부분은 국제 공인 데이터에 근거하여 국가 간, 산업 간 데이터가 관리되어야 하며, 탄소 배출량 등은 계산 후 신뢰할 수 있는 인증제도를 통해 검증되어야 한다. 또한 제품의 세부 정보가 공유됨에 따라 기업 간 기술 노하우가 유출되지 않도록 블록체인을 기반으로 보안관리가 되어야 한다.

- EU가 2022년 3월 31일 발표한 '새로운 에코 디자인 규정(Ecodesign Regulation)' 초안에는 모든 물리적 제품에 '디지털 상품 여권' 제도를 시행하도록 규정함. 디지털 상품 여권 제도는 일반 소비자가 상품 공급망의 지속가능성을 사전에 파악한 후 제품을 구매할 수 있도록 품목마다 에코 디자인 관련 정보를 전자 표지에 담는 제도.

2. 공급망 관리 및 투명성 강화

ESG 관리 영역이 스코프Scope1, 2 범위에서 3까지 확대되면서 자사뿐만 아니라 협력사 전체를 아우르는 공급망이 중요해졌다. 특히나 협력사가 ESG 이니셔티브에 동참할 수 있도록 독려하고, 교육 및 컨설팅을 지원하고, 수준을 점검하고, ESG 성과 및 실적을 모아 공시에 반영하는 일련의 과정들이 신속하고 투명하게 이루어져야 한다.

월마트가 공급망 관리를 하는 것을 보면 힌트를 얻을 수 있다. 에너지, 폐기물, 포장재, 운송, 자연, 제품 사용·디자인과 같이 밸류체인의 탈탄소화에 중요한 총 6개 영역을 정했다. 영역마다 잠재적인 목표를 설정하고, 협력사가 적어도 하나 이상의 영역에서 자사에 맞는 배출량 감축 범위, 목표, 일정을 결정해 매년 진행 상황을 제출하도록 했다. 배출량은 월마트가 제작한 배출량 계산기 플랫폼을 사용하여 계산할 수 있다.

이 외에도 월마트는 다양한 디지털 자료를 제공하여 협력사를 지원한다. 협력사의 실시간 데이터를 취합하여 월마트의 탈탄소화 목표의 진행 상황과 연계해 공급망 전체의 추이를 볼 수 있도록 한 것이다. 협력사가 배출량 계산기 플랫폼을 통해 자사의 수준을 알 수 있도록 한 것도 협력사의 탄소 절감 활동에 도움이 된다. 게다가 참여 기업이 6개 영역 중 적어도 하나에서 배출량을 줄이는 경우, 홍콩상하이은행HSBC으로부터 자금 지원을 받을 수 있도록 연동해놓았다.

또한 월마트는 유통에 블록체인 기술을 적용해 원산지에서 매장까지 이동하는 과정을 클라우드 서버에 자동으로 기록하는 IBM의 '푸드 트러스트Food Trust'를 도입했다. 이 시스템을 통해 복잡한 식품의 공급 과정과 수량을 정확하게 추적하고 있다. 덕분에 원래 일주일이 걸리던 원산지와 안전성 검증 과정을 2초만에 수행할 수 있게 됐다.

그뿐 아니라 공급망 투명성을 확보하고 식품 안전성을 강화해 부패로 인해 폐기되는 식품의 양을 감축했으며, 주문 수요와 식품 손실에 대한 빅데이터를 확보하는 등 효과적인 수요 예측을 통해 잉여 식품 재고를 감축했다. 더 나아가 식품 폐기물 감축을 위해 협력사에 식품 폐기물 데이터 공개를 요구하고, 그에 맞는 식품 재가공·재처리·재활용 노하우 교육을 진행하고 있다.

3. 인권경영, 인재관리와 산업 안전

필자가 글로벌 IT 기업에 다닐 때 직급별 필수 역량, 필요한 교육 프로그램 등이 인사 시스템과 연동되어 있었다. 승진을 위해서 필수 교육을 반드시 이수해야 하며, 그간의 커리어를 바탕으로 향후 가능성 있는 커리어 경로를 추천해줬다.

직원들은 매니저와 상의해 한 해의 목표를 설정하고, 연간 진행 상황을 보면서 주기적으로 커뮤니케이션한다. 교육은 대부분 온라인으로 참여 가능하고, 본인의 수준과 관심사에 맞게 언제든지 선택해 참여할 수 있다. 교육의 효과를 검증하기 위해 마지막에는 간단한 퀴즈가 진행되고, 일정 점수 이상을 통과하지 못하면 재교육을 받아야 한다. 동기부여를 위한 배지가 부여되기도 하는데, 교육을 이수하면 해당 배지가 '링크드인'과 같은 소셜미디어에 노출되어 직원의 역량을 인증해준다. 이와 같이 글로벌 기업에서 직원 개인 역량을 바탕으로 맞춤형 인재관리를 하는 것도 데이터 기반 플랫폼상에서 이루어진다.

빅브라더(정보의 독점으로 사회를 통제하는 관리 권력, 혹은 그러한 사회체계)라는 부정적인 관점도 있긴 하지만, 직원의 이메일 등을 모니터링해서 이직 가능성을 인사팀으로 알람을 보내주는 것도 기술적으로는 가능하다고 알고 있다.

산업 안전의 경우, 사고 후 사후 처리보다 사고가 발생하지 않도록 사전에 예방하는 것이 훨씬 더 중요하다. 특히 2022년 1월부터 시행된 '중대재해 처벌 등에 관한 법률(중대재해처벌법)'에 따라 안전사고를 줄이기 위한 기업들의 관심이 높아지고, 적극적으로 기술을 현장에 접목하고 있다.

'비전 AI' 기술로 산업 현장 내 설치된 CCTV 영상에서 위험한 상황을 포착한다. 중장비 근처에 사람이 있는지, 작업자가 넘어지거나 장비에 끼여 있진 않은지 등 위험 상황을 감지한다. 위험 상황으로 구분되었을 때는 경보음, 음성, 문자 등을 통해 작업 관리자에게 전달되어 대응할 수 있도록 한다. 또한 장치 점검 시 물리적 펜스를 설치할 수 없는 한계를 보완하고자 적외선 센서나 라이트 커튼을 활용하거나, AI 가상 펜스로 위험 구역 내 작업자의 존재 여부, 진입·퇴장 여부를 확인한다.

AI 챗봇은 현장 투입 전 작업자가 보호장비 착용, 안전수칙 숙지 등을 점검하고, 작업 중 작업자의 상태, 이상 징후, 돌발 상

산업 안전의 잠재위험 상황과 관련 기술

잠재 위험 상황	사고 주요 원인	사고 간접 원인	위험 작업장 상황별 관련 기술
높은 곳에서 작업	추락, 떨어지는 물체	악천후, 피로, 훈련 부족, 플랫폼 장애	이동식 및 고정식 앵커 포인트, 공중 승강기와 승강장, 자동 추출 라인, 원격조종 기계 또는 장비, 작업 허가 기술, 피로 모니터링 웨어러블 장비
중장비/기계조작	감전, 기계 끼임, 기계/장비에 의한 충돌/파손	장비/기계 오작동, 피로, 위험 지형, 부적절한 의복/개인 보호 장비(Personal Protective Equipment), 주변에 대한 인식 부족, 훈련 부족, 작업 실패 용인	VR 및 디지털 교육, 원격 제어 장비, 이동식 및 고정식 앵커 포인트, 전력 관리 시스템, 작업 허가 기술, 작업자 위치 추적, 피로 모니터링 웨어러블 장비
건설 및 설치	연기 흡입, 미끄러짐, 넘어짐, 기계 충돌이나 파손	피로, 위험한 지형 또는 날씨, 훈련 부족, 단독 작업자, 기계 취급 실패	VR 및 디지털 교육, 작업공간 침입 탐지, 근접 센서, 위치 지오펜싱(위치 정보 솔루션에 바탕을 두고 반경을 설정하는 기술), 단독 작업자 모니터링, 피로 모니터링 웨어러블 장비
전기 작업	감전사, 폭발, 화재, 기계 통전(자계를 발생하고 있지 않은 초전도 자석을 자계의 상태로 하는 조작), 기계 끼임	부적절한 기계 처리, 부적절한 개인 보호장비, 훈련 부족, 기계 오작동	전기 절연 테스터, 작업 허가 기술, 아크 플래시(전도체 사이의 고전류의 지속적인 전기 방전) 정격 보호장비
자동차나 기계 운전	차량에 치이는 경우, 차량 가스 흡입, 차량에서 추락, 차량 충돌	경보 또는 신호 오류, 시선 차단/어수선한 작업장, 피로, 주변에 대한 인식 부족, 훈련 부족	노동자들의 교통 장벽, 원격조종 차량, 작업공간 침입 탐지, 장치 사용 차단 소프트웨어, 차량 속도 제한 장치, 피로 모니터링 웨어러블 장비, GPS
유해 물질, 가스 또는 액체 사용	가스 폭발 또는 유해한 액체에 대한 노출, 화재, 산소 결핍증	장비 고장, 부적절한 배기열, 대책훈련 부족, 노동자 인식 부족, 작업 실패 용인, 밸브 또는 용기 고장	VR 및 디지털 교육, 원격 제어 장비, 디지털 가스 모니터, 프로세스 안전 소프트웨어, 적외선 모니터, 스마트 개인보호장비
적재 및 하역	이동 하중에 의한 파손, 차량 부딪힘	피로, 부적절한 경로 저장, 부적절한 기계 처리, 훈련 부족, 로드 도크(짐 싣는 곳), 고장, 울퉁불퉁한 지형	자동 도크/베이 잠금 장치, 근접 센서, 위치 지오펜싱(반경 설정 기술)
밀폐된 공간	익사, 폭발, 화재, 유해가스 흡입, 산소 결핍증, 참호 붕괴	피로, 결함이 있는 장비, 잘못된 탈출 경로, 부적절한 개인 보호장비, 공동 작업자에 대한 인식 부족, 신선한 공기를 위한 장비 부족, 훈련 부족	무인자동차 또는 로봇, 디지털 가스 모니터, 레이더, 구조 및 회수 시스템, 피로 모니터링 웨어러블 장비, 산소 공급용 인공호흡기
고열 작업	폭발, 화재, 열응력(인체에 미치는 내외적 열인자의 총체적인 합), 산소 결핍증	피로, 결함이 있는 장비, 잘못된 탈출 경로, 부적절한 개인 보호장비, 훈련 부족	프로세스 자동화, 작업 응용 프로그램 허용, 웨어러블 열 모니터, 피로 모니터링 웨어러블 장비, 내화성 개인 보호장비

출처: How Technology Helps Increase Workplace Safety in Heavy Industries, Getac 17 Nov 2021 Industry Insights

황 등 현장 상황을 사물인터넷 센서 기반의 스마트 디바이스로 파악해 작업 관리자에게 전달한다. 이러한 활동들은 다양한 기술과 융합된 통합 관제 플랫폼이자 안전관리 시스템에 기록된다. 표 '산업 안전의 잠재위험 상황과 관련 기술'과 같이 잠재 위험 상황별로 접목할 기술을 고려해볼 수 있다.

최근 제조업 산업 안전에 있어서 주목할 만한 기술로 '디지털 트윈Digital Twin'도 고려해볼 수 있다. 디지털 트윈은 컴퓨터에 현실 속 사물의 쌍둥이를 만들고, 현실에서 발생할 수 있는 상황을 컴퓨터로 시뮬레이션함으로써 결과를 예측하는 기술이다. 과거와 현재의 운용 상태를 이해하고 미래를 예측할 수 있는 인터페이스이다 보니 시행착오로 인한 비용 낭비를 줄이고, 최적화를 위해 운용 성능과 사업 프로세스를 대폭 개선할 수 있다.

4. 컴플라이언스 모니터링과 대응

글로벌 ESG 규제는 2010년 대비 5배 이상 빠른 속도로 늘어나고 있다. 글로벌화가 가속화하면서 삼성전자, SK, 스타벅스, 애플 같은 글로벌 기업들이 서로 다른 국가에서 더 많은 규제 대상이 되고 있다.

이런 상황은 신산업을 영위하는 기업에 규제 불확실성을 야기할 수 있기 때문에 각국 규제 정보를 파악해 국가별 진출 전략을 수립해야 한다. 일부 기업은 정부관계팀을 두어 각국의 정책·규제 변화에 선제적으로 준비하고 대응한다. 하지만 중소·중견기업에서 글로벌의 법과 규제, 세금 관련법 등을 빠르게 모니터링하고 비즈니스에 적용하는 것은 여간 벅찬 일이 아니다.

실리콘밸리의 리걸테크 AI 기업 '피스컬노트'가 2021년 8월 싱가포르의 ESG 데이터 관리 솔루션 이퀄리브리엄Equilibrium을 인수했다는 흥미로운 기사를 봤다. 2022년 8월 1일 뉴욕증권거래소에 시가총액 약 1조 6000억 원으로 상장한 피스컬노트는 법과 정책, 규제, 관련 판례 데이터를 AI가 수집하고 분석해 다시 세계 곳곳의 정부와 정계, 기업, 각종 기관에 서칭과 분석 리포트를 제공하는 비즈니스 모델을 가지고 있다.

피스컬노트는 규제의 개정 사항이나 정보를 구독 형태로 제공하고, B2B 소프트웨어 플랫폼을 기반으로 해당 기업의 탄소 배출량, 물 관리 매트릭스 등을 수집한 다음 경쟁업체와 비교해 자동 벤치마킹하고, 규제기관이나 대중들에게 자동으로 보고하는 것까지 지원한다고 한다. 피스컬노트 서비스를 통해 네슬레와 같은 식음료 회사들은 패키징이나 플라스틱 빨대, 용기 등에 대한 각국의 대응 정보를 얻고, 카길의 경우 라틴아메리카의 삼림 파괴나 북미의 선박 이슈, 대두와 육류 등의 무역에 관한 종합적인 ESG 정보를 얻는다고 한다. 이처럼 법, 규제, 공공 데이터 등 모든 정보를 수집해 기업의 비즈니스와 관련한 중대한 의사결정을 돕는 데도 기술이 활용될 수 있다.

기업의 브랜드 이미지 실추, 벌금과 같은 금전적인 피해, 대표의 형사 처벌과 같은 직접적인 피해가 있는 것은 아니더라도, 기업의 다양한 이해관계자 사이에서 발생할 수 있는 추가 리스크들도 있다. 그린워싱, 고객의 서비스 불만사항, 협력사 갑질,

임직원의 비윤리적 행위 등이다. 예를 들면, 스타트업 대표의 폭언·폭행, 학력 위조 논란, 서비스 결함으로 인한 성·장애인 비하 발언과 같이 투자나 기업의 이미지에 막대한 영향을 미치는 경우를 포함한다.

이러한 경우 '리스크 관리' 측면에서 언론에 투명한 상황 공유 및 사과 등 물리적으로 대책을 마련해야겠지만, 조금 더 빠르게 상황을 모니터링하고, 사회적인 분위기를 파악하기 위해서 소셜미디어상 기업의 평판을 AI 기반으로 분석하기도 한다.

기업 내부의 모니터링 용도도 가능하지만, 투자자들도 투자 의사결정을 할 때 미디어 기사와 소셜미디어상의 기업 이미지를 파악한다. 한국ESG연구소(구 대신경제연구소)에서도 기사에 등장한 각 기업의 ESG 리스크 정보를 분석하고, 이를 평가에 반영한다. 연구소는 2023년 초 AI 기반 ESG 평가 카테고리와 미디어의 부정적 뉴스를 연계해 분석하여 미디어 컨트러버시 Controversy(회사 운영과 제품이 ESG에 부정적인 영향을 미치는 것으로 알려진 사례 또는 진행 중인 상황) 정보를 제공하는 'ESG 평가 모델 및 KRESG ESG 플랫폼'을 발표했다. 기업에 관한 '의혹'과 실제 법적 판단이 내려진 '사건 및 제재', '사고'에 대한 자료를 AI 기술로 수집하여 산출한 ESG 평가 점수와 전체 순위표를 투자사에 공개한다.

투자사 입장에서 ESG 컨트러버시를 빠르게 모니터링하는 게 중요한 이유는 컨트러버시가 발생할 경우 주가는 바로 하락하는 반면, ESG 평가기관의 평가 등급이 하락하는 데는 시간이 걸리는 경우가 많기 때문이다.

현재 AI 분석은 지속가능 보고서와 기사를 실시간으로 분석할 수 있는 것을 넘어, 정형화되지 않은 데이터까지 분석하여 행간의 의미를 파악하는 단계에까지 이르렀다. 가령 기사에서 '뇌물수수'라는 단어를 발견했더라도 부정적인 평가를 바로 내리는 것이 아니라, 관련 조사 결과까지 종합적으로 판단한다.

5. ESG 데이터 분석 및 공시

서울대 경영전문대학원 '재무회계' 수업 시간에 매우 흥미로운 내용을 배웠다. 재무적 정보와 비재무적 정보는 돈으로 환산되느냐를 기준으로 구분된다. 예를 들면 시장점유율, 종업원 수 등은 비재무적 정보인데, ESG의 경우 과거 환경, 사회, 거버넌스와 관련한 비재무적 정보였다가 현재는 기업 가치에 영향을 주기 때문에 재무적 정보가 되고 있다는 것이다.

또한 기업의 활동은 기업 환경과 기업 전략에 의해서 영향을 받고, 회계 전략이 기업의 전략과 긴밀하게 연결되어 있다. 과거에는 기업 전략에서 회계 전략으로 영향을 미쳤는데 최근에는 ESG로 인해 회계 전략에서 기업 전략으로 영향을 미치기도 해서 양방향으로 바뀌고 있다는 것이다. 공시를 준비하면서 ESG와 관련한 기업 전략과 경영체계를 다시 잡는 선순환이 일어나고 있기 때문이다. 어떤 기업이 공시를 준비하면서 친환경 투자 집행 내역을 공개해야 하는데 내부적으로 '친환경 투자'에 대한 규정이나 분류가 없어 친환경 투자 분류 및 현황, 확대 계획 등을 해당 부

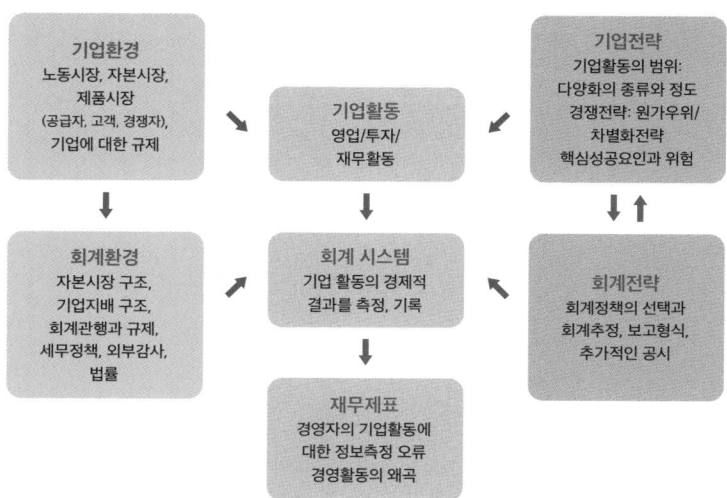

기업 전략과 회계 전략의 상관 관계

기업환경
노동시장, 자본시장,
제품시장
(공급자, 고객, 경쟁자),
기업에 대한 규제

기업활동
영업/투자/
재무활동

기업전략
기업활동의 범위:
다양화의 종류와 정도
경쟁전략: 원가우위/
차별화전략
핵심성공요인과 위험

회계환경
자본시장 구조,
기업지배 구조,
회계관행과 규제,
세무정책, 외부감사,
법률

회계 시스템
기업 활동의 경제적
결과를 측정, 기록

회계전략
회계정책의 선택과
회계추정, 보고형식,
추가적인 공시

재무제표
경영자의 기업활동에
대한 정보측정 오류
경영활동의 왜곡

출처: 《재무회계 강의》, 백복현·정부천 지음, 홍문사

서의 차년도 과제로 선정하여 준비하기로 결정한 것처럼 말이다.

공시를 넘어 ESG 플랫폼은 중소기업이 지속가능경영 성과에 대한 인사이트에서 가치를 창출하는 방법을 식별할 수 있도록 지원해야 한다. 내부 프로세스를 최적화하여 비용 절감을 하거나, 환경 및 사회적 성과 측면에서 회사의 이미지를 개선할 수 있도록 비주얼화하여 대시보드 형태로 한눈에 보여주는 것이 좋다.

동시에 동종 산업의 경쟁업체를 벤치마킹할 수 있도록 경영 실적 등을 모니터링하고, 투자나 자금 조달을 위해 공시 데이터에 실효성이 있어야 한다. 즉 투자자나 거래 관계가 있는 원청 기업의 요구가 있을 때 실시간 데이터를 검토하고 바로 투명하게 공유할 수 있는 시스템을 구축해놓는 것이 이상적이다.

미국의 스타트업 시나이 테크놀로지스는 기업의 내부 탄소 가격을 측정하는 환경 손익계산서 소프트웨어를 개발했다. 실시간 배출량 추적, 에너지 정보 기록 등 기업의 탄소 배출량을 측정할 뿐 아니라 탄소 배출로 인한 잠재적 영향력을 설명하기 위해 구체적인 탄소 비용을 제시한다. 이를 통해 대략적인 탄소 경제적 비용을 추정할 수 있어 정부의 탄소 절감 규제 일환으로 탄소세나 탄소 배출로 인한 수수료, 벌금 등이 의무화되었을 때 잘 대응해나갈 수 있다.

여기서 더 나아가 투자의 내부 수익률Internal Rate of Return(투자 기간 동안 예상되는 현금흐름의 현재 가치와 투자에 들어간 초기 비용의 현재 가치를 비교하여 구하는 수치)을 측정하는 시나리오도 준비한다. 기업의 내부 탄소 가격이 편익 대비 0 이하로 낮아지면 기업은 탄소 전략을 재설계해야 한다. 탄소 비용과 내부 수익률IRR 등 기업의 내부 데이터를 활용해 기업들은 구체적인 탄소 전략 설계가 가능하다.

ESG 관리 대시보드는 지속가능경영과 관련된 여러 조직에 가장 관련성이 높은 정보를 보여주어 최적의 의사결정을 할 수 있는 인사이트를 얻을 수 있는지 여부가 중요하다. 그러기 위해서는 직관적인 인터페이스와 편차를 분석하여 리스크를 쉽게 파악할 수 있도록 하고, 항목별 선택 시 세부 정보도 볼 수 있어야한다. ESG 지표는 온실가스 배출에 관한 것뿐만 아니라 생산 원자재의 가용성, 공급망 안정성, 직원 안전, 인재 개발 및 유지 또는 정보 보안에 대한 주의처럼 조직의 ESG 경영에 대한 전반적인 내용을 포함하여 모니터링할 필요가 있다.

ESG 데이터 시장 규모는 2021년 한 해 동안 10억 달러에 이른다고 할 정도로 성장 속도가 빠르다. 블룸버그, FTSE, MSCI 등 기존 데이터 공급업체와 서스테이널리틱스, 트루밸류 랩스 등 ESG에 특화된 업체들이 경쟁 구도를 형성하고 있고 국내에서는 지속가능발전소가 매일 1만 건 이상의 뉴스 데이터를 통해 ESG 위험을 측정하고 있다.

지금까지 기업의 ESG 경영을 혁신하기 위해 기술을 접목해볼 만한 5가지 영역에 대해 알아보았다. 그런데 참 아이러니하게도 '기술'은 '양날의 검'과 같아서 기업이 ESG 과제를 해결하는 데 활용할 수도 있지만, 또 다른 ESG 과제로 부상하기도 한다. 데이터와 AI, 프라이버시 이슈, 사이버 보안 등과 같이 말이다.

2022년 10월 카카오톡 등 카카오 대부분의 서비스가 30시간 이상 먹통이 되는 사상 초유의 서비스 장애가 발생했다. 이는 카카오뿐만 아니라 카카오를 기반으로 로그인하는 마켓컬리, 직방, 업비트 등 연계 서비스에까지 영향을 미쳤다. 이 경우처럼 ESG 데이터 플랫폼, 글로벌 디지털 제품 여권DPP, 블록체인 기반 공급망 관리 등도 특정 플랫폼이나 시스템 상의 의존도가 높아졌을 경우, 시스템 장애, 해킹과 같은 사이버 보안과 같은 리스크 요소들에 반드시 대비해야 한다.

ESG 평가, 공시 등 관련 기업 분포도

돈이 몰리는
'기후테크Climate Tech'와
파괴적 혁신 기업

위기 속에 기회가 있다. 기후위기, 식량난 등 전 지구적 문제를 해결하기 위해 기업들이 나서고 있고, 기술력을 바탕으로 빠르게 성장하는 스타트업들이 이 문제에 집중하고 있다. 또한 환경적·사회적 이슈를 해결하고자 하는 비즈니스 기회에 자금이 몰린다. 기후테크 벤처캐피털은 투자가 위축된 시기에도 2022년 701억 달러(약 91조 4000억 원)의 투자를 이끌어내며 유난히 강세를 보였다. 이는 2021년 대비 89% 증가한 것이다. 2023년에는 경제 상황 때문에 증가세는 줄어들 것으로 예상되지만 여전히 우선 투자 영역일 것이다.

미국은 인플레이션 저감법IRA 법안이 시행될 경우 기후 변화 인프라 구축에 향후 4000억 달러(약 500조 원)의 관련 투자가 일어날 전망이다. 또한 2037년까지 저탄소 경제 전환 관련 인프라 투자에 95조 달러(약 11경 8000조 원)가 투자될 것으로 보여, 에너지 전환과 자본 재배치가 가시적으로 이루어지고 있는 상황이다.

우리나라에서도 2023년 정부 연구개발^{R&D} 예산으로 30조 7000억 원이 편성되었는데 주로 초격차 전략 기술, 미래 기술, 디지털 전환, 탄소 중립, 인력 양성 등 국가 전략 기술 및 미래 성장 잠재력 확충 분야에 중점적으로 투자한다. 과학기술정보통신부는 2023년 탄소 중립 가속화에 1630억 원 지원, 농림축산식품부는 농업 생산성 증가, 신소재 개발 관련 산업을 2027년까지 10조 원으로 키운다는 '그린바이오 산업 육성 전략'을 발표했다.

좋은 원료와 장비를 해외에서 들여와 제품을 만들어 다시 해외로 수출하던 우리나라의 전통적인 산업구조에서는 미국과 유럽의 신보호무역주의, 러시아와 우크라이나 전쟁으로 인한 원자재가 상승, 글로벌 규제에 따른 탄소 감축 및 재생에너지 사용 증대 압박 등 모든 국제환경이 경영의 리스크로 작용한다. 따라서 우리나라 기업들이 글로벌 경쟁에서 살아남으려면 돈이 몰리는 '그린 뉴딜'의 영역에서 디지털 전환으로 기술 개발 우위를 선점해야 한다.

단일 기업이 스마트 팩토리를 만들어 업무 효율성을 극대화하던 것에서 더 나아가 밸류체인상의 협력사까지 아우르는 생태계를 조성해야만 ESG 시대의 높은 파고를 넘을 수 있다. 지금 당장 기업이 살아남는 것도 중요하지만 기업의 영속성을 위해서 기술력이나 신소재로 비즈니스 혁신과 전환을 이루어 차세대 비

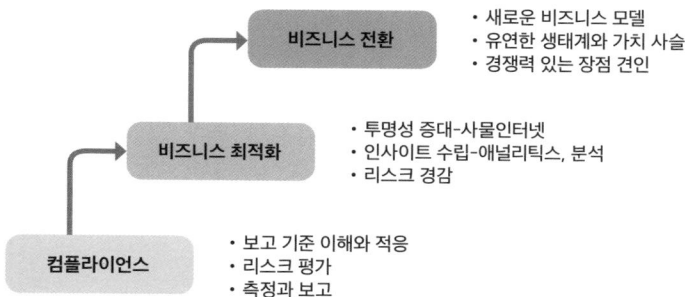

친환경 및 지속가능성 관련 기술 성숙 단계

비즈니스 전환
- 새로운 비즈니스 모델
- 유연한 생태계와 가치 사슬
- 경쟁력 있는 장점 견인

비즈니스 최적화
- 투명성 증대-사물인터넷
- 인사이트 수립-애널리틱스, 분석
- 리스크 경감

컴플라이언스
- 보고 기준 이해와 적응
- 리스크 평가
- 측정과 보고

출처: 〈Sustainability and Digital: How to Move Up the Maturity Ladder〉, Aug 2022 보고서, IDC

즈니스 기회까지도 준비해야 할 것이다.

친환경 및 지속가능성 관련 기술의 성숙 단계를 3가지로 나눌 수 있다. 가장 기본적인 컴플라이언스(준법, 법규 준수)를 관리하기 위한 단계, 다음으로는 사물인터넷 등으로 데이터를 빠르게 취합하고, 인사이트를 수집하여 예방을 통한 리스크 경감을 하는 '비즈니스 최적화' 단계, 마지막으로 새로운 비즈니스 모델과 유연한 생태계, 경쟁력 있는 기업의 강점까지 공고히 하는 '비즈니스 전환' 단계다.

패션 산업을 예로 들자면, 글로벌 패션 브랜드 룰루레몬은 인권 탄압으로 논란이 되고 있는 중국의 신장 위구르산 면화를 사용하는지와 안전 관리 실태 등을 꼼꼼하게 살펴본다. 그 여파로 경북 경산의 섬유 생산업체 삼일방은 룰루레몬으로부터 연간 두 번이나 ESG 실사를 받았다. 미국에서 '위구르 강제노동방지법'이 2022년 6월부터 시행되었기 때문이다.

캐나다와 호주 등도 강제노동으로 생산된 제품을 수입 금지하는 입법을 진행 중이다. 이처럼 비즈니스 관계가 있는 대상 국가의 규제를 빠르게 파악하고, 컴플라이언스 이슈가 없는지 평가 및 관리하는 것이 중요하다.

KBS의 〈환경스페셜〉 중 산더미 같은 옷 쓰레기 속에서 소가 풀 대신 버려진 옷을 씹고 있는 장면은 너무나 충격적이었다. 스위스 UBS에 따르면 전 세계에서 매년 만들어지는 옷은 1000억 장에 달하고, 이 중 500억 장은 구입 후 1년 이내에 소각되거나 매립된다고 한다. 국내에서 버려지는 의류 폐기물도 연 8만 톤에 이른다고 하니, 패션 기업들도 더 이상 이러한 실태를 눈감고만 있을 수는 없어서 '의류 순환 모델'에 관심을 보이고 있다.

그 일환으로 코오롱FnC는 자사 브랜드 제품을 중고 거래할 수 있는 사이트 '오엘오 릴레이 마켓'을 개설하고, 구매-사용-판매-보상으로 이어지는 완전한 자사몰 순환 모델을 지향하고 있다. 이를 위해서는 공급망상의 재고 관리, 보상체계 구축 등 투명한 데이터 관리와 인프라가 필요하다. 또한 중고 제품의 거래량과 품질 관리 등을 통해 고객의 만족도를 높이고, 원활한 판매-보상 절차를 통해 고객의 컴플레인 요소가 될 수 있는 리스크를 줄여야 한다. 과거 일방향으로 판매자-소비자였던 관계에서 훨씬 더 복잡하고 상호작용을 요구하는 '중고 의류 시장'에서의 판매자-소비자 간 양방향 관계로 변화한다. 따라서 이에 기민하게 대응할 수 있는 패션 기업의 '의류 순환 모델'에 최적화된 기반 기술이 필수적이다.

마지막으로 패션 기업들은 '지속가능한 성장'을 위해 비즈니스 전환까지 고려하게 된다. 패스트패션의 대명사였던 H&M의 프로젝트 'Looop'가 이에 해당한다. 'Looop'는 오래된 옷을 깨끗이 씻고 잘게 찢은 뒤 새로운 실을 뽑아내는 기계 이름으로, 화학 물질이나 물을 전혀 사용하지 않는다. H&M은 2030년까지 옷을 만들 때 모두 재활용된 재료를 쓰거나 지속가능한 내용물을 쓰는 것이 목표라고 발표했다. 우리나라에서는 무신사의 신설법인 '무신사랩'에서 친환경 원사를 활용하거나 친환경 포장재나 의류 태그 개발, 리사이클, 업사이클 등을 접목한 패션 제품들을 한데 묶어 판매하는 플랫폼을 첫 프로젝트 'CQR'로 론칭했다.

이처럼 새로운 비즈니스 모델로 전환할 때도 탄소 배출량의 측정, 비교 및 관리, 동종 업계 경쟁사의 현황 분석, 기업의 평판 모니터링, 투자사 대상 실시간 데이터 공유 등 보다 적극적으로 ESG 경영을 내재화하는 데 기술을 활용할 수 있다.

한시가 급한 기후위기,
파괴적 혁신만이 살길

한 세미나에서 "우리나라에서 RE100을 달성하기엔 재생에너지를 생산하는 데 한계가 있지 않은가?"라는 질문을 받은 적이 있다. RE100은 2050년까지 기업이 사용하는 전력의 100%를 재생에너지로 충당하겠다고 약속하는 글로벌 이니셔티브다. 애플과 같은 글로벌 기업은 물론 국내 23개 기업을 포함해 총 380여 개 기업이 가입되어 있을 뿐만 아니라, 삼성전자도 2022년 9월에 RE100을 선언했다.

이는 공급망 전체에 영향을 미쳐 RE100을 선언한 기업의 비즈니스 협력사인 중소기업까지 재생에너지를 써야 하는 상황이 되고 있다. 문제는 재생에너지 발전량과 가격이다. 2021년 우리나라 재생에너지 발전량은 44TWh(테라와트시)인데 삼성전자 한 곳만 18TWh가 필요하니 국내 수요에 비해서 재생에너지 공급이 턱없이 부족한 현실이다. 또한 재생 전기는 기존 전기보다 10~40% 비싸다. 얼핏 재생에너지를 기업의 수요만큼 생산하려면 우리나라 논밭을 모두 태양광 패널로 덮어야 한다는 이야기도 들은 적이 있다.

이러한 에너지, 탄소 중립 문제를 가장 현실성 있게 해결할 방법은 무엇일까? 바로 '기술'과 '신소재'를 통한 혁신이다. '가죽을 벗겨 새롭게 한다'는 '혁신革新'의 원래 뜻처럼 기업 전체를 뜯어고쳐야 할 수도 있다. 패스트패션을 주도했던 H&M이 2030년까지 재생 원단이나 지속가능한 소재로 옷을 만들겠다고 선언한 것과 화석연료에 100% 의존했던 오스테드가 재생에너지 비즈니스로 전환한 것이 대표적인 사례다.

그런데 이러한 혁신이 생각처럼 쉽지는 않다. 〈타임〉지의 표지를 장식한 챗GPT의 등장으로 업계가 뜨거워졌다. 생성형 AI 덕분에 사람들은 더 이상 일일이 검색할 필요 없이 질문을 잘 던지면 된다. 챗GPT가 검색엔진을 대체할 것이라는 전망이다.

이렇게 관심이 뜨거운데, AI 선도기업 구글이 잠잠했다. 그리고 뒤늦게야 내놓은 AI 챗봇 '바드'가 답변을 잘못하는 바람에 주가가 단기간에 무려 12% 하락했다. 3일간 시가총액 약 170조 원이 증발한 것이다. 이미 검색엔진을 통해서 방대한 데이터를 축적한 AI 강자 구글이 왜 그랬을까? 대기업의 '카니발라이즈Cannibalize' 현상 때문이다. 자사 제품끼리 시장을 잠식하는 현상인데, 워낙 방대한 제품군을 가지고 있다 보면 제품끼리 상충하는 부분이 있다.

구글은 그간 '검색엔진'을 통해 성장한 기업이다. 그런데 챗GPT라고 하는 검색엔진에 반하는 기술을 인정하게 되면 자사의 가장 강력한 제품이자 서비스인 '검색엔진'의 우선순위가 밀릴 수밖에 없는 난감한 상황에 봉착한 것이다. IT업계에서는 시장이 워낙 빠르게 변화하기 때문에 이러한 일이 종종 발생하곤 한다. IBM의 하드웨어에서 클라우드로의 전환도 그러했다. 기술력이 없어서가 아니라, 신기술을 인정하는 순간 기존 시장이 잠식된다.

그래서 때로는 공룡기업보다는 민첩하게 기술 개발을 시도하고 상용화하는 스타트업이 혁신의 주역이 되곤 한다. 그리고 대기업은 '오픈 이노베이션'이라는 명목으로 이러한 스타트업과 손을 잡는다. 이처럼 혁신을 위한 연구개발Research and Development 이 'X&D'•로 변화하고 있다.

현장에서 만난
파괴적 혁신 기업

ESG 이노베이션 분야에서 과감한 시도와 성공 모멘텀을 만들어가고 있는 두 사람의 스타트업 대표들을 만났다. 건물의 에너지 혁신, 제로 에너지 빌딩ZEB 건축을 최초로 구현하고 지속가능 건축 플랫폼을 운영하는 '에너지엑스' 박성현 대표, '쓰레기로 환경을 구하자'라는 비전을 가지고 불가사리로 친환경 제설제를 만드는 '스타스테크' 양승찬 대표. 두 기업은 비즈니스 모델이 어느 정도 검증되어서 스케일업 단계에 접어들었고, '기술'과 '신소재'에 있어서 차별화 포인트를 배울 수 있을 것이라 생각했다. 무엇보다 두 기업은 이해관계자를 아우르는 비즈니스 모델, 대기업의 폐기물을 활용한 순환경제 모델을 통해 생태계 전체를 바꾸려는 공통점이 있다.

'에너지엑스'는 일반적인 '녹색 건축물'이나 '제로 에너지 건축물ZEB' 건축에 필요한 에너지 효율화 기술 솔루션을 제공한다.

- 기업의 R&D에서 특히 'R'이 비용과 시간 면에서 병목요인(Bottleneck)으로 작용하는 것을 개선하기 위해 2000년대 전후로 등장한 다양한 혁신 기법. 예를 들어 C&D(Connect & Development)는 외부 기술과 아이디어를 내부의 R&D 역량과 연결해 신제품을 개발하는 개방형 기술 혁신 모델, A&D(Acquisition & Development)는 필요한 기술을 갖춘 기업(주로 벤처)을 인수한 후, 추가 개발을 통해 상용화 시기를 앞당기는 방식, L&D(Launching & Development)는 시제품을 빠르게 출시한 후 고객 피드백을 받아 수정, 보완해 나가는 애자일 전략이며, S&D(Seeding & Development)는 신기술 개발 등 전략적 미래 투자 목적으로 유망 벤처기업에 투자하거나 인큐베이션하는 방식, D&D(Data-driven & Development)는 연구개발 프로세스 전반에 디지털화 및 자동화 기술을 도입하여 개발 생산성을 획기적으로 높이는 방식.

탄소중립을 위한 기술개발과 생태계 조성 '에너지엑스'

기업명	사업모델	최종 투자 단계/누적 투자 유치 금액	설립연도	직원 수 (국민연금)	연매출	자기 자본
에너지 엑스	엔지니어링 및 IT/인공지능 기반의 에너지 효율화 기술을 제공하는 건축 플랫폼 기업	시리즈B/ 315억 원	2019년 (4년 차)	85명 (2023. 2. 10.)	223억 원 (2022년)	309억 원

건축물의 에너지 사용량을 최소화하고, 친환경 에너지를 생산하여 최적으로 관리되는 건축물이다.

현재는 에너지엑스의 사옥을 +ZEB(사용 후 에너지가 남아서 거래가 가능한 빌딩)로 짓고 있다. ZEB를 구현하려면 3가지 주요 기술이 적용된다. 에너지 소비량을 최소화하기 위한 '에너지 절감 기술', 에너지 생산량을 최대화하기 위한 '에너지 생산 기술', 에너지 관리를 최적화하기 위한 '에너지 관리 기술'이다.

여기에서 그치지 않고 불투명한 건축 생태계를 개선할 수 있는 연결 플랫폼과 스토어도 운영 중이다. 플랫폼에서는 건축에 관련한 다양한 이해관계자들, 건축주, 설계사, 건설사를 상호 연결하고 프로젝트 관리 툴까지 제공한다. 스토어에서는 제조사들의 지속가능 건축에 필요한 최첨단 특수 기자재 등을 쉽게 구매하고 소통할 수 있도록 한다.

특히 에너지엑스의 핵심 기술인 '에너지 효율화' 부분은 엔지니어링과 IT 기반의 독보적인 기술력을 바탕으로 한다. 엔지니어링을 통해 조명, 폐열 회수, 보일러, 옥상 등 건축물의 단열성

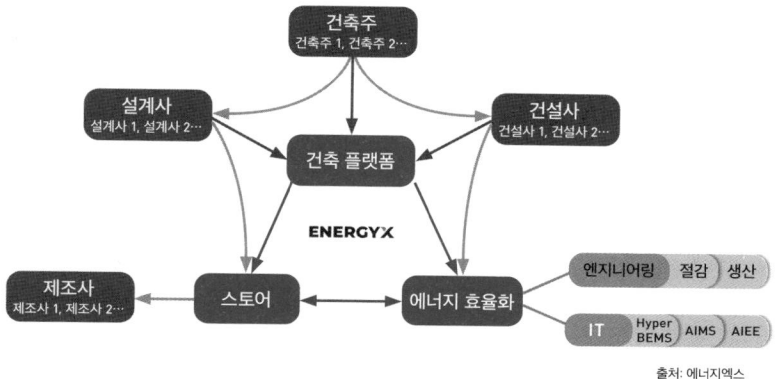

에너지엑스의 비즈니스 모델과 다양한 이해관계자

출처: 에너지엑스

과 기밀성(공기, 가시 등의 기체가 새지 않는 정도)을 극대화하고 전력 소비를 최소화한다. 건물 일체형 태양광 발전BIPV과 건물 부착형 태양광 발전BAPV, 연료전지, 지열 등을 통해서 건축물의 환경을 최적으로 활용하여 자체적인 에너지 생산을 극대화한다.

+ZEB로 짓고 있는 사옥은 간판을 제외한 건물 전체가 태양광 발전이 가능하다니 좀 놀라웠다. 평소에 보던 누워 있는 태양광 패널이 아닌 건물 외벽 자체가 태양광 패널 역할을 하여 에너지를 생산, 소비하고 관리할 수 있는 것이다.

여기에 건축물의 인공지능 효율화 설계 기술, 관리 및 제어 기술이 더해져 건축물과 관련한 모든 데이터를 취합하고, 에너지 효율화를 위해 최적화시켜 ZEB가 가능하도록 한다. 또한 이렇게 축적된 에너지를 개개인 혹은 개별 건물에 직접 사용 및 거래하는 것까지 목표로 하고 있다.

유럽, 미국, 일본에서는 이미 2020년부터 신축이나 리모델링 시 ZEB를 적용하는 것이 의무화된 상황이고, 우리나라에서도 2025년부터 신축 건물(공공 연면적 500m² 이상, 민간 연면적 1000m² 이상)에 한해 ZEB로의 의무화 규제가 있다니 시장성도 높다. 특히 '에너지 효율화' 영역은 글로벌을 통틀어 신재생·원자력 등 어떤 에너지 우선순위보다 높고, '건물'이 산업이나 수송보다 에너지 소비의 많은 부분을 차지하고 있기 때문에 개선 시 파급효과가 크며, 우선적으로 개선해야 할 과제임이 명백하다. 그러다 보니 ESG, RE100, 탄소 중립의 목표 달성을 위해 에너지 효율화가 급한 기업들의 러브콜을 받고 있는 상황이다.

처음 스타스테크를 접했던 건 몇 년 전 유튜브 채널 '이오ᵉᵒ'의 동영상에서였다. 버려지는 불가사리에서 추출한 신소재로 친환경 제설제를 만든다는 비즈니스 모델 자체가 매우 흥미로웠다. 그 동영상은 무려 200만 뷰를 넘기며 화제를 모았다.

직접 만난 스타스테크는 '글로벌 친환경 케미컬 기업'을 꿈꾸는 더 크고 멋진 기업으로 성장해 있었다. '쓰레기로 환경을 구하자'라는 비전을 가지고 불가사리를 골편, 콜라겐, 폐액까지 '아낌없이' 활용했다. '신소재' 발굴과 기회 포착 방법이 인상적이었다. 시작은 해결하고자 하는 문제의 발견이었다. 사실 불가사리라는 폐기물 처리에서 고민이 시작되지 않았을까 했던 추측은 완전히 빗나갔다. 친환경 제설제로 쓸 수 있는 여러 가지 소재들을 검토했고, 그중에 불가사리가 가장 적합했다고 한다.

그런데 제설제를 만들다 보니, 불가사리의 골편만 추출하고

골칫거리에서 황금알로 신소재 개발 '스타스테크'

기업명	사업모델	최종 투자단계/ 누적 투자유치 금액	설립연도	직원 수 (국민연금)	연매출	자본금
스타스 테크	불가사리 추출 성분 기반 친환경 제설제, 화장품, 액상비료 등을 개발 및 생산하는 기업	시리즈B/ 100억 원 이상 (비공개)	2017년	32명 (2023. 1. 기준)	175억 원 (2022. 6. 기준)	1.9억 원

나머지는 버려지는 것이 안타까워 폐액을 액상 비료로 활용하는 것을 연구했고, 고려대 피부과학 교수와 R&D를 하다가 기대 이상의 피부 전달 효율 결과가 나와서 콜라겐 화장품 원료로 활용하게 되었다.

해결하고자 하는 '문제'에 집중하여 비즈니스를 시작하고, 특정 폐기물로 여러 가지 사업을 확장해가는 단계는 자본과 기술을 포함한 어느 정도의 인프라가 갖춰진 상태에서 가능하다.

스타스테크의 3가지 제품은 각각 다른 판매, 마케팅 전략을 펼치고 있는데, 화장품은 패션 산업의 고어텍스처럼 원료와 원료 브랜딩 콘텐츠를 제공하고 원료 대금과 브랜드 로열티를 받는 구조를 만들었다. 직접 화장품을 만들어 마케팅 및 세일즈하는 부수적인 비용을 최소화하고 여러 화장품 기업을 고객으로 유치하는 전략이 가능해진 것이다. 일반 소비자들의 '페넬라겐(불가사리 콜라겐)'에 대한 인지도를 높이기 위해 자체 화장품 브랜드를 론칭하기도 했다.

더욱 놀라웠던 부분은 '폐인산 재생 생태계'를 만들어가고자 하는 비전이었다. 친환경 제설제를 만들 때 필요한 부식 방지제 원료로 특정 '인산염'이 필요한데, 이는 중국에서 100% 수입하고 있어 원가 변동성이 심하며, 품질 관리에 많은 자원이 투입된다. 그래서 스타스테크는 국내 반도체, 디스플레이 업체들이 사용하고 나온 '폐인산염'을 재생하는 것으로 눈을 돌렸다.

기존 시장에서는 대부분 재생 인산을 만드는 기업들이 입찰을 통해 가져갔었는데, 이 경우 수요처에 한계가 있다. 반면 스타스테크는 수요처에 대해 고민할 필요 없이 기존 비즈니스인 친환경 제설제를 만드는 데 사용하면 되는 것이다. 대기업에서도 이런 순환구조는 ESG 경영 니즈로 환영할 것이다.

요즘에는 폐그물, 굴 껍데기, 해수 담수화 농축 소금, 호텔 침구 등 매우 다양한 폐기물의 재활용에 대한 관심이 올라가고 유관 스타트업이 생기고 있다. 이러한 상황에서 "보다 환경적인 것

인산 재생 ESG 컨소시엄 및 생태계

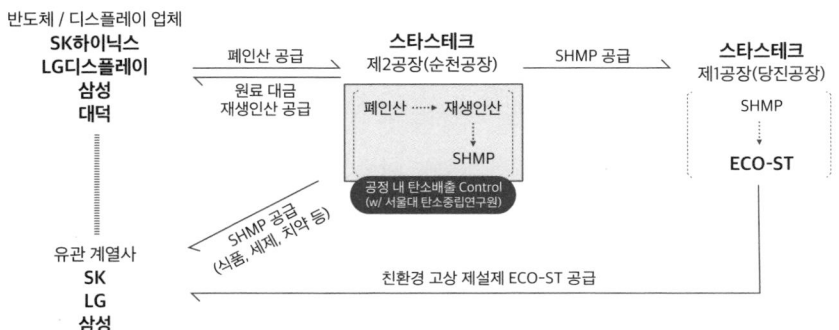

폐인산 재생 사이클의 구현 및 전 사이클 내 ESG 등급/탄소 배출 저감 공동 실현

출처: 스타스테크

이 경제적인 것이다"라고 말하는 스타스테크 대표의 신념에 매료되었다. 그는 기술적인 요소 없이 '친환경'에 접근하는 것은 지속가능하지 않다고 말한다. 스타스테크는 현재 비즈니스에서 멈추지 않고, 생산과 사용 단계에서 줄인 탄소 배출량을 인정받아 '탄소배출권'화하는 비즈니스 모델까지 확대하려고 검토 중이다. 이를 위해 ERP로 연동된 사스^{SaaS}를 기반으로 탄소 배출량을 추적 중이라고 한다.

처음부터 제대로!
미래 기업의
ESG

한 스타트업 대표가 폭언·폭행이나 학력 위조 논란으로 공식 사과를 하는 사건이 발생했다. 또 다른 기업은 인공지능 챗봇 서비스의 제품 결함을 '코로나에 걸렸다'로 무마하려고 했다가 초기 대응 미비로 사회적 지탄을 받기도 한다. 처음부터 규제 혁신 비즈니스로 사업을 한 경우에는 불법과 합법 사이에서 줄타기를 하기도 하고, 해당 영역의 전문성이 있는 기득권 세력의 견제를 받기도 한다. 스타트업의 기술 유출 사건도 빈번하게 일어나는 리스크다.

ESG라는 것이 리스크, 투자, 규제와 관련이 깊은 만큼 스타트업도 피해갈 수 없다. ESG를 '친환경 경영' 정도로 인식할 것이 아니라 초기부터 '지속가능한 생존과 성장'을 이루는 기본 조건으로 여기고 기반을 잘 다져야 한다.

2022년 하반기 중소벤처기업부에서 ESG 벤처 투자 표준 지침을 발표했고, 정부 출자 모태펀드를 운용하는 한국벤처투자에서는 ESG 벤처 투자 가이드라인을 내놓았다. 앞으로 친환경 경영과 사회적 책무, 기업 지배구조 개선 등을 추진하지 않는 스타트업은 투자를 받기가 쉽지 않을 전망이다. 그런데 여전히 ESG를 '자본과 조직을 갖춘 대기업이나 하는 것' 정도로 여기거나 스타트업과는 동떨어진 것으로 여기는 경우가 허다하다.

ESG는 지속가능하게 '생존'하기 위해서 기본적으로 지켜야 할 요소다. 1인 이상 기업에서 지켜야 하는 인사 규정, 리스크가 발생했을 때 기업이 한순간에 무너질 수 있는 컴플라이언스, 기업의 규모와 관계없이 지켜져야 하는 투명한 의사결정체계와 같은 것들 말이다. 이제는 사업계획서 잘 쓰는 법, 정부 지원금 받는 법 등 매출과 성장에만 집중된 스타트업 창업 교육에 ESG에 대한 교육도 추가되어야 하지 않을까 싶다.

기업의 성장 단계별 리스크를 관리하고, ESG 경영을 선제적으로 도입하기 위해 중소벤처기업부에서 발표한 'ESG 벤처 투자 표준 지침(가이드라인)'을 참고할 만하다.

자가진단을 해보면서 현재 단계에서 기업이 놓치고 있는 부분은 무엇이 있는지, 비즈니스 중요도와 이해관계자 관심도에 따라서 우리 기업이 우선적으로 수행할 ESG 과제는 어떤 것들이 있는지, 혹은 추가 비즈니스 기회 창출을 위해 우리 기업이 고려 해볼 만한 요소는 어떤 것이 있는지 살펴보는

ESG 벤처 투자
표준 지침

것도 의미가 있다. 앞으로도 해당 지침과 가이드라인은 2022년 하반기 160억 원 규모의 ESG 펀드로 시범적용하고, 운용성과를 토대로 지속적으로 보완해나가며 구체화 및 강화가 될 가능성이 높다.

그런 점에서 '노을'은 IPO 상장을 경험한 기업으로서 초기 스타트업에 모범 사례가 될 수 있을 것이다. 세계 최초의 탈중앙화 진단 플랫폼 헬스케어 기업 '노을'의 임찬양 대표를 만나 이야기를 들어보았다.

천천히 정석대로 가는 길이
가장 빠른 길

'노을'은 생존조차 어려운 스타트업 시장에서 초기부터 건강한 조직문화를 갖추고 유지해나간다는 것이 얼마나 어렵고 드문 경우인지를 보여주는 기업이다.

조직문화를 집요하게 형성한 '노을'

기업명	사업모델	최종 투자단계/ 누적 투자유치 금액	설립연도	직원 수 (국민연금)	연매출	자본금
노을	AI 기반 질병 진단 플랫폼 '마이랩'을 개발하는 기업	IPO/ 500억 원 이상	2015년	119명 (2023. 2. 기준)	14.7억 원	44.4억 원

임찬양 대표는 '건강한 조직문화'를 만드는 것이 '이율배반적'이라고 말한다. '생존'을 위해 치열하게 살아가는 스타트업에게 중장기적으로 뭔가를 하라고 하는 것은 정말 어려운 일인데, 처음부터 하지 않으면 나중에는 하기 힘든 것이 '기업의 가치관'이자 '조직문화'라는 것이다. 탄탄하게 기반을 쌓았을 때 경제적인 가치로 바로 돌아오는 것은 아니지만, 눈에 보이지 않는 가치로 쌓여 몰입해 일하는 직원으로, 신뢰하고 장기적으로 투자하는 투자자로, 공공성에 가까운 서비스의 진정성에 주목한 고객으로 돌아오게 된다.

노을에서는 아직도 100명이 넘는 직원들이 매주 한자리에 모여 타운홀을 한다. 물론 반대하는 이들도 있었다고 한다. 워낙 바쁘게 업무가 돌아가다 보니 전체 업무의 5%나 차지하는 전 직원 회의, 분기별 교육, 대표의 모든 채용 인터뷰 참여 등을 고집스럽게 유지하는 것이 쉽지만은 않다. 지금은 이러한 노력 덕분에 노을의 가치를 인정하고 오래, 열심히 일하고 싶어 하는 직원들로 안정적으로 구성되었다. "위대한 기업은 처음부터 하지 않으면 불가능하다"라는 말이 와 닿는다.

다음은 노을 이력서 양식에 나오는 질문들이다.

① 어떤 삶을 살고 싶으신가요? 삶의 지향점이나 추구하는 가치를 중심으로 적어주세요.
② 고등학교 졸업 이후 개인적으로 이룬 가장 큰 성취는 무엇이었나요?

③ 과거에 했던 선택 중 한 가지를 바꿀 수 있다면 어떤 것
  을 바꾸고 싶나요? 이유와 함께 적어주세요.

④ 주변 지인 중 배울 점이 있는 사람(A, B)과 닮고 싶지 않
  은 사람(C, D)을 그 이유와 함께 적어주세요.

⑤ 회사를 선택할 때 어떤 부분을 중요하게 보시나요?

이러한 질문에 답변하도록 요구하는 것 자체가 '채용'의 장애
요소였다고 한다. 한 사람의 인생을 되짚어봐야 할 정도의 깊이
있는 질문에 지원 의사를 접어버릴 수도 있기 때문이다. 역량이
나 성과만 보는 것이 아니라 기업과 가치관이 맞는지까지 봐야
하기 때문에 더 많은 인재 풀이 필요하다.

그런데 이렇게 채용 과정에 공을 들이면, 채용 후 시행착오
를 줄일 수 있다. 기업과 핏^{Fit}하지 않은, 즉 맞지 않는 사람을 최
대한 사전에 걸러내고, 조직에 들어왔다가 이탈하여 조직문화가
망가지는 시행착오를 줄일 수 있는 것이다.

그래서 노을은 더디지만 그들의 가치를 유지하기 위한 최적
의 방법들을 찾고 지켜나갔다. 결국 회사의 미션, 가치, 철학을
기대하고 온 구성원은 안정적이고 강한 조직을 이루고, 어려운
시기에도 퇴사하지 않고, 금전적 보상으로 모실 수 없는 인재들
을 이끄는 힘이 생겼다. 비슷한 투자 단계의 스타트업들에서 업
계 최고 연봉을 주고 모셔왔던 인재들이 어려운 시기에 조직을
떠나는 모습과는 대비된다고 했다.

창업 후 IPO 상장까지 ESG 체계를 잘 갖추려면 창업 미션,

가치, 철학을 처음부터 잘 설정하고 모든 조직원이 같은 방향을 볼 수 있도록 하는 것이 중요하다. 다음으로 '지속가능한 경영' '위대한 기업을 만드는 과정' 자체를 즐겨야 한다. 어려운 시기에도 아웃풋 성과 중심 결과만 따지기 전에 이런 회사를 만들어보고 싶다는 열망이 강하게 작용하면 제약 조건이 더 많아지는 상황에서 필수불가결한 '혁신'을 만들어내게 된다. 덕분에 물 없이 진단이 가능하고, 독성이 있는 메탄올 대신 에탄올로 혈액을 고정하고, AI를 인터넷 없이 돌릴 수 있는 경량화된 질병 진단 플랫폼을 만들어냈다.

임 대표는 기업이 생존하고 IPO 상장까지 도달하는 데 가장 중요한 것은 사람, 문화, 자금 그리고 기술이자 비즈니스 모델이라고 한다. 타협하지 않고 지속가능한 비즈니스 모델 말이다.

노을은 거버넌스 체계를 갖추는 것에도 공을 많이 들였다. 임직원들과의 투명한 소통, 의사결정 과정에서의 신뢰와 존중, 의사결정 이전 적절한 주의와 계획 수립에 대한 주체의 책임Due Diligence, 비즈니스 파트너 딜러 신용 조회 프로세스 등 개인의 역량이나 판단에 의지하지 않고, 시스템화·절차화·내재화하도록 노력했다.

각 투자 단계에서는 목표를 최대한 적절하게 설정할 수 있도록 했다. 목표가 비현실적으로 이상적이면 투자가 상대적으로 쉬울 수도 있겠지만 조직원들이 죽어나고, 목표가 보수적이면 투자에 대한 매력도가 떨어지기 때문이다. 그 사이의 균형을 잘 맞추는 것이 중요하다.

임직원은 물론 투자자와 딜러까지도 노을의 가치관과 맞는 곳만 선택적으로 고른 덕분에 이제는 비즈니스적으로 시너지를 내기 시작했다. 상장 후 분기별 실적 보고가 처음에는 부담이 많이 되었고 여전히 비즈니스에서 가장 중요한 요소는 '실적'이지만, IR 때마다 원칙이 명확한 기업의 가치에 대해서 지속적으로 이야기하니, 이제는 일반 투자자들도 노을은 다른 관점으로 봐야겠다는 생각을 하기 시작했다.

특히 국제사회, 글로벌 회사, 해외 바이어들은 사회 성과 보고서를 보내면 그 가치를 인정한다. 헬스케어의 경우 B2G[Business to Government] 사업은 정책적으로 움직이는데, 민간 기업임에도 공공성이 있는 기업이라고 인정하고 공적인 목적 자금을 투자하는 데도 긍정적으로 작용한다. '가치'에 대한 집중과 진정성이 비즈니스 선순환으로 이어지는 지점이다.

ESG로 바뀌는
더 나은 미래

　미래 세상은 어떻게 변할까? 과학자나 미래학자들이 상의해서 만들었다는 SF 영화 등을 참고하면 상상력에 도움이 될지도 모르겠다. 모빌리티는 단순히 이동 수단으로보다는 콘텐츠를 소비하고 생산하는 엔터테인먼트 혹은 업무 공간이 될 것이다. 자동차나 자전거, 킥보드를 소유하기보다는 이용 구간과 시간 등을 설정하면 이용 요금을 과금하는 '서비스'가 될 것이다. 잠재범죄자의 행동 패턴을 분석해서 범죄를 예측하기도 하고, 음식을 조리하고 배송하는 등 기본적인 서비스들을 로봇들이 수행하게 될 것이다. 생성형 AI가 소설도 쓰고, 영화도 만들고, 프로그래밍도 하고, 가장 적합한 치료제도 찾아주고, 판례를 기반으로 형량을 추천할 수도 있다.

　우리는 더 나은 세상을 만들기 위해 기술을 활용하기도 하지만, 기술이 지나치게 앞서면 기술을 견제하기 위해서도 ESG가 필요하다. 기술을 견인하는 기업들이 '환경'과 '사람'을 중심에 두지 않으면 기술은 사람을 죽이는 무기가 될 수도, 사람을 살리는 도구가 될 수도 있기 때문이다.

세계경제포럼에서 발표한 '글로벌 리스크 톱10'을 보면 지금으로부터 2년 후까지는 생계비 위기, 자연재해와 이상 기후, 지리경제학적 대립 등이 상위권을 차지하다가, 10년 후에는 1위부터 3위까지가 기후 변화 완화와 적응 실패, 자연재해와 이상 기후가 차지한다는 것을 알 수 있다.

오늘날 기업들은 당장 눈앞에 닥친 공급망 리스크 등에 대응하며 생존을 위해 치열하게 살아가지만 장기적인 안목으로 기후 위기에 대비하지 않으면 훨씬 더 큰 리스크가 기업의 비즈니스 근간과 시장 자체를 무너뜨릴 수도 있다. 코로나를 겪으면서 수많은 여행업 기업이 문을 닫았던 것처럼 말이다.

세계 최대 가전·IT 박람회 'CES 2023'에서 '미래 농장The Farm of the Future'의 모습을 발표했다. 로봇이 농사를 짓고, 지능형 저장창고에서 재고가 얼마나 남았는지 알려주고, 드론이 토양 센서에서 받은 데이터에 근거해 농약을 선택적으로 발포하고, 농작물의 특징에 따라 습도·온도 등을 맞춰주는 스마트한 미래형 농장 말이다. 가장 보수적이고 변화가 더디던 농수산업에도 혁신이 머지않아 일어나게 될 것이다.

우리는 여기서 한 발짝 더 나아가 로봇이 대체한 농부들은 어떤 일을 하게 되고, 가축들의 동물권은 보장이 되는지, 농장에서 방류된 물이 지역 주민들에게 미치는 영향은 어떠한지까지 면밀하게 따져봐야 할 것이다. 그것이 우리 지구와 우리가 공존할 수 있는, ESG가 만들어가야 할 미래가 아닐까.

변화의 시기를
놓치지 말자

2023 탄소 중립과 순환경제 세미나에서 '탄소 중립을 위한 산업 부문 전략 및 과제' 발표를 듣던 중 우리나라의 제조 산업 구조에 대해 좀 더 깊게 이해하게 되었다. 다음 도표를 살펴보면 우리나라의 경제 성장을 이끌었던 자동차, 조선 등과 같은 산업이 철강, 특수목적/일반목적 기계 등과도 밀접한 연관관계를 가진

제조업 내 업종 간 연계구조

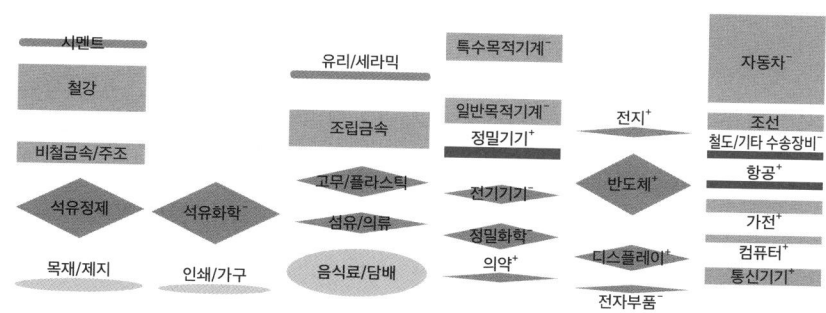

* ① OECD 분류기준에 의하여 +는 고위기술산업, −는 중위기술산업
　② 높이는 제조업 내 산출액 비중

출처: 탄소중립을 위한 산업부문 전략 및 과제, KIET 산업연구원 정은미 성장동력산업연구본부 선임연구위원 '2023 탄소중립과 순환경제 세미나' 발표자료(자료: 산업연구원 통계청)

다는 것을 알 수 있다. 이러한 연계구조상 코로나와 전쟁의 여파로 기간산업이 크게 흔들렸던 타 국가에 비해서 우리나라는 제조업 내 다양한 업종의 기업들이 비교적 탄탄하게 지탱해줌으로써 위기에도 안정적인 성장과 뛰어난 복원력을 보여줄 수 있었다.

따라서 기초소재 및 핵심부품을 공급하는 기간산업이 온실가스를 많이 배출한다고 해서 산업 자체를 없앨 수는 없는 노릇이다. 오히려 미국을 포함한 글로벌에서 인건비 등 각종 비용 절감을 이유로 해외에 나간 자국 기업이 다시 국내에 돌아오는 '리쇼어링Reshoring' 현상이 나타나고 있다.

이러한 배경 때문에 비즈니스의 대전환을 위한 기술의 접목과 신소재 개발이 필수적이다. 지금까지 다룬 디지털 기술 이외에도, 철광석을 잘 정제하여 순도가 높은 양질의 제품을 만드는 과정에서 석탄을 가공해 만든 연료 '코크스'를 사용하게 되는데, 이를 수소로 대체하는 기술이나 바이오매스(식물이나 미생물 등을 에너지원으로 이용하는 자원) 에너지를 개발하는 것도 중요하다.

158년 역사의 독일 화학 기업 바스프는 재생에너지 자회사인 바스프 리뉴어블 에너지 게엠베하BASF Renewable Energy GmbH를 만들었다. 이를 토대로 재생에너지와 대체 원자재, 이산화탄소 저감 기술 등을 통합 관리하는 체제를 마련하고 있다. 이처럼 글로벌 기업들은 비즈니스 모델까지 전환하며 매우 공격적으로 ESG 시대이자 미래를 준비하고 있다.

"호미로 막을 것을 가래로 막는다"라는 속담이 있다. 작은 힘으로 충분히 해결할 수 있는 일인데 시기를 놓치거나 미리 준비하지 않으면 괜한 힘을 더 쓰게 된다는 뜻이다.

우리는 기후위기의 가장 중요한 시기, 아니 어쩌면 이미 늦어 버렸을 시기를 지나고 있다. 탈세계화 기조 속에 유럽 국가들과 미국 등 국가별 산업 경쟁력 강화는 더욱 치열해졌고, 기업들은 생존을 위해 밸류체인상의 협력사까지 챙기며 공정 및 제품 포트폴리오를 조정하고 변화를 가속화하고 있다. 산업구조는 사양 산업에서 지속가능한 산업으로 재편되고 있고, 신기술과 신소재로 무장한 스타트업들이 빠르게 성장한다.

제조 산업 기반의 수출 의존도가 높은 우리나라 기업들이 이러한 변화 속에서 더욱 공격적으로 움직여 새로운 시장을 확보하지 못한다면 더 비싼 값을 치러야 할 수도 있다. 프랑스 현대 미술의 거장 장피에르 레이노는 "변화를 유도하면 리더가 되고, 변화를 받아들이면 생존자가 되지만, 변화를 거부하면 죽음을 맞는다"라고 했다. ESG 시대, 우리나라 기업들의 무운을 빈다.

Environmental

3장

친환경으로
기업의 체질을
바꿔라

전형석

공급망의
최종 목적지,
탄소중립

ESG 중 환경^E 분야는 정량적으로 목표를 세우고 측정하기 쉬워 많은 활동이 이루어지는 분야다. 하지만 이를 수행하기 위해 비용이 드는 경우가 많고 담당자의 전문성이 필요하여 중소기업에겐 더욱 어려운 분야다. ESG 주요 평가기관의 환경 영역 지표에는 사업장에서의 환경 배출에 대한 내용이 대부분이지만 점차 제품의 영역으로 범위가 넓어지고 있다. 사회^S나 거버넌스^G 영역 역시 기업의 내부뿐만 아니라 협력사, 바이어 등 이해관계자로의 영향까지 고려해야 하기 때문에 어떤 공급망과 연결이 되는가는 환경 성과와 경영의 성패에 중요한 요소다. 이 장에서는 공급망의 관점에서 들여다봐야 하는 스코프^{Scope}3, 전과정평가, 자원순환 구축 그리고 기업 외부와의 연결고리가 되는 친환경 제품 라벨링과 디지털 플랫폼 적용에 대해 이야기해보고자 한다.

기후 위기를
막는 방법 ─────────────

기후변화는 인류의 생존이 달린 가장 큰 문제로 온실가스 감축은 1997년 교토에서 개최된 UN 기후변화협약 당사국총회[COP3]에서 '교토의정서'라는 이름으로 합의되었다. 온실가스 배출에 책임이 많았던 선진국들의 온실가스 감축의무를 규정했고, 기후변화를 일으키는 6가지 온실가스로 이산화탄소CO_2, 메탄CH_4, 이산화질소NO_2, 수소불화탄소$HFCs$, 과불화탄소$PFCs$, 육불화황SF_6이 정의되었다(삼불화질소NF_3는 추후 추가).

  2015년 21번째 당사국총회[COP21]에서는 2020년부터 모든 국가가 참여하는 신新 기후체제의 근간이 되는 파리협정이 채택되었다. 이 협정은 전 지구의 실질적인 탄소배출량 관점에서 접근해야 함을 상기함과 동시에 탄소배출에 대한 규제가 약한 국가에서 탄소를 배출하는 것을 방지하는 EU의 탄소국경세나 제품 탄소발자국 제도의 명분이 되었다. 또한 지구 평균기온 상승을 산업화 이전 대비 2℃보다 상당히 낮은 수준으로 유지하고, 1.5℃로 제한하기 위해 노력한다는 전 지구적 장기 목표를 세웠다. 그러나 2023년 3월 기후변화에 관한 정부간협의체[IPCC]가 승인한 6차 보고서는 사실상 1.5℃ 상승을 막는 것은 어려울 것이라는 암울한 전망을 내놓았다. 산업화 이후 100여 년간 약 1℃가 올랐기 때문에 약 0.5℃의 상승을 막으려면 2050년까지의 탄소중립이 더욱 다급해진 것이다.

탄소중립이란 개인, 기업, 단체 등에서 배출한 이산화탄소를 다시 흡수해 실질적인 배출량을 '0'으로 만드는 것을 의미한다. '넷제로Net-zero'라는 표현도 많이 쓰이는데, 이것은 이산화탄소를 포함한 모든 온실가스를 대상으로 하며, 인위적으로 대기 중에 온실가스를 일정 기간 동안 제거하여 온실가스의 배출과 제거의 합이 0이 되는 상태를 의미한다. 넷제로는 모든 온실가스를 대상으로 하므로 지구온난화지수Global Warming Potential 등을 활용하여 동일한 단위(CO_2 eq)로 환산한 후 비교 및 평가하기도 한다.

탄소중립을 달성하는 방법으로는 에너지를 적게 쓰고 화석연료 대신 재생에너지를 사용하는 등의 탄소 배출량을 감소시키는 탄소 저감과 나무를 심거나 탄소배출권*을 구매하는 등 탄소 감축 활동을 하거나 환경기금에 투자하는 탄소 상쇄 방법이 있다. 최근 탄소 상쇄 분야에서 그린워싱의 이슈가 증가하면서 탄소 감축 검증의 품질은 점점 중요한 부분이 되고 있다.

탄소 배출량을 측정하고Measurement, 보고하고Reporting, 검증하는Verification MRV 활동은 탄소 감축을 정확히 파악하고 유도하여 궁극적으로는 탄소중립을 달성하는 데 가장 기본적인 요소가 된다. 국내 MRV 시장에서는 의무적인 배출권거래제Emissions Trading System에 따라, 680여 개의 배출권 할당 기업과 온실가스 목표관리제 대상인 340여 개의 기업이 매년 MRV에 대한 3자

- 정부가 탄소 전체 배출 허용 총량을 설정하고 기업이 그 범위 내에서 배출권을 부여받는 방식. 할당받은 범위 내에서 운영하되 남거나 모자라는 배출권을 시장에서 거래할 수 있음.

검증을 받고 있고 두 제도에서의 검증 범위는 국내의 경우 스코프1, 2이다.

스코프1~3은
무엇인가

온실가스 배출 산정 관련하여 많이 활용되는 GHG^{Greenhouse Gases} 프로토콜에서는 온실가스 배출량 산출 영역을 배출원에 따라 스코프1~3으로 나눈다. 만약 A라는 온실가스 배출량을 보고해야 하는 기업이 있다면 스코프1은 A사가 보유하거나 통제하는 시설에서 직접적으로 배출하는 온실가스로 주로 굴뚝에서 배출되는 공정가스, 난방 후 발생하는 질소산화물과 같은 가스 그리고 기업의 차량 운행 시 직접적으로 발생하는 가스로, 온실가스가 직접적으로 대기로 배출되는 경우다. 스코프2는 기업이 사용하기 위해 구매하는 전기, 증기, 냉난방 등의 생산에서 간접적으로 배출되는 온실가스를 말하며, 우리나라는 대부분 전력 사용에 대해 한국전력이 고지서를 발행하므로 계산을 통해서 쉽게 CO_2량으로 환산할 수 있다. 스코프3는 기업이 보유하거나 통제하지 않는 공급망과 제품 소비 과정에서 배출되는 온실가스로 GHG 프로토콜에서는 스코프3를 상류 흐름^{Upstream} 8가지와 하류 흐름^{Downstream} 7가지로 나누었다.

스코프1, 2만 대상으로 하는 배출권거래제와 온실가스 목표

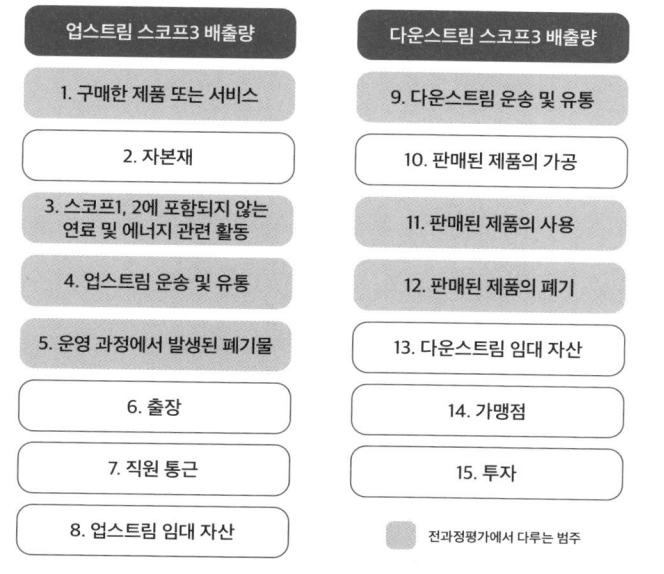

스코프3 온실가스 배출원

업스트림 스코프3 배출량	다운스트림 스코프3 배출량
1. 구매한 제품 또는 서비스	9. 다운스트림 운송 및 유통
2. 자본재	10. 판매된 제품의 가공
3. 스코프1, 2에 포함되지 않는 연료 및 에너지 관련 활동	11. 판매된 제품의 사용
4. 업스트림 운송 및 유통	12. 판매된 제품의 폐기
5. 운영 과정에서 발생된 폐기물	13. 다운스트림 임대 자산
6. 출장	14. 가맹점
7. 직원 통근	15. 투자
8. 업스트림 임대 자산	전과정평가에서 다루는 범주

출처: GHG 프로토콜

관리제와는 다르게 아직 의무는 아니지만 많은 요구가 발생하고 있는 제품의 탄소발자국이나 환경성적표지Environmental Product Declaration와 같이 전과정평가의 방법론에 근거하는 제도는 스코프1, 2와 스코프3 일부를 포함하여 계산된 온실가스 총합을 제품 하나로 할당하는 개념이다. 이 제도들도 MRV 시장에 포함되어 국내외 기관에서 3자 검증을 수행하고 있다.

지난 몇 년간 탄소중립을 선언한 많은 기업들은 조립 공정이 대부분인 완제품 업체나 유통업체와 같이 사내 자체 배출량이 적은 곳이었다. 게다가 탄소중립 선언의 범위를 들여다보면 아직은 스코프1, 2까지만 선언한 경우가 많다. 협력사의 수가 많아 관리가 힘들거나 화학이나 철강산업과 같이 스코프3가 되는 기업의 규모나 배출량이 더 커서, 스코프3까지를 탄소중립의 범주에 넣으면 관리의 어려움과 감축 비용이 커지기 때문일 것이다.

미국에 본사 사무실을 두고 중국, 대만 등의 공장을 통해 OEM을 해온 애플은 20년이나 앞당긴 2030년까지 제품 제조에서부터 공급에 이르기까지 전 과정에서 100% 탄소중립를 달성하겠다는 파격적인 선언을 해서 업계를 깜짝 놀래켰다. 애플이 선언한 탄소발자국 계산에 따르면 스코프3가 99%에 달하며 이 배출

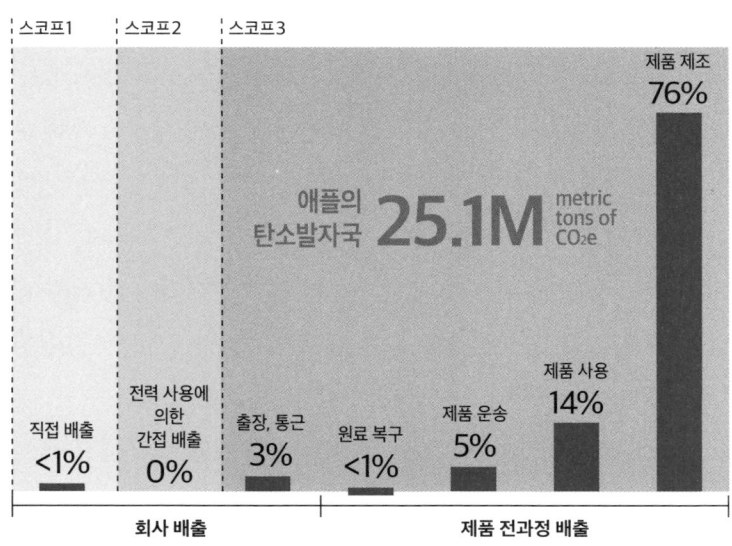

애플의 온실가스 배출원

출처: 애플 환경 보고서

량을 0으로 만들기 위해 재활용 연구소를 설립하고 14개의 소재에 폐기물로부터 온 재활용 소재를 적용하는 연구를 지속적으로 하고 있다. 최근에는 5년이나 앞당겨 코발트를 100% 재활용 소재만으로 쓰겠다고 선언했다. 희귀금속, 플라스틱, 금속 등의 국내 소재 협력사 또한 품질이 확보된 재활용 소재를 생산하고자 많은 노력을 기울이며 3자 검증을 받았다. 애플은 협력업체 청정 에너지 프로그램Supplier Clean Energy Program도 출범하여 현재 210여 개의 협력사가 참여하고 있고 재생에너지*의 사용 확대를 추진하고 있다. 이 프로그램에는 삼성, LG, 포스코, 하이닉스, 서울반도체, 대상 등의 국내 계열사가 참여하고 있다. 애플의 탄소중립 선언 이후에 인텔, 마이크로소프트, 델, GE, 알리바바 등이 공급망까지의 탄소중립을 선언했고 많은 기업이 뒤따르고 있다.

국내의 경우 몇몇 대기업이 일부를 공개하고 있지만 아직 대부분의 기업들이 배출량의 정확한 산정 방식이나 목표 등을 담은 상세한 로드맵은 발표하지 못한 실정이다. 그러나 다양한 이해관계자들의 스코프3에 대한 요구가 증가하므로 협력사들은 사전 준비가 필요하다.

한 기관의 조사에 따르면, 제조사의 경우 운용에서 나오는 배출량의 약 11배, 유통업체의 경우 약 28배, 금융의 경우 약 700배 정도가 스코프3에서 발생한다고 한다. 스코프3 배출량 중 큰 부

- 고갈되지 않고 지속적으로 얻을 수 있는 에너지로 태양, 풍력, 수력, 해양, 지열 에너지와 생물 자원을 변환시켜 이용하는 바이오 에너지 등을 가리킴.

분을 차지하는 협력사의 배출량은 상위업체의 통제 밖에서 이루어지므로 이를 다양한 단계의 협력사로부터 정보를 취합, 추적하는 것이 매우 어렵다. 통일된 방법론도 없고 가장 잘 알려진 GHG 프로토콜의 내용 또한 어렵다. 게다가 배출량을 감축하기 위해서는 많은 물적, 인적 자원이 필요하므로 2차 이상 협력사의 스코프1, 2(직접, 간접 배출량)를 통제하는 것은 상위업체의 경영활동과 직접적인 연관성이 적은 영역이라는 의견도 있다. 그럼에도 불구하고 탄소정보공개프로젝트Carbon Disclosure Project, 3000여 개의 조직이 포함된 과학 기반 감축 목표 이니셔티브SBTi와 같은 글로벌 평가기관에서는 스코프3를 포함한 구체적인 목표 설정과 감축방안을 요구하고 있고 많은 글로벌 기업이 이니셔티브에 가입하여 감축 목표를 늦어도 2050년까지로 잡고 있다.

국제회계기준IFRS 재단의 국제지속가능성기준위원회ISSB는 ESG 공시의 국제 표준안을 만드는 국제기관으로 2022년 공시 기준에 스코프3를 포함하기로 하여 파장을 일으켰다. 그러나 현재 기업들의 준비가 미비하다고 판단하여 배출 보고를 최소 1년간 임시로 면제하기로 했다. 미국 증권거래위원회SEC가 요구하게 될 기후정보 공시기준 초안에서는 스코프3를 중대한Material 배출량이 발생하는 정도에 한하여 적용한다고 했지만 '중대한'이 어느 정도인지에 대한 판단은 없는 상태인 것을 보면 스코프3의 신속한 확대는 어려울 것이라고 예측할 수 있다. 그러나 탄소중립의 시대에 스코프3 배출량을 측정하고 공시하는 것은 기업이 저탄소 경제로 전환하면서 겪게 되는 리스크의 크기를 예측하게 해준다는 측면에서 반드시 필요한 과정이라고 할 수 있다.

GHG 프로토콜에 따르면 총 15개의 온실가스 산정 카테고리가 있다. 각 카테고리를 측정하기에 앞서 스코프1, 2에서 조직의 경계를 설정하듯이 스코프3에서도 동일하게 경계를 설정한다. 외부의 조직이 A 기업의 통제권 하에 있는 경우 온실가스 배출량을 100% 반영하는데 이것을 통제 접근법이라 한다. 또는 A라는 보고기업이 B기업의 지분을 50% 보유하는 경우, B기업이 발생한 전체 온실가스의 50%를 배출량으로 산정하는 것을 지분할당법이라고 한다. 경계를 확인하여 설정한 후 15개 카테고리 중에 우리 기업에서 가장 중대하게 여겨지는 항목을 찾아야 하는데 배출량이나 영향도, 이해관계자의 관심도 등에 따라 평가해 선정한다. 그리고 실제 활동자료를 수집한 후 배출량을 산정하고 탄소중립의 목표에 따른 배출량 저감 방안을 마련하게 된다.

스코프3과
전과정평가의 관계 ─────────────

국제기구와 EU, 미국 등 공공영역에서의 스코프3 공시는 여전히 뜨거운 화두이지만 무역 환경에서 공급사슬망을 포함한 탄소배출 정보 제공의 요구는 지속적으로 증가해왔다. 지난 몇 년간 중소기업은 대기업, 유통업체, 기관 및 빌딩 소유주 등으로부터 EPD Environmental Product Declaration, ISO14040, 탄소발자국 Carbon

Footprint, ISO14067, 물발자국Water Footprint과 폐기물발자국Waste Footprint에 대한 선언 또는 3자 검증과 같은 생소한 요구를 많이 받아왔을 것이다.

이 프로그램들은 모두 전과정평가Life Cycle Assessment라고 하는 방법론에 근거하여 산정된다. LCA란 원재료 추출에서 폐기에 이르는 제품 및 서비스의 전체 수명 주기 동안 발생시키는 환경 영향을 정량적으로 평가하는 것이다. 전체 공급사슬망에서의 영향을 모두 고려한다는 점에서 스코프1과 스코프2는 물론 스코프3의 많은 부분이 커버되고 방법론도 유사하므로 스코프3를 사전에 대응하는 측면에서도 LCA 수행은 큰 도움이 된다. 다만 LCA는 스코프1~3에서의 탄소 배출량을 제품 한 개로 할당하여 표현한다는 것이 다르다. 우리가 매점에서 콜라를 샀는데 탄소발자국이 10kg이라고 쓰여 있다면 모래, 식물, 물, 탄산, 설탕 등 콜라를 만드는 데 필요한 모든 원료를 채취하고 만들고 운송하고 먹고 버리는 모든 과정에서 발생한 콜라 한 병의 탄소 발생량의 합이 10kg이라는 의미다. 이를 계산하려면 콜라를 생산하는 사업장 내의 스코프1, 2를 취합한 다음 콜라병 수만큼 나눈다. 그다음 콜라병의 무게가 1kg이고 협력사에서 이 병을 구매해 온다면 콜라병을 1kg 만드는 데 발생한 탄소 배출량을 협력사(스코프3)에서 받아야 한다. 역시 콜라병 제조사도 스코프1~3까지를 조사해야 하고 사업장 내의 스코프1, 2 외에 스코프3 산정을 위해 유리의 원료인 규소와 석회 회사에 스코프1~3를 요청해서 받아야 한다. 탄산, 설탕 등의 다른 원료도 동일한 과정을 거쳐야 한다. 이렇게 탄소발자국을 추적하여 모든 값을 더하는 것이 LCA의 접근 방법이다.

LCA 환경 영향의 항목에는 가장 심각한 문제인 지구온난화와 더불어 광화학스모그, 오존층 고갈, 부영양화, 자원 고갈, 생태독성 등이 있다. 제조사가 사용한 에너지, 구매한 원료, 발생시킨 폐기물에서 발생한 영향을 6가지 항목에 적절하게 엮고 수치로 계산한 다음 해석하는 게 전과정평가의 주요 과정이다.

이러한 프로그램들은 국가나 공공기관에서도 직간접적으로 요구한다. 30여 개국이 자체적인 에코라벨 프로그램을 만들고 정부의 제품 조달 시 가점을 부여하여 라벨링을 유도, 환경보존과 국민의 보호를 목적으로 한다. 이 프로그램에 LCA 기반의 EPD, 탄소발자국 등의 요구사항이 촘촘하게 엮여 있다. 에코라벨의 제정은 점차 개발도상국으로도 확대되고 있기 때문에 기업은 정부 조달의 목적으로 접근하는 경우 국가별 프로그램에 대한 꼼꼼한 준비가 필요하다. 그뿐만 아니라 정부 및 민간 주도의 글로벌 그린빌딩 프로그램에서도 건축자재에 대한 LCA 기반의 EPD 결과를 요구한다.

이에 더해 그린빌딩이 발달한 미국의 캘리포니아주에서는 청정구매법Buy Clean Act을 통해 LCA 결과를 기반으로 탄소배출량 결과를 제출해야 한다. 제품군별(탄소강 보강 철근, 건축용 강철, 판유리, 미네랄 목재보드 단열재) 배출량 기준치 이상인 경우 입찰에 참여할 수 없는 법안을 2021년 발표하여 시장에 큰 충격을 주었다. 현재 미국 정부는 이러한 접근을 미국의 전체 주에 확대하려는 움직임을 보이고 있다. 여기에는 환경의 보호 외에도 비관세 무역장벽으로의 목적 또한 있을 것이라고 추측할 수 있다.

EU에서는 2050년 탄소중립을 위한 EU 그린딜의 일환으로 2023년부터 단계적으로 탄소국경조정제도Carbon Border Adjustment Mechanism를 도입하기로 2023년 4월 최종 승인했다. CBAM은 해당 국가 환경규제를 피하기 위해 사업장을 다른 국가로 이전하는 탄소 누출 현상(탄소 배출원의 이전)을 방지하기 위한 규제로 국가 내 자국 기업을 대상으로 하는 탄소배출권, 탄소세*와 달리 EU 외의 국가 제품에 적용하는 일종의 세금이다. 배출량이 크며 비교적 제품의 라이프 사이클이 길지 않아 계산이 용이한 6개의 산업군이 선정되었다(현재 대상인 철강, 알루미늄, 시멘트, 비료, 전력, 수소에서 유기화학품, 플라스틱, 수소, 암모니아가 추가될 가능성이 있다).

2025년 12월까지는 시범 기간으로 CBAM 인증서 구매와 제출을 통해서 이행까지 하지 않아도 된다. 하지만 대상 품목을 EU로 수출하는 국내 기업들은 2023년 4분기 수출실적부터 탄소배출량을 산정하고 EU에서 요구하는 경우 검증기관의 확인을 받아 수입자를 통해 EU 당국에 제출해야 한다. CBAM은 EU의 온실가스 배출권거래제도인 EU-ETSEmissions Trading System 와 연계되어 있기 때문에 EU에서의 온실가스 배출량 산정이나

---

* 정부가 정한 세율에 의거해서 탄소 배출량에 따른 세금을 지불하는 방식으로, 제도의 운영이 단순하고 탄소 가격도 세율에 근거해 일정하게 관리됨.

배출권의 할당과 가격에 대한 내용과 우리나라에서 운영하는 K-ETS가 어떻게 인정될 수 있는지도 매우 중요한 부분이다.

특히 우리나라 탄소배출권의 탄소 배출량 단위는 사업장인 것에 반해 EU의 CBAM에서는 사업장이 아닌 '제품 단위'로 배출량을 산정하도록 한다. 게다가 탄소국경세는 직접 배출인 스코프1 또는 2까지를 대상으로 하고 있지만 우리나라 기업이 외국에서 부품Intermediary Goods을 구매하여 탄소국경세 대상 품목 생산에 투입한 경우 해당 부품의 탄소배출량도 포함하여 계산해야 한다. 또한 탄소국경세는 전구체라고 하는, 예를 들면 철강산업의 제품 제조 공정에 사용하는 소결광이나 석회석과 같은 소재의 탄소배출량도 포함하는데 이러한 소재나 전구체 배출량의 산정은 최종 제품을 생산하는 기업이 직접 통제할 수 없는 배출량, 즉 스코프3에 해당하기 때문에 유럽 역외 기업을 차별적으로 대우하는 요소가 될 수도 있다. 이렇게 스코프3가 포함되는 경우 중소기업에 영향이 있을 수 있고 탄소국경세의 범위와 수준이 강화되는 경우에도 중소기업이 직접적인 규제 범위에 포함될 수 있으므로 LCA 관점에서 준비하는 것이 큰 도움이 될 것이다.

EU의 자동차 전과정 배출량과 배터리의 전과정 탄소배출량 요구에 대한 규제가 공개되었고 주요 산업 분야의 지속가능 프로그램들(전자제품: EPEAT, 가구: LEVEL, 그린빌딩: LEED, BREEAM, G-SEED)에서도 LCA 기반의 선언 또는 인증을 요구하고 있다. 또한 기업들의 자발적인 탄소중립 선언에 따라 협력사들이 생산

하는 부품의 평균 배출량 값이 아닌 협력사들의 탄소 저감 노력
이 반영된 데이터가 필요해졌다는 이유도 있다.

이것은 상위업체가 협력사의 제품을 구매할 때 가격, 품질을
넘어 낮은 환경영향의 요인이 점차 중요해지는 것을 의미한다.
LCA는 결국 사업장을 넘어선 제품의 환경영향 정보이기도 하
므로 제조자와 소비자 간의 커뮤니케이션 통로이며 시장에서 제
품 경쟁의 중요한 요소로서도 작용할 수 있다.

자연에서 공장으로,
소비자에서 자연으로

사실 LCA 계산법을 몇 페이지로 설명하는 것은 어려운 일이다.
하지만 LCA를 도입하면 환경경영에 많은 도움이 되므로, 이 장
을 통해 조금이나마 이해할 수 있었으면 한다. 이는 제품을 설
계할 때 친환경성을 종합적으로 고려하여 아이디어를 도출하고
기업의 환경경영 활동을 감시하고 평가하는 도구로 활용할 수
있다. LCA의 결과값을 라벨링으로도 활용하여 문제가 되고 있
는 그린워싱을 방지하는 데도 도움을 받을 수 있다.

제품의 전 과정Life Cycle은 자연에서 자원을 채취하고 공장으
로 운송, 가공하여 부품을 생산하고, 이것을 다시 완제품 공장으
로 운송하여 완제품을 제조하고, 유통사로 운송해서 소비자가 사
용하고 폐기해 자연으로 돌아가는 과정이며, 환경 및 인간에게

어떤 발자국Footprint를 남겼느냐가 핵심이다. 이러한 과정을 산정하기 위해서는 크게 4단계로 진행된다. 먼저 자연에서 자원을 채취해서 소재나 부품을 생산하는 단계까지를 '제품 제조전단계 Pre-manufacturing Stage'라고 한다. 이 부분이 보통 협력사 단계가 되고 중소기업이 해당되는 경우가 많다. 소재 또는 부품을 활용하여 완제품을 제조한 후에 매장으로 유통까지의 과정을 '제품 제조단계Manufacturing Stage'라고 한다. '제품 사용단계Use Stage'는 소비자가 제품을 구매하여 사용하는 단계이고, '제품 폐기단계End-of life Stage'는 사용 후 버려진 폐기물을 재활용하거나 소각, 매립하는 과정을 포함한다. 국가나 기관별 정의 또는 제품별로 분류된 PCRProduct Category Rule이라는 방법론, 연구 목적에 따라 범주와 세분화는 달라질 수 있다.

전기차와 수소차는 내연기관 차량 대비 사용단계에서의 탄소배출량이 적다고 알려지며 친환경 차량으로 보급되고 있다. 그러나 EU에서 자동차의 전과정평가에 근거한 규제를 발표하면서 전기차의 친환경 여부에 논란이 생기고 있다. 여러 논문들이 배터리 원료를 제련하고 배터리를 폐기하는 단계를 고려하면 현재의 수준에서는 오히려 내연기관차보다 배출량이 클 수도 있다는 결과를 내놓았다. 또한 도로에서의 배기가스가 줄어든다는 장점은 있지만, 재생에너지가 아닌 화석연료에 의해 만들어진 전력을 사용하면 발전소에서의 온실가스 배출은 기존의 내연기관에서 발생하는 온실가스와 큰 차이가 없을 것이다. 수년 내에 자동차의 전생애에 대한 시나리오를 담은 지침PCR이 발표될 예정으로, 지침이 발표되면 자동차 제조사들이 공통된 기준으로 전과정평가를 수행할 수 있을 것으로 기대한다.

실제 기업에서는 어떻게 LCA가 적용되는지 가상으로 A 회사의 사례를 살펴보자. 전기자동차 회사 A의 경영진은 기후위기에 대한 심각성을 깨닫고 파격적으로 2030년까지 자동차 공급 사슬망 전 과정에서의 탄소중립을 약속했다. 이에 팀장을 거쳐 전과정평가 담당자인 B에게 전과정평가 방법론을 통해 탄소발자국을 산정, 배출량의 분포를 분석하고 탄소 감축을 위한 중장기 전략을 세워야 한다는 지시가 내려왔다. 앞서 탄소중립을 선

LCA에서 자동차의 시스템 경계

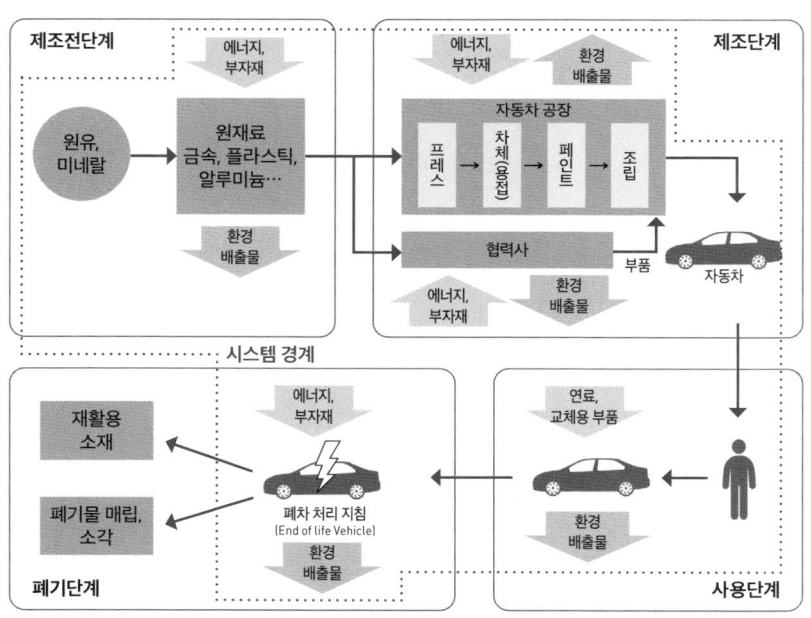

ESG 생존 경영

언하고 탄소발자국을 수행한 C 자동차 회사의 결과를 보니 제조 전단계(협력사 단계)에서 전체 배출량의 약 40%, 자동차를 최종 적으로 조립하는 C 회사의 사업장에서는 0.5%, 소비자가 자동 차를 사용하는 단계에서는 무려 59%, 자동차를 폐기하는 단계 에서는 0.5%의 탄소가 배출되었다고 한다. C 회사는 내연기관 차를 생산하고 A 회사는 전기차를 생산하므로 부품 구성의 차이 가 크고 연료도 다르니 사용단계에서도 큰 차이가 있을 것이다. 하지만 A 회사에서 조립하는 과정에서는 소량의 전기와 가스가 사용될 것이고, 대부분 재활용되는 폐기과정에서의 배출량도 매 우 적을 것이므로 담당자 B는 제조전단계와 사용단계에서 어떻 게 탄소를 줄일 수 있을까를 고민했다. 탄소발자국을 수행하기 에 앞서 특정 제품 시스템에 대한 환경성 평가를 위한 기준단위 로 사용하기 위해 정량화된 기능단위로 '한국에서 15만km를 주 행하는 자동차 한 대'라고 잡았다. 자동차의 시스템 경계는 자동 차 소재가 탄생하는 자연에서부터 15만km를 주행하고 폐기되 는 단계까지로 잡아 그 범위에서 환경에 어떤 영향을 주는지를 평가하려고 계획했다.

① 제조전단계

전기 자동차의 부품 수는 내연기관 차량 대비 부품 수가 35% 정도 줄어든다고 한다. 하지만 자동차의 무게는 비슷하므 로 다른 부품이 기존 부품을 대체했을 것이다. 전기차로 변환하 면서 대체된 부품들이 협력사에서 만들어지면서 얼마만큼의 탄소를 배출했는지 비교해보는 것도 의미가 있을 것 같다. A사의 자동차에는 중량 기준으로 알루미늄이 가장 많이 쓰였으므로 탄소배출량도 가장 많을 것으로 예상했지만, 과연 이 예상이 맞는지는 그다음으로 많이 쓰이는 강철이나 플라스틱의 제조 공정에서 얼마만큼의 탄소를 배출했는지도 분석을 해봐야 알 것 같다. 세 가지 소재 모두 큰 비중을 차지할 것으로 생각되므로 이번 탄소 배출량 분석에는 모두 포함*하기로 했다.

범위를 정했으니, 이 소재들이 자연에서 채취되면서 사용된 에너지와 공장으로 수송되면서 사용된 에너지, 공장에서 가공되면서 사용한 에너지와 발생된 환경배출물이 환경에 어떤 영향을 주었을지 계산해야 한다. 이를 위해 유틸리티(물, 석유, 전기, 가스 등), 환경배출물(폐수, 대기, 폐기물 등) 및 할당을 위한 생산량과 같은 방대한 데이터를(1차 데이터) 협력사로부터 직접 수집해야 했다. 2차 협력사의 데이터를 얻는 것은 현실적으로 어려우므로 국가나 글로벌에서 제공하는 배출계수를 사용량에 곱해 계산했다. 자동차에 각 소재가 1kg씩 사용되었다고 가정하고 소재 1kg당 배출량을 모두 더한 다음 실제로 A사 자동차에 사용된 무게만큼을 곱했다. 그리고 이 모든 값을 다시 더해 제조전단계에서의 탄소배출량을 계산했다. 협력사의 LCA에 대한 이해도가 낮고 협조를 구하는 것이 매우 어려웠다.

- 보통 제품의 시나리오(Product Category Rule)에 따라 중량 또는 배출량 기준으로 95% 내지는 99%까지의 상위 부품만 배출량의 계산 범주에 넣는데 이것을 'Cut-off'라고 함.

ESG 생존 경영

이처럼 현장 데이터를 구하기 어려운 경우 LCI라는 국가 또는 글로벌의 데이터베이스(2차 데이터)에서 값을 가져와서 사용할 수 있다. 예를 들면, 플라스틱 1kg을 생산하는 데 발생하는 온실가스 값이 DB에 있다면 1차 데이터를 구할 수 없는 경우 활용할 수 있다. 그다음은 이런 소재들이 부품업체로 가서 가공되면서 발생시키는 환경영향을 계산해야 한다. 예를 들어, 플라스틱 원료를 컴파운딩(플라스틱과 추가 재료를 섞는 것)하는 회사가 있다면 이 회사에서 사용한 에너지와 발생된 환경배출물을 앞선 플라스틱 회사에서와 같이 동일하게 계산해야 한다. 다음으로 가는 곳이 플라스틱을 사출하는 회사라면 역시 동일한 작업이 반복되고 자동차의 모든 소재는 동일한 방식으로 데이터의 정확성, 완전성, 대표성, 일관성, 재현성을 유지하면서 퍼즐을 맞추듯이 촘촘히 계산된다. 그러나 이것은 국가나 글로벌에서 계산한 평균 계수이므로 재활용 소재를 제품에 사용하거나, 공정을 개선하거나, 재생에너지를 사용하여 탄소를 저감하고 있는 협력사의 데이터를 활용하지 못했다면 실제보다 더 큰 배출량이 도출되었을 것이다. 다음 프로젝트에는 구매, 개발, 설계 등 여러 부서의 협조를 구해 체계적으로 탄소배출량을 산정해야겠다.

② 제조단계

협력사 데이터를 계산하는 것과 동일한 방법을 적용하여 우리 회사의 여러 팀에 관련 데이터를 요청했다. 역시 전과정평가에 대한 이해도가 낮아 데이터를 구하는 것이 쉽지는 않았지만 협력사 단계보다는 용이한 부분이 있었다.

③~④ 사용 및 폐기단계

다음은 사용단계로, 앞에서 가정한 15만km를 달렸을 때 사용한 전력 또는 휘발유를 환산하여 환경영향을 계산하는 비교적 쉬운 단계다. 마지막인 폐기단계에서도 자동차를 분해하며 사용된 에너지와 발생한 환경배출물을 고려한다. 그리고 자동차의 부품이 소각, 매립 또는 재활용 등의 처리에 따라 다른 배출계수가 적용된다. 따라서 다른 결과값이 나오게 되지만 우리는 앞서 시스템 경계에서 소각, 매립, 재활용은 제외했으므로 고려하지 않아도 된다. 각 단계에서의 탄소배출량을 더해 자동차의 전 생애에서의 총 탄소배출량을 구했고, 배터리의 제조에서 환경배출물이 적지 않은 것을 알게 되었다. 배터리를 장착한 수소차와 전기차의 제조전단계에서의 탄소 저감 노력이 필요하다. 또한 사용단계에서 국가 차원에서 재생에너지의 인프라 구축이 매우 중요함을 깨닫게 되었다.

①~④에 걸친 이 방대한 작업은 부품의 개수와 어떤 부품까지를 고려할 것인가, 데이터베이스는 확보되었는가 등에 따라 담당자의 업무량이 변화할 수 있다. 하지만 기본적으로 전과정 평가를 수행하는 일은 아무리 제품이 단순하다 하더라도 매우 어려운 일이다. 최근 많은 기업이 탄소중립을 선언하면서 이 업무가 훨씬 중요해지고 힘들어졌다. 과거와는 달리 소재나 부품

의 구매에 있어 품질과 단가 이외에 생산과정에서 환경영향이 얼마나 되느냐가 중요한 기준이 되고 있기 때문이다.

앞의 예와 같이 자동차 소재로부터 탄소감축을 추진하는 경우 경량화, 재활용 및 바이오 소재 도입, 가공과정에서의 배출량 등 다양한 관점에서 분석하고 평가하여 탄소감축에 가장 효율적인 선택을 해야 한다. 따라서 과거에는 현장 데이터의 수집 없이 데이터베이스를 활용하는 경우가 많았다면 이제는 LCA를 통해 더 낮은 값을 가진 제품을 선택하거나 협력사에 그 값을 낮추도록 요구하는 전과정적으로 접근하는 사례가 점점 증가하고 있다.

이렇다 보니 데이터 정보에 대한 요구를 받는 중소기업에서도 관련 전문성을 갖춘 직원을 채용해서 대응해야 한다. 그런데 전 세계적으로 LCA를 실행하다 보니 인력이 많이 부족해서 비용이나 시간 부담이 있는 게 사실이다. 또한 수백, 수천 가지 제품군을 보유한 기업의 경우 산정의 어려움이 있으므로 장기적으로는 시스템화하여 시간과 비용을 줄이는 전략이 필요하다. 데이터베이스 및 제품 시나리오 확보뿐만 아니라 인력 양성 등의 전 과정적인 관점에서 정부의 지원이 필요할 것이다.

탄소중립을
고도화하는
순환경제를 구축하라

2000년대 들어 자원의 소비가 급격히 증가하면서 유한한 자원을 어떻게 효율적으로 쓸 수 있을 것인가에 대한 고민에서 순환경제(자원순환 사회)가 대두되었다. 자원을 쓰고 버리는 일직선상의 물질 흐름을 선형경제Linear Economy라고 한다면 순환경제 Circular Economy는 경제계에 투입된 물질이 폐기되지 않고 유용한 자원으로 반복 사용되는 시스템을 의미한다.

두 시스템의 중간인 재활용 경제Recycling Economy는 재활용을 한 번하고 버리는, 여전히 선형경제의 한계를 벗어나지 못한 시스템이지만 우리 사회와 기업들은 재활용 경제에도 진입하지 못하고 있다. 순환경제 시스템이 정착되기 위해서 기업은 재사용과 재활용을 극대화하고 제품을 만들 때 쉽게 분리되고 화학적으로도 재활용이 잘되도록 제품을 설계하는 노력이 필요하다.

자원순환은 공급망에서
탄소중립에 기여하는가?

정부는 2050년까지의 탄소중립 달성을 선언하고 이행을 법제화한 이후 재생에너지로의 전환에 집중해왔다. 기업 또한 규제 및 비용 감소의 목적으로 사업장, 건축물과 제품의 사용 에너지 효율성을 높여왔고 글로벌 기업들의 RE100 참여나 EU 탄소국경세 도입 등의 부담이 증가하면서 재생에너지로의 관심이 폭증하게 되었다.

재생에너지만 인정하는 RE100의 선언 기업이 빠르게 늘고 있지만 국내 재생에너지 발전량은 매우 낮은 수준으로, 2020년 기준 한국의 재생에너지 발전 비중은 전체 발전량의 6.3%밖에 되지 않는다. 2021년 국내 전체 재생에너지의 발전량은 주요 대기업 5곳의 전체 전력 소비량에도 미치지 못했다. 정부는 2023년 국가 온실가스 감축 목표에서 2030년까지 30.2%로 설정했던 신재생에너지 비중 목표치를 21.6%로 크게 낮추며 되레 수출을 장려해야 하는 산업부에서 거꾸로 가는 정책을 펴고 있다.

재생에너지 확보의 어려움이 있는 상황에서 스코프3를 포함한 탄소중립을 달성하기 위한 자원순환 노력은 더욱 절실해졌다. 순환경제 전문 연구기관인 엘런 맥아더 재단의 분석에 따르면 현재 배출되는 탄소의 55%가 에너지 관련 분야이고 나머지 45%는 제품의 생산, 폐기와 관련된 부분에서 발생한다. 자원순환 분야는 에너지 분야에 비하면 공급사슬망이 더욱 복잡하다고 볼 수 있다. 재생에너지인 태양광, 풍력 발전의 경우에는 주민의 참여와 수용이 반드시 필요하다는 어려움이 있어서 공급사슬망이 단순하다고만 할 수 없지만 자원순환 분야는 제품의 물질적인 흐름에 기반하여 원소재업체, 부품업체, 완제품업체, 유통업체, 소비자에서 폐기업체(소각/재활용/매립)에 이르는 복잡한 이해관계와 글로벌 거래, 규제와도 맞물려 있어 새로운 정책의 신속한 도입과 실질적인 변화가 쉽지 않다. 최근 이슈가 되었던 일회용컵 보증금제와 일회용품 사용 규제의 유예기간 1년 연장 조치가 좋은 예다. 이에 대한 해결방법, 국내외 규제의 움직임과 기업에 요구되는 사항에 대해서 알아보도록 하겠다.

플라스틱에 대한
글로벌 규제

플라스틱은 인류에게 풍요로움을 가져다준 가장 위대한 발명품임과 동시에 생태계의 건강에도 나쁜 영향을 주는 물질이 되었다. 이러한 이유로 플라스틱과 연관된 환경, 안전, 건강 규제는 매우 빠르게 생겨나고 개정되고 있다. 크게 생산, 사용, 폐기의 저감, 대체 및 금지와 비용 부과로 나눌 수 있는데 기업은 장기적인 관점에서 플라스틱의 생산에서 사용, 폐기까지 넓게 보고 세밀한 계획을 세워야 한다. 플라스틱 자원순환 정책 및 규제의 도입에 가장 앞선 지역은 EU로, 많은 국가가 EU의 정책을 따라가는 추세다. EU는 2019년 탄소중립 달성을 위한 '그린딜 Euro-peon Green Deal'에 합의했다. 특히 순환경제를 위해 지속가능한 제품 정책을 제시하여 배터리, 플라스틱, 섬유, 건축 등의 산업을 중심으로 원료의 사용을 줄이고 재사용 및 재활용을 강화해서 유럽 시장에 환경영향이 큰 제품의 진입을 제한할 예정이다. EU에서는 수리용이성, 휴대폰의 충전기 C타입 도입, 전자기기 탈부착 배터리 의무화, 배터리의 재활용 소재 함유율과 탄소 발자국 산정 등 다양한 법안이 통과되었거나 논의 중이다. 2021년부터는 재활용률이 낮은 포장재 플라스틱 폐기물에 kg당 0.8유로가 부과되는 '플라스틱세'라는 새로운 규제가 시행되어 EU에 수출하는 기업들에게는 적지 않은 부담이 되고 있다.

이처럼 각국의 노력이 가속화되는 가운데 UN은 수년간의 논의 끝에 2024년 국제 플라스틱 협약이라는 플라스틱 감축에 법적 구속력이 있는 협약을 제정하기로 했다. 이 협약은 이미 배출된 폐기물의 재사용, 재활용 등의 관리뿐만 아니라 생산 단계에서의 감축 요건을 넣어 플라스틱의 전 생애에서의 관리와 감축을 기본 골자로 한다. 이는 세계자연기금의 7년 후 연간 플라스틱 생산량이 2배 정도 증가할 것이라는 경고가 반영된 것으로 보인다. 그럼에도 아직 여러 번의 정부 간 협의가 남아 있어 협약의 핵심이 지켜질지가 초미의 관심사다.

UN, 미국 환경청 등 여러 기관에 따르면 폐기물의 관리에서 가장 권장되는 것은 폐기물을 발생시키지 않는 것이다. 그다음으로 재사용, 물리적 재활용(가치가 높은 물질에 대한 닫힌 고리

재활용: PET, PP, HDPE 등), 화학적 재활용(가치가 낮은 물질에 대한 재활용: 혼합물), 소각 시 발생하는 열을 회수, 땅에 매립, 환경으로 유출하는 것의 순이다. 기업이 할 수 있는 밀접한 활동들은 재사용, 재활용, 소각, 매립으로, 특히 재활용은 순환경제로 가기 위한 매우 중요한 징검다리다. 재활용 소재 함유Recycled Content와 재활용률Recyclability은 가까이 붙어 있으나 의미가 다르다.

'재활용 소재 함유'는 생산 제품에 포함된 폐기물의 비율을 의미하고 '재활용률'은 재활용이 될 수 있는 가능성을 의미한다. 재활용률이 높은 제품이란 제품을 만들 때 재활용이 잘 되도록 만든 것이다. 재활용률이 높은 제품이 사용되고 버려진 다음, 다시 수거되어 새로운 제품의 소재가 된다. 재활용 소재의 함량에 대해서는 일반적으로 'A 모델은 30%의 사용후Post-consumer 재활용 소재를 함유하고 있습니다', 재활용률에 대해서는 보통 'A 제품의 약 90% 이상이 재활용이 될 것으로 기대됩니다'라고 표시된다. 기업 홈페이지나 CSR 보고서에 활용하거나 제품에 라벨링 형태로 붙여지기도 한다. 표시 가이드는 국가별로 친환경 마케팅에 대한 가이드 정도로 제공하기도 하고(미국, 호주, 영국, EU, 일본, 한국 등) ISO14021이나 UL2809, EN45557과 같은 글로벌 가이드라인에 의해 제공되어 그린워싱의 판별 시 근거로 삼기도 한다.

비교적 덜 엄격한 가이드라인을 가지고 있던 EU는 최근 폭발적으로 증가하는 그린워싱 사례 때문에 EU Green Claims 초안을 발표하기도 했다. 국내에서도 2022년 한 해 그린워싱 사례가 4500여 건이 적발될 정도로 빈틈을 찾으려는 기업들의 노력이 정교해지고 이를 감시하는 기관과 시민단체도 늘어나면서 지금까지 보지 못했던 다양한 그린워싱 사례가 발생하고 있다. 2022년 미국 캘리포니아주에서는 일회용 캡슐 커피를 만드는 '큐리그'가 플라스틱 분쟁에 휩싸였다. 큐리그는 그린 마운틴 커피 제품에 '재활용이 가능하다'는 문구를 삽입하여 홍보했다. 그런데 실제로는 크기가 너무 작아 재활용 공장에서 처리가 불가능하다는 이유로 소비자들의 이의제기 및 집단소송이 일어나 수백만 달러의 배상금을 지불했다.

생산자의 책임은
어디까지일까

생산자는 재활용률이 높은 제품을 만드는 것에만 책임을 지면 되는 것일까? 아니면 제품이 사용된 이후 수거까지 책임져야 하는 것일까? 과거에는 쓰레기 처리에 대한 책임은 배출한 사람에게 있다는 것이 통념이었으나 1970년대 이후 일회용품이 급격하게 증가하면서 지자체가 주도하여 재활용품을 수거했다. 많은 부작용이 발생하면서 아무런 책임이 없던 생산자에게도 직접 수거하여 재활용하도록 하는 제도인 생산자 책임 재활용제도Extended Producer Responsibility가 유럽에서 시작되었다.

우리나라에는 제품 생산자에게 제품 폐기물에 대해 일정량의 재활용 의무를 부여하여 재활용하게 하고, 이를 이행하지 않을 경우 재활용에 소요되는 비용 이상의 재활용 부과금을 생산자에게 부과하는 제도로 정착했는데 이 부과금은 생산자의 재활용 의무를 대신해주는 재활용 공제조합으로 가게 된다. 이렇게 생산자가 비용을 내서 간접적으로 재활용에 참여하는 방식은 재활용 생태계를 활성화하는 데 큰 영향을 주지 못하는 느슨한 규제라는 비판이 많다.

재활용 의무를 부여하는 EPR을 지속적으로 확대하고 부과금을 높여 생산자가 재활용이 잘 되는 고품질의 제품을 생산해서 실질적으로 재생 원료가 제품에 사용되도록 해야 한다. 고품질의 제품을 생산하기 위해서는 생산자가 생산한 제품을 수거하는 시스템을 만들어 쉽게 수거하거나 경쟁사가 생산한 유사한 제품을 잘 선별, 수거하여 다시 새 제품을 만드는 데 넣는 방법도 있다. 이러한 접근을 '닫힌 고리 재활용Closed Loop'이라고 한다. 버려진 페트병이 다시 페트병Bottle to Bottle으로 탄생하는 것이 이에 해당한다. 기업은 재활용 소재를 넣는 과정에서 품질의 확보만큼이나 어려운 것이 유해물질 추적이다. 여러 재활용 소재를 사용하면 유해물질이 얼마나 함유되어 있는지 모르기 때문에 유해물질의 유무를 시험해야 하는데 닫힌 고리 재활용은 유사한 제품군을 다시 사용했기 때문에 아무래도 유해물질 규제 대응 측면에서 리스크가 줄어들 수 있는 장점도 있다. 반대의 개념이 열린 고리 재활용으로, 페트병을 섬유로 재활용하는 것이 이에 해당한다. 대부분의 제품이 몇 번의 재활용 후에 버려진다.

패스트 패션으로 많은 비난을 받고 있는 섬유, 패션업계에서는 페트병에서 실을 뽑아 의류를 만들려는 노력을 하고 있다. 그러나 90% 이상의 버려진 의류는 현재 기술로는 재활용되지 못하고 대부분 소각된다. 소각은 대기오염과 온실가스 배출로 인한 기후변화를 유발한다. 시장에서는 페트병 부족으로 단가가 폭증해서 오히려 페트병을 제조하는 업체에서 피해를 보는 부작용도 발생하고 있는데 자원순환 문제는 폐기물 수급의 문제, 과도한 그린 마케팅과도 얽혀 있음을 보여준다. 닫힌 고리 재활용은 공급사슬망에서 가장 상위에 있는 완제품 업체가 요구하는 경향이 있고 가치사슬에 있는 모든 공급사가 참여해야 하는 어려움이 있지만, 그나마 다행인 것은 협력사들의 참여에 대한 관심이 커지고 있다는 사실이다.

글로벌 전자제품 협회GFC에서는 '전자제품 환경성 툴Electronic Product Environmental Assessment Tool'이라는 친환경 인증 프로그램을 운영한다. 전 세계 90여 개의 전자업체가 1만 9000여 개의 제품을 등록하여 친환경 시장에서 치열하게 경쟁하고 있다. 컴퓨터&디스플레이, 이미징 기기, TV, 휴대폰, 서버, 솔라파워, 네트워크 장비가 등록되어 있으며 웨어러블 기기 규격이 준비 중이다. 미국의 유통업체들은 이 인증을 받은 제품을 소비자에게 독려하기도 하지만, B2B 시장과 미국 정부의 조달 프로그램에서 반강제적으로 요구하는 인증이다. 산업계, 학계, 시민단체, 인증업계가 모여 다수결에 의해 규격을 만들고 개정한다. 전 세계 전자업계 재활용 및 바이오 소재 생태계의 발전은 EPEAT가 이끌었다고 해도 과언이 아닐 정도로 소재의 공급사슬망에 큰 영향력을 가진다.

국내 재활용 플라스틱 생태계는 국내외 여러 전자업체들의 요구에 의해 10여 년 동안 발전해왔고 플라스틱에서 금속, 희귀광물, 종이, 유리 등의 다른 소재로도 빠르게 확대되고 있어 다른 업계에서도 기존 재활용 플라스틱 생태계에 진입하기가 수월해졌다. EPEAT의 규격 중 요구되는 'ITE-derived post-consumer recycled plastic'라는 항목에서 ITE-derived는 폐기된 전자기기에서 추출한 플라스틱이어야 한다는 뜻으로 닫힌 고리 재활용의 정의에 딱 맞지는 않지만 유사 제품군에서 플라스틱 폐기물을 가져오게 함으로써 닫힌 고리 재활용 생태계를 유도한 것으로 보인다. 페트병과 같이 전자제품 또한 동종의 제품이 순환하는 경우 품질 확보의 용이성과 유해물질 규제 추적의 용이성 측면에서 고려되었을 것이다.

다행히도 규제를 넘어 자발적으로 혁신적인 자원순환의 노력을 하려는 기업들이 규모와는 상관없이 빠르게 증가하고 있다. 10년 전만 하더라도 해외 글로벌 완제품 기업들이 국내 플라스틱 제조사에 닫힌 고리 재활용에 동참할 것을 요구하면 거절하는 경우가 많았다. 완제품 기업들의 입장에서는 닫힌 고리 재활용을 위한 특정 제품을 모아 투명하게 관리할 수 있는 재활용 업체 선정에 어려움이 있었을 테고, 플라스틱 컴파운드 업체(재활용 소재, 원유로부터 온 버진 소재 등을 첨가제와 융합하는 공정) 입장에서는 소량의 낮은 품질의 제품을 구매하고 공정을 바꿔가며 생산해야 하는 어려움도 한몫했을 것이다. 그러나 최근 강화되는 글로벌 규제와 시장의 빠른 변화로 시장을 선점하기 위한 기업들의 협력이 어느 때보다 활발하다.

사용전 재활용 VS
사용후 재활용

재활용 소재는 수거 시점에 따라 소비자의 사용전Pre-consumer 재활용 소재와 소비자의 사용후Post-consumer 재활용 소재로 나뉜다. 사용전 재활용 소재는 소비자가 제품을 사용하기 전, 제품 생산 단계에서 발생하는 폐기물을 활용하는 것으로 제조후Post-Industrial 재활용 소재라고 부르기도 한다. 사용후 소재는 소비자가 제품을 사용하고 난 후에 발생한 폐기물이다. 앞서 언급한 EPEAT뿐 아니라 미국가구협회BIFMA, 미국백색가전협회AHAM, 독일 친환경 인증Blue Angel 등은 모두 제품 내 플라스틱 사용에 대한 공신력 있는 기준을 가지고 있는데 사용후 소재에 대한 요구가 대부분이다. 이것은 사용후 소재 폐기물이 더 많을 뿐 아니라 오염되어 있을 가능성이 크고, 새로운 제품을 만드는 과정에서 발생하는 온실가스를 줄이는 효과가 더 크기 때문이다. 재활용 소재 사용 여부의 검증과정에서 사용전 소재가 맞는지(또는 가공과정이 없는 단순 재사용인지) 판별하는 것이 더 어렵다. 상세한 공정도와 가공 방법 등의 정보가 필요하고 각국의 환경청이나 산업군의 관련 연구소에서 규정하는 최소 함유량도 있기 때문이다. 따라서 사용전 소재의 적용과 함량을 공개하기 전에 꼼꼼히 검토할 필요가 있다. 사용전 소재로 인정받기 위한 여러 원칙 중 가장 중요한 부분은 재사용 전에 추가 가공 없이 닫힌 고리 제조공정으로 직접 공급되고 회수된 물질은 해당하지 않는다는 것이다. 즉, 불량 제품에 대한 재가공 과정이 반드시 필요하다.

글로벌 시장에서는 사용후 소재에 대한 요구가 더 많지만 두 가지를 구분하지 않고 단순 재활용 소재를 요구하기도 한다. 앞서 설명한 제품 정보에 들어가는 클레임 문구에는 보통 '전Pre'과 '후Post'를 구분해 넣는 것은 필수는 아니다. 그러므로 무엇을 선택했더라도 재활용 소재를 사용했다고 하면 문제가 되지는 않을 것이다. 그러나 재활용 소재란 소비자가 사용하고 폐기한 것으로 이해하는 바이어도 있으므로 사전에 상세한 요청 내용을 파악할 필요가 있다. 한편 바이어로부터 사용전 소재를 요구받는 경우 그린워싱의 유혹에 빠질 수가 있다. 예를 들면, 공정 중에 자연스럽게 발생한 불량 제품에서 추출한 것이 아니라 버진 플라스틱(석유 기반)을 불량 제품으로 속여 제품에 투입, 재판매하는 것이다. 아직 불량 또는 폐기된 플라스틱을 구분할 수 있는 과학적인 방법이 없기 때문에 외부 3자 검증을 받더라도 한계가 있는 점을 악용할 여지가 있다. 다행히도 완제품사나 유통업체 또한 이러한 가능성을 잘 알고 있기 때문에 3자 검증 요구뿐만 아니라 직접적인 감사를 진행한다. 또는 시스템적으로 운영되거

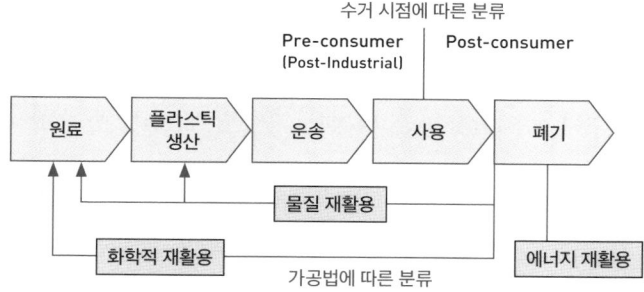

재활용의 분류

수거 시점에 따른 분류
Pre-consumer (Post-Industrial) | Post-consumer

원료 → 플라스틱 생산 → 운송 → 사용 → 폐기

물질 재활용
화학적 재활용
에너지 재활용

가공법에 따른 분류

원재료에 따른 분류

- ITE-derived post-consumer : 폐기된 IT제품에서 발생한 플라스틱
- Ocean (bound) plastic : 해양 (잠재) 플라스틱
- By-product : 부산물 활용 (예: 온실가스 → 메탄올, 나프타, 초산)

나 가급적 큰 규모의 협력사를 선정하려는 경향이 있다.

애플은 재활용 플라스틱을 도입함에 있어 가장 어려운 점으로 규제장벽, 오염, 품질과 더불어 폐기물 공급망의 투명성을 언급하고 3자 검증을 통한 감사를 강화해왔다. 시험을 통한 재활용 소재 분별법, 블록체인 도입 등 투명성을 높이기 위한 기업과 검증 기관의 여러 노력이 있지만 소재 함유율의 증명이 어려운 경우에는 생산된 공정의 에너지 사용을 포함한 LCA를 통해 실제로 협력사가 재활용 소재의 도입을 통해 온실가스 감축을 이루었는지를 확인하는 방법도 바이어 입장에서는 고려할 수 있기 때문에 협력사는 이에 대비해야 할 것이다. 많은 글로벌 프로그램이 사용후 소재를 요구하지만 현실적으로 사용이 어렵다면 사용전 소재를 초기의 대안으로 가져가야 할 수도 있다.

물질 재활용의 한계,
해답은 있을까

폐플라스틱을 재활용하는 방법은 가공법에 따라 물질(물리적) 재활용과 화학적 재활용, 에너지(열적) 재활용으로 나눌 수 있다. 우리나라는 현재 물리적 재활용과 에너지 재활용이 주로 사용되고 있다. 화학적 재활용은 국내 화학사에서 투자하여 이제 시작 단계다. 물질 재활용은 폐플라스틱을 분류, 파쇄, 세척을 거쳐 기계를 통해 플라스틱 조각인 펠렛으로 만들어 재활용 소재로 사용한다. 버진 플라스틱을 폐플라스틱으로 100% 대체했을 때 석유 자원 채취에서부터 나프타를 거쳐 모노머와 폴리머까지의 가공 및 수송 과정에서 배출되는 탄소는 거의 없다고 봐야 한다. 폐플라스틱의 수거에서부터 파쇄, 세척의 단순한 가공에서 발생하는 소량의 탄소만 반영되므로 탄소 배출이 매우 낮아진다. 여러 연구에 의하면 이 경우 전 과정에서 온실가스가 약 60% 이상 감소된다고 알려져 있다. 그러나 버진 플라스틱을 100% 재활용 플라스틱으로 대체하는 것은 현실적으로 어렵다. 주된 이유는 품질 때문이고 최근에는 유가 및 수급의 문제로 인한 높은 비용도 이유가 되고 있다.

일반적으로 전자제품이나 자동차 소재의 경우 최대로 넣을 수 있는 양이 약 30%로 알려져 있다. 만약 전체 플라스틱 무게의 30%를 사용후 재활용 플라스틱으로 대체했다면 약 20% 미만의 온실가스가 감축된 것으로 예상해볼 수 있다.

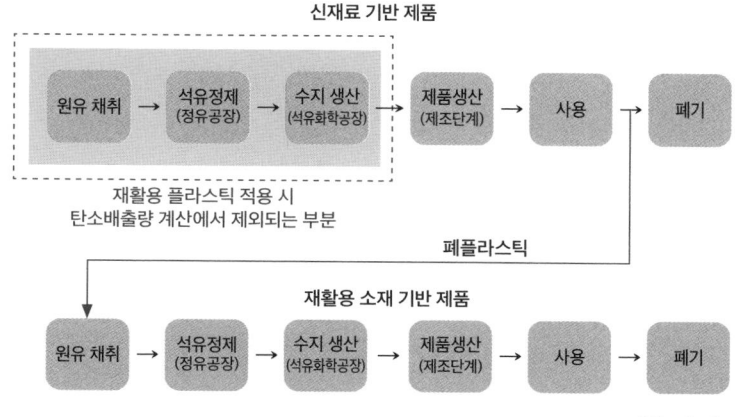

재활용 소재 적용 시 탄소 감축 시스템

신재료 기반 제품

원유 채취 → 석유정제 (정유공장) → 수지 생산 (석유화학공장) → 제품생산 (제조단계) → 사용 → 폐기

재활용 플라스틱 적용 시
탄소배출량 계산에서 제외되는 부분

폐플라스틱

재활용 소재 기반 제품

원유 채취 → 석유정제 (정유공장) → 수지 생산 (석유화학공장) → 제품생산 (제조단계) → 사용 → 폐기

출처: 스마트 에코

플라스틱 사용 후 품질 저하는 복합 재질의 폐플라스틱이 유입되거나 용도가 달랐던 폐플라스틱 제품이 유입되어 플라스틱의 품질과 난연성 등 기능을 유지시키는 수백 가지의 첨가제와 난연제가 유사한 수준이 아니어서 발생하는 경우가 많다. 품질이나 난연성을 높이기 위해 첨가제를 추가하지만 아이러니하게도 인체나 환경에 유해한 경우가 많다. 난연제에는 주로 브롬계열이 쓰이는데 발암성을 가진 경우가 많기 때문이다.

화학적 재활용은 열분해 또는 가수분해와 같은 공정을 통해 고분자를 최초의 형태인 단량체로 분해하는 과정이다. 오염되거나 품질이 저하된 폐기물이라도 재활용이 가능한 부분이 많기 때문에 물질 재활용의 단점을 보완하는 가장 중요한 기술로 평가받고 있다. 그러나 화학적 재활용을 도입했을 때 환경에 미치는 영향과 경제성이 확보되는지를 잘 평가해야 한다. 단량체로 분해하고 다시 합성하는 과정에서 많은 에너지가 필요할 것이므로 역시 LCA를 통해 환경영향을 분석하고 재생에너지로의 대체로 탄소 저감을 꾀해야 한다. 에너지(열적) 재활용은 폐플라스틱을 여러 공정의 대체 연료로 활용하는 것으로 크게 소각과 고체성형 연료Solid Refuse Fuel로 구분한다. 대부분의 폐플라스틱을 원료로 사용할 수 있다는 장점이 있지만 소각 시 유해물질이 배출되는 단점이 있다. 소각이 된 후 제품으로 활용되지 못하므로 재활용의 범주에 넣기는 애매하다.

바이오 플라스틱은
대안이 될 수 있을까

바이오 플라스틱을 제품에 도입하는 사례가 증가하고 있다. 바이오 플라스틱이란 바이오매스로부터 유래한 바이오 기반 플라스틱과 미생물에 의해 수개월 내지 수년 이내에 H_2O, CO_2 등으로 완전히 분해되는 생분해성 플라스틱을 포함하는 개념으로, 재생 가능한 원료로 만들어지는 플라스틱을 의미한다. 바이오 플라스틱은 바이오 기반 플라스틱의 특성과 생분해성 플라스틱 특성을 모두 가질 수도 있고, 둘 중 하나의 특성만 가질 수도 있다.

① 생분해 플라스틱Bio-degradable Plastic

생분해성 수지는 사용 후 매립 등 퇴비화 조건에서는 자연계에 존재하는 미생물에 의하여 생분해되는 수지다. 생분해성 수지 제품이란 환경기술 및 환경산업 지원법 17조에 따라 환경표지 인증을 받았거나 대상제품별 인증기준에 맞는 제품으로 환경부령으로 정하는 제품을 말한다. 인증을 취득하기 위해 가장 중요한 부분은 ISO, EN 등의 국제 시험 규격에 의해 58℃ 내외에서 6개월 동안 생분해도 값이 90% 이상이 되어야 한다는 것이다. 생분해성 수지의 궁극적 목적인 이산화탄소와 물로 분해되어야 한다는 측면에서 이 수지를 도입했을 때 폐기 단계에서 과연 생분해 플라스틱만 모을 수 있는 생태계를 만들 수 있는가가 가장 중요한 부분이다.

이 외에도 재활용의 어려움, 매립지에서 분해 시 메탄가스를 생성 가능성, 생분해 후 독성의 잔류 가능성 등의 우려도 있다. 아이러니하게도 생분해가 너무 잘되는 소재의 경우 이중 포장을 해서 오히려 자원을 더 사용해야 하는 일도 생기고 있다. 생분해성 수지는 내구성이 비교적 덜 중요한 포장재와 농업, 원예 분야에서 약 70% 이상 활용되는 것으로 알려져 있다. 생분해 수지의 검증 조건, 수거 시스템과 활용에 대한 정부의 명확한 가이드라인이 필요해 보이고 장점을 잘 살리고 단점을 보완하는 기업의 노력도 필요할 것이다.

② 산화생분해 플라스틱Oxo-biodegradable Plastic

플라스틱에 산화 생분해제나 촉진제를 첨가한 것으로 생분해 플라스틱으로 인정하지 않는 추세다. 미생물 분해 과정이 아닌 열, 햇빛, 화학 처리 등의 산화 분해 과정이 필요하다. ASTM 등의 시험 규격기준이 존재하나 대부분의 인증기관과 정부에서 산화 생분해를 인증 대상으로 삼고 있지 않다. 실제로 잘 분해되지 않는 환경(매립)에 폐기되는 경우가 많아 생분해가 어렵고 미세플라스틱을 발생시켜 생태환경에 독성을 유발할 수 있기 때문이다. 산화 생분해를 도입하고 친환경 소재 또는 자연으로부터 유래했다고 선언하는 것은 친환경 과대광고가 될 수 있어 특히 유의해야 한다.

③ 바이오 기반 플라스틱Bio-based Plastic

내구성이 요구되는 전자제품, 자동차, 화장품 용기 등 많은 제품에 적용되며 생분해되지 않는다. 요구되는 물리적 특성이나 높은 비용의 이유로 함유량은 천차만별이다. 이 플라스틱을 사용하는 주된 이유는 식물이 자라면서 호흡을 통해 흡수한 CO_2 만큼 감축이 되어 석유 기반의 플라스틱에 비해 탄소발생량이 적을 것이라는 기대 때문이다. 역시 가공과정에서의 탄소배출량을 비교하여 정말 석유 기반 플라스틱보다 이점이 있는지 확인하고 도입할 필요가 있다.

바이오 플라스틱은 정부가 몇 년 전부터 추진하는 화이트 바이오 산업* 육성의 목적으로 선정되기도 했다. LCA, 환경 및 건

바이오 플라스틱 분류

구분	바이오 플라스틱				
	생분해 플라스틱		산화생분해 플라스틱	바이오 베이스 플라스틱	
	천연물계	석유계	-	결합형	중합형
바이오매스 함량	50~70% 이상	-	-	20~25% 이상	
종류	PLA, TPS, PHA, AP, CA 등	PBS, PES, PBAT, PCL 등	Oxo bio-PP, Oxo Bio-PE 등	Bio-PE, Bio-PP, Bio-PET, Bio PA 등	
규격 기준	ISO 14855, EN 13432, ASTM D 6400 등		ASTM D 6954, UAE S 5009, KBMP-001 등	ASTM D 6866, CEN/TR 15932 등	
분해기작	미생물 분해		산화 분해 후 미생물 분해	-	
생분해기간	6개월 90% 이상		6개월 60% 이상	-	

출처: 유영선, 국내외 바이오 플라스틱 종류, 인증라벨, 규제 및 시장동향, 환경부·환경산업기술원

강 위해성 평가를 통해 재활용 플라스틱과 함께 자원순환에 어떤 기여를 할 수 있을지에 대한 연구와 탄소 저감의 기술 개발이 필요하다. 생분해 플라스틱과 마찬가지로 기업에서는 바이오 플라스틱 도입 시 정확한 사실을 명시하려는 노력이 필요하다. 예를 들어, 한 기업에서는 옥수수와 사탕수수에서 추출한 PLA Poly Lactic Acid를 일부 첨가하고 알러지를 일으키지 않는 건축자재라고 홍보했는데 식물에서 온 모노머를 통해 합성된 폴리머가 인체에 덜 유해하고 실제로 알러지 반응을 일으키지 않는다는 과학적 근거에 기반해 선언해야 그린워싱 이슈가 되지 않을 것이다.

- 식물 등 재생 가능한 자원을 이용하거나 미생물·효소 등을 활용해 기존 화학·에너지 산업의 소재를 바이오 기반으로 대체하는 산업.

작은 것들과의 전쟁,

미세플라스틱

환경 문제는 인간을 포함한 동식물의 건강 문제로까지 연결된다. 특히 제품의 기능을 높이거나 IT 기기의 용량을 늘리는 등의 첨단기술에서는 많은 연료의 연소는 물론 미세한 화학공정이 필수다. 이러한 과정에서 미세먼지나 미세플라스틱과 같이 매우 작은 입자가 발생할 가능성은 점점 높아진다. 작은 것들은 역설적이게도 혈관이나 세포 안에 돌아다니며 발암 등 나쁜 영향을 줄 수 있는 것으로 알려져 있다.

미세플라스틱이란 5mm 미만의 플라스틱을 의미한다. 제조시 알갱이 등의 형태로 의도적으로 만든 '1차 미세플라스틱'과 플라스틱이 마모되는 과정에서 발생하는 '2차 미세플라스틱'으로 나눌 수 있다. 국가별 관련 규제가 점차 강화되는 추세로, 프랑스와 미국은 2025년부터 가정용 세탁기에 미세플라스틱 필터를 장착하는 것을 의무화하기 위한 법안을 마련 중이다. 섬유에서 많은 미세플라스틱이 발생하기 때문이다.

최근 한국소비자원에 따르면 일회용기의 미세플라스틱 검출량이 다회용기보다 최대 4.5배 많은 것으로 나타났다. 플라스틱 컵과 포장용기의 주된 원재료인 PET(47.5%)와 PP(27.9%), 종이컵에 코팅되는 PE(10.2%) 순으로 많았다. 플라스틱 제품 외에도 종이컵과 같은 제품에서 발생하는 이유는 종이에 PE(폴리에틸렌)와 같은 플라스틱을 코팅하기 때문인데, 뜨거운 액체에 의해 미세플라스틱으로 방출되는 것이다. 최근 플라스틱 대신 종이용기 안쪽에 광물과 같은 다른 물질을 도입하는 사례가 늘고 있는데, 역시 인체 유해성에 대한 평가가 필요하다. 하수를 통해 배출된 미세플라스틱은 결국 바다로 흘러가게 되어 생태계에 축적되고 우리 몸으로 다시 들어오게 된다. 2022년 국제해양폐기물콘퍼런스IMDC에 발표되었던 논문 중 90% 이상이 미세플라스틱과 생태계 영향에 관련한 것일 정도로 관심이 커지고 있다.

미세플라스틱이 생물에 어떠한 영향을 주는지는 아직 명확하게 밝혀진 것은 없다. 하지만 UNEP가 2021년 발간한 〈오염에서 해결책까지: 해양 쓰레기와 플라스틱 오염에 대한 세계적인 평가〉에서는 미세플라스틱의 화학물질이 특히 여성의 심각한 건강 영향과 관련이 있다고 언급했다. 매년 바다로 유입되는 플라스틱 폐기물은 약 1200만 톤으로 해양 미세플라스틱을 유발하는 주된 요인이고, 바다로 배출된 폐기물은 수거가 어렵다. 최근 여러 글로벌 업체가 폐어망처럼 바다로 흘러 들어간 플라스틱 쓰레기인 해양 폐기물이나, 육지에 있으나 잠재적으로 해양으로 흘러 들어가기 쉬운 폐기물Ocean Bound Plastic •을 제품에 넣는 노력을 많이 하고 있다. 하지만 해양 폐기물 수거가 대부분 개발도상국의 해안가에서 이루어지고 아동 노동이 많이 발생하

• 현장으로부터 100km 반경 내에 폐기물 처리가 가능한 지방 자치 시설 또는 대체 경로가 없으며 강을 포함해 해안선으로부터 50km 이내에 존재하는 플라스틱 폐기물(현장: 해안선, 강, 제조 시설, 상점, 가정, 학교 등).

는 것으로 알려져, 해양 폐기물을 구매할 때 노동, 인권문제에 대한 확인이 반드시 필요하다. 외부 검증 시에도 이에 대한 입증이 필요하므로 거래 시에 주의할 필요가 있다.

자원순환의 거대한 수요를 만드는
건설, 유통업체, 자동차

공급사슬망에서 최상위에 있고 협력사의 구성이 다양하여 산업에의 영향이 크면서도 규모가 큰 산업군은 건설, 자동차, 유통업체가 아닐까 싶다. 아이러니하게도 이들 산업군의 외부 요구사항이나 환경 관련 이니셔티브는 적은 편이고 탄소중립 등의 자체 선언도 많지 않은 편이다. 최근 공급사슬망을 관리해야 하는 흐름으로 탄소중립을 위해 큰 노력이 필요한 핵심 산업이 되고 있다.

① 녹색 건축(그린빌딩)

국제에너지기구에 따르면 건축 분야는 전 세계 탄소배출원의 약 40%를 차지하는 매우 중요한 배출원이다. 한번 지으면 오래 사용되는 건축물의 특성상 에너지원이나 소재를 중간에 대체하는 것이 매우 제한적인 산업이다. 우리나라의 녹색 건축 규모와 실제 이행 수준은 미국이나 유럽에 비하면 매우 늦은 편이고 에너지 절감 기술에 집중되어 있다는 특징이 있다. 친환경 건축물에 부여하는 인증인 미국의 LEED, 영국의 BREEAM은 민간에서 운영하는 프로그램으로 우리나라에서도 많은 빌딩이 취득하고 있다. 유사한 우리나라의 프로그램인 G-SEED는 정부 산하 기관에서 운영하여 공공건물이 취득하고 있지만 수년 내로 민간 건물에도 규제화될 것으로 보인다.

자원순환의 문제가 부상하면서 자연스럽게 건축물에서도 이슈가 되고 있다. 최근에는 지속가능경영리포트에 특히 재활용 콘크리트, 철근을 사용할 것이라는 건설업계의 선언이 뒤따르고 있다. 친환경 건축물 인증 프로그램의 특성상 주기적으로 개정되는데, 탄소중립의 이니셔티브가 강화될수록 항목이 더 세밀해지고 강해질 것이다. 현재 에너지에 머물러 있는 기업의 노력은 공급사슬망에까지 전달되는 자원순환, 전과정평가, 실내 공기질, 자재의 독성에 대한 정보 선언 등으로 확대되면 건설사의 협력사들에겐 또 하나의 리스크이자 기회가 될 것이다.

또한 건축물 온실가스 총량 규제에 기반한 배출권거래제가 도쿄에서 시행되고 서울과 뉴욕에서도 시행될 예정으로, 이에 대한 대비도 필요하다. 소득 수준이 높아질수록 건축물은 안전을 담보하는 공간을 뛰어넘어 웰빙의 개념이 접목된다. 거주자, 근무자의 건강과 스트레스를 고려하여 소음 저감, 공기질, 조도, 피트니스센터 확보 등이 중요한 조건이 되면서 이 부분을 주로 평가하는 웰 빌딩 인스티튜트Well Building Institute, 헬시 빌딩Healthy Building과 같은 프로그램도 각광을 받고 있다.

② 유통업체

유통업체는 더 이상 소비자에게 매대를 제공하는 저마진의 판매점이 아니라 투자를 받는 기업이자 로봇, 드론, 물류 자동화 등의 최첨단 기술이 얽힌 중요한 허브로 봐야 한다. 친환경 생산과 친환경 소비의 중간에서 기업의 지속가능성 정보를 제품을 통해 세상과 연결하는, 생산에 가장 큰 영향을 줄 수 있는 플랫폼이다. 지속가능성회계기준위원회SASB의 유통사 기준 내의 환경 지표가 '소매 및 유통 과정에서의 에너지 관리'와 '제품 조달, 포장재의 환경적 영향'에 국한되어 전통 제조업에 비하면 수가 적은 편이다. 그렇지만 다음과 같은 서문은 ESG에서 유통업체의 중요성을 다시 일깨워준다.

> 대형, 전문 유통 및 배급 산업 내 기업들은 제품의 수명주기 전반에 걸쳐 환경 및 사회적으로 다양한 영향을 미치는 전자제품, 의류, 가구 및 화장품을 포함한 광범위한 유형의 제품들을 판매한다. 이 산업 내 많은 기업의 규모와 그에 따른 구매력은 공급업체와의 협력을 통해 환경 및 사회적 영향이 적은 수명주기를 가진 제품과 포장재 조달을 가능하게 한다. 이를 잘 수행하는 기업들은 고객 수요 증가와 수익 개선의 효익을 누릴 수 있다. 이 산업 내 기업들은 통상적으로 공급업체와의 관계, 인증 기준 사용, 그리고 포장재의 환경적 영향 완화에 대해 적극적인 접근법을 취하는 전략을 사용하고 있다.

월마트는 탄소중립을 선언하고 협력사들의 탄소 감축 강화를 적극적으로 유도할 수 있는 협력 프로그램을 만들었다. 아마존은 '기후서약친환경인증Climate Pledge Friendly Certifications'이라는 프로그램을 통해 공정무역 및 탄소중립에 도움이 되는 30여 개의 인증 프로그램을 권장하고 있다. 타겟은 '타깃제로Target Zero 이니셔티브를 통해 재활용 재료나 포장재의 확대를 목표로 하고 알리바바는 SBTi에 가입해 스코프3 개념을 도입하여 탄소중립에 박차를 가하고 있다.

한국에서는 작업자 안전, 화재 등의 이슈가 있었는데 현재 많은 개선이 이루어지고 있다. 많은 이해관계자가 얽힌 자원순환 분야에서도 다양한 파트너사와의 협업 소식을 들을 수 있다. 이것은 코로나 이후 포장재의 사용량이 급증하게 된 유통업체의 고민에서 시작한 것이다. 이는 앞서 설명했던 다회용기 도입의 어려움, 재활용 소재와 바이오 소재 사이에서의 선택, 종이와 플라스틱 사이에서의 선택, 폐기된 후 실제로 재활용될 수 있는가 등 여러 의문의 해답이 공급사슬망의 노력에 있음을 상기시킨다.

③ 자동차

최근 자동차 업계에서 이슈가 되었던 협력사의 노동문제, 저탄소 관련 그린워싱 문제는 공급망에서의 이슈가 원청업체에 경영 리스크로 작용할 수 있음을 보여주었다. 건설 분야와 비슷하게 지금까지는 자동차의 안전과 운전자의 건강 관점에서 규제와 관심이 집중되었지만 전 과정에서 자동차를 평가하기 시작했다.

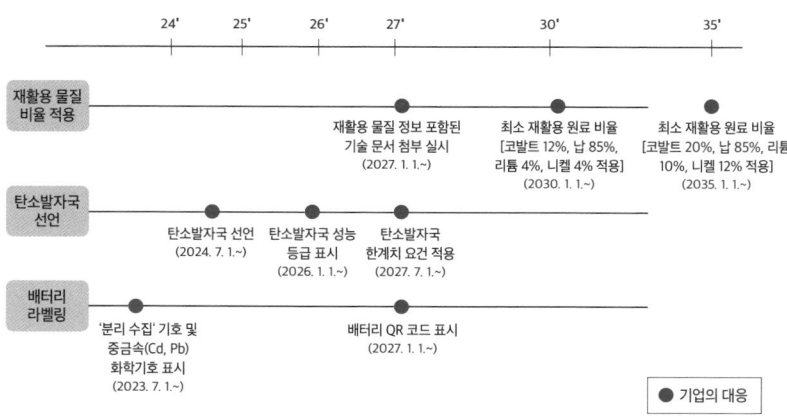

EU의 배터리 규제안에 따른 일정

재활용 물질 정보 포함된 기술 문서 첨부 실시 (2027. 1. 1.~)

최소 재활용 원료 비율 [코발트 12%, 납 85%, 리튬 4%, 니켈 4% 적용] (2030. 1. 1.~)

최소 재활용 원료 비율 [코발트 20%, 납 85%, 리튬 10%, 니켈 12% 적용] (2035. 1. 1.~)

탄소발자국 선언 (2024. 7. 1.~)

탄소발자국 성능 등급 표시 (2026. 1. 1.~)

탄소발자국 한계치 요건 적용 (2027. 7. 1.~)

'분리 수집' 기호 및 중금속(Cd, Pb) 화학기호 표시 (2023. 7. 1.~)

배터리 QR 코드 표시 (2027. 1. 1.~)

● 기업의 대응

출처: 한국생산기술연구원 자료 재구성

현대자동차의 전과정평가에 따르면 운행 단계에서 64%, 제조전 단계에서 34%, 현대자동차 제조, 유통, 폐기 단계에서 2%의 비율로 탄소가 배출되어 협력사 부품을 공급받는 제조전단계의 관리가 필수적이라고 판단했다. 따라서 협력사 재활용 소재 활용 확대와 제조 이전 단계의 탄소 배출정보 및 LCA 분석 신뢰성 향상을 위해 디지털 기술을 지원하여 공급망의 탄소 저감을 추진한다고 밝혔다.

자동차 산업은 모빌리티 시대에 한국에서 특히 중요한 산업이다. 에너지 다소비 업종이면서 원료 단계에서도 화학, 철강, 배터리, 반도체 등 다양한 산업군을 포함한다. 공급망에서 많은 규제와 환경 이니셔티브가 있기 때문에 자동차 제조사의 책임은 점점 늘어나고 있다.

EU는 2022년 배터리 규제안을 공개했고, 2023년 핵심원자재법^{Critical Raw Material Act} 초안 또한 발표하며 지속가능한 자원의 활용을 통한 탄소중립 로드맵을 제시했다. 2022년 12월 EU 시장에서 배터리의 사용이 보다 지속가능하고 순환 이용되며 안전하게 활용될 수 있도록 잠정적으로 합의했다. 미국 또한 인플레이션 감축법을 통해 EU와 유사한 지속가능한 자원의 활용에 방점을 둘 것으로 예상된다. EU는 2024년부터 탄소발자국, 재활용 소재, 성능 및 내구성에 대한 지속가능성 요구사항을 점진적으로 도입할 예정이다.

궁극적으로는 이러한 정보를 라벨링하고 2027년부터는 QR코드로 표시해야 하며 배터리 여권을 보유하여 이러한 정보들에 온라인으로 접근할 수 있고 이력을 확인할 수 있도록 하는 정보공개의 의무라고 볼 수 있다. 우리 기업은 각 공급망에서 재활용 소재 도입 및 전과정평가 방법론에 기반한 탄소발자국을 산정하고, 전반적인 공급망 실사에 대비해 프로세스 및 시스템 구축에 대해 고민할 필요가 있다.

자원순환의 생태계는
어떻게 만들어야 할까

자원의 문제는 물질의 흐름에 바탕을 둔다. 코로나로 인한 제품 생산량과 쓰레기 급증, 예상치 못한 폐기물 수출 금지와 같은 이슈로 언제든 커다란 문제로 다가올 수 있다. 기업은 재활용이 잘 되도록 제품을 만들고 수거가 어려우면 수거 시스템을 고민해야 한다. 소비자는 덜 사용하고 다시 사용하는 지혜를 발휘해야 하고 폐기 시에는 분리수거를 잘해서 폐기물 처리업체가 쉽게 분리할 수 있도록 해야 한다. 기업은 다시 이 쓰레기를 제품에 지속적으로 넣을 수 있는 기술을 고민해야 한다. 식물이 생장할 때 탄소를 흡수하므로 이를 소재로 활용하는 바이오 소재, 폐기물을 적게 만들기 위한 생분해 플라스틱 적용, 자원 고갈을 늦추고 에너지 사용을 줄이는 재사용, 재활용은 장점을 살릴 수 있는 분야에서 최대한 활용될 수 있도록 정부는 규제를 강화하고 견고한 생태계가 만들어지도록 현장의 소리에 귀를 기울여야 한다.

이런 노력은 기업에서도 증가할 것으로 예상하지만 사회와 지자체의 협력 없이는 효과가 미미할 것이다. 예를 들면, 생분해 플라스틱의 경우 인위적인 노력으로 온도와 습도를 만들어 6개월 안에 90%가 분해되어야 하는 조건이 필요하다. 그렇기 때문에 생산자가 큰 비용을 들여 생분해 플라스틱을 생산했다 하더라도 실제로 분해되지 않으면 의미가 없다. 생산자가 폐기물을 수거하거나 특정한 폐기물을 모으는 거점을 만들어야 한다. 두 가지 방법 모두 쉽지 않지만 후자가 더 나을 것이다. 재활용, 바이오 베이스 플라스틱 모두 거점에서의 수거가 필요하기 때문에 자원순환 전반에서 다양한 이해관계자의 강력하고도 자연스러운 연대가 절실하다. 지난 10년간 서울시, 제주시, 유통지원센터,

대기업 등 지자체와 기업을 연결하고 효율적인 거점을 확보하여 자원순환 효과를 높여온 'CSRimpact'는 이를 위해 다음과 같은 방향을 제시했다.

첫째, 다양한 참여자에게 폐기물 저감을 통한 자원 고갈과 온실가스 저감에 대한 공동의 접근법을 공유하고 연대한다. 이를 위한 공동 이행사업을 발굴하고 목표를 명확히 하여 참여자들과 시민들을 학습시킨다.

둘째, 사업의 실행과정에서 서로 도움이 될 수 있도록 계획하고 다양한 이해관계자 각자가 가진 자원과 역량을 활용하여 특화된 활동을 진행한다. 즉 기존 인력과 거점, 유휴수송을 적극 활용하여 에너지와 자원 감소, 불필요한 탄소 발생을 일으키지 않고 참여자에게 합리적인 보상을 제공하고 사회에 기여한다는 자긍심을 불러일으키는 지자체의 기존 프로그램과도 연결한다. 이를 통해 정부 규제로서의 단순한 접근법을 넘어서는 공동의 성과를 창출할 수 있다.

셋째, 모든 과정을 시스템화하여 비용을 줄이고 데이터의 투명성을 높이고 접근을 쉽게 한다. 또한 성과를 시각화하며 모든 시민이 참여할 수 있는 접근성 높은 기존의 플랫폼을 활용하거나 새롭게 만든다. 폐기물 처리장에 한정되었던 거점을 회사, 빌딩, 공장 등으로 넓히고 학습된 시민들이 참여하여 지속가능한 자원순환의 생태계를 만드는 것이 최종 목표다. 정부로부터 탄소 크레디트 인정을 받거나 기업이 CSR 활동으로도 연결하기 위해 노력한다. 이와 같이 기업과 단체들이 끈끈한 연대를 통해 활동을 만들어간다. 사실 시민들은 분리수거를 열심히 하는 작은 활동 외에 어떤 노력을 더 해야 하는지, 누구와 함께할 수 있는지 모른다. 더 많은 교육과 연대, 플랫폼이 필요한 이유다.

반면 기업은 자원순환의 노력에 대한 외부의 요구, 평가가 점차 확대되므로 더 체계적으로 자원순환 전략을 만들 수 있는 여건은 된다고 볼 수 있다. 그러나 폐기물이 다시 제품으로 들어오는 과정에서 폐기물 수급의 어려움, 투명성 저하, 성과를 정량적으로 공시하기 위한 데이터베이스의 부재, 검증의 한계, 전문 인력의 부족은 중소기업뿐만 아니라 중소기업들로부터 제품을 구매해야 하는 대기업 또한 해결하지 못하고 있다.

이러한 어려움을 감소시킬 민간 분야에서의 대안은 IT와의 접목과 이해관계자들의 협업을 통한 데이터베이스 구축일 것이다. 자원순환 분야에선 HRM, 수퍼빈과 같은 재활용 업체는 물론 LS케이블과 같은 제조사도 폐기물 배출→수거→운반→최종 처리에 이르는 밸류체인에서, 전화와 수기 문서 작업을 통한 업무 효율성 저하와 같은 어려움을 디지털로 전환했다. 그리고 각 과정의 폐기물 데이터를 확보하여, 기업의 전 사업장에서 폐기물을 통합 관리하고 환경부(올바로 시스템)에 연동할 수 있게 했다. 또한 폐기물을 싣고 가는 차량이 소각, 매립장과 같이 목적지에 가지 않는 경우를 감지하여 불법 폐기의 가능성을 제거했다. 가장 끝단에 있는 재활용 업체뿐만 아니라 제조사들도 폐기물 관리에서의 투명성을 확보하고 탄소 저감량을 알기 위한 디지털화에 많은 노력을 기울이고 있다.

LCA 수행의 관점에서 보아도 재활용과 폐기는 기업에게 중요한 단계로, 그동안 정확한 데이터 확보의 어려움이 있었다. 이 부분이 해소되면 전체 공급사슬망 디지털화에서의 마지막 퍼즐이 될 것이다. 이는 궁극적으로는 기업이 친환경 제품을 생산하고 정확한 데이터를 적시에 마케팅하여 소비자와 커뮤니케이션할 수 있는 기반이 될 것이다.

투명한 소통과
진정성으로
그린워싱을 벗어나라

환경 영역도 이해관계자의 범주로 넓어지면서 방대한 데이터를 관리하고 적시에 외부에 제공하는 일이 기업에게는 더욱 중요해졌다. 전과정평가에 기반한 탄소발자국을 산정하고 보고서를 작성하기 위해서는 구매, 생산, 환경안전, 총무, 유틸리티팀 등에서 6개월 치 이상의 데이터를 받아야 하고 그 데이터가 맞는지 검증해야 한다. 제품 한 개로 할당하여 계산하고 내외부의 검증을 받으려면 몇 개월의 시간이 소요된다.

물론 이러한 업무가 루틴화되면 업무량과 소요시간이 줄어들겠지만 그래도 최소 수개월이 소요된다. 특히 바이어가 급히 데이터를 요구하는 경우 난감한 상황에 직면하게 된다. 그나마 대기업은 업무가 팀별로 잘 분장되어 있고 바이어의 요구에 대응하는 CS 부서와 긴밀하게 업무를 진행하므로 수월한 편이지만, 중소기업의 경우는 그렇지 못하기 때문에 데이터의 정확성이나 신속성 측면에서 대응이 어려운 것이 현실이다. 게다가 대기업과 계약을 맺어 거래하는 경우 전과정평가와 자원순환 분야는 스코프3의 업스트림이 되어 결국 대기업에서의 요구로 수행해야 하는 과제가 된다.

과거의 환경 규제나 바이어의 요구는 사업장의 총량의 기준에 집중했었다. 하지만 이제는 사업장의 성과를 제품으로 할당하여 이해관계자들과 공유해야 하는 시대가 되면서 로직이 더 복잡해졌다. 기업은 궁극적으로 공급사슬망에서 가장 상위에 있는 소비자와 유통업체에게도 제품에 대한 투명한 커뮤니케이션을 통해 경쟁해야 하는 시대가 된 것이다. 그러므로 멀티 채널에 얼마나 투명하고 효과적으로 대응할 것인지는 매우 중요하다. 디지털 전환은 바로 이 어려움을 완화할 방법으로 최근 간단한 소프트웨어에서 NFC, 블록체인, AI까지 여러 방법을 통해 접근하고 있다.

① 원료 제조에서의 독성 예측 프로그램

모든 제품은 화학물질로 구성되어 있는데 지난 50년 동안 화학물질이 3분에 한 개꼴로 생겨나 1억 개가 넘는 화학물질이 등록되었고 1만여 개 물질의 안전성이 확보되어 사용되고 있다. 새롭게 합성된 화학물질의 안전성에 대해서는 알 수 없기 때문에 사용전에 반드시 안전성이 평가되어야 한다. EU의 REACH나 우리나라의 화평법, 미국의 TSCA와 같은 화학물질 평가, 등록에 대한 법률이나 살생물제법에 의해 화학물질과 제품으로부터 최소한의 안전이 담보되고 있는 것이다.

새로운 물질의 인체 독성은 대부분 동물실험을 통해 진행되었으나 동물 윤리 문제로 독성을 예측할 수 있는 프로그램들이 개발되었다. 이는 유사한 기존의 화학물질과의 비교를 통해 독성을 예측하는 방법이다. 우리나라를 포함하여 전 세계에 많은 프로그램이 있고 확대되는 추세다. 이러한 안전성과 성능이 확보되면 시중에서 판매될 수 있는 여건이 된다. 성분, 독성, 규제 등의 정보가 담긴 온라인 구매 툴이 많은 산업군에서 활발하게 이용되고 있다.

② 원료&완제품 제조 및 리테일에서의 환경 규제 정보

화학물질과 같은 기초 원료에서 중간재인 부품, 완제품까지 유통하기 위해서는 단계별로 존재하는 국가별 규제나 권고사항들을 만족시켜야 한다. 우리 생활에 직결되는 환경, 안전보건 관련 규제는 매우 중요한 부분이다. 어느 국가로 수출하느냐에 따라 범주가 좁혀질 수 있지만, 아마존, 쿠팡과 같은 이커머스로 제품을 판매하게 되면 판매 지역을 제한하는 것이 쉽지 않기 때문에 해당되는 규제 내용을 알고 있어야 한다.

규제는 보통 주기적으로 개정이 되므로 모니터링이 쉽지 않다. 그래서 각 지역별로 담당자가 모니터링한 규제 내용을 한곳에 모아 고객에게 제공하는 것이 일반적인 방법이다. 'Chemadvisor'라는 소프트웨어나 AI를 통해 각국의 규제 정보를 제공하는 피스컬노트가 대표적인 프로그램이다.

또한 수십 년 전에는 미국의 유통업체가 제품을 유통하면서 많은 환경, 안전 관련 법규의 위반으로 인해 수십억 원대의 벌금을 부과받았다. 대부분 폭발이나 화재, 독성 등의 위험성을 내포하고 있는 화학물질, 에어로졸, 살충제, 배터리를 포함한 전자제품에 대한 운송, 관리, 환경 및 건강 영향 등의 규제였는데, 소수의 유통업체 담당자가 수만 개의 제품 특성을 파악하여 관리하는 것이 어려웠다.

이에 월마트는 WERCSmart라는 회사에 제품에 대한 리스크 평가를 의뢰했다. 월마트로 납품하는 전 세계의 제조사들이 WERCSmart라는 플랫폼에 제품 정보를 입력하면 리스크 평가 결과를 요약하여 월마트에 제공하는 프로세스다. 이는 규제 파악 및 리스크와 비용 감소 측면에서 매우 유용한 플랫폼이 되어, 현재 미국의 여러 유통업체가 이를 활용하고 있다.

③ B2C, B2B 시장에서의 구매 툴

이미 B2C 시장에서는 다양한 앱을 통한 구매 툴이 많다. 당근마켓은 대표적인 중고 거래 플랫폼으로 자원순환에 기여하는 형태이다. 반면에 제품의 환경이나 안전보건 등의 정보를 제공하여 지속가능성에 의미를 부여하는 가치 소비를 유도하는 프로그램은 소비자에게 큰 관심을 불러일으키지 못했다. 소비자들이 소비할 때 환경과 사회적 가치에 큰 비중을 두지 않은 것으로 보이지만 정부의 조사에 따르면 매년 친환경 소비가 증가하고 있다고 하니 이러한 툴들이 시너지를 낼 것을 기대해본다.

B2B 시장에서도 그린빌딩의 요구사항에 따른 친환경 건축자재 관련 플랫폼이 성장하고 있다. 전통 제조업에서 벗어나 소비의 비중이 커진 EU와 북미 지역에서는 특히 그린빌딩에서 비롯되는 비즈니스가 활발한데, 주요 공급망이 되는 건축자재의 구매는 점차 디지털화되고 있다. 대표적으로 13만여 개의 환경 관련 인·검증을 받은 제품이 등재된 SPOT의 경우에는 미국의 일부 정부기관에서 활용을 권고하고 있다. 건축가들이 사용하는 설계 툴인 AutoCAD, REVIT, SketchUp에도 연동되어 LEED, BREEAM과 같은 글로벌 친환경 건물 인증의 스펙으로 검색을 하면 이를 충족하는 제품을 고를 수 있는 기능과 친환경 구매가 쉽게 이루어지는 환경을 제공한다.

게다가 캘리포니아주의 건축자재를 대상으로 한 탄소발자국 결과에 따른 입찰 제한 규제와 공급사슬망에서 검증된 제품 구매의 증가로 지속가능 제품 생태계의 조성에도 큰 역할을 하고 있다. 우리나라에도 그린빌딩과 관련하여 유사한 플랫폼들이 성장하고 있다. 여기에는 국내 친환경 자재 정보가 담겨 건축 및 인테리어를 하는 소비자에게도 친환경 소비의 마중물이 되고 있다.

디지털 전환이 긍정적인 부분만 있는 것은 아닐 것이다. 법적으로 문제가 되거나 되레 환경에 나쁜 영향을 줄 수 있는 플랫폼에 대한 정부의 감시 역할이 필요하다.

제품을 통해
소비자와 소통하라

경제가 급격히 성장하면서 인건비도 함께 상승하게 되었고 많은 기업들이 인건비가 싸면서도 생산여건이 좋고 판매처가 가까운 국가로 이전하고 있다. 특히 섬유, 패션업종은 약 70% 이상의 공장이 베트남 등의 동남아시아와 남미로 이전했으며, 인건비가 더 낮은 곳을 찾고 있다. 나이키, 아디다스 등의 글로벌 업체들은 100% OEM 형태로 아시아와 남미에 제품 생산을 의뢰하여 완제품을 전 세계에 유통해왔다. 이러한 공식에 균열을 만드는 것이 바로 탄소배출에 대한 규제다. 유럽은 2021년 탄소국경조정제도를 발표했고 2023년부터 시범적으로 도입, 2026년에 본격 시행하기로 했다. 이것은 탄소배출량 감축 규제가 강한 국가에서 상대적으로 규제가 덜한 국가로 탄소배출이 이전하는 탄소유출의 문제를 해결하기 위해 유럽에서 도입하고자 하는 무역관세의 일종이다. 즉 위의 기업들이 이전한 국가인 베트남이나 남미는 탄소배출에 대한 규제가 낮으므로 추가적으로 발생한 만큼의 세금을 부과하게 된다.

이는 공장 단위의 배출량이 아니라 제품 기준의 배출량을 산정하여 제출 및 승인을 받아야 하는 제도다. 이 규제 또한 제품의 LCA 측면에서 접근해야 하기 때문에 배터리 여권과 같은 글로벌 규제, 탄소중립 선언이나 바이어의 요청에 따라 산정해야 하는 제품 기준 환경 발자국Environmental Footprint의 요구에 하나가

제품 친환경 라벨링 가이드 (ISO14020)

구분	Type I 라벨 (ISO 14024)	Type II 라벨 (ISO 14021)	Type III 라벨 (ISO 14025)
의미	제품의 일정한 환경성 기준을 설정하고 기준에 합당한 경우 환경마크 사용을 인증하는 제도	생산자 스스로 제품 환경성을 주장할 수 있는 방법을 규정, 소비자 기만 방지를 위한 제도	제품의 전 과정에서(원재료-가공-사용-폐기) 발생하는 환경성 정보를 정량화하여 표시함으로써 소비자의 차별구매를 유도하기 위한 제도 (예: 환경성적 표지, 탄소성적 표지)
라벨 예시			
평가 항목 예시	종합평가(예시: EPEAT 규격) (1) 제품 레벨 • 물질 관리(중금속, 난연제, REACH, RoHS, 독성평가 등) • 소재 선택(본체 및 패키지: Post-consumer/Bio-based) • 제품 및 배터리 수명 업그레이드, 수리용이성 배터리 효율 • Life Cycled Assessment & Carbon Footprint (2) 사업장 레벨 • 환경 및 에너지 경영 시스템 • 안전보건 경영 시스템 • 사회 책임(분쟁 광물 등) • 온실가스 감소	단일속성(정량) • Recycled Conten (재활용 소재 함량) (○○%) • Recyclabilit(재활용률) • Bio-based Content(바이오 소재 함량) • Zero Waste to Landfill(매립지 제로화율) • Energy of a Display(에너지 소비 전력 비교) • Zero Ozone Emission(제로 오존)	전과정 평가(정량) • 지구온난화(○○ CO_2kg) • 오존층 고갈(○○ CFC11kg) • 수질 산성화, 부영양화(○○ SO_2 / PO_4^{3-}kg) • 오존 광화학 반응(○○ C_2H_4kg) • 인체 독성 및 기업 사회적 책임 (○○ 1,4-DCBkg) • 비생물 자원 고갈지수 (○○ Sbkg)

더 늘어난 셈이다. 제품 기준의 라벨링은 OECD 기준이나 ISO 기준에 따라 정의되는데 보통 ISO14020의 기준을 많이 사용한다. ISO14020은 크게 ISO14024, ISO14021, ISO14025의 세 가지로 분류한다.

TYPE1(ISO14024)은 제품의 일정한 환경성 기준을 설정하고 기준에 합당한 경우 환경마크 사용을 인증하는 제도로 이를 통해 제품의 친환경성을 차별화할 수 있다. 보통 Gold, Silver, Bronze와 같은 등급을 부여한다. 대표적인 라벨이 우리나라 환경표지이고, 우리나라를 포함해 여러 나라가 운영 중이며 정부 조달 시 가점으로 활용된다. 예를 들어, 미국 정부에서는 정부 조달 시 활용하는 인증을 공개하고 있는데 우리나라와는 다르게 민간 인증이 대부분이고 미국, 유럽 위주의 규격이 포함되어 있다. 권고Recommendation라고 되어 있지만 불과 몇 년 전 권고된 일부 규격을 국내 몇몇 전자회사에서 강하게 요구 받은 것을 보면 매우 중요한 규격임을 알 수 있다. 아마존이 권고하는 기후서약 친환경 인증에 포함된 약 30여 개의 인증 프로그램도 대부분 TYPE1에 속한다.

TYPE2는 제조사 스스로 친환경성을 선언하는 방법을 규정한 것으로 ISO14021이 가장 많이 활용되며, 판매하려는 국가별 가이드 또한 고려하여 제조사 스스로 선언하면 되는 비교적 쉬운 방법이다. 그러나 최근 그린워싱의 사례가 많이 발생하면서 더욱 주의가 요구되는 선언 방법이다. 예를 들어, 내가 생산하는 제품에 경쟁사와는 다르게 중금속이 포함되어 있지 않다고 하면 성적서에 근거한 프리Free 선언을 할 수 있다. 최근 가장 많은 선언이 이루어지는 자원순환(재활용 소재 함유/재활용률/바이오매스/생분해 등)의 경우, 특히 시험을 통해 확인하는 방법이 어려운 경우 공급사슬망의 투명성에 대한 우려가 점점 커져서 유통업체 또는 완제품 제조사는 협력사에게 3자 기관에 의한 검증을 요구하는 추세다.

TYPE3은 앞에서 언급한 LCA 방법론을 통해 검증하는 EPD Environmental Product Declaration, 탄소발자국 등이 포함된 라벨이다.

이처럼 제품 규격은 매우 다양하다. 그런데 결코 제품의 특성만 담는 것이 아니라 회사 수준의 기준들이 포함되므로 제품 시스템적인 접근이고 이는 오히려 사업장 평가의 부족한 부분을 메워줄 수 있는 종합평가라고 볼 수 있다.

최근 많은 대기업은 공급망에서의 투명성을 높이기 위해 소프트웨어, NFC, 블록체인 등의 디지털화를 통해 공급망을 잇고 외부의 요구에 빠르게 대응하려고 한다. 포르쉐는 데이터를 기록, 저장하고 위변조를 못하게 하는 블록체인 기술을 플랫폼화하고 자원순환 시스템에 적용하여 제품 추적, 탄소 정보 등에 활용하고 있다. 뷰티 기업 로레알은 제품의 환경 및 사회적 영향에 대한 정보를 소비자에게 제공하는 제품 영향 라벨링 시스템을 캐나다에 도입한다. 이 시스템은 온실가스 배출, 물부족, 해양 산성화, 생물 다양성에 미치는 영향 등 14가지의 인자를 분석해 점수화한 것으로 이 역시 디지털화를 기반으로 한다.

늦었지만 아직
시간이 있다

ESG 경영이 한창 화두가 되면서 실제로는 진정성 있는 액션을 하지 않으면서 과하게 마케팅에 치중하는 회사가 많았다. 2022 한 해 수천 건의 그린워싱 사례가 있었다고 하니 우리가 지난 시간에 얼마나 성장에만 치중해 사회, 환경적 가치에 소홀했고

급하게만 대응해왔는지 알 수 있다. 늦었고 또 힘든 일이지만 정확한 베이스라인을 정하고 단계적으로 접근해야 한다. 현재의 공시 및 지표의 내용과 검증 방법, 데이터베이스 등 어느 하나 완벽하게 구성되어 있지 않다. 그러나 투자사는 점차 더 정교한 렌즈로 들여다볼 것이고 바이어는 실행 가능한 탄소 감축 계획과 정확한 데이터를 요구할 것이며 소비자는 점점 똑똑해질 것이다.

아직 시간이 남아 있다. 첫째, 중소기업은 환경업무에 대한 깊은 지식과 경험을 가진 인력이 없는 경우가 대부분이지만 환경업무는 구매, 영업, 마케팅, 개발, 품질부서 모두가 알고 협업하지 않고서는 시작 자체가 불가능하므로 효율적인 협업 체계 구축이 우선 필요하다. 둘째, 기업은 공급사슬망 및 정부, 지자체와의 실리적인 협업을 통해 보여주기식 성과에서 벗어나야 한다. 정부나 지자체 또한 시장에 과도하게 간섭하거나 기업과 경쟁하지 말고 중심을 잘 잡아야 2050년까지의 마라톤을 완주할 수 있다.

마지막으로 진짜 친환경이 무엇인가에 대한 심도 있는 공부와 고민을 해야 한다. 항상 전 과정적으로 사고해야 하고, 전 지구적인 관점에서도 생각해야 하며 이를 업무에 녹여내야 한다. 또한 모든 업무의 디지털 전환 또한 장기적인 목표로 삼아 공급사슬망과 맞춰서 Align 투명성을 높이고 비용과 탄소배출량을 낮출 수 있어야 한다. 이렇게 쌓인 기초 체력은 내외부의 그린워싱 요구와 이로 인한 리스크로부터 나와 회사, 사회를 지켜줄 것이다. 흔들리지 않는 끈질긴 노력을 통해 기업 공급사슬망의 최종 목적지인 탄소중립에 가까이 갈 수 있길 바란다.

Social

4장

사람 없이는
기업도 없다

김소리

기업이
사회S 영역을
제대로 알려면

ESG에서 사회 영역은 임직원, 고객, 협력회사, 지역사회 등 다양한 이해관계자에 대한 기업의 권리와 의무, 책임 등의 요소를 포함한다. 또한 최근의 인권, 안전보건 등에 대한 이슈를 포괄하는 분야다. 그런데 이런 의문이 들 수 있다.

'우리 기업에서 이 지표를 준수하기 위해 돈만 들 뿐이지 직접적으로 매출과는 직결되어 있지 않는데 왜 비재무적 지표로 사회 영역을 요구하는 것일까? 과연 이것이 기업을 경영하는 데 어떤 영향을 미칠까? 사회는 결국 인간관계인데, 흔히 말하는 정情으로, 관계로 풀면 다 해결되는 거 아닌가?'

이렇게 단순하게 생각하면 기업을 운영하면서 사람과의 문제를 예방하기 힘들다. 여태껏 우리 기업들 내외부에서는 '인재人災'가 터지면 그제야 막으려 하고, 고의를 가지고 범하는 경우는 거의 없다고 여기며, 기업을 운영하다 보면 피치 못한 희생은 감수할 수밖에 없다는 생각이 지배적이었다. 기업의 성장은 오직 매출로만, 즉 재무적 지표로만 측정되었기 때문에 사회 영역은 관심 대상이 아니었다.

그러나 ESG라는 비재무적 지표가 아니더라도 왜 사회 영역이 기업 성장의 원동력이자 밑거름이 되는지 명확히 인식할 수 있다. 기업을 운영하는 데 있어 사업주 혼자 할 수 있는 일이 전무하다. 기업을 운영하는 데 재화와 서비스를 공급해줄 임직원 또는 협력사가 필요하고, 기업의 생성물을 소비할 고객이 있어야 하며, 기업이 자리한 지역적 환경을 고려하지 않으면 아예 기업 자체가 운영될 수 없기 때문이다.

이는 너무나 기본적인 개념인데, 기업의 기틀이 되는 사회 영역을 당연한 것으로 여기고, 관행이나 관습으로 흘러가는 요소로만 판단했다. 극단적으로 말하면 관심이 없었다. 기업이 세워지기만 하면, 기업의 전략과 아이템이 좋으면, 아니 매출이 발생하면 그게 성장이고 최선이라는 인식이 강했다.

그러나 나무는 흙이 없으면 성장할 수 없듯이, 사회 영역의 지표들도 충족되어야 비로소 튼튼한 기업의 밑거름을 마련한 것이다. 그러므로 인식 전환이 필요하다. 사회 영역의 모든 지표가 존중받고 충족되어야만 비로소 기업은 한 걸음 나아가고, 그다음에 환경과 거버넌스가 차곡차곡 쌓여서 결국에는 성장할 수 있다.

인권에 대한 관심과
사회 영역의 꿈틀거림

기업을 경영하는 데 있어서 기업 내부의 구성원이나 공급망은 '사람'이라기보다 '설비'로 보는 관점이 지배적이었다. 산업혁명 당시의 사고에 입각하여 지금의 기업 인력과 협력사 인력 그리고 기업이 속한 사회의 구성원들은 일종의 설비나 지형지물 정도로 이해되었다. 법적 규제가 없다면 인간의 신체적 능력이 허락하는 한 계속 기계와 같이 노동력을 투입하고, 그에 따른 생산력의 양적 증대만을 추구한다. 이를 단적으로 말해주는 이론이 '포드주의Fordism'다. 미국의 자동차 회사 포드의 창시자인 헨리 포드가 자동차 생산의 극대화를 위해 생산라인을 정비하고 제한된 시간 안에 노동 강도를 강화한 방식으로 20세기 초반 산업 전반에서는 이 방식이 기업 성장의 혁신을 이루었다고 인식되었다. 그러나 시간이 지남에 따라 인권 침해가 심해지면서 기업 성장의 저해 요인으로 작용하게 되었다.

제2차 세계대전을 전후로 하여 인권에 대한 인식이 강화되었고, 1948년 제3회 UN 총회에서 채택된 세계인권선언을 기점으로 차별 없는 보편적 인권이 대두되면서, 계층의 구분 없이 인권은 보호받아야 한다는 시각으로 전환되었다.

이 당시까지만 해도 경영에 대한 접근은 투자자, 주주 중심의 인식이 지배적이었다. 그러나 1980년대에 체르노빌 원전 사고 등으로 환경에 대한 시각이 변화하면서, 경영에서 경제적인 부분 외에 환경적인 요소가 작용한다고 각성했다. 2000년대 들어서는 기업 내외의 모든 주체와 환경 그리고 정부와의 관계가 전반적으로 기업 성장에 영향을 미친다는 인식이 생기면서, 이타적이고 지속적 경영으로의 전환이 필수적인 시대가 되었다.

환경이나 거버넌스와는 달리 사회 영역은 처음부터 끝까지 우리 기업을 둘러싼 사람과의 관계이기 때문에 당장 노력한다고 되는 것이 아니다. 또한 노력한다고 해도 이를 측정할 방법이 없다. 그래서 사회 영역을 이행해도 '당연히 해야 하는 거 아니야?'라거나 '사람 사이에 뭘 그리 복잡하게 따지고 드나? 그런다고 당장 티가 나겠나?'라는 인식이 있다. 또한 다수의 이해관계자가 얽히고설켜 있기 때문에 하나만 삐끗해도 걷잡을 수 없는 분쟁의 소용돌이로 빨려 들어갈 수 있다.

그러므로 사람에 대한 애정과 관심, 그리고 끊임없이 이해관계자들의 니즈를 파악하는 노력이 필요하다. 특히 사회 영역은 다른 분야보다 관련법에 따른 처벌이 많이 뒤따르기 때문에 법 위반을 예방하기 위한 제도를 도입하는 것이 필수적이다.

앞뒤가 다른
워크워싱의 함정

환경 분야에서는 '우리는 환경을 생각합니다'라고 표방하지만 소비자에게 책임을 전가하거나 입법을 저지하기 위한 로비 행위를 하거나 시스템 변화에 침묵하는 등 그린워싱 문제가 심각하다. 마찬가지로 사회 분야에서도 워크워싱Woke-Washing이 나타난다. 즉 사회에서 요구하는 행동을 하지 않거나 이에 반하는 행동을 함에도, 사회적 문제나 가치에 깨어 있는 척하는 기업이 있다.

예를 들어 한 유명 IT 기업에서는 장시간 근로를 개선하기 위해 주 52시간 근로시간 준수 등에 대한 캠페인을 대대적으로 벌였다. 그러나 실사를 통해 나타난 바로는 초과 근로 강요, 임산부에 대한 연장 근로, 동의 없는 휴일 근로, 초과기록 은폐 등이 있었다. 실제로 홍보 및 채용 공고문에서 '근로자 우선'이라고 했던 한 기업에서 일어났던 일을 살펴보자.

게임을 좋아했던 A는 고등학교 때부터 진로를 게임 개발자로 정하고, 관련 학과에 진학하여 게임 개발 업체 B사에 취업했다. 채용 공고문에는 자유 출퇴근제와 게임 론칭 성공에 따른 인센티브, 그리고 법정 휴가 이외에 연 10일의 추가 휴가, 식사와 간식 제공 및 의료 검진 서비스 등 높은 수준의 복리후생 혜택을 제시했다. A는 취업 후 채용 공고문에서 나오는 사항들이 기업 내에 모두 제도화되어 있다는 부분에 흡족했다. 이러한 기업문화가 널리 홍보되어 취업 준비생들 사이에서 B사는 스타트업 중에서 들어가고 싶은 기업 1순위로 꼽히곤 했다.

그러나 실제로는 프로젝트별로 납기를 맞추기 위해서 3일 이상 제대로 쉬거나 먹지 못하고 계속 업무를 수행하는 일이 다반사였고, 아무리 회사에서 휴가를 많이 부여한다 하더라도 업무량이 지나치게 많아 이를 사용할 수 없는 구조였다. 또한 성과에 대한 압박으로 극심한 스트레스를 받아 우울증 진단까지 받았다.

이처럼 극단적인 생활을 지속하던 A는 입사 1년 즈음 여느 때처럼 야근을 하던 중 3일째 계속되던 두통과 현기증으로 업무에 집중하기 어려웠다. A는 잠시 눈을 붙이면 괜찮아질 거라는 생각에 책상에 엎드렸고, 그 상태로 영원히 깨어나지 못했다. A의 사인은 뇌출혈이었다. 또래들이 꿈꾸어 왔던 직장, 많은 월급과 복리후생 그리고 게임 개발자로서의 꿈은 이루었지만 그의 마지막은 쓸쓸했다.

이 소식은 곧장 매스컴을 타고 외부에 알려지고, 투자자들은 B사가 이 사건을 어떻게 처리하는지 모니터링한 후 투자 여부를 결정하겠다는 의사를 표명했으며, IT 근로자들이 다수 속해 있던 산업별 노동조합에서는 기업의 보상을 촉구했고 이를 지켜보는 대중은 불매운동에 돌입했다. 잘나가던 B사는 즉각적으로 투자와 수주가 끊기면서 바로 기업 운영에 타격을 입게 되었다.

아무리 높은 연봉이나 좋은 복리후생을 제시한다 하더라도 실제로 근로자가 그것을 누릴 여건이 되지 않거나, 돈만 주면 무엇이든 하는 설비처럼 근로자를 취급하면 끝내 인재를 잃어버릴 뿐만 아니라 인권 침해 기업으로 낙인찍힌다. 특히 사회 분야는 사고가 터지면 기업에 대한 투자자나 고객 등 이해관계자들이 부정적 의견을 강하게 보인다. 따라서 기업들은 너무도 쉽게 빠질 수 있는 워크워싱의 위험성에 주의해야 한다.

〈하버드비즈니스리뷰〉에서는 워크워싱과 관련하여 "사회적 가치에 대한 기업의 선언이 단순 홍보활동으로 그치게 되면, 큰 리스크에 직면하게 된다"라고 강하게 경고했다. 이와 관련하여 실제로 2019년 PR 컨설팅 회사 에델만이 복수의 국가를 대상으로 설문조사한 결과, 응답자의 약 56%가 기업이 사회적 이슈를 그저 마케팅 수단으로 사용할 뿐이라고 답변해, 소비자의 낮은 기업 신뢰도를 보여주었다.

　최근 미디어의 발달로 기존의 특정 집단이 주도하는 언론의 시대가 끝나면서 개인도 기업의 워크워싱에 대해 빠르게 검증하여 손쉽게 폭로할 수 있기 때문에 기업의 책임 있는 행동이 중요하다. 기업을 둘러싼 많은 이해관계자가 있는 만큼 순간의 이슈나 이익을 위한 행동에 기업의 운명이 갈릴 수 있다는 부분을 항상 경영진은 명심해야 한다.

고용에서
사회 영역 요건을
충족하라

고용 분야는 사람 관계에 관한 것이기 때문에 다른 영역에 비해 주관적이고 질적인 영역이다. 흔히 사업의 지속 성장을 위한 지표로 여러 가지 자료를 제시하지만 대부분은 이해관계자• 들과의 공존을 위한 간접 지표일 뿐이다. 예를 들어 협력사나 지역사회와 큰 분쟁이 없으면서 매출이 상승하는 기업의 고용 현황을 확인할 수 있다. 특히 기업 성장의 원동력인 핵심인력이나 숙련공 보유 여부와 이직률 등을 확인하거나 노동관계법의 준수 여부를 확인하기 위해 여성 인력의 비율(남녀고용평등 및 일·가정 양립 지원에 관한 법률), 임금체불 유무(근로기준법), 비정규 보호

● 기업 내외 영향을 미치는 일체의 주체. 기업 내부에서는 근로자, 기업 외부에서는 협력사를 포함한 공급망, 고객, 지역 주민 등.

(기간제 및 단시간 근로자 보호에 관한 법률) 등을 확인하여 고용 분야의 지표로 활용한다. 기업의 사회 영역 수준을 평가해볼 수 있는 지표로서 해외의 경우는 SDGs, UNGC, GRI 400, SA 800, ISO 26000을 들 수 있고, 국내의 경우 BSR, KCGS, K-ESG 등이 있다.

기업에서 인력의 건전성을 측정하는 계량화된 지표로 기업의 4대 보험 가입자 현황을 들 수 있다. 근로자 4대 보험 취득 신고를 기준으로 신규 채용 유무를 확정할 수 있고, 기준일 현재 또는 연간 사업장 내 4대 보험을 취득하여 유지하는 근로자 숫자를 기준으로 고용 유지율을 측정할 수 있다.

또한 4대 보험 취득 신고 시 기간제 근로자와 상용직(정규직) 근로자 표시 항목이 있는데 이 항목을 기준으로 사업장 내 정규직과 비정규직의 구성 비율을 알 수 있다. 4대 보험 취득 신고를 할 때 근로자의 주민등록번호를 입력하기 때문에 근로자의 성별이 고스란히 드러나서 여성 구성원 비율도 손쉽게 알 수 있다.

그리고 퇴사자의 경우 4대 보험 상실 신고를 하는데, 이때 상실 사유별로 상실 코드가 달라진다. 예를 들어 일반적인 자진 퇴사자의 경우 사업장에서 고용보험 상실코드 11번으로 신고하면 자발적 이직률로 산정될 수 있다.

또한 어떤 고용 형태를 취하건 근로자라면 무조건 산업재해보상보험(일명 산재보험) 가입 대상자다. 만약 4대 보험 미가입자에게 산재가 발생하면 산업재해보상보험에도 미가입이므로 4대

보험 공단에서 보험료가 소급하여 정산되거나 산재가 발생한 사업장 전체에 대해 조사가 실시될 수 있다. 그렇기 때문에 사업 초기부터 근로자의 4대 보험은 반드시 가입해야 한다.

그러나 이러한 지표는 단순 수치일 뿐이고 수치라는 건 가장 최소의 계량 지표일 뿐이다. 실제로 근로자이지만 4대 보험에 미가입한 사람도 있다. 고용 분야에는 정성적 평가 항목이 많지만 기업의 지속 성장을 위한 인재상을 기업 내부 및 관계사도 보유해야 한다. 그래야만 위기 상황에서도 기업의 존속을 담보할 수 있다는 것을 경영자라면 인지하고 있다.

근로자가 구성원으로서 존중받고, 업무 성과에 대한 공정한 보상으로 성취감과 만족감을 느낄 수 있어야 한다. 동시에 기업의 경영에 대해 근로자가 함께 고민하며, 근로자의 희로애락이 기업의 희로애락이라고 느낄 수 있는 곳이어야 한다. 기업의 내부 고객인 근로자의 가치를 이해하고, 이 말을 명심하자.

"사람이 든 자리는 티가 안 나도 나간 자리는 티가 난다."

고용 분야에서
이것만은 체크하자

국내 노동관계법령의 주요 기준에 대해 반드시 알아야 하는 개념이 있다. 고용 분야는 사람이 중심이 되고, 사람이 많으면 여러 가지 이해관계가 발생하기에 더 통일된 기준이 필요하다. 따라서 근로자 수를 기준으로, 근로자 수가 적으면 노동관계법령에서 적용 제외 규정을 두어 보다 규제를 완화해준다. 반면 근로자 수가 법에서 정한 기준 이상이라면 매출을 고려하지 않고 동일한 수준의 법이 적용된다. 따라서 현재 회사의 재정 상황이 좋지 않다고 하더라도 일정 수 이상 근로자를 고용한다면 기업에서는 반드시 근로자에 대한 법정 근로조건을 준수해야 한다.

고용 분야에서 사업장 규모를 볼 때 가장 중요한 기준은 '상시' 근로자 수다. 여기서 상시란 평균 근로자 수를 의미하고, 평균 근로자 수 산정 기준 시점은 문제가 되는 상황이 있기 1개월 전 '가동 일수분의 전체 투입 근로자 수'를 의미한다.

이때 유의할 점이 있다. 실제로 문제가 되는 상황에서 상시 근로자 수를 판단할 때 근로자의 징표인 사용종속관계만 갖추고 있다면 근로자가 4대 보험 미가입자이거나 3.3% 사업소득자로 처리될 경우라도 모두 산입해야 한다. 또한 근로자가 계약직이거나 아르바이트와 같이 근로시간이 짧은 경우, 또는 일용직의 경우가 모두 포함된다.

상시 근로자 수 5인 이상 사업장의 경우 노동관계법령이 전면적으로 적용되기 때문에 실무에서는 5인 이상 사업장의 경우 영세 규모의 기업으로 보지 않는다. 구체적으로 상시 근로자별 필수적으로 갖추어야 할 핵심 사항은 아래와 같다.

상시 근로자 수 산정 예시

2월 1일 퇴사하는 근로자에게 미사용 연차유급휴가수당을 정산하여 지급해야 하는지 여부
(연차유급휴가는 5인 이상 사업장에만 적용됨)

산정 기간: 1월 1일~1월 31일
총 가동 일자: 1월 중 주말을 제외하고 평일 22일 가동
일자별 가동 인원수:

일	월	화	수	목	금	토
1	2	3	4	5	6	7
	3명	4명	6명	3명	4명	
8	9	10	11	12	13	14
	3명	4명	6명	3명	4명	
15	16	17	18	19	20	21
	3명	4명	6명	3명	4명	
22	23	24	25	26	27	28
	3명	4명	6명	3명	4명	
29	30	31				
	3명	4명				

상시 근로자 수=총 가동 인원 67명÷총 가동 일수 22일≒3.05명

예외적인 경우: 평균이 5인 미만 사업장이라 하더라도 가동 일수 반수 이상을 5인 이상으로
사용한 경우 5인 이상 사업장으로 봄.
상시 근로자 수=총 가동 인원 77명÷22일≒3.5명(그러나 5인 이상 사업장으로 판단)

일	월	화	수	목	금	토
1	2	3	4	5	6	7
	1명	1명	1명	1명	1명	
8	9	10	11	12	13	14
	1명	1명	1명	1명	1명	
15	16	17	18	19	20	21
	1명	6명	6명	6명	6명	
22	23	24	25	26	27	28
	6명	6명	6명	6명	6명	
29	30	31				
	6명	6명				

ESG 생존 경영

적용사항	5인 미만	5인 이상	10인 이상	30인 이상
근로계약서	○	○	○	○
근로자명부	○	○	○	○
개인정보활용동의서	○	○	○	○
관공서 공휴일(빨간 날)	×	○	○	○
가산임금	×	○	○	○
부당해고 구제신청	×	○	○	○
연차유급휴가	×	○	○	○
취업규칙	×	×	○	○
노사협의회		×	×	○

　　현행 노동관계법령에서는 상시 근로자 수별로 적용되는 필수 사항이 지켜지지 않을 경우 형사 처벌 및 행정 제재, 그리고 가산임금이나 연차유급휴가(미사용 시 수당으로 전환)와 같이 나중에 돈으로 환산하는 항목에 대해 민사소송까지 예정되어 있다. 따라서 최소한 앞의 표에서 요구하는 만큼은 반드시 지켜야 한다. 그리고 표의 내용이 지켜졌는지는 근로계약서나 임금대장 등과 같이 관련 서류가 잘 갖추어졌는지가 하나의 지표가 된다.

인재를
확보하라

기업에서는 근로관계가 존속되는 이상 어떤 방식이든 인재를 붙잡기 위해 기업 채용 단계에서부터 공정화가 요구되고 있다. 근로관계 존속 기간에는 보상의 공정성과 근로자의 핵심 역량을 증진시키기 위한 직무교육 시스템 그리고 직원의 정신건강까지 담보할 수 있는 복리후생제도 구축까지 요구되고 있다.

전반적인 근로조건에 사람이 먼저라는 인식을 가지고 최저 기준에 도달해야 한다. 현행법과 해외 기준에 우리 기업이 얼마나 부합한지 점검해보자. 기업의 사회 영역에 관한 수준을 가늠케 하는 주요 지표별 가이드라인에서 공통적으로 요구하는 지표 및 관련법은 다음과 같다.

범주	진단 항목	참고 지표	관련법
채용	• 신규 인력의 유입률 • 채용 절차의 공정성 확보	• 연간 4대 보험 취득 신고 정도 • 채용 관련 서류 및 공지 사항	• 채용 절차의 공정화에 관한 법률
이직	• 이직 사유 • 이직 연령 • 이직 성별 • 지역별·산업별 이직률	• 연간 4대 보험 상실 신고 정도 • 고용보험 상실 코드	
고용 안정	• 정규직 현황 • 정규직 전환율 • 기간제 근로자의 근로조건 (정규직과의 차별 정도)	• 4대 보험 취득 항목 중 상용직과 기간제 비율 • 근로계약서 및 취업 규칙 상 보수표	• 기간제 및 단시간 근로자 보호 등에 관한 법률
복리후생	• 연간 복리후생 지출 내역 • 복리후생의 구성 (다양성 및 차별의 합리성) • 사내근로복지기금 도입 여부	• 근로계약서 및 취업 규칙 상 복리후생 규정 • 재무제표	• 근로자복지 기본법

| 교육훈련 | • 기업 내 교육훈련 시스템
• 1인당 연간 교육훈련비 | • 재무제표
• 사업주 훈련 지원(고용보
  험 환급과정) 신청 현황 | |

위의 표에 담긴 내용을 한눈에 알 수 있는 객관적 자료로 다음의 서류들을 반드시 구비해야 한다.

구비서류명	용도
근로계약서	모든 근로조건의 증빙자료. 근로자의 급여수준, 근로시간, 정규직 여부, 복리후생 등에 대한 조건, 성별 등 일체의 사항이 모두 기록되어 있음.
근로자명부	근로계약서와 마찬가지로 근로자 최초 입사 시의 근로조건 등이 모두 기록되어 있음.
개인정보 활용동의서	근로자의 개인 신상에 조직의 주요 내부 정보일 수 있기 때문에 경영에 필요한 최소한의 한도 내에서 근로자의 주요 정보에 대해 동의를 얻고 사용한다는 증빙자료.
급여대장	사업주 작성 의무사항으로 월별 사업장 전체 근로자에 대한 급여 관련 조건이나 4대 보험 처리 현황 등이 기록되어 근로자의 급여 수준 및 성별 급여 비율을 한눈에 파악할 수 있음.
급여명세서	사업주 작성 및 근로자에게 매월 필수로 교부해야 하는 사항으로 근로자별 임금의 구성 내역 및 산정 방식 등이 구체적으로 작성되어야 하기 때문에 근로자의 급여수준 및 최저임금 미달과 임금 체불 등을 한눈에 파악할 수 있는 자료.

다른 부분보다 조금 더 깊게 볼 영역은 바로 고용을 시작할지 말지 결정하는 '채용' 부분이다. 특히 소규모 사업장에서는 인력이 부족할 때 1차적으로 직원으로 채용할지 아니면 직원이 아닌 외주로 업무를 수행할지 결정해야 한다. 1인 사업장이 아닌 이상은 어떤 방식이든 다른 사람의 노동력을 통해 사업을 수행하기 때문에 근로자 채용에 따른 유의사항을 반드시 준수해야 한다.

채용과 관련해 비록 30인 이상의 사업장에 적용되지만 '채용절차의 공정화에 관한 법률(이하 '채용절차법')'에서는 근로자 채용 시 채용 공고에 나타난 근로조건과 다르게 근로계약을 체결할 경우 500만 원 이하의 과태료에 처해질 수 있다. 특히 자사의 광고를 위해 노이즈 마케팅 또는 손쉬운 아이디어 수집 목적으로 채용 공고를 활용할 경우 5년 이하의 징역 또는 2000만 원 이하의 벌금에 처해질 수 있다.

그리고 30인 미만 사업장의 경우 위와 같이 채용 과정에서 거짓 등의 상황이 있을 경우 '직업안정법' 위반 여부가 문제될 수 있다. 원래 직업안정법은 헤드헌팅 업체와 같이 직업 소개 및 중개업을 대상으로 구직자들에게 정확한 채용 정보를 전달하기 위한 목적으로 제정된 법이다. 이 법의 취지 및 적용 대상에 대해 명확히 규정하지 않기 때문에 채용절차법이 적용되지 않는 30인 미만 사업장에서 채용 절차상의 근로조건과 채용 시의 근로조건 등에서 차이가 있을 경우 이 법으로 고용노동부에 진정을 하는 경우가 있다.

이러한 진정에 대해 고용노동부에서는 직업안정법 적용 여부에 대해 견해가 갈리는 경우가 종종 발생한다. 따라서 채용 시 일단 근로자부터 모집하자는 생각에 정확한 근로조건을 제시하지 않거나 채용 공고를 내세워 기업 홍보를 할 경우 법 위반의 소지가 있기 때문에 유의해야 한다.

많은 기업에서는 근로자를 채용할 경우 최저임금이나 주휴수당, 퇴직금, 연차휴가 등 준수해야 할 부분이 너무 많기 때문에 직원 채용을 대신하여 외부 인력을 통해 업무를 수행하려는 경향이 있다. 외부 인력 활용 방법으로는 파견 업체와 근로자 파견계약을 체결하거나 협력사와 외주 용역계약을 체결하는 방법이 있다. 기업에서 많이 선호하는 외부 인력 투입 방식은 근로자 파견계약을 통해 파견근로자를 우리 사업장에서 사용하는 것보다 외주 용역계약을 체결한 형태다. 파견이 외주 용역보다 법적 규제가 심하기 때문에 법적 제재를 피하기 위해 많은 사업장에서는 협력사와 용역계약을 통해 협력사 직원들을 근무하게 한다.

파견근로자의 형태는 1차적으로 파견업체와 근로자가 근로계약을 체결하고, 근로자를 실질적으로 사용하는 기업에서 근로자와 별도의 근로계약이 없더라도 마치 근로계약을 체결한 것처럼 직접 파견근로자에게 업무 지시를 하는 방식이다. 즉 돈 주는 사업주(파견사업주) 따로, 일 시키는 사업주(사용사업주) 따로인 형태다. 근로자를 모집하기 어려운 사업장에서는 파견업체를 통해 손쉽게 근로자를 수급하면서 임금과 관련된 부분은 파견업체가 부담하되 간편하게 업무 지시를 할 수 있다는 이점 때문에 무분별하게 이용된 근로 형태다. 이에 따라 파견업체 소속 근로자들은 지휘 감독은 사용사업주로부터 받는데, 근로조건은 사용사업주 소속 근로자보다 매우 열악하여 큰 문제가 되었다.

이러한 문제점을 시정하고자 '파견근로자 보호 등에 관한 법률(이하 '파견법'이라 함)'이 입법화되었고, 파견근로자를 사용할 수 있는 업무와 근로조건에 대해 법으로 규율하여 비정규직에 해당하는 파견근로자의 인권 보호를 위해 국가에서 노력했다. 최근에는 파견법의 규제가 강화되면서 기업에서는 파견보다는 외주 용역계약을 통해 근로자 수급을 선호하고 있다.

현행법상 적법한 외주 용역계약은 파견과는 다르게 용역업체가 직접 근로자에게 업무를 지시하고, 원청에서는 원칙적으로 용역업체 소속 근로자에 대해서는 일체의 업무 지시를 할 수 없다. 그러나 실제로 용역계약을 사용하더라도 파견업처럼 운영되거나 원청에서 용역사 소속 근로자의 근로조건 일체를 확정하고, 용역사는 원청의 요구에 강력히 구속되어 형태만 용역사 소속 근로관계를 유지하는 경우가 있다.

이러한 파견법 위반(불법 파견)이나 외주사에 대한 불공정거래는 끝내 협력사에 대한 동반성장을 저해하고, 실질적으로 비정규직에 대한 근로조건을 악화시키는 행위이기 때문에 기업의 지속 성장에 장애 요인으로 작용할 수 있다.

다양성과 기회의 균등을 추구하는 기업

우리가 사는 세상은 외부 상황 변화에도 빠르게 적응할 수 있는 엘리트만으로 구성된 것은 아니다. 다른 성별과 다양한 연령대, 그리고 서로 다른 신체 조건의 구성원들이 서로의 부족과 필요를 보완하면서 조화를 이루고 살아가고 있다.

기업에서도 기존에는 신체가 건강한 남성을 선호했다. 그러나 기업의 성장에 이러한 요소가 핵심 지표가 아니라는 것이 과학적으로 입증된 현재는 기업 내부에서 다양한 구성원이 조화를 이룰 수 있다면 기업 외부의 어떠한 변화에도 버티면서 위기를 기회로 바꿀 수 있다는 것을 인지하고 있다. 구성원의 다양성을 엿볼 수 있는 척도는 성별 인력 구성 및 근로조건 현황 그리고 장애인에 대한 고용률에 있다.

성별에 따라 능력이 달라진다는 이론이 깨진 지 오래되었으나 여전히 산업 현장에서는 유리 천장이 존재한다. 이에 그동안 차별적 대우가 있었던 여성에 대해 기업 내 비율을 높이기 위해 국가와 사회운동 분야에서 지속적으로 노력해왔다. 단순히 근로기준법이나 남녀고용 평등과 일·가정 양립 지원에 관한 법률의 제정을 넘어 정책적으로 공공 분야에서의 여성 채용 할당제 도입이나 여성 친화적 기업 지정, 여성 기업에 대한 혜택 등을 통해 여성 고용률을 높이고, 여성 인력의 활동 반경을 넓혀왔다.

정부의 이러한 노력으로 여성의 고용률 자체는 증가되었으나 아직까지는 여성 임원 비율이 남성에 비해 다소 떨어지는 부분이 있다. 또한 근로조건 면에서 남성 근로자에 비해 여성 근로자가 불리한 것도 부인할 수 없는 사실이다.

그러나 여성의 노동력이 결코 남성에 비해 떨어지지 않을 뿐만 아니라 여성 인력이 기업의 지속 성장에 촉매제로 작용할 수 있다. 더욱이 고객으로서 여성의 비율을 고려해볼 때 여성이 성장할 수 있는 기업이라는 인식은 반드시 필요한 경영 요소다.

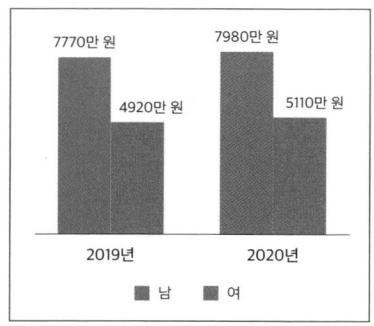

상장법인 전체 성별 임금 현황

7770만 원 (2019년 남)
4920만 원 (2019년 여)
7980만 원 (2020년 남)
5110만 원 (2020년 여)

2019년　2020년

■ 남　■ 여

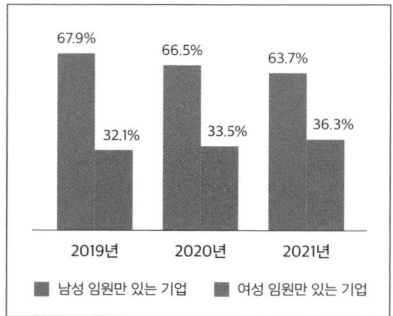

상장법인 중 여성 임원이 있는 기업 비율

67.9%　66.5%　63.7%
32.1%　33.5%　36.3%

2019년　2020년　2021년

■ 남성 임원만 있는 기업　■ 여성 임원이 있는 기업

출처: 여성가족부

　　이러한 현황을 고려하여 기업의 사회 영역 수준을 가늠할 때 주로 여성 구성원의 비율 및 여성 근로자의 기업 내 임금 수준 및 남성 근로자와의 비교, 그리고 산업 전반에서 평균 유지 여부 등을 지표로 활용하고 있다.

　　노동에서의 성차별을 직접적으로 규율하는 법은 남녀고용 평등과 일·가정 양립 지원에 관한 법률이다. 일반적인 근로관계는 채용 이후, 즉 근로계약이 체결된 이후부터 적용된다. 그러나 성차별이나 성희롱은 채용 단계부터 문제가 될 수 있다. 따라서 다른 노동관계법들과는 달리 남녀고용 평등과 일·가정 양립 지원에 관한 법률은 직접 고용관계가 형성되기 이전에 채용 단계부터 적용된다.

　　이 법에서는 구체적으로 성별을 이유로 모집과 채용에서의 차별 금지, 임금 및 기타 금품, 승진, 정년 등 근로조건 전반에서 합리적 이유 없는 차별을 원칙적으로 금지하고 있다. 그리고 이를 위반하여 남녀에 대해 차별적 근로조건을 실시할 경우 5년 이하의 징역 또는 3000만 원 이하의 벌금 등 강력한 형사 처벌이 예정되어 있다.

법에서의 남녀 차별을 시정하고자 하는 노력에 더해져 최근 고용노동부와 여성가족부뿐만 아니라 지자체에서도 관할 지역 내 '여성친화기업'을 선정하고 있다. 지자체별로 선정 기준에서 약간의 차이는 있지만 대체로 여성의 고용 비율이 20% 이상이거나 여성의 고용과 승진 실적, 일·생활 균형을 위한 노력 및 고충처리제도 등의 근로문화 개선 실적을 평가하여 여성친화기업을 선정하고 있다.

이렇게 선정된 기업에는 법정 의무교육에 대한 강사 파견, 기업 환경 개선 지원, 인턴 채용 우선 지원, 기업 홍보 지원 등의 혜택이 있다. 예를 들어 대전시는 여성친화기업 12곳을 선정하여 MOU를 체결했고, 선정된 기업에 대해서는 교육 지원 및 직원 채용 시 혜택을 부여하는 등 여성가족부뿐만 아니라 지자체 내부에서도 전략적으로 여성친화기업 육성에 힘쓰고 있다.

다양성을 추구하는 조직으로서 또 하나의 요소는 바로 장애인과 비장애인의 조직 내 조화다. 장애인은 기업 성장에 주도적 역할을 할 수 없다는 인식이 아직 깊이 깔려 있다. 그러나 비장애인보다 신체 또는 정신상의 제약이 있을 뿐이지 노동력으로서 가치가 없거나 기업 성장의 요소로 작용할 수 없는 건 아니다.

노동력의 지표가 육체노동이 절대적이었던 시기는 이미 지나갔고, 지식 서비스 산업이 주력인 현재는 장애의 유형이나 정

기관별 장애인 의무고용 비율

기준연도	2021년	2022년	2023년	2024년
국가 및 지방자치단체 (소속 공무원 정원 기준)	3.4%	3.6%	3.6%	3.8%
공공기관 (근로자 총수 기준)	3.4%	3.6%	3.6%	3.8%
사업주 (근로자 수 기준)	3.1%	3.1%	3.1%	3.1%

도에 따라 얼마든지 사회와 기업에서 할 수 있는 역할이 다양하게 존재한다. 단적인 예로 스티브 호킹 박사는 본인의 신체장애를 극복할 수 있는 여러 보조 장치의 도움으로 우주론과 양자중력 연구에 기여하지 않았는가.

현재는 기업 내 장애인 고용률 자체만으로 사회 영역의 수준을 가늠하고 있다. 그러나 향후 단순히 기업 내 장애인 고용률뿐만 아니라 장애인의 기업 내 근로조건의 수준 또는 직책별 장애인의 비율까지 지표로 활용될 가능성이 있다.

한국에는 장애인 고용과 관련하여 일반적인 지표들도 있지만 무엇보다 장애인 의무 고용률을 준수해야 한다. 장애인 의무고용제도는 일정 수 이상의 근로자를 고용하는 사업주는 일정 비율에 해당하는 인원의 장애인을 반드시 고용해야 한다. 이를 준수하지 않을 경우 미준수 비율만큼 부담금이 부과된다.

또한 장애인 의무고용 대상 기업은 반드시 장애인 고용 실시 현황을 매년 1월과 7월에 걸쳐 한국장애인고용공단에 보고해야 한다. 미보고 또는 허위 보고 시에는 1000만 원 이하의 과태료

(장애인고용촉진 및 직업재활법 제86조 제1항 3호)가 부과된다.

한국장애인고용공단에 신고된 보고서를 기준으로 상시 근로자 수 100인 이상의 사업장은 사업주의 장애인 의무고용률을 채우지 못할 경우 부족한 고용률만큼 장애인 고용부담금이 부과된다. 참고로 상시 근로자 수 50인 이상 100명 미만인 기업은 장애인 고용의무는 있으나 부담금 적용 의무에서는 제외된다.

근로자는
기업의 파트너이자
내부 고객

　현대의 인사·노무는 근로자가 기업 내부의 '고객'이라는 시각에서 시작된다. 임금이나 복리후생 등의 보상 부분만 강화하면 근로자의 이직률이 줄어들 것이라는 공식은 어느 순간 목소리를 잃게 되었다. 임금이나 복리후생 등이 아무리 업계의 최상위권이라 해도 근로자의 조직에 대한 몰입도가 높아지지 않는다는 결론에 이른 기업은 '근로자의 조직에 대한 니즈가 무엇일까'라는 질문 끝에 주인의식과 기업에 대한 애착이 있어야 근로자가 조직을 이탈하지 않고, 지속적으로 조직 성장을 위해 고민하고 몰입을 한다는 걸 인지하게 되었다.

　그럼 조직에 대한 주인의식이나 애착을 강화하는 방법은 무엇일까? 주요 의사결정에서 근로자의 의견을 반영하고, 제도화되는 과정에 참여시켜 근로자를 경영의 주체로 전환하는 것이다.

그동안 기업에서 의사결정의 주체는 임원과 주주 및 투자자였다. 그러나 실제로 기업을 이끄는 핵심 동력은 근로자에게 있고, 근로자는 기업의 존속 유무가 본인의 생존권과 직결되기 때문에 누구보다 기업의 경영에 관심을 가질 수밖에 없다. 더욱이 기업이 처한 대내외 환경을 기업의 재무제표보다 먼저 체감하는 근로자는 기업의 현황이 즉각적으로 본인의 근로조건에 영향이 미칠 수 있다는 걸 잘 알고 있으므로 기업의 성장에 민감할 수밖에 없다.

글로벌 기준을
적용하라

사회 영역의 충족 여부를 판단하는 가장 대표적인 기준은 국제노동기구International Labour Organization 협약이다. ILO에서 제정한 본 협약은 기본적으로 노동취약층에 대한 강제노동을 금지하고, 상대적으로 우위에 있는 기업과 근로조건 합의·이행 과정에서 노동취약층을 보호하여 근로자의 인권을 적극적으로 끌어올리기 위해 제정되었다. 어찌 보면 ESG라는 용어가 등장하기도 전에 이미 고용의 큰 그림은 ILO 협약 자체가 밑거름이 되었다고 해도 과언이 아니다.

임원과 주주 그리고 투자자와 함께 기업의 구성원으로 동행하기 위해서는 근로조건 결정에 있어서도 근로자 혹은 근로자

한국의 ILO 핵심 협약 비준 현황

구분	협약 내용	국내 비준	국내 관련법
결사의 자유	제87호 결사의 자유와 단결권 보장 협약(1948년)	○	노동조합법, 공무원노조법, 교원노조법 등
	제98호 단결권과 단체교섭권 협약(1949년)		
강제노동 금지	제29호 강제노동 협약(1930년)	○	병역법 등
	제105호 강제노동 철폐 협약(1957년)	×	국가보안법, 집회 및 시위에 관한 법률 등
균등대우	제100호 동등보수 협약(1951년)	○	-
	제111호 차별(고용과 직업) 협약(1958년)		
아동노동 금지	제138호 최저연령 협약(1973년)		
	제182호 가혹한 형태의 아동노동 협약(1999년)		

출처: 〈시사상식사전〉, PMG지식엔진연구소

집단에게 대등한 권한을 부여해야 한다. 스스로 결정에 참여하면 수용성과 만족감이 커지고, 기업의 파트너로서 근로자의 지위가 변해야 핵심 인재의 유출을 방지할 수 있다. 그리고 이러한 트렌드를 직접 반영한 게 바로 나라별 ILO 협약의 비준*이다.

ILO는 노동은 상품이 아니라고 명시한 1944년 필라델피아

● 조약을 헌법상의 조약 체결권자(국가원수 또는 내각)가 최종적으로 확인하고 동의하는 절차. 조약 체결의 전권을 위임받은 전권위원이 체결한 조약을 조약 체결권자(비준권자)인 국가원수 또는 내각이 다시 비준하는 이유는, 조약이 국가와 국민에게 중대한 영향을 끼치는 중대사항이기 때문에 다시 한번 최종적인 심사를 하고자 하는 데 있으며, 비준을 거절하더라도 정치적인 비난을 받을 수는 있지만 국제법상 불법행위는 아님.

선언과 1998년 노동자 기본권 선언을 모든 회원국이 지켜야 할 노동 분야의 규범으로 확정하고, 회원국에서는 이를 비준하고 준수하도록 한다. ILO 협약은 총 189개의 협약으로 이루어져 있고 이 중 8개의 핵심 협약이 있다.

한국은 1992년 12월 ILO의 정식 회원국이 되었다. 그러나 제87호 결사의 자유와 단결권의 보장 협약과 제98호 단결권과 단체교섭권 협약은 그동안 비준하지 않다가 국내외의 압박으로 2021년 4월에 비로소 비준했다.

참고로 현재 한국의 고용 분야에서 논의되는 결사의 자유 관련법으로는 노동조합 및 노동관계조정법(이하 '노조법')이 대표적이다. 노조법은 헌법 제33조를 구체화하여 직접적으로 대등한 근로조건의 결정 주체로서 근로자 및 이들의 집단에 대해 단결권과 단체교섭권 및 단체행동권을 규정하고 있다. ESG의 분야에서 직접적으로 기업 내 '결사의 자유'의 수준은 노동조합의 조직 수준, 단체협약의 체결 유무 및 체결된 단체협약의 이행 정도를 기준으로 점검하고 있다.

① **결사의 자유**: 다수인이 공동의 목적을 가지고 계속적인 단체를 조직하는 자유를 말한다.

② **단결권**: 근로자가 근로조건의 유지·개선, 그 밖의 경제적·사회적 지위의 향상을 목적으로 단결할 수 있는 권리를 말한다. 근로조건의 유지·개선을 목적으로 단체를 결성하거나 그러한 단체에 가입하고 그 단체를 유지할 수 있는 권리다. 단결권은 헌

법 제33조 제1항에서 천명한 권리로 이러한 단결권에 의하여 결성된 근로자의 단체를 노동조합이라고 부르므로 단결권은 구체적으로 노동조합을 조직·운영할 수 있는 권리를 말한다.

③ **단체교섭권:** 노동조합 또는 그 밖의 근로자 단체가 근로자의 근로조건의 유지·개선과 경제적·사회적 지위 향상을 위해 사용자 또는 사용자 단체와 집단적으로 교섭할 권리를 말한다.

④ **단체행동권:** 노동조합 또는 그 밖의 근로자 단체가 근로조건의 유지·개선을 목적으로 집단적인 활동을 할 수 있는 권리를 말한다. 집단적 활동에는 근로자 단체인 노동조합의 유지를 위한 조합활동과 단체교섭을 유리하게 전개하기 위한 활동으로 쟁의행위가 있다. 단체행동은 근로조건에 관한 노사 당사자 사이의 주장이 일치하지 않는 분쟁 상태(노동쟁의)에서 흔히 있게 되므로 단체행동권을 쟁의행위를 할 수 있는 쟁의권이라고도 말한다.

'결사의 자유'를
위하는 방법

한국의 노동 분야에서 결사의 자유와 관련된 현황을 살펴보면, ILO 협약이 비준되지 않은 부분이 있기에 ILO 협약 전체를 비준한 해외처럼 근로자의 집단 행동 권한이 광범위하게 부여된 것은 아니었다.

이미 한국 기업에서 근무하는 근로자의 근로조건에 대한 의식 수준은 법에 비해 높다는 점, 그리고 기업의 고객이 해외에도 존재하기 때문에 공급망의 ESG가 함께 고려되어야 한다는 점에서 국내법에서 규정된 최저 수준만 충족한다고 해서 사회 영역에서 요구되는 수준을 충족한다고 할 수 없다.

그러므로 ESG에 대한 수준을 해외까지 확대한다면, 그리고 실제 우리 기업 인재들의 의식 수준을 고려해볼 때 비록 국내법상 비준되지 않은 ILO 협약이 있더라도 비준된 것과 같은 수준까지 결사의 자유를 기업에서는 보장할 필요가 있다.

한국에서 결사의 자유를 잘 드러낸 예시는 노동조합이다. 노동조합은 하나의 기업에서 단일하게 결성될 수도 있지만 산업 전체를 기준으로도 결성(사무금융노조, 보건의료노조 등)될 수 있기 때문에 기업 내 근로자 수가 적더라도 결성될 수 있다.

그러나 통상 노동조합 또는 이에 준하는 자체적 근로자 집단이 결성되고 있는 분야는 기업의 규모가 크거나 그 기업이 속한 산업군이 오래되거나 종사하는 근로자의 수가 많은 경우이지, 지금 막 출발한 스타트업이나 중소기업에서는 노동조합을 결성하는 데 한계가 있다.

이러한 현실을 반영하여 노동조합이 결성되지 않았더라도 기업 경영 전반에 근로자를 참여시키면서 근로조건에 대해 근로자의 의견을 청취하도록 하는 노사협의회 제도가 있다. '근로자 참여 및 협력 증진에 관한 법률'은 상시 근로자 수 30인 이상 사업장에는 의무적으로 설치하도록 규정하고 있다. 노사협의회를 설치하지 않을 경우 1000만 원 이하의 벌금이 처해진다(근로자 참여 및 협력 증진에 관한 법률 제30조 제1호). 노동조합이 근로조건 결정에 대해 노사 간 교섭 및 합의를 하는 단체라면, 노사협의회는 기업의 경영 전반에 대해 노사가 의논하고 근로자의 의견을 수렴하는 기구다. 노사협의회가 노동조합보다는 사용자와 다루는 범위가 넓은 반면, 실제로 경영사항에 대한 결정권은 없다.

기업 입장에서는 임원진이 신속하게 기업의 경영 방향을 결정하면 되는데 굳이 노동조합이나 노사협의회까지 둘 필요가 있을까 하는 의구심이 들 수 있다. 그러나 기업 내부의 고객인 근로자의 의견을 청취하지 않는다면 인재 유출이 불가피하다. 따라서 비록 노동조합이나 노사협의회라는 정식 기구가 아니더라도 어떤 방식으로든 근로자와 소통하는 시스템을 구축해야 한다.

참고로 최근 고용노동부에서는 기업의 규모와는 무관하게 협력적 노사관계를 구축한 고용문화 우수 사업장에 노동청 및 국세청 조사 1년 유예 및 정책자금을 추가로 지급하는 등의 혜택을 부여하고 있다. 이는 결사의 자유를 보장하기 위한 우회적 장치로서 노동조합이나 노사협의회가 설립되지 않은 사업장에서도 노사가 기업 경영 전반에 대해 소통할 수 있는 문화를 정착시키기 위한 노력으로 볼 수 있다.

노사협의회를 통해 근로자와 소통 경영을 해서 경영 위기를 극복한 우수 노사문화 기업의 사례로 J사가 있다. J사는 하네스 케이블을 제작하는 10인 미만의 사업장으로, 코로나로 인해 외부 경기 현황이 불안정한 상황에서 부득이 생산량을 축소해야 했다. 이에 기업 대표는 평소와 마찬가지로 직원들과 회사의 내

외부 상황을 공유하고 생산량 축소에 따른 인력 배치에 대해 심도 있는 협의를 거쳐 직원들의 의견을 반영했고 주당 근로시간을 단축하기로 결정했다. 비록 시간이 걸렸지만 근로시간 단축 정도와 단축까지 직원들의 의견을 끝까지 경청하고 이를 실제로 반영했다.

이러한 대표와 직원 전체의 노력으로 코로나 초기 일시적 위기 상황을 극복하고, 단축 근로 3개월 만에 정상 근무를 재개할 수 있었다. 그뿐만 아니라 평소 품질과 생산량 등에 있어서 직원들의 의견을 반영한 매뉴얼과 성과 평가의 지표가 있었기 때문에 정상 근무 시작 시점부터 다시금 매출이 오르고, 무엇보다 직원들에 대한 성과 보상이 공정하게 이루어졌다. 코로나가 끝난 후 J사는 직원 수가 2배로 증가했고, 최근 신사옥 이전을 앞두고 있으며, 무엇보다 직원들이 함께 위기를 극복한 것을 계기로 회사에 대한 애착이 더욱 강해졌다.

J사도 여느 중소기업과 마찬가지로 원자재 수급 불안정 문제가 있었고, 코로나로 인해 외부 경영 환경도 좋지 못했다. 이러한 악재에도 불구하고 기업의 의사결정에 노사협의회를 적극 활용하여 근로자의 의견을 적극 청취했고, 현재는 낮은 이직률과 장기근속자 증가, 매출 상승, 그리고 직원들의 근무시간 단축을 통한 '워라밸'을 이루었다. 또한 원청사가 요청한 ESG 보고서에서, 특히 고용 전 분야에 있어 지표상으로 높은 수준을 보였다. 이처럼 노사가 소통 문화를 정착시키면 성과뿐 아니라 위기 상황에서의 생존력도 남다를 수밖에 없다.

사람이 함께하면
고충은 생길 수밖에 없다 ─────────

정부와 공공기관 그리고 대기업을 중심으로 2015년부터 고충 처리 매뉴얼 제작이 유행했다. 그리고 고충 처리 매뉴얼의 핵심 내용으로 등장한 직장 내 괴롭힘 방지와 관련된 사항이 2019년 7월 16일 근로기준법 개정 사항으로 편입되면서 본격적으로 고충 처리가 기업의 고려 대상으로 대두되었다.

고충을 호소하는 가장 큰 주체는 근로자다. 관계사 소속 근로자 역시 자기업 소속 근로자와의 관계에서 고충을 느낄 수 있다. 이 경우 대부분의 고충은 근로조건의 차별 등에서 발생한다. 내부 구성원들 간의 마찰뿐만 아니라 이해관계자들과의 마찰로 생기는 분쟁 역시 해결하지 않으면 안 되는 숙제다. '갑질'이라고 표현되는 기업 간의 서열로 인해 발생하는 괴롭힘도 있다. 따라서 여기서 말하는 고충은 우리 기업뿐만 아니라 이해관계자들의 고충 모두 포함된 광의의 개념으로 봐도 무방하다.

서로 살아온 환경이나 생각이 다른 여러 사람이 함께하면 말이나 행동에 제한이 생길 수밖에 없다. 다만 이러한 제한이 누구에게는 고통으로 다가와 종국적으로 분쟁으로 번지게 되면, 분쟁 당사자뿐만 아니라 주변 사람들에게까지 영향을 미친다.

기업에서 고충 처리 시스템을 구축하기 위해서는 고충의 유형을 분석하고, 누구에게 이를 신고하며, 신고 후 취해질 조치가 무엇인지 파악해야 한다. 고충의 유형은 보는 시각에 따라 다양

ESG 생존 경영

직장 내 괴롭힘 사업장 처리 프로세스

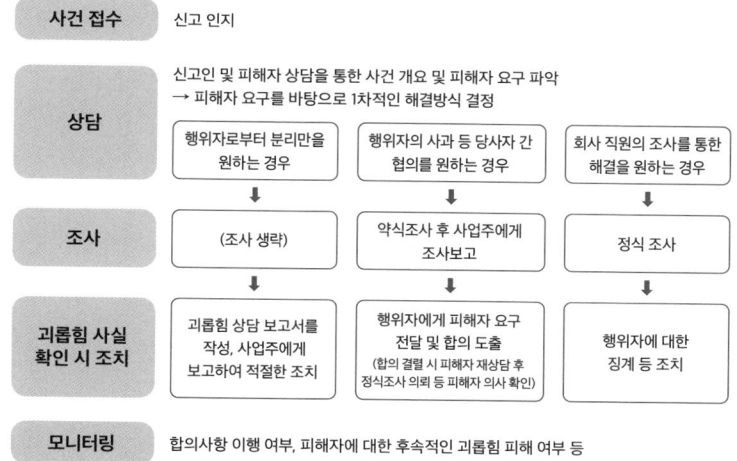

사건 접수	신고 인지

상담	신고인 및 피해자 상담을 통한 사건 개요 및 피해자 요구 파악 → 피해자 요구를 바탕으로 1차적인 해결방식 결정

	행위자로부터 분리만을 원하는 경우	행위자의 사과 등 당사자 간 협의를 원하는 경우	회사 직원의 조사를 통한 해결을 원하는 경우
조사	(조사 생략)	약식조사 후 사업주에게 조사보고	정식 조사
괴롭힘 사실 확인 시 조치	괴롭힘 상담 보고서를 작성, 사업주에게 보고하여 적절한 조치	행위자에게 피해자 요구 전달 및 합의 도출 (합의 결렬 시 피해자 재상담 후 정식조사 의뢰 등 피해자 의사 확인)	행위자에 대한 징계 등 조치

모니터링	합의사항 이행 여부, 피해자에 대한 후속적인 괴롭힘 피해 여부 등

출처: 고용노동부, 직장 내 괴롭힘 예방 매뉴얼

하지만, 가장 간편한 분류 방법은 직무상 고충과 개인적 고충, 2가지로 나누는 것이다.

여기서 직무상 고충은 현행법상 직장 내 성희롱, 직장 내 괴롭힘, 더 나아가 폭행과 협박이 수반된 가혹 행위를 들 수 있다. 직장 내 성희롱이나 가혹 행위에 대한 개념은 널리 알려진 편이다. 직장 내 괴롭힘의 경우 최근 입법화되었지만 괴롭힘의 범위에 대해서는 사례가 좀 더 축적될 필요가 있다.

근로기준법에서는 직장 내 괴롭힘의 징표로 업무 관련성, 실질적인 업무 우위성, 업무의 적정성을 넘는 일체의 행위로 인해 근무 환경이 악화했을 때를 직장 내 괴롭힘이라고 판정한다. 여기서 가장 문제가 되는 부분은 업무의 적정성이다. 적정성의 판단은 사람마다 차이가 있을 수 있는데, 기업의 인사 처분을 근로자가 수용할 수 없다면, 이는 직장 내 괴롭힘이 될 수 있다. 실제로 직장 내 괴롭힘 방지법이 입법화된 이후 정상적인 인사 처분이 기업에서 실시되었다 하더라도 이에 대한 불만으로 노동청 또는 노동위원회에 사건 접수 비율이 최근 폭발하고 있다.

직장 내 괴롭힘은 성희롱과 더불어 사업주의 조사 의무가 있기 때문에 ESG 지표를 충족하기 위해서가 아니더라도 반드시 고충 처리 시스템을 도입해야 한다.

사회^S 충족의 방법은 협력사와의 관계부터

2025년이면 상장사는 의무적으로 ESG를 공시해야 한다. 그렇다면 상장사가 아닌 기업은 이러한 움직임에 손을 놓고 당장 닥친 일이 아니니 팔짱만 끼고 있으면 될까? 아니다. 상장사가 아닌 기업도 ESG에 관심을 가져야 한다. 어떤 기업이든 환경^{E}의 영향을 받고, 정부와 법의 테두리^G 안에 있을 수밖에 없기 때문이다.

무엇보다 기업도 사람이 하는 일이기에 관계^{S}를 통해 생존하고 성장한다. 상장사 혼자 힘으로 덩치를 키울 수 없다. 상장사 자체 시스템으로만 재화 및 서비스를 생산, 제공할 수는 없다. 최종 결과물이 상장사에 귀속되더라도 그 결과물이 나오기까지 협력사와의 공존이 없다면 지금의 성장을 이룰 수 없는 것이다. 실제로 협력사가 처한 어려움이 결국 기업 전체의 위기로 다가

오는 경우를 심심치 않게 볼 수 있다.

협력사의 인력 문제를 도외시해 문제가 생긴 대표적인 사례로 A사가 있다. A사는 흔히 말하는 '대기업 3차 벤더'다. 많은 하청업체가 처한 현실과 마찬가지로 A사도 수차례 하도급을 거쳐 수주를 받는다. 그러다 보니 바로 위 도급업자로부터 제시받은 부품별 단가는 원재료 값과 전기 및 수도세 등을 제외하고, 인건비에서 최저임금이나 그 이하로 책정하지 않으면 마진이 거의 남지 않는다. 생산량을 맞추려면 직원이 더 필요한 상황이지만 시급이 최저임금에 맞춰져 있기 때문에 내국인은 오려고 하지 않고, 외국인은 고용허가제에 발목 잡혀 채용하는 데 어려움이 있다. 주 52시간 제도가 도입된 후에는 도저히 원청이 요구하는 생산량을 맞출 수 없는 상황에 이르렀다.

A사는 바로 위 도급업자에게 원가 인상을 요청했으나 거절당하고, 직원을 구할 수 없어 폐업하기로 결정했다. 아무리 물량을 수주한다고 해도 최하위 하청업체였던 A사는 흑자도산에 이르게 되었다. A사의 폐업은 연쇄적으로 바로 위 업체의 부품 수급에 영향을 미쳤고, 급기야 원청이었던 자동차 회사는 완제품을 제때 출고하지 못했다. 화가 난 고객들은 자동차 출고 지연을 이유로 대규모 계약 해지를 자동차 회사에 요청했다.

이처럼 사슬과 같이 엮인 생산 환경에서 사회 분야 중 고용 부분만을 보면, 아무리 상장사가 매출이 크고 영향력이 크더라도 협력사에 최저 기준을 고수한다면 협력사는 버텨낼 수 없다. 단기적으로는 협력사가 상장사에 의존하겠지만 끝내는 다른 매

ESG 생존 경영

출처를 찾게 된다. 또한 협력사가 ESG 경영을 등한시하여 각종 제재 또는 인력 누수가 발생한다면 끝내 상장사에 납기를 맞추지 못하게 되고 자연스레 상장사 역시 완성품을 생산할 수 없다. 따라서 동반성장은 협력사 혼자만의 힘으로 되지 않는다. 또한 협력사도 ESG 경영에 대한 대비를 하지 않는다면 관계사는 협력사의 리스크를 감당할 수 없다는 이유로 거래를 중단할 수 있다.

협력사의 ESG에 대해서도 본 책의 내용을 적용할 수 있다. 상장사가 아니라 수출을 위주로 한 기업에서는 공급망 실사법에 적용할 수 있다. 협력사를 방치한 채 우리 기업만 잘해서는 성장할 수 없다는 것을 기억해야 한다. 관계는 돌고 돈다. 협력사와의 동반성장을 명심하자.

참고로 최근 중소기업중앙회에서는 30대 대기업의 지속가능 경영 보고서 분석, 그리고 ESG 평가 담당 부서와 및 대기업 협력사(108개사)에 설문조사한 대기업의 협력사 ESG 관리 현황을 발표했다. 조사 결과 주요 대기업 30개사 중 협력사에 대한 ESG 평가를 실시한 기업 비율이 2019년 대비 2021년 약 30%(9개사) 증가한 것으로 나타났다.[*] 따라서 공급망 ESG에 대한 관리를 점차 강화하고 있는 것으로 보인다.

특히 최근 3년(2019~2021년) 연속 ESG 평가를 실시한 대기업 17개사 중 평가 협력사 수를 공개한 14개사의 평가 대상 협

● 2019년 17개사(56.7%) → 2020년 20개사(66.7%) → 2021년 26개사(86.7%)

력사 수는 평균 10%가 늘어 평가 대상 협력사를 점차 늘려가고 있는 것으로 나타났다. 또한 ESG 평가의 평가 항목 수도 적게는 30문항부터 많게는 120개 이상의 문항으로 환경·안전·인권·보건·윤리경영 등 다양한 분야에 대한 평가를 실시하고 있다.

이 조사에서 보듯, 고객 또는 원청인 대기업에서 공급망에 대한 ESG를 고려하여 중소기업에 ESG를 요구하는 비율이 증가하고 있다(전체 응답자 수 중 58.3%). 그리고 이제 기업을 운영한다면 재무제표 관리처럼 필수적으로 ESG를 관리해야 하는 시대라는 걸 볼 수 있다. 또한 응답자의 30% 이상이 ESG의 수준이 기준 미달일 경우 거래량에 영향을 미친다고 답변했다. 이는 ESG 평가 우수 기업에 대해 거래량 증가나 납품 단가 인상의 인센티브를 부여하는 것을 보더라도 알 수 있다. 무엇보다 2025년 상장사의 ESG 공시를 앞둔 지금, 고객 또는 대기업이나 해외 기업이 중소기업에 ESG를 요구하는 일은 더욱 늘어날 전망이다.

동반성장을 위한
우리의 준비

협력사는 원청에 비해 국내외에서 요구하는 ESG 수준을 모두 충족하는 데 한계가 있다. 더욱이 협력사는 비용 면에서 큰 부담을 느낄 수밖에 없다. 그래서 ESG 경영에 관심은 있으나, 전 분야에서 요구하는 인증이나 전문가를 통한 제도 도입, 시설물 도입 등의 비용 때문에 포기하는 경향이 있다.

그래서 대기업이 이 사안을 좀 더 크고 장기적으로 바라봤으면 한다. 대기업에서 협력사의 ESG를 관리하고 지원하는 건 필수적인 투자다. ESG 경영을 일정 수준 이상 충족한 새로운 협력사를 찾기보다는 기존 협력사의 ESG 수준을 높이는 게 장기적인 시각에서 보았을 때 시간과 비용 등의 측면에서 더 효율적인 투자다.

그러면 협력사의 어떤 부분을 지원해야 할까? 당장은 어렵겠지만 협력사의 ESG 구축을 위한 협약 체결과 동시에 실질적 내용 이행이 필요하다. 구체적으로는 공급망의 지속가능성을 조성하기 위해 협력사의 ESG 정착 및 역량 강화 등에 필요한 예산과 인력을 지원해야 한다. 예를 들어 교육 지원(ESG 필요성과 이해, ESG 관련 품질 관리, 산업안전, 역량 강화 교육 등), 기술 지원(특허 관리, 특허 개발, 기술 보호 등), 금융 지원(시중 은행과 MOU 체결을 통한 협력사 저금리 자금 지원, ESG 지표 향상에 대한 인센티브제 등), 인허가 지원(협력사의 ISO 9001, 14001, 45001 등 인증을 위한 제반 업무 지원), 설비 및 장치에 대한 지원(친환경, 스마트 팩토리로의 전환 지원, 휴게시설 지원, 산업용 장비 지원 등)을 들 수 있다.

대기업 시각에서만 진행하는 협력사에 대한 ESG 지원 사항은 자칫 형식적이거나 비효율적일 수 있다. 대기업의 ESG 지원을 협력사에서 활용하지 않는 대표적인 이유는 바로 협력사에서 당장 필요로 하지 않는 지원을 하기 때문이다. ESG의 개별 항목은 우리 기업이 원하는 방향이 아니라 상대방이 원하는 방향, 상대방이 필요로 하는 것에서 시작된다. 따라서 협력사에 대한 ESG 지원의 효율성과 적시성을 높이기 위해서는 반드시 협력사의 니즈 파악을 위한 수요 조사가 선행되어야 한다.

협력사에 직접적으로 영향을 미쳐 공급망 ESG 구축에서 우수하다고 판단된 대기업의 사례를 모아보았다.

협력사 ESG 경영지원 우수사례

현대제철	· 공급사 에너지 사용 전반에 대한 컨설팅 진행, 에너지 절감 설비 및 에너지 관리 시스템 구축을 무상으로 지원 　- 2021년 총 10개 협력사 대상 3억 원 지원, 연간 9500만 원의 에너지 비용 절감(2014년 이후 총 41개 협력사 18억 원 상당의 에너지 절감 설비·시스템 구축, 이를 통해 협력사는 연간 약 5억 3000만 원의 전력 비용 절감) · ESG 커리큘럼 제공(2022년 4~5월 총 147개 협력사 교육)
현대건설	· 100억 원 미만의 건설 공사의 경우, 법적으로 안전관리자를 선임할 의무가 없어 안전이 취약할 수 있기에 협력사가 안전 전담 담당자를 채용할 수 있도록 임금 지원 제도 운영 · 안전·품질 수행 평가에서 우수업체 선정 시 연간 5000억 원 규모의 인센티브 물량 배정(2022년 말까지 1조 원 규모로 대폭 확대 계획) · 2021년 기준 174개사에 ESG 경영 컨설팅 지원
삼성전기	· 협력사 에너지 절감 및 효율 향상 지원 프로그램 운영 　- 에너지공단과 연계, 협력사 에너지 절감 컨설팅 무료 지원 　- 협력회사의 에너지 진단 및 저감 방안 발굴 등을 실행 　- 전력 계통, 변압기 점검과 주요 전력 시설 열화상 측정 등 전력 설비 정밀 진단을 통한 맞춤형 솔루션 제공
LG디스플레이	· 협력사 대상 온실가스 인벤토리 구축 및 에너지 절감 아이템 지원(2012년 이후 총 88개 지원) · 자사 탄소 배출량 관리 툴을 협력사에 맞도록 개선해 제공하여 해당 툴을 이용하여 탄소 배출량을 감축했을 경우 탄소파트너십 인증을 부여하고 구매 정기 평가에 가점으로 적용

출처: 중소기업중앙회, 2023년 1월 11일 '30대 대기업 협력사 ESG 평가 보도자료'

공급망에 대한 지원에 앞서 항상 고려해야 할 부분은, 힘의 우위를 가지고 공급망과 부당 계약을 체결하거나 계약 조건 변경 등을 강요하거나 유도하지 않아야 한다는 것이다. 실제로 원·하청 관계에서 하청은 원청과의 지속적인 계약을 유지하기 위해 울며 겨자 먹기로 원청의 요구사항을 받아들여야 하는 경우가 빈번하다.

대표적 사례로 원청의 일방적 단가 인하를 들 수 있다. 현행 법에서는 기업과 공급망의 부당 거래를 규제하고자 하도급 거래 공정화에 관한 법률을 입법화했고, 더 나아가 공정거래위원회에서는 하도급표준계약서를 배포함과 동시에 원청의 부당 거래에 관해서는 적극적으로 규제하고 있다.

뜻이 있으면
길이 있다

협력사의 입장에서는 원청의 지원만을 기다릴 수는 없다. 특히 신생 기업 입장에서는 사전에 ESG 수준을 고객 또는 대기업에서 원하는 정도까지 맞춰놓은 후 업무를 수주하는 경우가 있다. 따라서 기업의 성장을 생각한다면 선제적으로 ESG 경영 수준을 끌어올리는 것도 좋은 방법이다.

이때 가장 우려되는 부분은 비용이다. 그러나 생각을 달리하면 이 문제는 쉽게 해결될 수 있다. 우리 기업에서 현재 ESG 전 분야에 대해 대기업 수준으로 끌어올릴 수는 없지만 분야별로 조금씩, 하나씩 구축한다면 어느 순간 ESG의 퍼즐이 모두 맞춰질 수 있다. 그리고 중소기업의 ESG 시스템 구축을 정부에서도 역점 사업으로 두고 있기 때문에 분야별 정부 지원 컨설팅도 있고, 고용보험 환급 과정으로 ESG 담당자에 대한 교육을 확대하고 있다.

간단한 예를 들어보자. 대기업에 부품 납품계약을 수주하기 위해 기업의 ESG 현황, 보고서 또는 인력 현황 및 이를 입증하기 위한 서류를 첨부해야 하는 제조업체가 있다. 이 기업의 대표는 산업안전이나 환경 등에 대해서는 돈을 주고서라도 인증을 받으면 어느 정도 해결될 수 있다고 판단했다. 그런데 근로자들의 고용 현황이나 인사·노무제도 구비 여부에 대해서는 국가나 민간 인증기관이 전무한 상태다.

기업에서는 고용 분야의 인증 효과를 볼 수 있는 정부 지원 제도를 알아보기 시작했다. 물론 노무사와 같은 전문가를 통해 인사제도 현황 분석 및 컨설팅을 받으면 쉽게 해결될 수 있는 문제였다. 그러나 언제나 그렇듯 비용이 문제가 되었다. 그렇기에 이 기업에서는 가성비 좋게 당장 필요한 부분에 대해 정비를 받으면서 인증의 효과를 누리는 방법을 고민할 것이다. 이러한 중소기업의 현실을 반영하여 고용노동부에서는 30인 이상 사업장에 대해서는 산하기관인 노사발전재단을 통해 일터 혁신 컨설팅을 무료로 지원하고 있다. 중소벤처기업부에서는 비즈니스 지원단 현장 클리닉 또는 바우처 컨설팅의 기업 자부담 비율을 최소화해 지원하고 있다.

　이러한 컨설팅은 국가에서 보증하고 있기 때문에 딱 기업에 필요한 부분에 대해 적시에 진행될 뿐만 아니라 비용 또한 저렴하다. 또 컨설팅 이력이 국가기관에 등록되기 때문에 실제로 인증 효과를 누릴 수 있다. 그리고 컨설팅을 완료한 기업에 대해서는 추가로 인건비를 지원하거나 산업안전용품 등에 대해서도 정부 지원을 확대하고 있다.

기업의
따뜻한 실천은
'사람'에서 시작된다

인권경영은 앞서 기술한 다른 지표들을 총괄하는 종합선물 세트 같은 분야다. 한마디로 기업을 운영한다면 적어도 관련된 사람들을 존중해야 개개인이 본인의 역량을 충분히 발휘할 수 있다. 그리고 이것이 결국에는 기업의 성장으로 이어진다. 지금까지 사회 영역에 대해 살펴보았는데, 이제 마지막 빈 곳을 채워보고자 한다.

인권경영에서 반드시 이행해야 할 사항으로 차별 금지, 근로조건 준수 여부, 인도적 대우, 강제근로 금지, 아동노동 착취 금지, 산업안전 보장, 지역주민 인권 보호, 고객의 인권 보호 등이 있다. 대부분의 내용은 이 장에서 다뤘기 때문에 이해하는 데 무리가 없을 것이다. 다만 아동노동 착취 금지에 대해서는 짚어볼 필요가 있다.

위험한
아동노동 착취

기업을 운영하면서 근로자의 제때 수급이 중요하다는 것은 누구나 알고 있다. 특히 미성숙한 아동의 노동력을 취하기 쉽기 때문에 아동노동 착취가 발생한다. 이러한 현상은 산업혁명을 거쳐서 선진국에서도 1980년대까지 지속되었다. 아동인권에 대한 규정은 비교적 빨리 정비되었지만 여전히 아동노동은 기업에서 뿌리치기 힘든 매력적인 노동력 공급처다.

우리나라에서도 아동의 강제노동을 금지하고 있다. 구체적으로는 아동의 수학권受學權을 침해하지 않고, 건강한 사회에서 성장할 수 있도록 근로기준법상 만 15세 미만 연소자의 원칙적 근로 금지와 만 15세 이상 18세 미만 연소자에 대한 보호를 규정하고 있다. 또 청소년보호법을 통해 아동의 근로시간과 취업 업종을 제한하고 있다. 요약하면 고용노동부 장관이 인정한 취직인허증이 없으면 만 15세 미만 연소자는 절대로 고용할 수 없다. 만 15세 이상 18세 미만 연소자를 고용하기 위해서는 일반 근로자들에게 받는 근로계약서 작성 외에 친권자 및 후견인 동의서를 반드시 작성해야 하고, 근로시간은 최대 1일 7시간, 1주 35시간, 연장근로는 하루 1시간 1주 최대 5시간이다. 또한 근로계약서는 반드시 연소자와 직접 작성해야 하고, 연소자의 급여는 직접 연소자에게 지급해야 한다. 나머지 근로조건은 성인과 동일하기 때문에 1주 15시간 이상 근무한다면 주휴수당이나 연차유급휴가 등을 모두 연소자에게 지급해야 한다.

연소자와 관련하여 유의할 부분이 있다. 이는 모든 ESG 분야에서 반드시 체크해야 할 사항인데, 바로 국내법과 해외법에서 오는 차이점이다. 즉 국내법을 기준으로 ESG 지표를 충족했다고 해서 반드시 다른 나라에서도 인정되는 건 아니다.

예를 들어 탄소 배출에 대한 전 세계적 공통 기준이 있다면, 국내에서도 국제협약 등을 고려하여 어느 정도 맞춰 나가기 때문에 국내법에서 요구하는 수준만 준수하면 된다. 그러나 아동 노동에 대해서는 나라마다 다소 차이가 있다. 각 나라의 문화나 경제 현황이 입법 과정에서 반영되기 때문이다. 따라서 해외 바이어 또는 해외 진출을 고려하는 기업이라면 그 나라의 법을 반드시 확인해야 한다.

대표적인 예로 최근 한국의 자동차 기업이 미국 현지에 공장을 두었는데, 이때 연소 근로자가 중장비를 조작했다는 이유로 아동노동금지법을 위반했다고 대대적으로 보도되었다. 그러나 국내에서는 근로기준법이나 청소년보호법 어디에도 '연소 근로자는 업무의 필요성이 있어도 중장비를 조작할 수 없다'는 근거를 찾아볼 수 없다. 성인 근로자와 동일하게 산업안전과 관련된 부분에 있어서 주의하는 정도일 뿐, 이 자체만으로 아동노동 금지에 위반되었다고 국내법에서는 판단하지 않는다. 더욱이 특성화 고등학교에서는 학생들이 졸업 후 바로 취업을 할 수 있도록 중장비에 대한 자격증 취득을 장려할 뿐만 아니라, 이를 실습할 수 있는 산업 현장 확보가 오히려 시급한 실정이다.

기업 외부의
이해관계자들

지금까지 설명한 내용은 어찌 보면 기업의 내부적 요인만을 고려한 것일 수 있다. 그러나 기업이 사회 영역을 충족하려면 기업 내부 구성원뿐만 아니라 우리 기업을 둘러싸고 있는 지역 주민과 고객에 대한 인권까지 고려해야 한다.

환경이나 거버넌스에서 대부분 지표를 충족하면 지역 주민은 사회 영역과 특별한 연관이 없다는 시각이 있을 수 있다. 그러나 기업이 활동을 하면 지역 주민에게 긍정적이든 부정적이든 영향을 끼칠 수밖에 없다. 따라서 기업 활동으로 당장 지역에 미칠 영향을 반드시 파악하여 지역 주민의 거주 환경, 안전보건 등을 침해하지 않아야 한다. 그뿐 아니라 기업이 지역의 일원으로서 조화롭게 자리 잡고 지역 발전을 위해 노력해야 한다.

마지막 점검 사항은 고객에 대한 인권이다. 기업의 성장은 매출과 직결된다. 매출을 단순히 양적으로만 본다면 당장 잘 팔릴 물건을 생산하면 된다. 그러나 기업에서 제공한 재화와 서비스가 고객의 생명, 건강, 재산을 등한시한다면 결국 그 생산물은 불량품으로 낙인찍힐 것이다.

오래가는 기업들의 특징을 살펴보면 조금 손이 가고 시간이 걸리더라도 나와 내 가족이 사용한다는 생각을 근간으로 한다. 고객이 비용을 지불한다는 것은 고객을 생각한 재화와 서비스를 공급해달라는 뜻임을 기업은 반드시 인식해야 한다. 따라서 품질관리나 CS에서 고객의 평가를 등한시하면 안 된다.

예를 들어 예전에 발생했던 텔레비전 폭발 사건은 고객 보호의 중요성을 여실히 보여준다. 품질보증기간이 지난 텔레비전을 고객이 시청하던 도중 갑자기 폭발하는 사고가 발생했는데 당시 제조사에서는 품질보증기간이 지났으므로 기업에 귀책이 있다고 보기 어렵다고 주장했다. 그러나 법원은 품질보증기간이 지났더라도 제조물 자체의 하자를 원인으로 고객에게 예상하지 못한 사고가 발생했다면 기업에서 책임져야 한다고 판단했다. 이후 제조물책임법 등 고객을 보호하는 관련법이 제정되었다. 이를 계기로 고객은 단순한 판매 대상이 아니라 기업이 보호해야 하는 대상으로서 인식이 확대되었다.

결국은
'사람'이다

사회 영역은 인본주의人本主義와 어느 정도 궤를 같이하고 있다. ESG 지표가 이제 기업이 성장하는 근간이 되었고, 인간이 존재해야만 기업도 유지되고 발전할 수 있다.

다른 지표와는 달리 사회 영역에서 요구되는 부분은 비용을 투자하거나 시간을 들인다고 해결되는 것도 아니다. 결국 사람이 본질이라는 점을 반드시 기억해야 한다. 사람 관계가 먼저 풀려야 다른 부분도 술술 풀릴 수 있다.

또한 사회의 전 영역에서는 대응보다 예방이 필수적이다. 시스템을 갖춰도 티가 나진 않지만 갖추지 않은 상태에서는 바로 사고나 법률 분쟁으로 이어질 가능성이 다른 영역보다 높고, 문제가 발생했을 때 이를 해결할 시간적 여유가 없을 수 있다. 그리고 민사, 형사, 행정적 제재뿐만 아니라 낙인효과가 다른 분야보다 월등히 커서 곧바로 불매운동과 투자 중단으로 이어진다.

그러면 기업은 무엇부터 준비해야 할까? 개별 지표에서 현재 준비되지 않은 부분을 체크해본다. 그리고 그 지표가 기업 경영에 미치는 영향을 분석한다. 이러한 분석이 끝나면 당장 준수할 수 있는 지표, 당장 지키지 않으면 바로 기업에 손실을 안겨줄 지표만이라도 챙겨두자.

사람 사이의 문제는 결국 사람이 해결해야 한다. 그리고 이 문제가 해결되지 아니하면 환경이나 거버넌스가 갖춰졌다 하더라도 당장 우리 기업의 성장 동력에 구멍이 생긴다. 아무리 좋은 아이템과 거래처가 있더라도 무너지고 만다. 해도 해도 티가 나지 않는 기업의 살림인 사회 영역에 관심과 노력을 놓지 않는다면 기업이 뿌리내릴 건강한 토양이 형성되어 어떠한 위기에도 계속 뻗어가는 큰 나무가 될 것이다.

Governance

5장

기업은
거버넌스 역량과
함께 큰다

조선희

거버넌스로 시작하는
ESG 경영

거버넌스^G는 ESG의 기본이다. 그런데도 불구하고 거버넌스가 무슨 의미인지 아직 확정되지 않았다. 리처드 스타인버그Richard M. Steinberg는 거버넌스를 "이사회, 경영진, 그리고 주주 사이의 권한의 할당Allocation of Power"이라고 정의하기도 하고, 보드 티커Bod Ticker는 거버넌스를 "기업의 방향에 대한 지배권을 형성하고, 경영자의 행동을 감독하며, 법률과 제도에 의해 정해진 기업의 책임을 수행해나가는 의사결정과 실행체계"라고 정의하기도 한다.

이처럼 거버넌스를 한마디로 정의하기란 쉽지 않다. 다만 거버넌스가 내부적으로는 기업을 어떻게 잘 경영할지 그 방향과 방법을 설정해주는 역할을 하고, 외부적으로는 국가·사회·환경에 영향을 미쳐 기업이 지속가능한 발전을 할 수 있도록 제도적 변화를 모색하는 것이라는 역할과 기능에 대해서는 공감대가 형성된 것으로 보인다.

이러한 거버넌스의 정의와 역할 등에 비추어 볼 때 거버넌스는 환경E, 사회S와도 밀접하게 연결될 수밖에 없다. 여러 ESG 평가기관(한국ESG기준원 등)에서는 ESG에서 환경 영역과 사회 영역을 평가할 때 거버넌스를 반영하기도 한다. 특히 거버넌스의 대표적인 요소로 '이사회 및 감사의 독립성, 투명한 의사결정 구조, 주주 권리 보장, 경영진 보상, 부패 방지' 등을 가장 많이 언급한다. 이러한 거버넌스의 요소들은 '준법'에서 출발하는 것이기에 거버넌스를 말할 때는 '준법'에 초점이 맞추어질 수밖에 없다.

국가법령정보센터에 의하면, 현재 시행되고 있는 법령은 5253개라고 한다. 우리나라만큼 일상생활 곳곳까지 법령으로 규율하고 있는 나라는 드물다. 이 중에서 환경 영역과 관련하여 환경 정보 작성 및 공개 대상 기업을 정하고 있는 환경기술 및 환경산업지원법이 있고, 대기관리권역법, 미세먼지특별법 등 미세먼지나 온실가스와 관련된 법령이 있으며, 폐기물 관리와 관련하여 환경오염시설의 통합관리에 관한 법률, 자원순환기본법 등이 있다. 사회 영역과 관련해서는 근로기준법, 남녀고용평등법, 산업안전보건법 등 근로자의 인권 보호나 사업장의 안전과 관련된 법률이 있다. 거버넌스 영역과 관련해서는 기업 운영과 관련된 상법, 독점규제 및 공정거래에 관한 법률, 하도급거래 공정화에 관한 법률 등 수많은 법률이 있다.

이처럼 현재 시행되고 있는 법령의 대부분이 환경, 사회, 거버넌스와 모두 직간접적으로 관련이 있다고 해도 과언이 아니다. 그렇기에 환경, 사회 영역을 잘하기 위해서도 거버넌스 영역이 출발점이 된다. 그래서 거버넌스는 ESG의 기본 중의 기본이라고 할 수 있다.

작은 기업의 ESG는 거버넌스로부터,
거버넌스는 컴플라이언스로부터

환경, 사회, 거버넌스로 구성된 ESG 중 저비용, 고효율의 경영 개선 방법을 고르라고 한다면 필자는 거버넌스를 추천하고 싶다. 거버넌스는 ESG 전 분야와 관련이 있기 때문에 거버넌스만 잘 갖추어도 ESG 전 분야가 고르게 개선될 수 있다. 또한 거버넌스는 경영진의 의지만 있다면 사업의 특성이나 기업의 발전 단계에 큰 영향을 받지 않기에 환경이나 사회에 비추어 가장 비용을 덜 들이고 ESG를 도입할 수 있다. 오히려 기업 규모가 작을 때 저비용으로 더 쉽게 기업 지배구조를 개선하거나 시스템적으로 건전한 기업문화를 만들 수 있기 때문이다. 그래서 스타트업, 중소·중견기업이 ESG를 도입하고자 한다면 거버넌스부터 시작하라고 말하고 싶다.

거버넌스의 가장 기본적이고 핵심적인 개념은 컴플라이언스다. 거버넌스의 대표적인 키워드가 '준법경영'과 '윤리경영'인데 컴플라이언스는 준법경영과 윤리경영의 출발점이자 이를 완성시키는 하나의 시스템이기 때문이다. 또한 상법에서는 자산 총액이 5000억 원 이상인 상장회사의 경우 준법 통제 기준을 마련하고 준법지원인을 두어야 한다고 규정하고 있다(상법 제542조의13, 동법 시행령 제39조). 자본시장과 금융투자업에 관한 법률(이하 '자본시장법')에서도 내부 통제 기준을 마련할 것과 준법감시인을 둘 것을 의무화하고 있다(자본시장법 제335조의8). 이처럼 법에서 이미 컴플라이언스 체계를 구축할 것을 직접 요구하고 있다는 점에서 컴플라이언스는 이제 기업이 성장함에 따라 직면할 수밖에 없는 또 하나의 '의무사항'이라고 할 수 있다.

그렇다면 컴플라이언스란 무엇일까? 간단하게 말해, 컴플라이언스는 '기업의 의사결정을 지원하기 위한 가장 기초적인 시스템'으로서 '구성원들이 법과 회사 내부규정을 알고 이를 지키게 하는 절차'라고 할 수 있다. 기업의 구성원들이 기업이 속한 산업군을 이해하고 기업이 추구하는 방향, 기업의 신사업 및 수익구조 등을 아는 상태에서 어떻게 하면 법령과 회사 내부규정을 위반하지 않은 채 기업을 경영할 수 있을지 그 방향을 제시하는 것이다. 그렇기에 컴플라이언스는 '준법'에서 출발한다.

기업이 컴플라이언스를 제대로 시행한다면 기업은 컴플라이언스를 통해 정기적으로 자사의 활동을 모니터링하면서 어느 법령, 어느 회사 규정을 위반했는지를 체크할 수 있고, 이를 통해 기업의 경영 상태를 자가검진할 수 있다. 또한 기업이 컴플라이언스를 제대로 시행하면 기업이 부담해야 하는 민·형사상 책임을 경감받을 수 있다. 산업재해, 안전사고가 발생하거나 이사의 배임 행위가 발생했을 때, 기업이 컴플라이언스 절차를 제대로 이행했다는 점은 기업의 경영진이 위법 행위나 안전사고 등을 방지하기 위해 상당한 주의로 감독 의무를 다했음이 인정되는 근거가 된다. 물론 컴플라이언스 체계가 구축되어 있다고 해서 모든 경우에 책임을 경감받는 것은 아니다. 하지만 컴플라이언스 체계의 구축 및 성공적 시행이 회사나 대표이사에 대한 손해배상 책임과 형사 처벌을 감경하는 데 유리한 요소라는 점은 부인할 수 없다.

요약하자면 기업은 컴플라이언스라는 자가검진 시스템을 통해 담당자가 문제 상황을 모니터링하고 이를 경영진에게 보고하도록 함으로써 리스크를 사전에 관리할 수 있다. 혹 사고가 발생하더라도, 기업의 경영진은 컴플라이언스를 통해 사건 원인을 분석한 후 재발 방지 대책을 마련하고, 해당 사건을 처리하는 과정을 공유함으로써 이사회 및 주주들로부터 신뢰를 유지할 수 있다.

기업은 컴플라이언스를 통해 자사의 활동에 대한 모니터링, 보고, 분석, 교육을 포함한 개선 과정을 끊임없이 거치게 되고, 이를 통해 최소한의 거버넌스를 구축할 수 있다. 이러한 점에서 거버넌스의 기본이자 출발점은 컴플라이언스라고 할 수 있다.

컴플라이언스는
이렇게 시작하라

스타트업, 중소·중견기업(이하 '작은 기업')의 경우 당장의 생존이 목적이다. 그렇기에 생존과 직결되지 않는 컴플라이언스에 대하여 형식적으로 대하기 십상이다. 컴플라이언스 팀은 중견기업 단계에 이르러서야 찾아볼 수 있고, 그 외 기업 경영활동에서 가장 중요하다고 볼 수 있는 이사회, 주주총회의 의결 절차도 소집 기간을 단축한 후 서면 결의하는 방법으로 개최하는 경우가 대부분이다. 한 중소기업 대표이사는 "이사회가 왜 있는지 모르겠다" "이사회는 그냥 대표이사의 뜻에 따르는 거수기 같은 존재가 아니냐"라고 말하기도 했다.

이처럼 대부분의 작은 기업은 컴플라이언스와 관련하여 시스템이 구축되어 있지 않고, 컴플라이언스 시스템이 있더라도 이를 형식적으로만 운영하고 있다. 또한 스타트업을 포함한 대부분의 중소기업이 자신이 운영하는 기업이 어떤 산업에 속해 있는지 제대로 파악하지 못하는 경우도 많다.

그렇기에 스타트업, 중소·중견기업은 기업을 운영할 때 주의 해야 할 법률 리스크를 제대로 알지 못하는 경우가 많다. 일례로 제약, 바이오산업의 경우 관할 관청의 인허가가 반드시 필요한 데, 이를 제대로 모르고 사업을 하다가 영업정지 처분을 받는가 하면, 부서별로도 담당자가 자신이 배치된 부서에서 지켜야 할 법을 제대로 알지 못한 채 상대방이 원하는 대로 계약을 체결하는 경우도 많다. 컴플라이언스는 기업이 자신이 속한 산업군이 어디인지 확인하는 것과 기업의 구성원들이 부서별로 관리해야 할 법률 리스크 및 관련 법령을 정리하는 것에서 출발한다는 것을 명심해야 한다.

산업군에 따라 관리해야 할
법적 리스크

컴플라이언스 체계 구축을 위해 선행되어야 하는 것 중 첫 번째 는 기업이 자신이 속한 산업군별로 관련 법령, 행정규칙 등을 정 리해두고 이를 상시 점검하는 것이다. 관련 법령 옆에 주무부서 와 주무부서 담당자 역시 기재한 후, 개정되거나 변경되는 사항 을 함께 관리하는 것이 좋다. 산업군별로 체크해야 할 법령 및 관련 리스크를 정리해보면 다음과 같다.

산업군별 쟁점 법령 및 관련 리스크

산업군	관련 법령/관련 리스크
건설/부동산	• 건설 관련 법령에서 부실공사 등에 대한 벌점을 부과하고 있고, 부실 벌점이 쌓이면 선분양이 제한되거나 영업정지 처분을 받는 등 여러 가지 불이익 발생 • 중대재해처벌법의 시행 　-사업장이나 공사 현장에서 인재 사고 발생 시 대표이사까지 형사 처벌 대상 　-사업장이나 공사 현장의 안전관리 책임 강화 　-하도급, 재하도급 업체 직원에까지 안전 책임이 확대 • 잦은 세법 개정으로 인하여 부동산 취득세, 양도세 등에 대한 선행 검토가 필요
	• 중대재해처벌법, 산업안전보건법, 건설산업기본법, 주택법, 건설기술진흥법, 도시 및 주거환경정비법, 도시개발법 등
플랫폼/이커머스	• 온라인 플랫폼 중개 거래의 공정화에 관한 법률의 국회 통과 여부가 중요 이슈 • 전자금융거래법에 의해 관할 관청으로부터 인허가를 받아야 하는 이슈가 존재 • 결제와 관련된 경우 금융 관련 법령 검토 필요 • 개인정보보호 관련 이슈 　-개인정보처리지침, 개인정보 수집이용 동의서, 개인정보처리 위수탁 계약서 및 이용약관의 구비 필요 • 개인정보 및 접속 기록에 대한 보관 의무
	• 개인정보보호법, 소비자기본법, 전자상거래 등에서의 소비자보호에 관한 법률, 정보통신망 이용촉진 및 정보보호 등에 관한 법률, 약관규제법 등
콘텐츠/미디어	• 콘텐츠산업진흥법, 게임산업진흥에 관한 법률 등 관련 콘텐츠마다 특별법이 존재 • 방송통신 산업의 특성상 과대광고, 허위광고, 오인, 혹은 소비자에게 혼동을 야기할 만한 요소가 없는지가 쟁점 • 연예사업의 특성상 출연진이나 스태프들에 대한 불공정 계약 다수 • 저작권과 관련된 다양한 법률 이슈의 존재
	• 콘텐츠산업진흥법, 게임산업법, 저작권법, 부정경쟁방지법, 방송법, 전기통신기본법, 표시광고법, 대중문화예술산업발전법, 예술인복지법 등
의료	• 보건복지부나 의료 관련 정부기관의 인허가가 필수적인 업종 • 의료 분야의 경우, 연구 단계인지, 임상시험 단계인지, 상용화 단계인지에 따라 해당 단계별로 요구되는 관련 기관의 심의 절차 필수 • 의료인의 과오에 대한 법적 책임이 전통적인 법률 리스크 • 최근 보건의료 데이터 활용과 개인정보 보호 이슈가 주요 이슈
	• 의료법, 약사법, 수의사법, 의료기기법, 생명윤리 및 안전에 관한 법률, 의약품 등의 제조업 및 수입자의 시설 기준령 등
금융	• 금융 관련 사업의 경우, 대부분이 법령상 규제 대상인 경우가 많아서 정부 인허가를 요하고 미인가 영업 시 처벌 대상 • 비즈니스 모델 검토가 선행되어야 하는 분야 • 혁심금융 스타트업이 많이 등장 　-뮤직카우: 혁신금융사례로 음악저작권료 기반의 수익증권 거래 플랫폼
	• 은행법, 보험업법, 자본시장법, 여신전문금융업법, 금융소비자보호에 관한 법률, 전자금융거래법, 온라인투자연계금융업 및 이용자 보호에 관한 법률 등

참고로 국내 산업의 약 30%를 차지하고 있는 제조업의 경우, 다음의 '부서별 쟁점 법령 및 관련 리스크'에 나오는 '제조/생산 부서'와 내용이 같으니 참고하길 바란다.

부서별로 법적 리스크를 관리하는 것도 필수

기업이 자신이 속한 산업군에 따른 관련 리스크를 정리하여 목록화했다면, 그 이후에는 기업 내 부서별로(혹은 팀별로) 관리해야 할 법령과 리스크를 정리하여 이를 목록화하는 것이 필요하다. 담당자는 소속된 부서별로 관련 법령을 상시 확인하면서 변경 사항을 반영하고, 문제 발생 시 이를 보고하며, 사고의 원인을 분석하여 사전 예방대책을 마련하는 등 부서에서 취할 수 있는 선제 조치를 취해야 한다.

부서별 쟁점 법령 및 관련 리스크

부서	쟁점이 되는 법령과 리스크
제조/ 생산 부서	• 생산된 물품의 품질관리 이슈가 많이 발생 • 물품 생산 관련 사업장, 공장 관련하여 안전관리 이슈 및 환경(폐기물 등)관리 이슈가 발생 • 물품이나 원재료의 구매와 관련된 계약을 많이 체결하기에 물품·원재료 납품계약의 특성에 대한 이해 필요 • 하도급 거래 시 불공정한 계약이나 하도급업체의 경영에 간섭하는 등의 부당한 거래 행위가 없도록 관리 필요
	• 제조물책임법, 하도급 공정화에 관한 법률, 산업안전보건법, 중대재해처벌법, 폐기물관리법, 화학물질관리법 등

영업 부서	• 물품의 판매와 관련된 계약을 많이 체결 • 독과점, 담합 등 불공정거래 행위 관련 리스크에 유의 • 허위, 과장광고 관련 리스크 관리 필요
	• 상법, 부정경쟁방지법, 공정거래법, 표시광고법 등

연구개발
부서
	• 지식재산권 침해 리스크에 대한 대비 필요
	• 영업비밀 유출 리스크를 관리할 필요
	  - 기밀문서나 영업비밀이 담겨 있는 자료에 '대외비' 표시 및 접근 권한 제한
	  - 기밀문서나 영업비밀이 담긴 문서가 외부로 나갈 경우 언제, 누구에게 배포한
	    것인지 관리가 필요
	  - 영업비밀 등을 제공하기 전에 정보 수령자와 비밀유지계약서(NDA)를 체결
	  - 직원들의 발명에 대한 소유권 문제를 해결하기 위한 '직무발명규정'을 제정

	• 특허법, 실용신안법, 상표법, 디자인보호법, 저작권법, 부정경쟁방지 및 영업비 밀보호에 관한 법률, 발명진흥법 등

인사노무
부서
	• 직원 채용, 징계, 해고와 관련된 여러 가지 인사노무 이슈를 관리
	• 인사노무 리스크에 대비하여 직원들에 대한 예방교육이 필요
	  - 직장 내 성희롱, 직장 내 괴롭힘(근로기준법)에 대한 예방교육
	  - 산업안전 및 보건교육(산업안전보건법), 직장 내 장애인 인식 개선 교육(장애인고
	    용 촉진 및 직업재활법)
	  - 공정거래 및 공정경쟁 관련 교육
	• 기업 성장 시 노동조합, 노사쟁의 관련 문제가 추가

	• 근로기준법, 고용보험법, 남녀고용평등과 일·가정 양립에 관한 법률, 기간제 및 단시간 근로자 보호 등에 관한 법률, 산업안전보건법 등

따라서 부서별로 관련 법령에 따른 의무 사항이나 과태료, 벌칙규정을 모두 정리한 후, 이러한 법령 위반이 발생하지 않도록 부서에서부터 관리하는 것이 필수적이다.

위임전결규정이
필요한 이유

앞에서 기업이 속한 산업군별로, 담당자가 속한 부서별로 각각 관리해야 할 법령 및 이와 관련된 리스크를 정리했다. 이제 기업별·

부서별로 정리된 법규 준수 사항을 어떻게 시행하는지가 문제인데, 가장 기초적인 컴플라이언스 시행 방법은 '위임전결규정'이다.

위임전결규정은 각 담당자, 부서 및 각 임원들의 책임 범위 및 보고라인을 정해놓은 것으로, 컴플라이언스의 가장 기본적인 시행 방법이다. 부서별로 발생 가능한 리스크를 정리하여 목록화한 후 이를 상시 점검하고, 해당 리스크가 발생한다면 정해진 보고라인에 보고함으로써 경영진이 시기적절하게 대응할 수 있도록 한다.

위임전결규정에서 대표이사가 모든 일에 전결권을 가지게 될 경우, 업무가 경직되고 현업 부서에서 시의적절하게 대응하지 못하는 어려움이 발생한다. 반면에 기업의 중요 결정 사항에

위임전결규정의 예

구분	세부항목	업무	전결권자			비고
			팀장	부서장/그룹장	대표이사	
일반	사업계획	사업계획 수립			○	
	계약관리	계약체결, 변경 및 해지, 종료			○	
	예산편성	예산요구안 작성		○		
		예산 확정 및 집행계획			○	
	일반 신청	직원 경조사 비용 신청		○		
		사무용 물품 신청	○			
		재직증명서 발급 신청		○		
이사회	이사회	개최 일시 및 장소 결정			○	
		이사회 안건			○	
		이사회 의사록 작성 및 보고			○	
인사	인사행정	채용			○	
		징계			○	
		퇴직			○	

대해 대표이사가 아닌 현업 부서에서 전결권을 가질 경우, 기업이 대표이사의 경영철학이나 통제를 벗어나기 쉽고, 급기야 공정거래 이슈나 부정부패 이슈가 발생하는 경우도 비일비재하다. 따라서 컴플라이언스가 성공적으로 작동하기 위해서는 업무별로 책임과 권한을 적절히 분배하는 것이 전제되어야 한다.

컴플라이언스를 성공적으로
운영하기 위한 프로세스

컴플라이언스가 제대로 운영되기 위해서는 경영진부터 컴플라이언스의 중요성을 인식해야 하고, 대표이사가 앞장서서 구성원들에게 관련 법령이나 지침을 준수하도록 강조해야 한다. 이를 위해 부서별로 성희롱 예방 교육, 직장 내 괴롭힘 금지 교육, 산업안전 관련 교육, 공정거래 관련 교육 등을 주기적으로 실시하여 구성원들이 관련 법령에 친숙해지도록 할 필요가 있다. 그리고 교육이 끝난 이후에는 실제 업무에서 해당 교육 내용들이 어떻게 반영되고 있는지를 모니터링할 필요가 있다.

교육 이후 직장 내 성희롱이나 괴롭힘 신고가 늘었다고 해서 경영진이 교육에 실패했다고 생각하거나 실망할 필요는 없다. 직장 내 성희롱이나 괴롭힘 문제가 발생하지 않는 회사는 없다. 문제 상황에 대한 신고가 접수되었다는 것은 교육으로 인해 구성원들의 문제인식이 향상되었다고 볼 수 있고, 구성원들이 회사 내부에서 문제를 해결할 수 있다고 믿고 있다는 점에서 회사에 대한 신뢰도를 방증한다고 볼 수 있다.

구성원들이 회사를 신뢰하지 않는다면 회사 내부의 절차가 아닌 회사 외부의 절차, 일례로 고용노동부 신고나 형사 고소 등을 통해 해결하려고 할 것이고, 이는 회사 내부의 리스크가 외부에 공표되어 기업 브랜드 가치가 크게 훼손되는 계기가 된다.

회사에 직장 내 성희롱이나 괴롭힘 신고가 접수되면 회사는 직원 및 구성원들에게 객관적이고 철저한 조사를 통해 해당 문제 상황을 처리하는 것을 보여주어야 한다. 그 후 인사팀에서는 문제 상황을 분석하여 이를 다음번 교육에 반영함으로써 동일한 문제가 발생하지 않도록 교육할 필요가 있다.

이를 순서대로 보자면, '직원 및 구성원 교육→직원들의 문제의식 향상→문제 상황의 객관적인 처리→사후 처리로서의 문제 상황에 대한 분석→그에 따른 개선책 및 예방책 제시'로 절차가 진행되어야 한다. 이러한 일련의 과정을 통해 컴플라이언스 체계가 성공적으로 작동할 수 있게 된다.

다시 말해 제대로 운영되는 컴플라이언스란, 구성원의 입장에서는 위임전결규정을 통하여 자신이 맡은 업무에서 법령 위반 사항이 발생하지 않도록 상시 모니터링하는 것이다. 동시에 기업 입장에서는 직원들을 교육하고 사고 발생 시 보고라인을 통한 빠른 보고 및 대처, 그 후 문제 상황 분석을 통한 대응책 및 개선방안을 제시함으로써 동일한 문제가 또다시 발생하는 것을 사전에 예방하는 것이라고 할 수 있다.

컴플라이언스를 플러스알파로 만드는 거버넌스 강화 비법

거버넌스가 기업에서 중요한 이유는 기업의 소유와 경영이 분리되어 있기 때문이다. 구체적으로 주식회사의 경우 주주들은 주식을 통해 해당 주식회사를 소유한다. 그러나 주주가 많다 보니 현실적으로는 그들이 모두 경영에 참여할 수 없다. 그렇기 때문에 주주들은 해당 주식회사를 경영할 사람들, 즉 이사들을 선임하고 그들에게 회사의 경영을 맡기게 되었는데 이러한 이사들의 대표가 대표이사다.

일반적으로 한국에서는 최대 주주가 대표이사도 겸직하기 때문에 대표이사는 회사를 '내 회사'라고 표현한다. 하지만 이는 틀린 말이고, 아니 될 말이다. '내 회사'라는 생각이 이사회를 형해화形骸化시키고, 회사의 실제 소유자인 주주들의 권리를 약화시키기 때문이다. 기업의 소유와 경영이 분리되어 있다는 점을 명

254 ESG 생존 경영

심하고 또 명심해야 한다.

소유와 경영의 분리로 인한
이사의 역할과 책임

기업의 소유자인 주주들은 자신의 재산인 기업이 잘 운영되는지를 확인하고 싶어 한다. 이사들은 주주들로부터 위임을 받아 기업을 경영하기 때문에 기업의 운영에 있어서 선량한 관리자로서의 의무(선관주의 의무)를 부담한다. 이사들은 이러한 선관주의 의무에 기해 경영진이 기업을 운영하는 데 비리가 없도록 경영진을 관리, 감독해야 한다.

만약 경영진이 부당하게 기업의 돈을 지출하거나 기업에 불리한 거래를 하는 등 경영상의 문제를 일으킨다면, 이사는 즉시 경영에 개입하여 경영진의 불이익하거나 불법한 행위를 저지하고, 경영상의 문제를 주주총회에 보고해야 할 의무를 진다.

이사들의 의무 및 책임과 관련하여 최근 중요한 대법원 판례가 선고되었다. 한 건설회사가 '4대강 살리기 사업'과 관련하여 다른 건설회사와 입찰 담합을 했고, 이로 인해 공정거래위원회로부터 약 280억 원에 달하는 과징금이 부과되었다. 그러자 주주들이 입찰 담합 행위에 관여한 대표이사와 이사들에게 이를 배상할 것을 청구했는데, 이에 대하여 대법원은 이사들이 입찰업무에 관하여 보고받지 못했더라도(불법행위를 알지 못했다 하더

대법원 2022. 5. 12. 선고 2021다279347 판결

- 모든 이사는 적어도 회사의 목적이나 규모, 영업의 성격 및 법령의 규제 등에 비추어 높은 법적 위험이 예상되는 업무와 관련해서는 제반 법규를 체계적으로 파악하여 그 준수 여부를 관리하고 위반 사실을 발견한 경우 즉시 신고 또는 보고하여 시정조치를 강구할 수 있는 형태의 내부 통제 시스템을 구축하여 작동되도록 하는 방식으로 감시의무를 이행하여야 한다.
- 다만 회사의 업무 집행을 담당하지 않는 사외이사 등은 내부 통제 시스템이 전혀 구축되어 있지 않는데도 내부 통제 시스템 구축을 촉구하는 등의 노력을 하지 않거나 내부 통제 시스템이 구축되어 있더라도 제대로 운영되고 있지 않다고 의심할 만한 사유가 있는데도 이를 외면하고 방치하는 등의 경우에 감시의무 위반으로 인정될 수 있다.

라도) 손해배상 책임을 부담한다고 인정했다.

이 대법원 판결은 이사에게 '신고 및 보고 시스템과 내부 통제 시스템을 구축할 의무', 즉 기업에 대한 이사의 '감시의무'를 폭넓게 인정했다는 점에서 의미가 있다. 또한 사외이사를 포함한 모든 이사가 경영진으로부터 독립하여 경영진에 대한 견제, 감시자로서 실질적인 역할을 다해야 한다는 점이 대법원에 의해 다시 한번 확인되었다.

이사회의
실질화 방안은?

이사회를 강화하고 실질화하는 방법으로 가장 많이 제안되는 것이 1년에 1번 이상 경영진을 배제한 이사회를 개최하는 방법, 이

사회 의장과 대표이사를 분리하는 방법, 사외이사제도를 강화하는 방법이다.

또한 이사회 구성을 다양화하는 방법도 많이 제안되고 있다. 예를 들어 일부 기업은 근로자 대표를 이사로 임명하거나 지역사회 관련자를 이사로 선임하는 방안을 활용하고 있다. 특히 자본시장법에서는 기존의 남성 위주의 이사회 구성을 타파하기 위해 '자산 총액이 2조 원 이상인 상장법인의 경우 이사회의 이사를 특정 성으로만 구성할 수 없다'라고 규정함으로써(자본시장법 제165조의20), 이사회 구성을 다양화하도록 의무화하고 있다. 이러한 이사회 구성의 다양화와 관련된 의무는 여성 이사 선임 의무를 넘어서 그 대상과 범위가 점점 더 확대될 것으로 예상된다.

나아가 이사회 내에 ESG위원회를 설치하는 것도 좋은 방법이다. ESG위원회에서 환경 및 사회 영역 관련 리스크를 모니터링하면서, 관련 문제나 이에 대한 대응방안 등을 직접 대표이사에게 보고할 수 있어야 한다. 또한 ESG위원회에서 논의된 내용이 정식 이사회의 안건이 되어 이사회에서 심도 있게 논의될 수 있도록 유도해야 한다. 최종적으로는 ESG위원회를 통해 회사의 경영 목표에 ESG 계획이 반영될 수 있도록 해야 한다.

좀 더 구체적으로 살펴보면, 팀별로 팀장이 ESG위원회에 참석하고, 각 팀에서 주요 ESG 의제를 공유하거나 팀에서 추진하는 주요 사업계획을 가져와 ESG위원회에 안건으로 올린 후, 이에 대해 ESG위원회에서 의견을 나누는 것이다. 해당 사업계획이 이사회에 안건으로 올라간다면, 이에 대한 ESG위원회의 의견 역시 이사회에 전달되어야 함은 물론이다.

숙취 해소 음료로 유명한 제약바이오 중견기업의 경우에는 대표이사가 포함된 ESG위원회를 설치한 후, 다양한 사회공헌 활동과 ESG 보고서 발간 등을 하고 있다. ESG위원회에 대표이사가 포함되는 것이 바람직한가에 대해 여러 견해가 있지만, 중견기업으로서는 드물게 ESG위원회를 설치하면서 대표이사까지 이에 참여한다는 것은 대내외적으로 이 기업의 ESG 경영 의지를 엿볼 수 있는 대목이다.

윤리경영을
컴플라이언스화하라

ESG 경영에서 거버넌스의 경우, 경영진의 실천 의지가 특히 중요한 분야다. 국내 대기업 중 대다수가 돈을 쓰면 해결이 되는 환경 영역을 집중적으로 개선하면서 마치 ESG 경영을 성공적으로 실행하고 있는 것처럼 발표하고 있다. 하지만 조금만 들어가도 복잡해지는 노사관계나 근로자 문제는 물론, 경영진들의 실적, 부정부패 등과 직결되는 거버넌스에 대해서는 침묵하는 경우가 대부분이다.

특히 우리나라는 거버넌스에서 최대 주주나 창업자 관련 이슈가 많다. 그 덕분에 국내 굴지의 대기업 오너들이 자신의 아들, 딸들의 경영권 승계를 위해 불법적으로 합병하거나 거액의 분식회계를 했다가 검찰청 포토라인에 서게 된 경우를 심심치 않게 볼 수 있다. 이러한 이슈들은 모두 기업의 거버넌스를 약화시킬 수밖에 없다.

거버넌스 개선 방안으로 가장 많이 언급되는 것은 '윤리경영 목표'를 수립하고 '윤리경영 계획'을 발표하는 방안이다. 예전부터 정부 부처나 공공기관에서는 수의계약을 체결하거나 입찰에 참여하는 기업에게 '부정한 증여, 금품, 향응 등을 제공하지 않겠다'는 내용의 청렴서약서를 제출하도록 하고 있다.

이처럼 정부나 공공기관에서 주로 사용되던 청렴서약제도가 이제는 사적 영역에까지 확대되어 대기업들도 거래 상대방에게 청렴서약서를 제출하도록 하고 있다. 몇몇 대기업은 청렴서약제도에 덧붙여 거래 상대방에게 근로자 안전보호제도를 충실히 이행할 것을 요구하는 '근로자 안전보호 서약서', 하청업체에게 재하청업체에 대한 하도급 대금을 부당하게 미지급해서는 안 된다는 내용의 '공정한 하도급 거래 서약' 등을 요구하고 있다.

이런 서약제도가 무의미한 요식 행위일 뿐이라는 비판도 있다. 하지만 대기업에서 서약을 요구한다는 점에서 거래 상대방들에게 해당 문제에 대한 경각심을 일깨울 수 있고, 사고나 불법 행위가 발생하지 않도록 조심하게 만든다는 점에서 충분히 의미가 있다고 생각한다.

내부 감시체계를
활용하라 ─────────────

기업 내부의 부정부패를 감독하기 위하여 감사제도가 있다. 하지만 우리나라의 감사는 회계감사 위주로 진행이 되고 있어서 회계상 문제로 삼기 어려운 경영진의 부정부패, 도덕적 해이 등을 방지하기 어렵다. 특히 감사제도가 형해화形骸化되어 회계법인의 도장을 빌려 매년 결산 내용에 문제가 없음을 증명하기 위한 용도로 이용되는 경우도 비일비재하다.

내부 감시 시스템으로서 감사제도가 제대로 힘을 발휘할 수 있으려면 감사가 경영진으로부터 독립되어야 한다. 감사인에 외부인이 포함되게 하고, 감사 임명 이후에는 회사에 대하여 형사상 범죄를 저지르지 않는 한, 감사 임기가 보장되도록 해야 한다. 감사위원회 안에 ESG 성과 검토 위원회를 두어 ESG 정책 시행 후의 성과를 추적, 관리하는 것도 방법이다.

참고로 최근에는 발달된 IT기술을 활용하여 자동적으로 특정 단어가 들어가거나 특정 자료가 포함된 이메일 등이 외부로 발송되었을 경우, 이를 감사팀에 자동으로 알려주는 방법으로 감사 기능을 강화하는 회사가 늘어나고 있다. 문제는 IT기술을 이용한 감사 방법에 대해 근로자의 사생활 보호와 관련된 문제가 많이 제기되고 있다는 점이다. 이러한 문제점은 차치하더라도, IT기술을 활용한 감사를 추진하기 위해서는 우선적으로 구성원들로부터 이메일 모니터링에 대한 동의를 받아야 함을 명심해야 한다. 또한 특정 단어가 들어간 자료 이외에는 절대로 근로자의 이메일이나 파일에 접근하지 못하도록 기술적으로 관리할 필요가 있다.

한편, 대한민국의 내부고발자 보호제도는 꽤 잘 마련되어 있는 편이다. 공익신고자보호법, 이해충돌방지법, 주식회사 등의 외부 감사에 관한 법률, 부패공익신고자 보호보상제도 등 여러 법률에서 제보자 보호 원칙을 명확히 천명하고 있다. 이 중 공익신고자보호법에서는 공익 침해 행위를 '국민의 건강과 안전, 환경, 소비자의 이익, 공정한 경쟁 및 이에 준하는 공공의 이익을 침해하는 행위'라고 정의하면서, 기업이 공익 침해 행위를 할 경우 해당 기업을 신고할 수 있고, 신고자는 '내부 공익신고자'로 보호된다고 규정하고 있다. 일반적으로 은행과 같은 금융회사의 내부 통제 기준에는 내부 고발에 대한 내용이 반드시 포함되어야 하는데(금융회사 지배구조 감독규정 제11조), 금융회사가 아니더라도 ESG 경영을 하고자 하는 기업이라면 이런 내용을 컴플라이언스에 포함하는 것이 필요하다.

추가로 내부 고발의 경우, 고발을 할 수 있는 방식 및 고발할 수 있는 대상자가 모두 열려 있어야 한다. 고발자가 직원인 경우 직원은 상급자, 인사팀 혹은 익명으로 고발을 할 수 있는 통로가 보장되어야 하고, 외부 이해관계자 역시 고발할 수 있도록 하는 것이 바람직하다.

여러 기업에서 익명의 고발 프로그램을 운영하고 있다. 익명성으로 인하여 고발 자체가 특정인에 대한 괴롭힘 수단으로 악용될 여지가 있기는 하지만, 내부 고발을 장려함으로써 얻게 되는 부정부패 방지효과 등 효용이 더 큰 경우가 많다. 참고로 내부 고발은 기업의 대표이사, 준법지원인, 인사담당자 등에게 하는 경우도 있지만, 공익신고자보호법에 따라 국민권익위원회에도 할 수 있다는 점을 알아두면 유용하다.

이렇게 내부고발제도와 감사 시스템이 결합하여 내부 감시 시스템을 구축하고, 이를 컴플라이언스화한다면 전통적인 준법 위주의 컴플라이언스보다 더 진화된 단계의 거버넌스를 할 수 있다.

기업의
성장 단계에 따라 발생하는
컴플라이언스 이슈

컴플라이언스가 구축되었고, 여기에 이사회를 실질화하는 등의 방법으로 좀 더 발전된 거버넌스를 시행하고 있다면, 이제는 기업의 규모에 따라 성장 단계별로 주로 발생하는 컴플라이언스 이슈를 알아둘 필요가 있다. 기업의 성장단계에 따라 발생하는 법적 리스크를 효율적으로 관리할 수 있기 때문이다.

참고로 인사노무 문제를 포함한 거의 대부분의 법률문제는 기업이 어느 단계에 속하든지 발생할 수 있다. 그래서 기업의 성장 단계별로 컴플라이언스 이슈를 분류하는 것은 쉽지 않고 정해진 답이 존재하지 않는다. 다음 표는 해당 법률 위반 이슈 및 리스크가 가장 많이 발생하는 구간이 어디인지를 기준으로 분류한 것이다.

기업의 성장 단계별 컴플라이언스 이슈

스타트업	중소기업	중견기업
스타트업, 중소기업, 중견기업 공통문제 • 인사노무 문제 　- 임금 / 퇴직금 미지급 　- 채용 / 징계 / 해고 　- 직장 내 성희롱 / 직장 내 괴롭힘 　- 경업금지 및 경쟁금지 약정		
• 비즈니스 모델 검토 • 주주간계약서 체결 • 투자계약서 체결 • 대기업의 스타트업 기술탈취 • 정관, 취업규칙 등의 마련	**중소기업, 중견기업 공통문제** • 하도급법 위반 • 산업재해에 대한 중대재해처벌법/산업안전보건법의 적용 • 개인정보보호법 관련 이슈 • 영업비밀보호를 위한 조치 　- 기업 내부의 보안관리 지침의 마련 • 기업의 소비자보호 의무의 강화 • IPO 대응 이슈	
		• 불공정거래 이슈의 본격적 발생 　- 공정거래법 위반 이슈 　　(독과점, 담합, 부당지원 등)

위 표를 보면, 중소기업과 중견기업은 대부분의 컴플라이언스 이슈를 공유하고 있다. 다른 점이라면, 중견기업 단계에 이르러 독점, 과점, 담합 및 계열사 부당지원 등과 같은 공정거래법 위반 이슈가 추가된다는 점이다.

또한 보통 중견기업이라고 하면 IPO를 하여 상장이 된 기업이라고 생각한다. 하지만 2022년 상장을 시도하다가 중단한 마켓컬리의 경우, 2020년 매출액이 9530억 원에 달하는 중견기업에 해당함에도 불구하고 IPO 절차를 거치지 않았다. 이처럼 IPO 대응은 중소기업 단계에서부터 중견기업 단계에 있는 기업이라면 모두 대응이 필요한 이슈다. IPO 대응을 위해 중소·중견기업은 IPO 주관사나 거래소에서 요구하는 필수적인 사내 규정을 정비할 필요가 있다.

이제부터 중소·중견기업을 하나로 묶은 후 대표적으로 발생하는 컴플라이언스 이슈를 구체적으로 살펴보도록 하겠다(기업에서 가장 빈번하게 발생하는 인사노무 이슈는 4장에서 다루었으므로 생략하기로 한다).

중소·중견기업:
불공정거래 이슈의 본격적 발생

불공정거래 행위는 굉장히 다양하다. 얼마 전 공정거래위원회는 한 모빌리티 기업이 자사 가맹 택시에게 호출을 몰아주는 방법으로 가맹 택시 시장에서 독점적 지위(73.7%)를 획득했다는 이유로 약 257억 원의 과징금을 부과했다. 또한 공정거래위원회는 한 중견 건설사가 폐기물 처리비용을 수급사업자에게 부담하도록 하는 내용의 하도급 계약을 체결했다는 이유로 해당 중견 건설사를 하도급거래 공정화에 관한 법률(이하 '하도급법') 위반으로 제재 처분했다.

이는 불공정거래의 일부 사례일 뿐이고, 불공정거래의 유형이 워낙 다양하기 때문에 이를 규율하는 관련 법령도 여러 가지가 있다. 불공정거래와 관련하여 독점규제 및 공정거래에 관한 법률(이하 '공정거래법'), 하도급법, 약관의 규제에 관한 법률, 가맹사업 진흥에 관한 법률, 대리점 거래의 공정화에 관한 법률 등이 있다. 이 중 대표적으로 불공정거래 행위를 규율하는 공정거래법에서는 불공정거래 행위를 다음과 같이 제시하고 있다(공정거래법 제45조, 동법 시행령 및 별표 2 불공정거래행위의 유형 또는 기준).

① 부당한 거래 거절 행위

② 가격, 거래 조건 등을 차별적으로 취급하는 행위

③ 부당 염매, 부당 고가 매입 등을 통해 부당하게 경쟁 사업자를 배제하는 행위

④ 위계나 부당한 이익 제공에 의한 고객 유인 행위

⑤ 끼워팔기, 사원 판매 등을 통해 경쟁자의 고객을 부당하게 자기와 거래하도록 강제하는 행위

⑥ 거래상의 지위를 부당하게 이용하여 상대방에게 구입 강제, 이익 제공이나 판매 목표를 강요하는 행위

⑦ 거래 상대방에게 자신의 경쟁사와 거래하지 않는 것을 조건으로 상대방의 거래를 제한하는 행위

⑧ 기술을 부당하게 이용하거나 인력을 부당하게 유인, 채용하여 다른 사업자의 사업활동을 곤란하게 하는 행위

⑨ 특수관계인 등을 지원하기 위하여 특수관계인에게 부당하게 자금, 자산, 인력 등을 지원하는 행위

그 외에도 공정거래위원회는 '계속적 재판매 거래 등에 있어서의 거래상 지위 남용행위 세부 유형 지정고시' 등의 행정규칙

을 운영하면서 다양한 불공정거래 행위를 규율하고 있다. 이처럼 불공정거래 행위와 관련된 법령이 많고, 그에 따라 불공정 행위로 제시되는 유형이 다양하다. 기업은 거래를 할 때마다 체결하려는 계약이나 거래가 불공정거래에 해당하는지를 관련 법령 및 공정거래위원회의 지침 등을 통해 확인해 볼 필요가 있다.

아이러니한 것은, 스타트업에서 급격하게 성장하여 중견기업이 된 대표적 유니콘 기업들이 다른 스타트업이나 중소기업을 상대로 여러 가지 불공정거래 행위를 하여 공정거래위원회로부터 과징금을 부과받았다는 점이다. 유니콘 출신의 한 중견기업은 최근 독점계약을 맺은 납품업체에게만 업체가 부담해야 하는 판매장려금을 면제해주거나, 다른 플랫폼에서 더 낮은 가격으로 판매한 업체에게 불이익을 주는 방법으로 불공정 행위를 했다. 또 다른 한 중견기업의 경우, 임원의 아내가 운영하는 호텔에 쿠폰을 몰아주었다는 의혹을 받았다. 이러한 불공정거래 이슈로 인해 기업 가치가 크게 훼손되어서인지, 두 중견기업은 2022년도에 IPO 신청 계획을 철회하기도 했다.

중소 · 중견기업:
하도급법 관련 이슈의 폭발적 증가 ────────

불공정거래 이슈 중 공정거래법 이외에 특별히 문제가 많이 발생하는 것이 '하도급'이며, 이를 규율하기 위해 별도로 하도급법이 제정되어 있다. 대표적으로 발생하는 하도급법 위반 사유로는 대기업이 중소기업에게 불경기, 코로나, 판매 부진 등을 이유로 원래 계약한 단가보다 하청 단가를 저가로 변경하자고 강요하거나, 설계 변경을 해놓고 추가 비용을 하청업체에게 전가하는 경우가 많았다.

하도급법에서는 원사업자가 수급사업자에게 용역을 줄 때 반드시 서면으로 계약을 체결한 후 이를 보존할 것을 의무화하고 있다(하도급법 제3조). 또한 하도급법에서는 원사업자가 수급사업자의 이익을 부당하게 침해하거나 제한하는 내용의 특약을 금지하고 있고(하도급법 제3조의4), 유사한 용역과 비교하여 일반적으로 지급되는 대가보다 낮은 수준으로 하도급 대금을 결정하는 것을 금지하고 있으며(하도급법 제4조), 물품 등의 구매를 강제하는 것을 금지하는 등(하도급법 제5조) 불공정한 하도급 거래를 금지하고 있다.

최근 한 글로벌 커피 브랜드는 '윤리구매 심사'를 강화한다고 하면서 납품업체에 소속 근로자 전체에 대한 '최근 1년 치 출퇴근 및 급여 기록, 근로계약서와 신분증 사본' 등 광범위한 정보를 제출하도록 요구하여 문제가 되었다. 해당 커피 브랜드의 입장에서는 ESG 경영을 실천하고자 공급망 관리를 위한 목적으로 이러한 정보를 요구한 것으로 이해된다. 하지만 하도급법에 의하면 이러한 요구는 원사업자의 의무 이행을 위해 필요한 경우로 인정되지 않아 '부당한 경영 간섭'에 해당할 위험이 있다(하도급법 제18조). 다시 말해, 대기업이 공급망 관리 차원에서 하도급

업체에 경영 개선을 요청하거나, 자료를 요청하는 것이 국내에서는 하도급법상의 부당한 경영 간섭에 해당할 여지가 있다. 현재까지는 위와 같은 이슈가 법률 분쟁으로 비화된 사례가 없기에 앞으로 대법원에서 어떤 판단을 내릴지는 미지수다. 앞으로 공급망 관리와 하도급법 위반 이슈가 어떻게 정리가 될지 그 결과가 주목된다.

참고로 하도급법에 대한 일반적 인식으로, 중소기업은 보호 대상이고 대기업, 중견기업은 처벌 대상이라고 보는 경우가 많다. 하지만 이는 잘못된 생각이다. 하도급법의 제재 대상이 되는지 여부는 계약 상대방과의 비교를 통하여 결정되기 때문이다. 구체적으로는 스타트업이나 중소기업 사이의 거래에서도 직전 사업연도의 연간 매출 규모에 따라 어느 일방은 하도급법에 의한 제재 대상이 될 수 있다. 무엇보다 하도급법을 위반할 경우, 공정거래위원회가 하도급 대금의 2배를 초과하지 않는 범위에서 과징금을 부과할 수 있으니 주의해야 한다.

중소·중견기업:
독과점, 담합, 특수관계인 및 계열사와의 거래 ─────

독점 및 과점, 담합, 계열사 거래 이슈는 특히 중견기업 단계에서부터 많이 발생하고 있다. 상법이나 공정거래법, 자본시장법에서는 독과점, 계열사와의 거래 및 특수관계인 간의 거래를 제한적으로만 허용하고 있다.

상법에서는 회사가 주요 주주 및 그의 특수관계인과 거래하기 위해서는 이사회의 승인을 받아야 한다고 규정하고 있고(상법 제542조의9), 공정거래법에서는 시장 지배적 사업자의 경우 상품의 가격 등을 부당하게 결정하거나 상품 판매 등을 부당하게 조절하고 다른 사업자의 사업활동을 부당하게 방해하는 행위 등, 시장 지배적 지위를 남용하면 안 된다고 규정하고 있다(공정거래법 제5조).

최근 발생한 국내 유명 엔터테인먼트사의 경영권 분쟁 이슈는 독과점 및 담합, 계열사 부당지원 등의 공정거래법 위반 이슈를 한곳에서 볼 수 있는 종합선물세트다. 원조 엔터테인먼트사와 신흥 엔터테인먼트사의 결합으로 야기된 시장 독과점 이슈는 차치하고, 원조 엔터테인먼트사의 경우 창업자이자 최대 주주가 설립한 개인회사에 20년간 1700억 원이 넘는 수익을 안겨주는 불공정한 계약을 체결했다는 점에서 전형적인 계열사 부당지원 및 특수관계인과의 거래로 인한 리스크라 할 수 있다. 이로 인해 원조 엔터테인먼트사는 2021년 국세청으로부터 202억 원을 추징당하는 처분을 받았다고 한다.

이처럼 기업의 규모가 커지면 커질수록 독과점에 대한 기준이 엄격해지고, 계열사나 특수관계인 사이의 거래에 상당한 주의를 요한다. 기업이 시장 지배적 지위를 이용하여 다른 경쟁자를 배제하거나 가격을 부당하게 높게 형성하는 것은 아닌지, 다른 계약 건과 비교해서 자회사나 특수 관계에 있는 회사에 부당하게 높은 금액을 지급하고 있는 것은 아닌지 반드시 검토해야 한다. 이런 측면에서 중견기업 단계 이상에서는 거래를 할 때마다 해당 거래 유형에 대한 시장 가격을 조사해놓고, 비교 견적을 준비해두는 것이 바람직하다.

중소·중견기업:
소비자 보호 의무의 강화

소비자 보호는 2011년 4월부터 알려진 '가습기 살균제 사건'에서 이슈화되기 시작했다. 가습기 살균제 사건은 1차 피해조사가 시작된 2011년 11월 이후부터 5차 피해조사인 2020년 9월경까지 사망자가 약 1802명에 달하고, 사망자 이외의 피해는 6009명에 달하는 대재앙이다.

소비자 보호와 관련된 법률은 소비자가 구매한 제품에 결함이나 하자가 있는 경우(제품 자체의 무결성, 안전성 관련)와 기업에서 제공한 제품 정보가 허위이거나 과장된 경우(제품 정보의 하자 관련)로 나눌 수 있다.

만약 임산부용으로 나온 건강보조식품을 복용했다가 임산부들이 사산하는 사고가 발생한다면, 임산부는 건강보조식품에 대한 물품구매계약서를 해제하고 제조사 혹은 판매사로부터 피해에 대한 손해배상을 받을 수 있어야 한다. 이처럼 제품 자체의 하자와 관련하여 제정된 법률에는 '소비자기본법, 약관의 규제

표시광고의 공정화에 관한 법률

분류	법령
제품의 무결성, 안전성 관련	• 소비자기본법 • 할부거래에 관한 법률 • 방문판매 등에 관한 법률 • 전자상거래 등에서의 소비자 보호에 관한 법률 • 약관의 규제에 관한 법률 • 제조물책임법 • 전기용품 및 생활용품 안전관리법
제품 정보에 대한 하자 관련	• 표시광고의 공정화에 관한 법률 • 식품 등의 표시광고에 관한 법률

에 관한 법률, 제조물책임법' 등이 있다.

한편 수분양자가 아파트를 분양받았는데, 분양 신청 전에 모델하우스를 방문했을 때 보았던 완공 모형도에는 아파트 단지 앞에 커다란 호수가 있고, 아파트 주변으로 4개의 진출입로가 있었다. 그런데 분양을 받고 보니 아파트 단지 앞은 허허벌판이고 진입도로는 하나밖에 없을 경우, 소비자는 분양계약을 취소할 수 있을까? 이러한 제품 정보의 하자와 관련하여, 허위·과장광고나 잘못된 정보로부터 소비자를 보호하기 위해 표시광고의 공정화에 관한 법률 등이 있다.

이 중 제조물책임법은 소비자의 생명, 신체, 재산에 해를 끼칠 수 있는 결함이 있는 제품(제조물)을 생산, 가공 또는 수입한 업자에게 과실 유무에 관계없이 해당 제품으로 인하여 소비자가 입은 손해를 배상하게 하는 법률이다(제조물책임법 제3조). '제품의 결함'이란 제조할 때, 설계할 때, 혹은 이러한 정보를 표시할 때 결함이 발생한 경우를 의미한다(제조물책임법 제2조 제2호). '정보를 표시할 때의 결함'이란, 제품 이용과 관련하여 소비자가 제품의 위험성을 인식할 수 있도록 합리적인 설명, 지시, 경고 등을 제대로 표시하지 않은 경우를 의미한다(대법원 2014. 4. 10. 선고 2011다22092 판결).

일례로, 2000년대 중반 미니 컵에 들어 있는 젤리를 먹다가 유아가 기도질식으로 사망한 사건의 경우, 질식 위험을 표기하지 않았음을 이유로 제조물 결함이 인정되었다(다만, 국가의 배상책임은 부정되었다). 최근에는 수입 차량을 구매한 부부가 14개월 된 아기가 있는 차 안에 스마트키를 둔 상태에서 문을 닫은 후 트렁크에서 유모차를 꺼내던 중 차량 문이 자동으로 잠겨 열리지 않게 된 사건이 있었다. 아기의 부모들은 차량 판매사를 상대로 위자료 소송을 제기했고, 1심 법원에서는 차량 판매사의 제조물 책임을 인정하여 위자료 배상책임을 인정한 바 있다(서울중앙지방법원 2021가단5103986 손해배상).

그 외 허위·과장광고의 경우 공정거래위원회로부터 제재 처분을 받지 않은 대기업을 찾아보기 어려울 정도다. 한 우유 회사는 자사 제품이 코로나에 효과가 있는 것처럼 광고했다가 공정거래위원회로부터 허위광고라는 제재 처분을 받았고, 대형 유통마트의 경우 1+1이라고 광고했는데, 조사해보니 1+1 행사 시에는 제품 1개의 가격을 행사 전보다 올려서 실제로는 1+1이 아니었다는 이유로 공정거래위원회로부터 과징금 부과 처분을 받기도 했다.

대기업은 물론, 중소·중견기업 역시 소비자 보호를 해태懈怠했다는 이유로 많은 제재 처분을 받고 있다. 다만 중견기업은 대기업만큼 공정거래위원회로부터 제재 처분을 받지는 않는데, 그 이유는 허위·과장광고를 하지 않았기 때문이 아니라 대기업만큼 소비자나 관할 관청으로부터 관심을 덜 받기 때문일 가능성이 크다.

중소·중견기업:
기업의 개인정보보호 의무 강화 ─────────

2023년 2월에 중소벤처기업부에서 발표한 보도자료에 따르면, 2022년 말 기준으로 자산 1조 원 이상인 국내 유니콘 기업 수는 22개라고 한다. 2022년 새롭게 추가된 유니콘 기업은 7곳으로, 클라우드 분야 국내 최초의 유니콘인 '메가존클라우드', 여행 종합 플랫폼 운영기업인 '여기어때', 모바일 게임 개발사인 '쉬프트업', 고객 데이터 분석과 기업 맞춤 마케팅 서비스인 '이가웍스', 24시간 신선식품 배송업체인 '오아시스', 중소 사업자 경영 관리 플랫폼인 '캐시노트' 등이 있다. 빅테크 기업까지 포함하면 유니콘으로 선정된 22개 기업 중 거의 대부분이 '플랫폼' 사업이라는 점을 알 수 있다. 이렇게 국내에 유망한 플랫폼 기업이 많은 만큼 개인정보 보호의 중요성은 아무리 강조해도 지나치지 않다.

개인정보 보호 이슈에는 기업 내부 구성원들의 개인정보를 보호하는 측면과, 기업 외부인들인 소비자(이용자)의 개인정보를 보호하는 2가지 측면이 있다. 그중 최근 중요도가 높아지고 있는 문제는 후자다. 소비자(이용자)의 개인정보가 중요 사항으로 부각하게 된 것은 EU의 일반개인정보보호법General Data Protection Regulation의 영향이 크다. GDPR은 EU 내에 자회사 혹은 지사 등의 사업장을 운영하는 기업뿐 아니라, 전자상거래 등을 통해 해외에서 EU 주민에게 제품이나 서비스를 제공하는 기업, 혹은 해외에서 EU 주민의 개인정보를 처리하는 기업 역시 적용 대상으로 삼고 있다.

문제는 GDPR 위반 시, 위반 기업에게 매출액에 연동된 과징금을 부과한다는 점이다. 구체적인 과징금 액수는 일반적인 위반 사항의 경우, 직전 회계연도의 전 세계 매출액의 2% 혹은 1000만 유로(약 125억 원) 중 높은 금액이며, 중요 위반 사항인 경우 직전 회계연도의 전 세계 매출액의 4% 혹은 2000만 유로(약 250억 원) 중 높은 금액이 부과된다.

유럽의 GDPR과 우리나라의 개인정보보호법, 개인정보보호위원회에서 운영하는 개인정보 가이드라인 등을 비교해 볼 때, '개인정보'에 해당한다고 공통적으로 인정된 것에는 이름과 성, 주소, 이메일 주소, 주민등록번호나 위치정보 등이 있다. 우리나라의 개인정보보호법에 의할 때, 개인정보를 수집하여 이용하는 기업은 모두 '개인정보보호지침'을 제정하여 해당 지침에 따라 가입자들로부터 '개인정보 수집활용 동의서'를 받아야 하며(개인정보보호법 제15조 등), 개인정보를 제3자에게 제공할 때는 별도로 가입자들로부터 '개인정보 제3자 제공 동의서'를 받아야 한다(개인정보보호법 제18조, 제19조 등).

이때 '개인정보처리지침'이나 '개인정보 수집과 이용에 대한 안내'는 누구나 알기 쉬워야 한다. 국내 최대 포털사이트인 네이버는 14세 미만 어린이들의 회원가입을 위해 '어린이용 개인정보 수집과 이용에 대한 안내'를 따로 운영하고 있는데, 그림과 동영상을 활용하여 어린이들에게 개인정보 수집과 이용이 무슨 의미인지를 쉽게 설명하고 있다.

기업은 주민등록번호, 여권번호, 운전면허번호 등의 고유 식별번호를 아무 때나 수집할 수 없다는 것을 잊지 말아야 한다(개인정보보호법 제24조 등). 일례로 기업은 소득세법에 따른 원천징수를 하기 위한 경우에만 근로자의 주민등록번호를 수집할 수 있다. 즉 해당 고유 식별번호가 필요한 업무를 처리하기 위해 법령상 근거가 있는 경우에만 이를 수집할 수 있다는 점에 유의해야 한다.

개인정보의 '제3자 제공'과 개인정보의 '처리 위탁' 역시 구분해야 한다. 제3자 제공에 해당할 때에는 반드시 이용자들로부터 사전 동의를 받아야 하는데, '제3자 제공'이란 제3자의 이익, 예컨대 정보를 제공받은 기업의 마케팅이나 사업을 위해서 제공되는 경우를 의미한다. 반면 개인정보를 제3자에게 이전하는 이유가 회사 서비스의 연장인 경우에는 '개인정보의 처리 위탁'에 해당한다.

개인정보 처리 위탁의 경우, 기업은 개인정보처리지침 및 개인정보 수집이용 동의서 등에 명시하면 족하고, 별도로 이용자로부터 사전 동의를 받지 않아도 된다. 일례로, 인터넷 상품을 판매하는 기업이 상품을 고객에게 보내기 위해 택배사에 고객의 이름과 주소, 연락처를 넘기는 것은 제3자의 독자적인 이익을 위한 것이 아니라 본인의 사업 목적을 위한 것이다. 따라서 이 경우에는 '개인정보의 처리 위탁'에 해당하여 별도로 이용자들로부터 동의를 받지 않아도 된다.

이처럼 국내의 이커머스 기업이나 플랫폼 기업의 경우, 국내의 개인정보보호법을 준수해야 하는 것은 물론, 해외의 소비자들을 위하여 서비스 출시 국가의 개인정보보호법을 반영해야 한다. 참고로, 한국인터넷진흥원에서 EU의 GDPR 대응을 위한 GDPR 자가 진단 도구나 가이드북을 제공하고 있고, 그 외 해외 26개국에 대한 개인정보 보호 관련 정보를 제공하고 있다. 국내 기업이 사업을 해외로 확장하려고 한다면, 제일 먼저 한국인터넷진흥원을 방문해 볼 것을 추천한다.

한국인터넷진흥원

중소·중견기업:
구성원 및 관련자들의 안전 보호

산업재해에 대한 대응으로 기존에는 산업안전보건법만 적용되

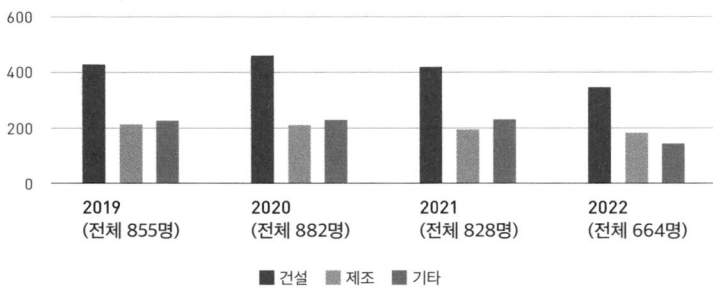

2019~2022년 각 산업재해 사망사고 통계

2019
(전체 855명)

2020
(전체 882명)

2021
(전체 828명)

2022
(전체 664명)

■ 건설　■ 제조　■ 기타

출처: 고용노동부

었다. 하지만 계속되는 인명사고에 국회와 정부는 산업재해에 대한 처벌을 강화하기로 결정했고, 그 결과 2022년 1월 27일부터 '중대재해처벌법'을 시행하고 있다. 중대재해처벌법이 과연 효용이 있는지 의문이라는 비판이 많으나, 고용노동부의 발표에 의할 때, 매년 꾸준히 800건 이상의 사망사고가 발생하던 것이 중대재해처벌법이 시행된 이후 전체 사망자 수가 600명대로 감소한 것을 확인할 수 있다.

일반적으로 중대재해처벌법은 건설업·제조업이 제재 대상이라고 생각하는데, 인재사고가 발생할 수 있다면 건설업·제조업 외의 어느 업종이든 중대재해처벌법의 적용 대상이 된다.

2013~2017년에 발생한 인재사고에 대하여 기존 산업안전보건법에 따른 사건 처리 시, 평균 450만 원의 벌금형이 선고되었다. 이는 산업안전보건법에 의하면 500만 원 이하에서부터 벌금이 정해지도록 하는 등 처벌 수위가 비교적 낮았기 때문이다.

일례로 2016년 전 국민의 공분을 샀던 구의역 스크린도어 수리기사 사망 사건의 경우를 보자. 원래 스크린도어 수리 작업은 2인 1조로 진행했어야 하나, 용역업체에서 작업자의 안전을 위하여 최소한 확보해야 할 전후방 주시 인원조차 확보하지 않은 채 갓 성년이 된 청년에게 위험한 업무를 지시했다. 그 결과 한 사람의 목숨이 허망하게 저물었다. 이 사건은 피해자가 사망하여 전국적으로 여론의 관심을 크게 받은 사건임에도 불구하고, 법인은 벌금 3000만 원, 법인 사업주는 징역 1년을 선고받았다(서울동부지법 2018. 6. 8. 선고 2017고단1506 판결). 이마저도 그 당시 적용되던 산업안전보건법에 따른 처벌례에 비추어 볼 때는 굉장히 중하게 처벌된 사건이었다.

하지만 중대재해처벌법이 시행된 이후, 사망사고가 발생했다면 대표이사는 무조건 1년 이상 징역 또는 10억 원 이하의 벌금이 부과된다(중대재해처벌법 제7조). 또한 수사 절차 실무상, 중대재해가 발생한 기업의 대표이사 혹은 안전보건관리 책임자를 구속하여 수사하는 비중이 증가하고 있다는 점 역시 산업안전보건법만 적용될 때와 비교하여 변화된 점이다.

중대재해처벌법은 2024년부터 상시 근로자 5명 이상인 기업이라면 누구나 적용 대상이 된다. 중대재해처벌법 도입으로 인해 보호 대상자가 '종사자, 제3자의 종사자, 이용자'로 확대되었고, 적용되는 장소 역시 '실질적 지배, 운영, 관리되는 장소'에까지 책임 범위가 확대되었다.

쉽게 말해 기존의 산업안전보건법에 의하면, 서울에 본사가 있는 대형 건설사가 지방에서 아파트를 시공하는데, 지방의 아파트 공사 현장에서 하청업체의 일용직 인부가 사망했다면 대형 건설사의 대표이사에게 인부의 사망에 대한 책임을 묻기 어려웠다. 하청업체의 직원(특히 일용직)으로서 대형 건설사의 직접 종사자가 아니라는 점과 '서울'에 있는 대표이사에게 지방에서 일어난 사고의 책임을 묻는 것이 과도하다는 인식에 바탕을 둔 것이다.

그래서 이런 경우 지방 아파트 공사 현장을 직접 관리, 감독했던 안전관리 책임자에 대하여만 형사 처벌을 하는 방법으로 사건을 해결했다. 하지만 이제 중대재해처벌법이 시행됨으로써 하청업체의 직원이 일용직이더라도, 또한 대형 건설사의 본사가 사고 현장이 있는 지역과 다르다 할지라도 해당 대형 건설사의 대표이사가 직접 하청업체 일용직 직원의 죽음에 책임을 부담하게 되었다.

덧붙여 산업재해에 대한 예방 및 대응책으로서 안전보건관리 시스템을 구축하는 것이 의무화되었다. 그동안에는 산업재해의 예방보다는 사고 발생 후의 사후 조치나 처벌에 많은 초점이 맞춰져 있었다. 그러나 2020년 4월 발생하여 38명이 사망한 '이천 물류센터 화재 사건'을 계기로 정부는 산업재해에 대한 예방을 강화하고 산업안전보건 관리 시스템을 구축하는 것으로 방향을 전환했다. 중대재해처벌법에서도 5인 이상 사업장에 대해 필수적으로 안전보건 관리체계(혹은 산업안전보건 시스템)를 구축하도록 의무화하고 있다(중대재해처벌법 제9조).

이에 따라 고용노동부는 매년 안전보건 계획 수립 가이드북 등 안전보건 관리와 관련된 매뉴얼을 발표하고 있다. 고용노동부의 매뉴얼에 따르면, 대표자는 안전보건 관리를 위해 안전보건 계획 수립을 하고, 자율 점검표를 통해 안전보건 시스템의 기준을 구축할 필요가 있다.

　'안전보건 관리체계'란, 기업이 안전보건에 관한 목표와 경영방침을 설정한 후(안전보건 계획의 수립), 안전보건 관련 전담 조직을 구성하고, 안전보건 관리를 위한 매뉴얼을 만드는 것에서부터 시작한다. 구체적으로 안전보건 계획을 수립하고, 이를 이사회에 보고하여 대표이사로부터 승인을 받아야 하며, 대표이사의 책임 하에 안전보건 계획에 따른 경영방침이 각 사업장의 안전보건 관리의 세부 실행 기준이 되도록 하는 방법으로 실행해야 한다. 그 후 매년 전년도 안전보건 계획의 이행 실적에 대한 평가를 바탕으로 미흡했던 부분을 보완하고 구체적인 추진 일정과 소요 예산을 반영하여 안전보건 계획을 수립해야 한다. 그리고 안전보건 계획을 수립하고 검토하는 과정에서 대표자는 사업장의 안전보건 관리자로부터 산업재해가 발생한 사고 내용과 빈도, 위험성이 높은 작업의 원인과 개선방안 등에 관한 의견을 청취하고, 산업재해 위험 요인에 대한 자체 평가 후 개선방안을 이행해야 한다.

　어떤 기업들은 ISO45001 인증을 받기 위해 안전보건 경영시스템을 구축하면서 이를 산업재해 예방의 수단으로 활용하고 있다. 하지만 ISO 인증 역시 안전보건 관리체계의 수립이 없으면 인증을 받기도 어렵거니와 산업재해 발생 시 제대로 대응할 수 없다. 이처럼 안전보건 관리체계를 수립하고 이를 컴플라이언스화하여 내재화하는 것이 기업에 주어진 새로운 과제이다.

중소·중견기업:
영업비밀 보호의 필요성

영업비밀 보호는 스타트업, 중소·중견기업 할 것 없이 기업의 존망과 직결되는 중요한 문제다. 특히 영업비밀 보호는 영업비밀이 내부인에 의해 유출되거나 혹은 외부인에 의해 기술적으로 해킹이 되는 두 가지 경우를 모두 대비해야 한다는 특수성이 있다. 하지만 이렇게 중요한 문제에 대하여 예방을 위한 투자는 제대로 이루어지고 있지 않은 편이다. 한마디로 영업비밀 보호를 위한 컴플라이언스가 제대로 구축되지 않은 경우가 많다.

영업비밀에 대하여 흔히들 특허기술과 같은 특별한 것만이 영업비밀에 해당한다고 생각한다. 하지만 영업비밀이란, 기업의 각종 노하우를 포함해 기업이 자신의 활동으로 취득한 기술상 또는 경영상의 제반 정보를 의미한다. 일례로, 제품의 소스 코드, 지식재산 관련 기술에 대한 사항은 물론 기업의 고객 정보, 사업계획서, 마케팅 전략, 기업이 타사와 체결하는 계약은 물론 연봉에 관한 사항 역시 포함될 수 있다. 이렇게 다양한 영업비밀을 보호하기 위해서는 기본적으로 유출이나 외부 해킹 등에 대비하고, 이를 위해 정보 보안을 위한 컴플라이언스 체계를 구축해야 한다.

정보 보안을 위한 컴플라이언스에는 다음의 프로세스가 포함되어야 한다. 우선, 외부의 해킹에 대응하기 위하여 내부 네트워크망과 외부 네트워크망을 분리하는 '망 분리'가 기술적으로 필요하다.

일례로, 2016년에는 대형 인터넷 쇼핑몰이 해킹을 당해 대한민국 전체 인구의 약 20%에 해당하는 숫자의 가입자들에 대한 개인정보가 유출된 적이 있다. 해당 기업은 이 사건을 계기로 시장 점유율을 급속히 잃어서 국내 인터넷 쇼핑몰 1위 기업이라는 지위를 반납하게 되었다. 또한 이 사건을 계기로 정부나 금융기관과 같이 고도의 보안성이 요구되는 곳에서만 망 분리가 요구된다는 인식이 바뀌어, 일반 기업에서도 보안을 위해 갖추어야 하는 필수 기술 사항으로 여겨지게 되었다.

둘째, 기업은 내부적인 정보 유출에 대비하기 위하여 어떤 것이 '영업비밀'에 해당하는지 기준을 세우고 이를 분류한 후, 접근 권한을 제한하고, 정보의 반출을 관리해야 한다. 이를 위해서는 필수적으로 기업 내부의 임직원들을 대상으로 각자 어느 단계의 정보까지 접근할 수 있는지 안내하고, 영업비밀을 외부에 보낼 때 언제, 누구에게 보낸 것인지를 관리하도록 교육해야 한다.

마지막으로 해킹이 발생한다면 고객들에게 곧바로 해킹 피해가 발생했다는 통지를 보내서 비밀번호 등을 변경할 수 있도록 하여 추가 피해가 발생하지 않도록 해야 한다. 또한 외부적인 해킹이라는 것을 증명하기 위해 로그 기록이 필요할 수 있으니 실패한 로그인 기록 역시 보관하는 것이 바람직하다.

스타트업:
비즈니스 모델 검토의 필요성 ─────────

스타트업 단계에서 가장 주의해야 할 법률 이슈 중 하나가 '비즈니스 모델 검토'다. 비즈니스 모델 검토는 '금융, 부동산, 바이오 및 헬스, 방송통신'과 같이 규제가 많은 사업 분야에 대해 사업을 시행하기 전에 자신이 하고자 하는 사업 모델이 법률적으로 위법하지는 않은지, 위법하다면 법을 어기지 않고 사업을 시행할 수 있는 방안이 있는지 등에 대해 법률적 검토를 받는 것이다. 이때 변호사 이외에도 회계사나 세무사 등 분야별 전문가들이 함께 참여하여 사업 모델에 대해 전반적으로 검토하게 된다.

만약 스타트업이 하고자 하는 사업 모델이 관련 법령에 의해 금지되는 규제 대상에 해당한다면, 규제 샌드박스 신청을 통해 사업을 도모하는 방법을 고려할 수 있다. 법의 발전 속도는 사업이나 기술의 발전 속도보다 훨씬 늦다. 법령 하나를 개정하기 위해서는 국회 또는 정부가 법령 개정안을 만든 후 이해관계인들로부터 의견 수렴을 거치고, 최종적으로 국회에서의 심의 및 의결 절차를 통과해야 한다.

이로 인해 법이 현실과 동떨어질 때가 많이 발생했고, 새롭게 등장하는 사업이 시도조차 해보지 못하고 사장된다는 문제 제기가 많았다. 구태의연한 법으로 인하여 기업이 유망한 사업을 시작조차 하지 못하는 상황을 방지하기 위하여 마련된 방안이 바로 규제 샌드박스다. 규제 샌드박스란, 사업자가 신기술을 활용한 새로운 제품과 서비스를 일정 조건 하에 현행 규제의 적용을 유예한 후 시장에 우선 출시해서 운영하면서 수집된 데이터를 토대로 규제를 합리적으로 개선하는 제도다.

뮤직카우 역시 비즈니스 모델 검토를 통해 사업 초기부터 규제 샌드박스를 신청한 기업이다. 뮤직카우는 우리나라에서 최초로 음악 저작권(정확하게는 '음악 저작권료 청구권')을 조각으로 나누어 파는 사업을 시작한 기업이다. 법률적으로 뮤직카우의 사업 모델은 전통적인 법률 영역을 벗어나 있었고, 초기에는 규제 당국에서 뮤직카우가 자본시장법의 규제 대상에 해당하는 것인지조차 결정을 내리지 못했다. 다행히도 2022년 중반경에 금융위원회에서 음악 저작권료 청구권이 '증권'에 해당한다고 하면서 뮤직카우가 투자자 보호 조치를 취하는 것을 조건으로 해당 사업을 계속할 수 있도록 결정했다.

이렇게 비즈니스 모델 검토가 반드시 필요한 업종을 '규제 업종'이라고 부른다. 규제 업종에는 조각 투자나 크라우드펀딩과 같이 돈이 관련된 '금융', 별장·콘도·호텔 등의 숙박업이나 전통적인 재개발·재건축 이슈가 있는 '부동산', 의료법·약사법 위반 여부를 필히 검토해야 하는 '바이오/헬스'와 저작권 관련 이슈가 많이 발생하는 '미디어/콘텐츠' 등이 있다.

한 스타트업은 화장품을 소분해 팔다가 화장품법 위반으로 식품의약품안전처로부터 영업정지 처분을 받았다. 스타트업은 제재 처분을 받은 이후에야 부랴부랴 비즈니스 모델 검토를 요청했는데, 검토 결과 해당 종류의 화장품은 애초부터 소분이 불가능한 제품이었다. 또한 해당 사업 모델은 혁신 기술이 사용되지 않아서 규제 샌드박스 신청 대상에도 해당하지 않았다. 어쩔 수 없이 이 스타트업은 서비스를 잠정 중단한 채 다른 사업 모델로 피버팅을 하기로 결정했다.

참고로, 자신이 생각하는 사업이 법령에 위반된다는 이유로 모두 규제 샌드박스를 신청할 수 있는 것은 아니다. 블록체인 등 ICT를 활용한 신기술이 접목되어 있거나, 뮤직카우처럼 권리를 조각내어 거래하는 혁신금융이 접목되는 등 규제 샌드박스에서 정한 일정한 요건을 갖춘 사업만이 신청할 수 있다는 점을 주의해야 한다.

스타트업: 창업자 이슈와
공동창업자들 사이의 주주간계약서의 필요성 ──────

기업이 스타트업 단계에서 주의해야 할 중요 이슈로 '창업자 이슈'가 있다. 스타트업의 경우, 직원들은 창업자를 믿고 입사하고 투자자들 역시 대표이사의 경영 능력, 성과를 보고 투자를 결정하는 경우가 많다. 스타트업은 대표이사, 즉 창업자의 카리스마와 경영 능력에 기대어 회사를 성장시키는 단계이기 때문이다.

이런 상황에서 대표이사가 불법적이거나 비도덕적인 일을 저지르는 경우, 기업의 가치가 급격히 곤두박질치게 된다. 몇 년 전 온 동네의 골목을 점령하고 있던 치킨집의 사장이 부하 여직원을 성추행하여 대대적으로 언론에 보도가 된 적이 있는데, 그 이후로 해당 치킨 집을 다시 찾아보기가 어려워진 것도 창업자 이슈라고 할 수 있다.

또한 스타트업 단계에서 중점적으로 고민해야 할 것은 공동창업자들 간의 권리, 의무를 정리하는 것이다. 요즘 스타트업에 공동창업자가 여러 명인 경우, 투자자들은 투자를 결정하기 전에 공동창업자 사이에 체결된 주주간계약서를 요구하거나 이를 투자계약서의 선행조건으로 규정하고 있다. 투자자로부터 투자받기 위해서라도 공동창업자 사이의 주주간계약서가 필요한 것이다. 주주간계약서란 공동창업자들 사이에 지분 비율은 어떻게 할 것인지, 누가 대표이사를 할 것인지, 공동창업자들 중 퇴사자가 발생할 경우 어떻게 할 것인지 등에 대하여 주주들끼리 미리 정하여 놓은 계약서를 말한다.

초반에 주주 간 계약을 통해 문제될 수 있는 부분을 명확하게 정하지 않거나 주주 간 계약을 체결했더라도 주주간계약서와는 다른 내용의 이면합의가 존재하는 경우, 공동창업자들은 투자자로부터 투자를 받을 때마다 진술과 보장을 허위로 하게 된다. 한 스타트업은 공동창업자들 사이에 주식을 동등하게 분배하되, 대외적으로만 대표이사에게 몰아주기로 하는 이면계약을 체결했었다. 그런데 IPO 절차를 진행하려고 하니 공동창업자들 사이에 분쟁이 발생했고, 대표이사의 경영에 반대하는 다른 창업자들이 투자자들을 상대로 대표이사가 가진 주식의 실질 주주가 자신이라는 내용의 내용증명을 보냈다.

이로 인해 투자자들은 진술, 보장 위반을 이유로 풋옵션(주식매수청구권)을 행사하여 투자금을 회수하려고 했고, 그 결과 IPO 역시 요원해졌다. 또 다른 사례로, 어느 한 스타트업의 경우 공동창업자 중 1인이 다른 창업자들과 사이가 안 좋아지면서 퇴사했는데, 이때 자신이 보유한 주식을 경쟁사에 헐값에 양도하여 회사의 경영권을 위태롭게 만든 경우도 있었다. 이처럼 초반에 공동창업자들 사이의 지분 비율, 각자의 직위, 탈퇴 시의 주식 처분 등에 합의한 후 이를 주주간계약서로 문서화해놓아야 더 큰 리스크를 방지할 수 있다.

스타트업:
대기업의 스타트업 기술 탈취 ——————————

대기업의 스타트업 기술 탈취는 비일비재하다. 얼마 전 한 대기업이 다른 헬스케어 스타트업의 기술을 탈취했다는 기사가 대대적으로 보도되었다. 기술 탈취가 있었는지 여부는 최종적으로 법원에 의해서 결정되겠지만, 중소기업벤처부는 긴급하게 양 회사에 대한 기술 침해 조사를 진행하겠다고 밝혔다. 그 외에도 여러 대기업의 대표이사들이 중소기업의 기술을 탈취했다는 이유로 국정감사에 증인으로 출석하기도 했다.

대기업에서는 스타트업을 대상으로 공모전을 열어서 우승한 스타트업과 공동 개발 프로젝트를 진행하는 사업을 자주 한다. 그런데 문제는 대기업과 스타트업이 체결하게 되는 공동 개발 프로젝트 계약서에 종종 공동 개발로 산출된 결과물에 대한 지식재산권뿐만 아니라 스타트업이 기존에 보유하고 있던 원천기술에 대한 지식재산권(사용권) 역시 요구하는 경우가 있다는 것이다. 혹은 공동 개발 프로젝트에서 대기업이 실제로 수행하는 업무가 전무함에도 불구하고 산출물에 대한 지식재산권의 비율을 과도하게 요구하는 경우도 많다.

스타트업의 입장에서는 공모전에 참여하더라도 반드시 계약서를 꼼꼼히 검토하고 원천기술에 대한 지분을 요구하거나, 사용권을 허락하는 규정이 있는지, 산출물에 대한 지식재산권 비율은 어떤지 정확하게 확인할 필요가 있다. 만약 지식재산권 부분에 대해 협상이 되지 않는다면 해당 프로젝트 자체를 포기하는 것이 나을 수 있다.

또한 스타트업은 대기업에 아이디어 및 기술에 대한 내용이 담긴 개발계획서, 사업계획서 등의 자료를 보내기 전에 대기업과 비밀유지계약서NDA를 체결하고, 대기업에 보내는 자료 목록이나 자료를 받은 대기업 담당자 등을 관리해야 한다. 기업이 외부로 내보내는 자료에 '대외비'라고 표시함으로써 해당 자료가

'영업비밀'에 해당한다고 명시하는 것은 필수적 절차이다.

추가로 '대·중소기업 상생협력 촉진에 관한 법률'(이하 '상생협력법')에서는 스타트업이나 중소기업 등이 대기업에 기술자료를 제공하는 경우에는 양 당사자 사이에 NDA를 체결하도록 의무화하고 있다(상생협력법 제21조의2). 그 외 중소기업벤처부에서 향후 중소기업에 대한 기술 탈취와 관련하여 징벌적 손해배상제도를 강화하고 입증 방법에 대한 법·제도를 정비할 계획이라고 밝혔는데, 그 실행 여부가 주목된다.

작은 기업에게
적합한
거버넌스란?

　　스타트업이나 중소기업의 대표들은 종종 'ESG는 우리와 관계없는 이야기' 혹은 '멀고 먼 이야기'라고 말한다. 하지만 최근 들어 규모 면에서 중소기업에 해당하는 스타트업에게도 ESG 평가 보고서나 ESG 계획서를 요구하는 경우가 늘고 있다. 필자의 고객들도 '예비 유니콘' 혹은 '아기 유니콘' 신청 시 제출해야 하는 '성장계획서' '사업계획서'에 ESG를 반영하면 좋다는 팁을 듣고 와서 자문을 요청한 적이 있다. 한 스타트업은 아기 유니콘으로 선정된 후 관할 부서로부터 ESG 경영계획서를 제출하라는 요청을 받기도 했다. 유니콘 사업은 물론, 다른 정부 용역이나 과제에서도 기업에 ESG를 요구하는 빈도가 확실히 늘고 있다. 기업에 대한 ESG 요구가 생각보다 빠르게 중소기업으로까지 내려오고 있음을 느낀다.

반면에 스타트업을 포함한 중소·중견기업은 ESG를 할 때 인센티브를 받을 수 있다고 생각하지만 어떤 인센티브가 있는지를 실감하지 못한다. 경영진들 입장에서 ESG 경영을 하려면 비용을 지출해야 한다는 것이 명백한데, 그로 인해 얻을 수 있는 효과나 이점은 불확실하다.

그래서 기업 규모가 큰 중소·중견기업도 쉽게 ESG 경영을 도입하겠다고 결정하지 못한다. 어찌 보면 기존의 ESG 경영이 글로벌 기업이나 대기업을 대상으로 너무나 높은 기준을 요구하다 보니 작은 기업은 이를 섣불리 시도조차 할 수 없는 것으로 인식하게 된 게 큰 원인이다.

이처럼 당장의 생존이 목표인 작은 기업들에게 대기업처럼 모든 ESG 요소를 갖추라고 요구하면 기업 사정을 모른다는 비판만 받고 실패하기 쉽다. 특히 스타트업, 규모가 작은 중소기업은 ESG를 해야 할 필요성에 대한 공감대가 형성되어 있지 않고 ESG가 무엇인지, ESG 경영은 어디서부터 시작해야 하는 것인지조차 모르는 경우가 태반이다.

그래서 작은 기업에 환경, 사회, 거버넌스의 전 분야에 대한 ESG 전환을 요구하기보다는 해당 기업의 환경, 사회, 거버넌스 영역 중 특히 리스크로 발생할 수 있는 요소들을 선별하는 것이 선행되어야 한다. 그 후 선별된 리스크들을 모니터링하면서 '리스크 관리'를 출발점으로 하여 ESG 경영을 시작하도록 유도하는 것이 필요하다.

규모와 시기에 맞는
ESG 경영

필자는 스타트업, 중소·중견기업의 ESG 경영은 거버넌스, 특히 거버넌스의 핵심인 컴플라이언스에서 시작하는 것이 바람직하다고 생각한다. 환경 영역에 대한 개선을 요구하는 방안은 당장 수십억 원을 지출해야 한다는 점에서 작은 규모의 기업들로부터 호응을 얻기 어렵다. 사회 영역의 경우, 관련자들이 많다 보니 사안이 복잡하고 노사관계나 근로자 간의 이슈 및 지역사회와의 관계 역시 단기간에 해결하기 어렵다. 하지만 거버넌스 영역의 경우 경영진의 의지만 있다면, 기업 규모와 관계없이 이를 시도할 수 있다. 또한 거버넌스 자체가 환경, 사회라는 전 분야와 관련이 있기 때문에 거버넌스에 집중하다 보면 ESG 경영 전반의 개선을 도모할 수 있다는 장점이 있다.

거버넌스를 실행하기 위해 기업은 각자의 규모 및 단계에 맞는 컴플라이언스 체계를 구축해야 한다. 구축된 컴플라이언스를 통해 기업은 리스크를 상시 관리하고, 여기에 이사회와 내부감시제도를 실질화하는 방법으로 기업의 의사결정 구조를 투명하게 바꿀 수 있다. 컴플라이언스로 기초를 튼튼히 한 후 이사회, 주주총회, 감사기구의 실질화와 윤리경영을 첨가하여 제대로 된 거버넌스를 시행할 수 있는 것이다. 컴플라이언스에 기초한 거버넌스에서 출발하여 환경 및 사회 영역을 포함한 기업의 경영 전반을 ESG로 변화시킬 수 있음을 다시 한번 강조하고 싶다.

Disclosure

6장

제대로 된
ESG 공시로 기업의
가치를 높여라

성진영

ESG 공시의
어제와 오늘

2020년대에 논의되고 있는 글로벌 ESG 관련 규제와 표준, 그리고 주요국의 정책에서 빠짐없이 등장하는 키워드가 있다. 바로 'ESG 공시'다. 2010년대 후반까지만 하더라도 기업은 내외부 이해관계자와의 소통을 위해 지속가능경영 보고서, CSR 보고서 및 사회책임보고서 등의 명칭으로 기업의 지속가능경영 관련 성과를 '자발적'으로 공시했다. 하지만 이제 ESG 공시는 자발적 선택이 아닌 기업의 '의무사항'이 되었다.

ESG 공시는 예전도 지금도 기업 담당자와 컨설팅 회사의 컨설턴트들이 기피하는 업무 중 하나다. 공시 담당자들은 100쪽이 넘는 보고서 작성을 위해 재무·환경·안전·인사·노무·마케팅·총무 등 다양한 부서의 참여를 독려하여 자료를 수집해야 하고, 부서별로 제각기 다른 형태로 수집되어온 자료들이 가진 정보의 깊이와 글의 톤 앤 매너를 맞추어야 하며, 취합된 자료의 내용과 단위가 글로벌 공시 기준에 적합한지를 하나하나 비교해야 한다. 게다가 제3자의 검증까지 받아야 하니 번거로운 업무인 것은 분명하다.

하지만 예전과 지금이 다른 것이 있다면 ESG 공시가 그 어느 때보다도 중요해졌다는 점이다. 예전의 보고서가 아무도 보지 않는 보고서, 즉 회사 홍보자료나 브로슈어로 취급되었다면 지금은 주류 재무보고(사업보고서 혹은 연차보고서)와 동등한 중요성을 가진 공시물이 되었다. 더 나아가 국제회계기준IFRS과 일반회계기준GAAP을 통해 이루어냈던 재무보고 생태계와 같은 성숙한 레벨에 도달하기 위한 노력이 빠르게 진행되고 있다. 게다가 예전의 보고서가 담당 부서 부서장 레벨에서 내용보다는 디자인 및 가독성 중심으로 검토되었다면, 지금은 최고경영자 및 이사회 안건으로 보고되어야 하는 민감하고 중요한 공시물이 되었다.

ESG 공시는 더 이상 미룰 수 없는 과업이 되었다. 대기업만의 숙제였던 공시가 이제는 중소·중견기업, 스타트업을 포함한 모든 기업의 당면 과제가 된 것이다. 피할 수 없다면 더 나은 공시를 고민해보자. ESG 보고서라는 결과물Result을 통해 우리 기업의 비재무적 가치를 설명할 수 있는 방법을 찾아보고, 더 나아가 '보고서 작성'이라는 과정Process을 통해 우리 기업 경영활동을 점검하고 성장시킬 방안을 모색해보자.

국내 ESG 공시는
어떻게 변화했는가

시간을 거슬러 올라가 국내 최초 지속가능성 보고서를 찾아보면 2003년 삼성SDI, 기아, 한화솔루션(구 한화석유화학), 현대자동차가 처음으로 지속가능성 보고서를 발간한 것을 확인할 수 있다. 2000년대 초반에는 현재와 같이 정부를 중심으로 한 직접규제 혹은 평가사 및 자본 시장의 강제적 요구보다는 자발적 목적의 공시가 주축이 되는 시기였다. 이 시기의 기업들은 NGO를 포함한 이해관계자와의 소통 채널 및 사업 소개자료의 하나로 보고서를 활용했으며, 일부 대기업의 경우 필립스와 같은 글로벌 거래처로부터 보고서 발간 요구를 받기도 했다.

2010년대는 공시에 대한 국내와 해외의 온도 차를 느낄 수 있었던 시기였다. 2007년 지속가능발전법이 제정되면서 공시가 지속적으로 증가하다가 2013년 새 정부 출범과 함께 공시가 7년 정도 정체되는 시기가 있었다. 하지만 글로벌 시장의 분위기는 사뭇 달랐다. 이 시기는 글로벌 기업들이 지속가능경영을 확산하고 연기금 중심의 사회책임투자SRI가 확산되던 시기였다. 이러한 환경 변화에 따라 글로벌 비즈니스 비중이 높은 국내 기업들의 경우 지속가능경영 외부 평가와 공시에 대한 요구를 체감하기 시작했다. 2013년 필자는 국내 한 대기업의 ISO 26000 경영체계 구축 및 지속가능경영 보고서 발간 컨설팅에 참여하게 되었는데, 프로젝트를 시작하게 된 배경을 물어보니 주요 바이어인 슈나이더사로부터 ISO 26000에 따른 사회책임 경영 이행 여부를 제출하라는 요구가 있다고 했다. 그리고 2015년부터는 지역별 산업단지에 위치한 중소·중견기업들로부터 에코바디스EcoVadis라는 평가에 대응해야 한다는 문의가 오기 시작했다. 계약 유지를 위해 해당 평가에서 특정 점수 이상을 획득할 것을 요구받고 있다고 했다. 이와 같이 2010년대는 글로벌 선진 기업들이 공급망의 지속가능성을 확보하는 차원에서 국내 기업들에게 비재무 요소에 대한 관리와 성과 공시를 요구했던 시기였으며, ESG 경영이 수출, 거래 및 계약 유지를 위한 기업 생존을 위한 필수적인 요소로 다가오기 시작한 시기였다.

2020년대부터는 본격적으로 ESG 공시에 대한 필요성과 요구가 매우 높아졌다. 2020년에 한국거래소가 ESG 공시 의무화를 위한 제도적 기반을 마련하고, 2021년 1월 ESG 공시 의무화를 발표한 것은 국내 ESG 공시 시장에서 매우 큰 사건이었다. 이 시점을 전후로 공시 기업 수도 크게 증가했는데, 보고서 발간 현황 통계를 살펴보면 2020년까지만 해도 130~140개 내외로 발간되던 보고서 수가 2배 이상 증가하여 2022년에는 300개를 넘어선 것으로 나타났다. 2021년부터 공시에 대한 문의가 오는 기업 대부분은 2025년 의무공시를 앞두고 데이터 관리체계 마련 등 준비 차원에서 보고서를 준비 중이라고 했고, ESG에 대한 경영진의 관심이 높아져 ESG 경영체계를 마련하고 있다고 했다. 그리고 몇몇 스타트업도 보고서 발간에 대해 문의해왔는데, IPO를 앞두고 ESG에 대한 투자자들의 관심이 높아져 공시

2022년 국내 지속가능경영 보고서 발간 현황

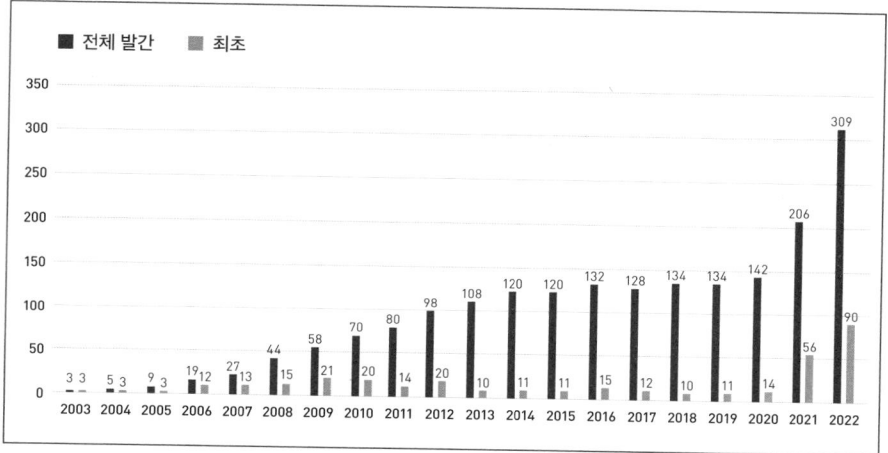

출처: 한국표준협회(2023), 2022 국내 지속가능경영 보고서 발간 현황 분석

를 준비하고 있다고 했다. 오늘날의 ESG 공시는 경영 및 투자의 핵심 이슈를 넘어 법규 및 규제 이슈로 다가오고 있는 것이다.

ESG 시대의 공시,
어떻게 달라졌나

ESG 공시는 새로운 것이 아니다. 2000년대 초반부터 지속가능성 보고서를 발간해오던 기업은 벌써 보고서 발간 경험이 10여 회가 넘는다. 지속가능성 보고서 혹은 ESG 보고서라 불리던 보고에서 가장 중요하게 고려되는 기본 원칙(이해관계자 참여 원칙, 중대성 원칙 등)에는 변화가 없지만 ESG 시대의 공시가 달라지긴 했다. 여러 가지 변화가 있지만 몇 가지로 정리해보면 다음과 같다.

'자율'에서 '의무'로,
공시 의무화 및 규제 강화

주요국의 ESG 공시 요구가 증가하고 있다. 그래서 공시를 준비하는 기업들은 주요국 공시 규제가 요구하는 세부 내용을 파악하여 공시해야 한다.

EU는 ESRS 마련을 통해 EU 기업 및 외국 기업의 ESG 공시를 의무화했으며, 미국 SEC는 기후 공시 의무화 규칙을 통해 상장기업의 기후 정보 공시를 의무화했다. 우리나라 역시 자산 2조 원 이상 상장사의 ESG 정보 공시 의무화를 발표하는 등 ESG 공시는 비즈니스 영위를 위한 필수 요소가 되었다.

'일반 이해관계자'에서 '투자자'로, 주요 정보 이용자의 변경

ESG 보고서의 주요 독자가 변했다. 2010년 중반까지만 하더라도 국·영문 보고서를 1000부씩 인쇄하여 신입사원 설명회, 사업 설명회, 영업장에 비치하거나, 협력사와 정부 기관에 정례적으로 우편 배포하는 경우가 많았다.

하지만 오늘날의 ESG 정보는 연기금, 자산운용사, 투자사, 신용평가사와 같은 자본시장에서의 활용이 증가하고 있다. 금융 회사들이 스튜어트십 코드를 강화하고 책임 투자를 확대하면서, 환경·사회적으로 유익한 경제활동에 자본이 투입될 수 있는 환경이 조성되고 있으며, 자본 투입을 위한 의사결정을 위해 ESG 공시 정보가 활용되고 있다. 주된 정보 이용자의 변화와 함께 보고서의 형태도 인쇄물 보고서에서 디지털Digital 및 기계 판독

주요국 ESG 공시 관련 규제 동향

ESG 공시규제		주요 내용	대상	일정
한국	한국거래소 기업지배구조 공시	'기업지배구조보고서 가이드라인'의 10가지 핵심 원칙 기반으로 공시	자산 2조 원 이상 상장사	2019년~
			자산 1조 원 이상 상장사	2022년~
			자산 5천억 원 이상 상장사	2024년~
			전 KOSPI 상장사	2026년~
	한국거래소 ESG 정보 공시	'ESG 정보 공개 가이던스'의 권고 지표 기반으로 연 1회 이상 공시	자산 2조 원 이상 상장사	2025년~
			전 KOSPI 상장사	2030년~
	환경부 환경정보공시	에너지, 환경사고, 법규위반, 폐기물, 용수, 녹색경영 등 포함 (환경정보공개검증시스템에 등록)	자산 2조 원 이상 상장사	2022년~
			자산 5천억 원 이상 상장사	2025년~
			전 KOSPI 상장사	2030년~
	과학기술 정보통신부 정보보호 공시	정보보호 투자, 전문인력, 인증현황, 정보보호 활동에 대한 공시	매출액 3천억 원 이상 상장사 혹은 일평균 이용자 100만 명 이상 상장사	2022년~
미국	SEC Climate Disclosure Rule 미국증권거래소 기후정보규칙	2024년 제출: Scope 1&2 공시 2025년 제출: Scope 3 포함 공시	상장 대기업 (Large Accelerated Filers)	2023년~
		2025년 제출: Scope 1&2 공시 2026년 제출: Scope 3 포함 공시	상장 중견/소기업 (Accelerated Filers)	2024년~
		2026년 제출: Scope 1&2 공시 (Scope 3 보고 면제)	중소 상장기업 (Smaller Reporting Companies)	2025년~
EU	CSRD 기업 지속가능성 정보공시 지침	ESRS* 기반의 ESG 정보 공시 (외부 검증 의무화, 디지털 양식)	임직원 500명 이상 상장사	2024년~
			임직원 250명 이상 모든 기업	2025년~
	SFDR 지속가능금융 공시 규정	금융회사가 고객(투자자)에게 금융상품의 지속가능성을 명확히 공시	모든 금융사	2021년~
			모든 상장사	2025년~
독일	CSR-RUG기업의 비재무보고 강화를 위한 법률	EU의 NFRD* 법제화 실사, 위험관리, 성과지표 등 포함	임직원 500명 이상의 자본시장 참여자(금융기관)	2017년~

· SEC(Securities and Exchange Commission): 미국증권거래위원회
· CSRD(Corporate Sustainability Reporting Directive): 기업 지속가능성 보고 지침
· ESRS(EU Sustainability Reporting Standards): EU 지속가능성 정보공개 표준
· SFDR (Sustainability Finance Disclosure Regulation): 지속가능금융 공시 규정
· CSR-RUG(Corporate Social Responsibility-Richtlinie Umsetzungsgesetz): CSR 시행 지침

이 가능한Machine-readable 공시 형태로 변화하고 있다. 이는 투자자들이 택소노미Taxonomy 및 기술Technology에 의해 활용되는 구조화된 보고 시스템 구축을 목표로 하고 있기 때문이다.

'지원'해주던 거래처가 '평가'하기 시작했다, 공급망 ESG 평가 증대

글로벌 기업은 물론 국내 대기업들도 ESG 확산 및 지속가능한 생태계 조성을 위해 공급망 ESG 평가를 강화하고 있다. 유럽 및 미주의 다국적 기업들은 1차 협력사뿐만 아니라, 2~3차 협력사에 해당하는 국내 중소·중견기업까지 ESG 역량을 갖출 것을 요구하고 있으며, 공급업체 선정 시 ESG 평가에서 일정 수준 이상의 점수를 획득할 것을 요구하고 있다.

우리나라 대기업들도 국내 협력사를 대상으로 ESG 평가 지표를 개발하여 평가를 진행하고 있으며,* 고위험 협력사의 경우 시정조치 및 개선에 대한 증빙을 요구하고 있다. 피평가 기업은 입찰 제한, 거래 정지 등의 강경한 제재를 받을 수 있기 때문에 선제적으로 ESG 평가 항목에 대해 숙지하고, ESG 경영 이행과 성과 공시를 준비해야 한다.

• 중소기업중앙회의 조사(2023.01.) 결과 30대 대기업의 37%가 협력사의 ESG 이행을 요구함.

보이지 않는 가치도 확인하고 싶다,
무형 가치 공시에 대한 요구 증대 ─────

기존 사업보고서 및 재무제표에서 설명될 수 없는 기업의 비재무적 가치의 영역이 증가하고 있다. 투자자들은 전통적인 재무자본 및 제조자본 외에도 지식자본, 인적자본, 사회·관계자본, 자연자원 등을 고려하며, 유형Tangible 자본뿐만 아니라 무형Intangible 자본까지 포함한 모든 유형의 자본에 대한 경영자의 수탁 책임 이행을 평가할 수 있는 정보를 요구하고 있다.

오늘날의 글로벌 자본시장은 기후테크 등 ESG 관련 비즈니스의 무형 가치를 높게 평가하고 상당한 프리미엄을 부여하고 있다. 미국 전기차 스타트업인 리비안Rivian이 2021년 IPO에서 미국 증권거래소 역사상 여섯 번째로 큰 규모를 기록한 것이 대표적인 사례라 할 수 있다. 리비안은 2009년 설립 이후 차량 인도 실적이 156대 정도밖에 없는 작은 회사임에도 불구하고 2021년 11월 IPO 이후 주가가 급등하여 (일시적이긴 했지만) 포드와 GM을 제치고 테슬라에 이어 두 번째로 가치 있는 미국 자동차 회사가 되었다. ESG 시대의 보이지 않는 무형 가치 및 비재무 정보는 기업 가치에 영향을 주는 재무정보가 되고 있다. 그리고 투자자들은 그 보이지 않는 가치에 대한 리스크와 기회 요인에 대한 설명의 책임Accountability을 요구하고 있다.

실무자에게 꼭 필요한 보고서 기획의 기술

매년 연말이 되면 공시 담당자들이 바빠진다. 연초부터 시작해야 하는 공시 준비를 위해 각종 트렌드 및 고려 사항들을 파악하고, 실력 있는 컨설팅사를 선점해야 하기 때문이다. 최초 보고서 발간을 준비하는 기업의 경우 내부 설득 및 예산 배정을 위한 보고자료를 만드는 것부터 어려워 보이는데, 공통적으로 공시 가이드라인 및 표준, 평가 기준의 개수가 너무 많고, 비용도 너무 많이 든다고 호소한다.

ESG 공시는 여러 부서의 임직원들이 평균 6개월 동안 함께 참여해야 하는 공동 프로젝트인 만큼 중간에 방향이 틀어지거나 이견이 발생할 수 있다. 배가 산으로 가는 상황을 방지하기 위해서는 주관 부서가 명확한 공시 목적과 기획 방향을 가지고 있어야 하며, 보고서 발간 프로세스를 미리 숙지하는 것이 좋다.

보고서 작성 프로세스

보고서 작성 프로세스

1단계 준비 보고서 작성 계획	2단계 연결 이해관계자 참여	3단계 정의 중대 주제 결정		4단계 모니터 시스템 점검 및 보고서 작성		5단계 보고 검증 및 소통
보고서 계획	이해관계자 파악	환경분석	중대성평가 및 기획	자료수집	보고서 작성	제3자 검증
공시기준 및 가이던스 분석	이해관계자 식별	미디어 분석	중대성 평가	자료수집 템플릿 개발	보고서 작성	보고 내용 검증
발간 목적 및 요구사항 명확화	핵심 이해관계자 파악	산업 이슈 분석	중요 보고 이슈 도출	유관부서 교육& 작성 가이드 제공	유관부서 회람	검증 의견사항 보고서 반영
TFT 구성	의견수렴	ESG 관련 가이던스 분석	중대 이슈 경영진 승인	유관부서 자료 취합	공시지표 충족 여부 점검	디자인 및 번역
TFT 구성	정성 & 정량 조사	조직 내부 현황분석	목차 개발			보고서 디자인 및 번역
일정 및 자원 배분	이해관계자별 소통 채널	이슈 Pool 분석	목차 개발	자료 검토 및 분석	공시지표 인덱스와 페이지 연결	공개 및 배포
						홈페이지 개시 및 배포

보고서 작성 프로세스 및
단계별 체크 포인트

ESG 보고서 작성 프로세스는 일반적으로 5단계로 진행된다. 1단계는 준비 단계, 2단계는 이해관계자를 참여시키는 연결 단계, 3단계는 중대성 평가를 통해 중대 주제를 결정하는 정의 단계, 4단계는 내부 성과관리 시스템을 점검하고 보고서를 작성하는 모니터 단계, 5단계는 보고서 요건을 최종 점검하고 소통하는 보고 단계다. ESG 보고서 작성은 위의 '보고서 작성 프로세스'와 같이 촘촘한 세부적인 과업들을 포함하고 있어, 시간과 자원이 많이 투입되는 업무다. 단계별로 확인해야 할 체크 포인트를 중심으로 자세히 살펴보겠다.

1단계: 준비 Prepare

1단계 준비 단계는 TFT를 구성하고, 일정 및 자원 배분을 협의하고, 검증 여부를 결정하는 등 말 그대로 공시를 준비하고 계획하는 단계다. 사전에 고민해야 하는 부분이 많지만, 이 단계에서 꼭 체크해야 할 부분은 어떤 표준을 사용할지, 그리고 누구를 위한 보고서를 만들지를 결정하는 것이 중요하다.

ESG 공시를 준비하는 기업이 가장 먼저 마주하게 되는 어려움은 GRI, SASB, ISSB, TCFD 등과 같이 처음 보는 알파벳 모음들로 이루어진 수많은 ESG 및 기후변화 공시 기준 목록이다. 2019년까지만 하더라도 국내 지속가능성 보고서는 GRI 보고서라 말해도 될 만큼 GRI가 지속가능성 보고의 대표적인 표준으로 사용되었다. 하지만 자본시장을 중심으로 TCFD 및 SASB 기준 사용과 공개를 요구하면서 국내 기업들도 2020년도부터는 GRI 표준과 더불어 다양한 표준을 함께 사용하고 있다.• 또한 2023년 상반기 최종안이 확정될 것으로 예상되는 ISSB의 사용도 2024년부터는 점차 증가할 것으로 예상된다.

기후 정보 공시 표준인 TCFD를 제외하고 현재 가장 많이 사용되고 있는 표준인 GRI 및 SASB에 대해 조금 더 알아보자.

• 2022년 12월 기준 국내에서 발간된 보고서는 309개로 집계되었으며, 그중 GRI 표준을 사용한 보고서가 전체의 78%, SASB 표준을 반영한 보고서가 전체의 46%, TCFD 표준을 반영한 보고서가 전체의 42%에 해당하는 것으로 나타남.

먼저 GRI는 비재무 정보 공시 표준 중 전 세계적으로 가장 많이 사용되고 있으며, 역사도 26년이나 된 대표적인 지속가능성 공시 표준이다. GRI는 기업의 비즈니스 활동이 경제, 환경 및 사람에게 미치는 영향Impact에 대해 이해관계자들과 커뮤니케이션을 하는 것을 목적으로 하고 있다. 이는 현존하는 ESG 공시 표준 중 유일하게 외부지향적Outward Looking 관점을 가지며, 다국적기업부터 SMEs 및 NGO에 이르기까지 기업의 규모나 업종에 상관없이 사용할 수 있는 공통적인 지표를 제공하고 있다. 또한 중대 주제 선정 방법, 지표별 보고 기준이 자세하게 기술되어 있어 장기적인 시각으로, ESG 공시를 넘어선 지속가능성 공시를 목표로 하는 기업에 추천하는 표준이다.

SASB는 투자자들의 의사결정에 도움을 줄 수 있는 지속가능성 주제들을 식별, 관리 및 보고하기 위해 만들어졌다. SASB는 77개 산업별 표준을 제공하여 기업이 업의 특성에 맞는 주제에 대해 보고할 수 있도록 가이드라인을 제시하고 있다. GRI의 주요 독자가 다중 이해관계자All Stakeholders인 반면 SASB의 주요 독자는 투자자Investors이다. SASB는 산업별로 특화된 지속가능성 이슈를 빠르게 식별 가능하며, 왜 해당 지속가능성 주제가 우리 산업에 리스크 및 기회 요인이 될 수 있는지 설명하고 있어 산업의 지속가능성을 파악하기 용이하다. 하지만 SASB는 애초에 글로벌 범용 표준으로 개발된 것이 아니라 미국 상장기업을 위한 공시로 개발되었기 때문에 미국 법규 및 규제를 기준으로 공시 지표들이 설정되어 있어 국내 기업이 활용하기에는 다소 어려움도 있다. 예를 들어, 전력업 공시지표 중 인구 밀집지역 내 대기오염물질 배출량(IF-EU-120a.1)에서 말하는 '인구 밀집지역'은 미국 인구조사국의 조사 결과에 있는 '도시화 지역목록' 기준으로 보고되어야 하며, 교육업 공시지표 중 졸업비율(SV-ED-260a.1)은 '미국 학생 알 권리 및 캠퍼스 보안법'에 명시된 방법론에 따라 졸업비율이 계산되어야 해서 우리나라의 상황 및 보고 기준과 맞지 않는 부분이 많다.

다음으로 중요한 체크포인트는 우리 보고서의 주요 독자가 누구인지를 파악하는 것이다. 독자에 따라 원하는 정보가 다르기 때문에 주요 독자 및 제출처를 파악해서 보고서를 기획하는 것이 중요하다. 보고서를 한국거래소에 제출해야 하는지, 혹은 주요 바이어인 유럽 및 미주 발주처에 제출해야 하는지, 혹은 IPO에 사용할 정보인지 등 사용처를 잘 고려해야 한다.

이러한 고려사항과 함께 한국거래소 의무 공시 대상이라면 'KRX ESG 정보 공시 가이드라인'의 21개 지표 공개 및 요구사항을 포함하여 기획해야 한다. 혹은 우리 회사의 바이어 및 고객사가 계약/납품/공급사 선정 및 유지를 위해 보고서를 요구했다면, 고객사별 '협력사 행동강령Supplier Code of Conduct'을 확인하여 제출처에서 확인하길 원하는 정보를 포함하여 보고서를 준비해야 한다. 또한 IPO에 사용하거나 투자자 유치에 ESG 보고서를 사용해야 한다면 'ESG 벤처투자 표준 지침(중소벤처기업부)' 등을 참고하여 투자자가 원하는 언어와 관심 주제에 부합한 공시를 해야 한다.

체크리스트		
1단계(Prepare): 보고서 작성 계획		
☐	보고서 작성팀은 GRI, SASB, TCFD 등 우리 회사에 필요한 표준을 숙지	
☐	발간 목적(KRX 공시대상, 해외 및 국내 거래처 제출, IPO 등)에 따른 요구사항 파악	
☐	보고서 담당부서(Control Tower) 및 보고서 작성팀(TFT) 구성	
☐	보고서 일정 및 자원 분배 협의 진행	
☐	경영진의 관심사, 회사 전략 등 지속가능성 주제 사전 조사	
☐	보고서를 별도로 발간할지, 기존보고서(사업보고서 등)에 포함할지 결정	
☐	제3자 검증 진행 여부 검토. 검증을 진행한다면 검증 원칙 및 수준(Limited or Reasonable) 결정	
☐	회사 임직원에게 보고서의 중요성 및 발간 일정 공유, 협조 요청	

2단계: 연결Connect

2020년대 전후 ESG 경영에 대한 담론이 형성되고 확산되는 데에 중요한 역할을 한 여러 사건들이 있었는데, 그중 2가지만 꼽자면 2019년 미국 비즈니스라운드테이블BRT에서 미국을 대표하는 181명의 CEO가 '이해관계자 자본주의 성명서'에 서명한 것과 2020년 다보스포럼의 메인 의제였던 '이해관계자 자본주의'가 있다. 그리고 이 2가지 발표에서 공통적으로 강조된 것이 있다면 바로 '이해관계자'였다.

비재무 공시에서도 이해관계자가 중요한 키워드 중 하나다. 이해관계자들이 제기한 요구사항 및 통점Pain-point을 기업 경영이 어떻게 반영하여 경영활동을 개선해나가고 있는지에 대한 내용을 담아야 하기 때문이다. 이와 같이 2단계는 ESG 시대에 강조되고 있는 이해관계자들의 의견을 수렴하여 연결하는 단계다. 우리 회사의 핵심 이해관계자를 파악하고, 이해관계자와 소통할 수 있는 소통 채널을 점검하고, 이해관계자들이 중요하다고 제기한 의견을 우리 회사의 관리 이슈 목록에 포함하는 과정이다.

이해관계자라고 하면 '임직원, 투자자, 고객, 협력사, 지역사회'로 모든 기업이 동일한 것이 아니냐는 질문을 많이 받는데, 이해관계자는 기업별로 상이하고 이해관계자별 중요성도 기업마다 다르다. 예를 들어 지주사 내 계열사는 지주사의 경영 방침에 큰 영향을 받기 때문에 '지주사 및 관계사'가 중요한 이해관계자이고, 국내 선박 엔진 회사는 유럽 선박 회사들과 기술 라이선스를 체결하고 있는 경우가 많기 때문에 '기술사'가 주요 핵심 이해관계자다. 또한 보험회사는 '보험설계사'가 보험업에서만 식별되는 중요한 이해관계자이며, 공공기관 및 공기업의 주요 이해관계자는 '정부'와 '시민'이다.

정례적으로 발간되는 ESG 보고서 과정을 통해 이해관계자별 의견을 종합해보고 ESG 관점의 리스크와 기회 요인이 없는지 살펴보는 것은 중요한 과정이자 기회다. 이해관계자 참여 방법은 다양한데, 먼저 가장 쉬운 방법은 부서별 운영되고 있던 이해관계자 소통 채널의 운영 여부를 점검해보고, 소통 채널에서 제기된 ESG 관점의 리스크와 기회 요인을 검토하는 것이다.

조금 더 심층적인 의견 수렴을 위해서는 이해관계자 그룹별 대표자를 선정하여 정성 인터뷰In-depth Interview 및 포커스그룹 인터뷰FGI를 진행할 수 있고, 다수의 의견 수렴을 위해서는 온라인 설문조사와 같은 정량조사도 실시할 수 있다. 또한 이해관계자 간담회와 같은 공식적인 모임을 통해 기업의 현안과 방향성을 함께 공유하고, 공동의 목표를 달성하기 위한 의견을 교류하는 소통의 장으로 활용할 수 있다.

한 가지 주의해야 할 점이 있다. '이해관계자 참여'는 우리 기업의 핵심 이해관계자를 대상으로 하는 것이며, 해당 이해관계자들이 가장 높은 관심을 가진 주제를 선별하여 보고서에 반영하기 위한 목적으로 시행된다. 이해관계자 참여 비율을 높이는 것은 좋지만 회사에 대한 관심 없이 설문 참여 이벤트 경품에만 관심이 있는 대중의 응답은 중대 주제 도출에 방해가 될 수 있다. 의견 수렴 대상은 회사의 이해관계자가 되어야 하며, 공식적인 이해관계자 커뮤니케이션 채널을 통해 수렴되어야 의미 있는 결과를 도출할 수 있다.

체크리스트
2단계(Connect): 이해관계자 참여
☐ 우리 회사의 주요 이해관계자를 정의하고 파악
☐ 우리 회사의 핵심 이해관계자를 식별
☐ 핵심 이해관계자와 소통할 수 있는 방법(소통 채널 등)을 고려
☐ 이해관계자의 의견을 수렴 [정성조사(인터뷰), 정량조사, 간담회 등]
☐ 핵심 이해관계자들이 중요하다고 제기한 주제 도출, 최고 의사결정권자가 검토할 주제 리스트 작성

3단계: 정의^{Define}

3단계는 ESG 보고서의 핵심이라 할 수 있는 중대 주제^{Material} ^{Topic}를 결정하는 단계다. 중대성 평가라고 불리는 이 단계는 해당 연도 보고서 목차 기획 및 집중 콘텐츠로 활용될 수 있기 때문에 보고서 작성 프로세스 중 가장 중요도가 높은 단계다. 하지만 다양한 방식의 환경 분석을 통해 기업과 관련된 지속가능성 이슈를 풀링^{Pooling}하고, 이슈들을 우선순위화하고, 선정된 이슈들의 적절성을 검토하는 등 기술적 분석과 전문가적 판단을 필요로 하기 때문에 외부 전문기관의 의존도가 높은 단계이기도 하다.

중대 주제를 결정하는 방법에는 크게 2가지가 있다. 첫 번째 방법은 GRI 표준에서 권고하는 적법 절차^{Due Process}에 따른 중대 주제 식별 방식인데, 현재 국내에서 발간되는 대부분의 보고서는 해당 방식을 통해 중대 주제를 선정하고 있다. 이 방식에 따라 중대 주제를 선정하게 될 경우, 기업은 먼저 산업 분석, 미디어 분석, 유사기업 벤치마킹, ESG 관련 표준 및 평가지표 분석 등의 과정을 통해 우리 산업이 당면한 환경을 분석해야 한다. 다음으로는 우리 기업과의 관련성이 높은 지속가능성 주제^{Relevant Topics}들에 대한 광범위한 목록^{Long List}을 작성한 후, 이해관계자 참여 절차를 통해 가장 중요한 중대 주제 목록^{Short List}을 작성한다. 그리고 최종적으로 관련 부서 및 최고 의사결정권자의 검토를 통해 올해 보고서에 포함할 중대 주제^{Material Topics}가 선정된다.

적법 절차 방식에 따라 중대 주제를 선정할 경우, 매년 상당한 시간과 비용이 수반된다는 단점이 있다. 또한 중대성 평가 및 이해관계자 참여 방식 설계 오류에 따라 중대 주제가 잘못 선정될 수 있는 리스크도 있다. 하지만 정례적인 중대성 평가 과정을 통해 우리 기업이 당면한 내외부 리스크를 식별하고, 이해관계자들이 제기한 기회 요인을 파악할 수 있어 우리 회사 맞춤형 중대 주제를 선정할 수 있다는 장점이 있다. 또한 최고 의사결정자가 해당 연도의 중점적인 ESG 주제 점검 및 전략적 의사결정을 할 수 있는 중요한 기회를 가질 수 있기 때문에 단점보다는 장점이 더 많은 방식이라 생각된다.

두 번째 방법은 SASB에서 사용하고 있는 대리 도출Materiality by Proxy 방식에 따라 중대 주제를 식별하는 방식인데, 주로 투자자들이 사용하는 공시 기준 및 평가에서 사용된다. 해당 방식은 산업 리서치, 시장 참여(산업별 워킹그룹 및 투자자문사), 증거 검사, 대중 의견 수렴 등의 과정을 통해 해당 산업의 중대 주제를 미리 선정하여 제시하는 방식이다. 쉽게 말하면 이 방식은 기업이 개별적으로 진행해야 할 중대성 평가를 대신 해주고, 중대성 평가 결과도 미리 정해 제시해주고 있다고 말할 수 있다.

SASB 표준의 경우 산업별 지속가능성 맥락, 리스크 및 기회 요인 등을 미리 파악하여 산업별 중대성 맵Materiality Map을 제시하고 있어 기업 담당자들의 분석 시간과 비용을 단축해주는 유용한 표준이다. 하지만 이 방식은 과정Process 없이 결과Result만 제시하고 있다는 점, 산업 특성은 반영하고 있지만 우리 기업의 특성을 반영하지 못한다는 점, 그리고 국내의 산업 환경 및 여건은 반영하지 못하고 있다는 점 등의 한계도 있다.

한 가지 특징은 ESG 시대의 공시는 앞서 설명한 기업이 자율적으로 보고 주제를 선정하는 GRI의 방식보다는, SASB의 방식처럼 필수적으로 공시해야 할 목록을 규정하는 방식으로 변화해가고 있다. 그렇기 때문에 자본 시장 및 법적 요구 등 외부 요인에 의해 공시를 시작하는 기업들은 ESG 주요 표준 및 이니셔티브들에서 선정해둔 산업별 주제들에 대해서는 우선적으로 관리 및 보고 체계를 마련해 두는 것이 좋으며, 추가적으로 우리 기업만의 중대 주제를 포함하는 방식이 유리하다.

체크리스트
3단계(Define): 중대 주제 결정
☐   **환경 분석을 통한 이슈 풀 구축**
☐   미디어 분석을 통한 언론 및 대중의 관심 이슈 분석
☐   유사기업 보고서 벤치마킹을 통한 산업 이슈 분석
☐   ESG 관련 표준, 가이드라인 및 평가문항 분석을 통한 이슈 분석
☐   **이슈 풀 중 우리 회사에 가장 중요한 이슈 도출**
☐   영향 중대성(Impact Materiality)을 고려한 이슈의 우선순위 고려
☐   재무적 중대성(Financial Materiality)을 고려한 이슈의 우선순위 선정 고려
☐   이중 중대성(Double Materiality)을 종합적으로 고려한 중대 주제 후보 선정
☐   **선정된 주제 검토, 경영진 승인을 통한 최종 중대 주제 확정**
☐   담당 부서 및 ESG 전문가 검토를 통해 선정된 주제의 적합성 검토
☐   담당 임원 및 최고 의사결정권자로부터 중대 주제에 대한 최종 승인 획득

4단계: 시스템 점검 및 보고서 작성^{Monitor}

중대 주제까지 선정되었다면, 중대 주제가 보고서 내에 잘 반영될 수 있게 목차를 기획하여 이제 본격적으로 보고서를 쓰는 단계로 넘어간다. 4단계는 보고할 정보들이 관리되고 있는 내부 시스템을 점검해나가면서 동시에 보고서를 작성하는 단계다.

실무에서는 이 단계를 가장 힘들어하는데, 그 이유를 들어보면 글을 써야 한다는 부담감, 성과는 많지만 어느 수준과 깊이로 정보를 공개해야 하는지에 대한 어려움, 혹은 관리하고 있지 않은 주제가 중대 주제로 도출되었을 경우의 당혹스러움 등이 있다. 외부 자문사의 도움을 받는 경우 작성 담당자들의 어려움을 덜어주기 위해 '보고서 작성을 위한 TFT 워크숍'을 실시하기도 하는데, 이 워크숍의 성공 여부에 따라 수집되는 정보의 깊이와 질이 달라지는 것을 관찰할 수 있었다.

TFT 워크숍은 공통 교육과 1:1 담당자 교육으로 나누어 실시할 수 있다. 먼저 공통 교육에서는 보고서 전체의 기획 방향과 일정을 공유하고, 보고서 전체의 일관성을 유지하기 위한 보고 경계, 내용 작성 방법, 정량 데이터 수집 기간 등에 대한 공통 사항을 공유한다. 또한 사전에 준비된 작성 템플릿 및 정성 데이터 템플릿을 공유하여 담당자별로 작성하게 될 보고서의 목차와 작성 분량, 수집해야 할 정성 데이터의 목록을 공유하면 좋다.

다음으로 1:1 담당자 개별 교육에서는 해당 주제를 보고하고 있는 다른 회사의 사례들과, 더 나아가 선진기업의 우수한 사례를 함께 공유하면 담당자들에게 큰 도움이 된다. 보통 국내 유사

기업의 사례를 보여주면 '우리 회사도 하고 있는 활동'이라며 내용 작성에 자신감을 보이기도 한다. 여기에 해외 선진 사례들을 보여주면 '우리는 아직 그런 활동이 없다'며 내년도 팀 과제로 제시해봐도 좋겠다고 메모하기도 한다. 또한 개별 교육에서는 정량지표의 수집 방식에 대해서도 공유해야 한다. 예를 들어 소비자 금융업에 종사하는 '개인정보 보호' 주제 담당자가 교육에 참석했다면, GRI는 해당 주제를 관리하기 위해 '개인정보 보호 위반 및 고객정보 분실 사실이 입증된 불만 건수(단위: 건)'로 보고해야 하고 SASB는 '개인정보가 2차 목적으로 사용된 계정의 수(단위: 계정 수)' 및 '고객 개인정보 보호와 관련된 법적 절차의 결과로 발생한 금전적 손실 총액(단위: 원)'으로 보고해야 함을 공유한다. 그리고 최근 3년간의 시계열 데이터를 수집하여 보고할 것을 요청한다.

보고서 내용을 채워나가는 것도 중요하지만 4단계에서 동시에 꼭 수행되어야 하는 것은 내부 관리 시스템의 적합성과 효율성을 점검하는 것이다. 중대 주제로 '지속가능한 공급망 관리'나, '인권경영'이 도출되었을 때 어려움을 표시한 기업이 많았다. 중대 주제로 도출되었기 때문에 보고해야 하지만, 중대 주제임에도 실제로 관리하고 있는 내용이 없거나 혹은 관련된 활동 및 성과가 없기 때문이었다. '기후 변화' 주제의 경우도 상위 주제로 도출되었는데, 온실가스 인벤토리 시스템이 구축되지 않아 온실가스 배출량 정보가 없는 기업도 있었다. 또 한 기업은 엑셀로 배출량을 관리하고 있었는데 산식을 뜯어보니 잘못된 배출계수가 적용된 경우도 많았다.

　이러한 개선점을 발견하는 것이 보고서 발간 프로세스가 우리 기업에 주는 큰 이점이다. 여러 가지 환경 분석과 관련 ESG 가이드라인에서 해당 주제를 명시하고, 우리 회사의 이해관계자들도 해당 주제가 중요하다고 선택해주었는데 정작 우리 회사만 모르고 있었다면, 그때가 회사의 지속가능경영 시스템을 한 단계 업그레이드해야 할 시점이다. 이런 경우 내부 보고를 통해 문제점을 경영진과 공유하고, 해당 연도부터라도 정책 및 관리체계를 만들어나가는 것이 중요하다.

체크리스트
4단계(Monitor): 시스템 점검 및 보고서 작성
☐ 선정된 중대 주제와 관련된 필요 정보를 모을 수 있는 내부 시스템 및 외부 정보 획득 방법 확인
☐ 중대 주제 중 모니터링 시스템이나 정책이 없어서 데이터 수집이 어려울 경우, 공개할 정보의 범위를 재정의하고, 보고할 수 없는 이유에 대해 설명
☐ "SMART(Specific, Measurable, Achievable, Relevant, Time Bound)' 원칙을 고려하여 중대 주제 보고 방식 결정
☐ 중요한 주제를 관리하기 위한 모니터링 시스템의 적합성과 효율성에 대해 점검
☐ 작성 템플릿 및 예시 제시를 통해 간결하고 정확한 문체로 작성할 것을 요청
☐ 피드백 기간 및 최종 마감 기한을 정확하게 협의
☐ 보고서 작성 팀으로부터 공개용 기초자료를 수집
☐ 보고서 담당 부서의 취합 및 정리
☐ GRI, SASB, TCFD 등 지표와 보고서 내용 연결, 지표 요구사항 충족 여부 점검

5단계: 검증 및 소통Report

마지막 5단계는 보고서를 최종 점검하고 내부 및 외부 공개를 통해 소통하는 단계다. 보고 기업이 제3자 검증을 받기로 결정했다면 검증 과정을 통해 정보의 정확성과 신뢰성을 향상할 수 있다.

제3자 검증 프로세스는 보통 '검증 원칙 및 수준Limited or Reasonable의 결정→서면 검증→현장 검증→검증 발견 사항 수정→검증사 수정사항 확인→검증의견서 발행'의 절차로 진행된다. 약 1개월의 시간과 비용이 소요되는 과업이긴 하지만 제3자 검증은 잃는 것보다는 얻는 게 더 많은 프로세스다. 검증을 통해 공개될 데이터의 정확도 및 품질도 개선할 수 있고, 사용된 ESG 공시 기준의 부합 여부도 체크할 수 있으며, 보고서에 포함된 외부 검증의견서는 보고서의 신뢰를 어느 정도 보증해준다. ESG 보고서는 여러 부서 및 많은 임직원 참여를 통해서 발간되는 결과물이기 때문에 작성자는 발견하지 못하는 휴먼 에러나 데이터 오류가 생각보다 많다. 비용이 문제라면 상대적으로 중요하지 않은 디자인이나 인쇄에 배정되는 예산을 줄이고, 검증 과업에 예산을 배정하는 것이 더 좋은 방법이다.

검증까지 완료되었다면 이제 드디어 보고서를 외부에 공개할 시간이다. 보고서 공개는 주로 홈페이지에 게시하고, 최근에는 인쇄물이 많지는 않지만 최소 수량을 인쇄하여 주요 이해관계자들에게 배포하기도 한다. 그리고 규제기관, 바이어 등 제출처가 있다면 제출 방식에 따라 보고서를 전달한다.

공개 과정에서 한 가지 유익한 팁은 보고서를 다운받고 사용하는 이해관계자들의 피드백을 수렴하는 것이다. 보고서를 다운받을 때 이해관계자 유형을 선택한 후 다운로드할 수 있게 하면, 우리 보고서를 많이 활용하는 주요 독자가 누구인지를 파악할 수 있어 내년도 보고서 기획 때 참고할 수 있다.

체크리스트
5단계(Report): 검증 및 소통
☐　외부 검증을 받기로 결정했다면, 검증의견서를 통해 외부 검증을 받은 지표 명시
☐　회사 홈페이지 게시, 인쇄물 배포 등의 형태로 보고서 공개
☐　보고서 작성 과정 중에 발견된 내외부 피드백 및 시사점을 정리하고 경영진과 리뷰

ESG 공시를 고민하는
담당자를 위한 FAQs

최근 3년 기업 공시 담당자들의 부담이 가중되고 있는 것이 느껴진다. 담당 팀장도 훑어보고 말던 보고서가 경영진 및 이사회에 보고되고, 전 세계 각국의 평가사에서 공개된 자료를 기반으로 데이터를 분석하고, 보고서 기준으로 기업 평가 등급도 발표되니 여간 큰 부담이 아닐 수 없다. 기업별 상황은 다르지만 최근 공시 담당자들은 공시를 기획할 때 몇 가지 비슷한 고민과 질문을 가지고 있는 것 같다. 정답은 아니지만 담당자들이 자주 묻는 다음의 질문과 답을 참고하면 보고서 기획 시 도움이 될 수 있다.

Q. 중대 주제에 집중한 보고서가 좋은 보고서라고 하는데, 평가 대응을 위해 이것저것 포함하다 보면 백과사전식 보고서가 됩니다. 어떻게 해야 할까요?

A. 2022년 말 영국 어카운터빌리티사가 회원사들에게 'ESG 공시의 규칙'에 대한 짧은 메시지를 공유했는데, 첫 번째 규칙은 '많이 공시하는 것이 더 나은 공시가 아니라는 것More disclosure≠ Better disclosure'이었다. 좋은 공시는 예전이나 지금이나 비즈니스와 이해관계자에게 가장 중요한 주제에 대해 보고하고, 그 주제와 관련된 지표와 성과를 정성스럽게 골라 공개하는 것이다.

하지만 우리 회사의 평판과 직결되는 평가도 외면할 수 없다. ESG 평가 대응을 위해 글로벌 및 국내 선진 기업들은 평가에서 중요하게 고려되는 공시 정보를 부속 보고서로 분리하여 보고하기도 하고, 홈페이지 내 ESG 섹션을 구분하여 ESG 관련 정책, 선언문, 행동규범, 인증서 등을 업로드하여 공개하고 있다.• 또한 수백여 개의 ESG 정량 성과 및 각종 이니셔티브 이행 성과 역시 본 보고서에 포함하지 않고 부록Appendix으로 분리하거나 엑셀 파일 형식 그대로 홈페이지에 게시하여 평가사들의 접근성을 증진시키고 있다.•• '좋은 보고서'의 요건과 '평가 대응에 용

• CJ제일제당은 홈페이지 내 ESG 영역별 규범 및 정책을 게시해 친환경 패키지 정책, 환경 정책, 지속가능한 원재료 조달 정책, 생물다양성 정책, 인권경영 선언문, 윤리강령, DE&I 정책, 안전보건 정책, 조세 정책, 협력사 행동규범 등 매년 변경되지 않는 회사의 기본 정책들을 손쉽게 열람 및 다운로드 가능.

•• 2022년 신한금융그룹과 DGB금융그룹이 정량 성과를 본 보고서에서 분리하여 엑셀 파일 그대로 홈페이지 업로드함. SK하이닉스의 경우 데이터 센터를 통해 엑셀 기반의 성과를 다운로드 가능.

이한 보고서'라는 2가지 목적을 달성하기 위해 중대 주제에 집중한 보고서를 만들고, 다양한 정보 게시 방식을 통해 각종 평가에 효과적으로 대응하는 방식을 기획해보길 바란다.

Q. 우리 기업이 ESG 경영 도입을 위해 올해 ESG 공시를 준비하고 각종 평가에 대응할 수 있는 체계를 마련하려고 합니다. 무엇부터 시작해야 하나요?

A. 엄밀히 말하자면 ESG 공시를 준비하고 평가에 대응하는 ESG는 '가장 좁은 의미의 ESG 경영'이라 할 수 있다. 기업이 단기적으로 ESG 성적표를 향상시키고자 보고서 발간 및 평가 대응에 목표를 두는 경우가 많은데, 보고서 발간과 평가 대응에만 집중하는 기업은 매우 좁은 의미의 ESG를 추진하는 것이다.

ESG 경영은 매우 긴 여정이다. 올바른 의미의 ESG 경영은 기업의 철학과 기업 존재의 목적이 세상에 유익한 방향으로 설정되었는지를 점검하고 바로 세우는 것부터 시작한다. 그리고 조직의 리스크 및 기회 분석을 통해 전략을 수립하고, 전략 이행을 위한 혁신 활동과 행동 변화가 있어야 한다. 그리고 이 일련의 과정을 모두 거치게 되면 결국 좋은 내용과 성과를 담은 공시로 이어지며, 좋은 평가 결과도 따라오게 된다.

공시와 평가 대응이 꼭 마지막 순서라는 말은 아니다. 공시와 평가 대응부터 시작하는 기업들도 그 과정에서 부족한 부분과 앞으로 개선 사항을 점검 및 이행해나갈 기회를 갖게 된다. ESG 평가는 전 세계에 600여 개가 넘는다고 한다. 평가별 기준도 상이해서 어떤 평가에선 A를 받아도 다른 평가에서는 C를 받을 수도 있다. 디자인적으로 멋진 보고서 혹은 ESG 평가 최고 등급 획득에 너무 집착하지 말고 우리 기업의 기본 체력과 역량을 향상시키는 데 집중하길 바란다. 단기와 장기를 동시에 보면서 경제, 환경과 사회의 지속가능성을 추구하는 경영활동을 해나간다면 더 나은 공시와 평가 결과가 있을 것이다.

Q. 우리 기업이 작년에 ○○ 사업에 참여했는데 보고서에 넣을 만한 좋은 성과인가요?

A. 우리 기업의 사업이 지속가능한 비즈니스인지 환경·사회적으로 부정적 영향을 주는 비즈니스인지 식별하는 것은 쉽지 않다. 예를 들어 에너지 회사가 석탄발전소를 친환경적으로 운영한다면 좋은 성과일까? 질병 치료를 위해 의약품을 생산·판매하는 제약회사는 비즈니스 자체가 지속가능한 경제활동이라 할 수 있을까?

환경·사회적으로 지속가능한 경제 활동을 구분하는 것은 해석과 상황에 따라 모호할 수 있다. 그래서 이러한 모호함을 명확히 하고, ESG 워싱을 방지하고, 지속가능한 경제 활동으로 자본이 흘러갈 수 있도록 분류해놓은 것이 바로 그린 택소노미Green Taxonomy 및 소셜 택소노미Social Taxonomy다. 2개의 택소노미에 지속가능한 경제 활동에 대한 정의와 원칙이 마련되어 있으니 해당 내용을 참고 및 숙지하면서 성과를 분류해나가길 추천한다.

Q. ISSB가 글로벌 공시 표준이 될 거라고 전망하던데 어떻게 대응해야 하나요?

A. ISSB 지속가능성 공시 표준 최종안이 올해 상반기 발표될 것이라는 소식과 함께, 한국이 ISSB를 채택할 것인지에 대한 산업계의 관심이 높다. ISSB는 표준 설정자로서 입법 및 집행 등의 강제 권한이 없기 때문에 표준 채택 여부는 국가별 규제기관이 결정하게 되고, 미국과 유럽은 ISSB를 사용하지 않고 자체적인 규칙을 사용할 것을 결정했다.

아직 국내 도입 여부가 결정되지 않았지만, ISSB의 주요 방향성은 미리 숙지하여 중장기적인 대응체계를 마련하는 것이 좋다. 연결기업과 가치사슬 전반으로 보고 영역을 확장하고, 보고 시기를 재무제표 공시 시기와 비슷하게 앞당기며, TCFD 기반의 기후 전략 수립 및 스코프3 배출량에 대한 관리체계를 마련하는 등 어렵지만 필요한 과제임을 인식하고 준비해나가는 것이 좋다.

Value Up, 우리 회사만의 차별화된 ESG 공시

국내에서 발간된 보고서를 보면 목차 구성이나 내용이 거의 비슷해서 마치 '복사-붙이기' 한 것 같다는 느낌을 많이 받는다. ESG 시대에 들어와서는 특히나 더 기업별로 독창성을 찾아보기가 힘든데 그 이유는 목차가 대부분 E-S-G로 구성되고, SASB 업종 주제 및 TCFD 4대 영역(지배구조, 전략, 리스크 관리, 지표 및 목표) 등 꼭 포함되어야 하는 항목들이 정해져 있어 보고서의 구성이 더욱더 비슷해 보인다.

공시 담당자라면 누구나 자사의 보고서가 돋보이길 원할 것이다. 공시를 준비하는 기업 담당자에게 어떤 보고서로 만들고 싶은지 물어봤더니, 한 기업에서는 SASB, ISSB 등 새로운 공시 표준을 반영해보고 싶다고 했고, 한 기업에서는 기후 변화, 공급망, 인권 등 최근 ESG에서 키워드가 되고 있는 특정 주제에 대해 깊이를 더하고 싶다는 의견도 주었다. 그리고 보고서의 디자인적 요소를 강화해 전년도와 차별화하고, 인터랙티브^{Interactive} PDF를 제작하여 보고서 내 접근성을 증진할 것이라는 이야기도 많았다.

보고서 차별화 방식에는 다양한 방법이 있겠지만 이 장에서는 2가지 관점에서 우리 회사의 공시를 한 단계 업그레이드하는 방법을 살펴보겠다. 먼저 양방향 임팩트 관리와 보고를 통해 공시 가치를 더하는 방법인 '이중 중대성'에 대해 살펴보고, 두 번째로는 커뮤니케이션 방식을 향상시켜 정보를 효과적으로 전달할 수 있는 '스토리텔링' 방법에 대해 살펴보겠다.

이중 중대성,
양방향 임팩트 관리와 보고

ESG 경영과 ESG 공시에서 공통적으로 중요한 특징을 한 가지만 꼽으라면 그것은 바로 '중대성^{Materiality}' 기반의 활동이라는 것이다. 기업의 제한된 예산과 자원을 효율적으로 사용하기 위해서는 회사를 둘러싼 모든 지속가능성 주제에 대응하고 보고하는 것이 아니라, 우리 기업에 중요한 주제를 정성스럽게 골라 중대성이 높은 주제들을 중심으로 경영 전략에 반영하고 공시하는 것이 중요하다.

중대 주제를 고를 때 흥미로운 점이 한 가지 있는데 우리 회사가 중요하게 생각하는 '관점Point of View'에 따라 중대 추제가 다르게 선정될 수 있다는 것이다. '제약업'을 예로 한번 들어보자. 제약업은 업의 특성상 온실가스 배출을 많이 하는 업이 아니기 때문에 '기업 재무 가치의 영향'만 고려했을 때는 기후 변화가 그리 중요한 주제가 아니며 적극적으로 관리하지 않아도 리스크 발생 가능성이 낮은 이슈다. 하지만 기업시민의 입장에서 전 지구적 관점의 '환경·사회적 영향'을 고려한다면 원료 채취 단계, 운송 및 유통 단계, 사용단계에서 발생하는 배출이 많기 때문에•21세기 인류가 직면한 가장 시급한 문제인 기후위기 해결을 위해 '기후 변화'를 중대 주제로 선정하여 관리하고 공시까지 연결해야 할 의무가 있다.

중대성Materiality에 대한 관점은 전통적으로 2가지로 구분되어 왔다. 첫 번째 관점은 기업 '재무적 중대성Financial Materiality'을 고려하는 관점, 두 번째 관점은 환경과 사회에 미치는 '영향의 중대성Impact Materiality'을 고려하는 관점이다. 그리고 2020년대 유럽 금융기관을 중심으로 기업이 환경과 사회에 미치는 중요한 영향과 기업의 재무적 가치에 영향을 미치는 부분을 동시에 고려해야 한다는 새로운 관점의 중대성이 제기되었는데•• 그것이 바로

• 글로벌 제약사인 아스트라제네카는 2020년 지속가능성보고서를 통해 자사의 온실가스 배출의 97%가 스코프3에서 발생함을 규명.
•• 2021년 7월에 발표된 EU 기업지속가능보고지침(CSRD)에서는 금융기관 및 EU 상장기업들이 CSRD에 포함된 지속가능성 주제를 '이중 중대성(Double Materiality) 관점'에서 다루는 것을 의무화.

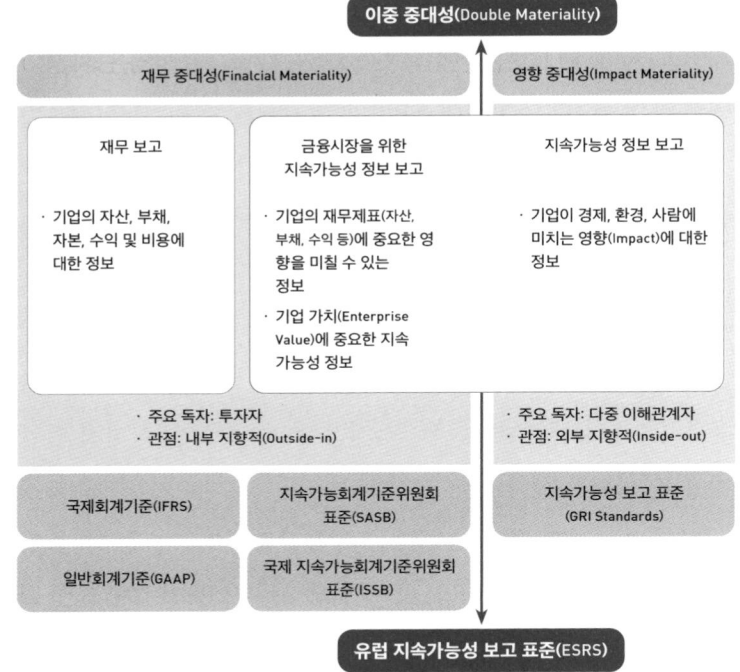

중대성의 개념과 관련 표준

이중 중대성(Double Materiality)

재무 중대성(Finalcial Materiality)　　　　　　영향 중대성(Impact Materiality)

재무 보고	금융시장을 위한 지속가능성 정보 보고	지속가능성 정보 보고
· 기업의 자산, 부채, 자본, 수익 및 비용에 대한 정보	· 기업의 재무제표(자산, 부채, 수익 등)에 중요한 영향을 미칠 수 있는 정보 · 기업 가치(Enterprise Value)에 중요한 지속가능성 정보	· 기업이 경제, 환경, 사람에 미치는 영향(Impact)에 대한 정보

· 주요 독자: 투자자
· 관점: 내부 지향적(Outside-in)

· 주요 독자: 다중 이해관계자
· 관점: 외부 지향적(Inside-out)

국제회계기준(IFRS)	지속가능회계기준위원회 표준(SASB)	지속가능성 보고 표준 (GRI Standards)
일반회계기준(GAAP)	국제 지속가능회계기준위원회 표준(ISSB)	

유럽 지속가능성 보고 표준(ESRS)

출처: GRI(2022), Public Sector Standards Setter Forum 재구성

'이중 중대성'이다.

　국내 기업들이 사용하고 있는 ESG 공시 표준들도 앞서 설명한 3가지 중대성 중 하나에 해당하는 특징을 가진 표준들이다. 먼저 전통적인 재무 보고 기준인 IFRS 및 GAAP와 더불어 2020년대 주목받고 있는 비재무 정보 공시 기준인 SASB 및 ISSB는 '재무적 중대성' 관점으로 개발된 표준이다. 그리고 이 표준들은 중요한 주제에 대한 정의를 '기업의 재무제표(자산, 부채, 수익

등)에 중요한 영향을 미칠 수 있는 정보' 혹은 '기업 가치Enterprise Value를 훼손하거나 혹은 가치를 증진할 수 있는 정보'라고 정의한다. 그리고 이러한 표준을 주로 사용하는 정보 이용자도 기업의 재무적 가치에 관심이 많은 투자자다.

두 번째 '영향의 중대성'을 기반으로 개발된 표준은 GRI다. GRI는 현존하는 ESG 공시 기준 중 유일하게 영향 중대성 관점으로 개발된 표준이다. 환경과 사람을 중시하는 GRI 표준은 경제, 환경 및 사람에게 중요한 영향을 미치는 주제를 '중대 주제'라고 정의한다. 주요 독자도 각종 환경 및 사회 문제, 지구의 지속가능성과 인권에 관심이 많은 다중 이해관계자(임직원, 투자자, 고객, 협력사, 지역사회, 정부 등)다.

마지막으로 이중 중대성을 기반으로 개발된 공시는 유럽 ESRS다. 이 표준은 앞서 설명한 2가지 관점의 중요성을 함께 고려한 공시를 의무화하고 있는데, 이 방식이야말로 우리 회사의 공시 수준을 한 단계 성장시킬 수 있는 개념이 아닐까 생각된다. 투자자와 다중 이해관계자를 함께 만족시킬 수 있는 관점이며, 재무적 리스크 및 기회 요인 파악과 더불어 환경·사회적 지속가능성을 함께 확인할 수 있는 경영활동 및 공시를 추구하기 때문이다.

우리나라 기업 보고서들은 대부분 GRI 기반의 공시를 진행해 왔기 때문에 지금까지 '영향의 중대성' 관점으로 중대 주제가 선정되어왔고, 보고 방식도 회사의 활동이 환경과 사회에 미치는 영향(주로 긍정적 성과)에 초점을 맞추어 기술되어 있다. '재무

이중 중대성 평가 프로세스 예시

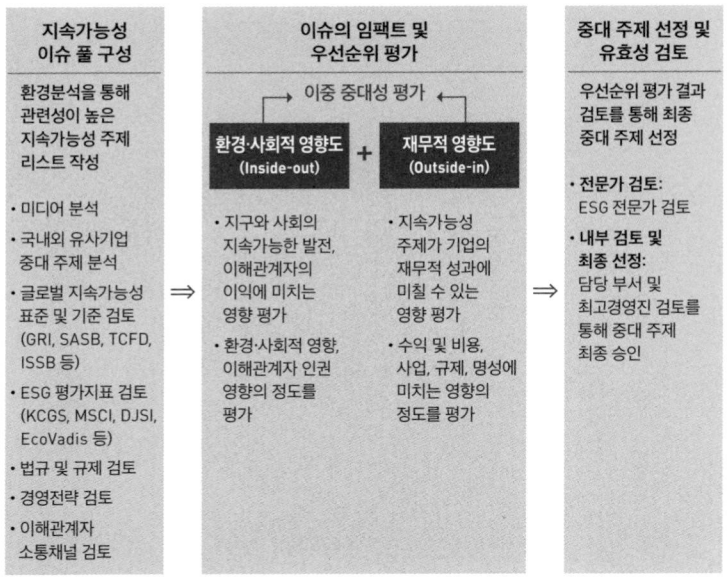

지속가능성 이슈 풀 구성	이슈의 임팩트 및 우선순위 평가		중대 주제 선정 및 유효성 검토
환경분석을 통해 관련성이 높은 지속가능성 주제 리스트 작성	이중 중대성 평가		우선순위 평가 결과 검토를 통해 최종 중대 주제 선정
	환경·사회적 영향도 (Inside-out)	재무적 영향도 (Outside-in)	
· 미디어 분석 · 국내외 유사기업 중대 주제 분석 · 글로벌 지속가능성 표준 및 기준 검토 (GRI, SASB, TCFD, ISSB 등) · ESG 평가지표 검토 (KCGS, MSCI, DJSI, EcoVadis 등) · 법규 및 규제 검토 · 경영전략 검토 · 이해관계자 소통채널 검토	· 지구와 사회의 지속가능한 발전, 이해관계자의 이익에 미치는 영향 평가 · 환경·사회적 영향, 이해관계자 인권 영향의 정도를 평가	· 지속가능성 주제가 기업의 재무적 성과에 미칠 수 있는 영향 평가 · 수익 및 비용, 사업, 규제, 명성에 미치는 영향의 정도를 평가	· 전문가 검토: ESG 전문가 검토 · 내부 검토 및 최종 선정: 담당 부서 및 최고경영진 검토를 통해 중대 주제 최종 승인

적 중대성'을 반영한 중대 주제 선정을 위해서는 광범위한 이슈 풀 구성 단계부터 SASB, ISSB, MSCI 등 재무적 관점의 공시 가이드라인 및 평가의 중대 주제를 포함해야 하며, 임팩트의 우선순위 평가 단계에서도 기존 GRI 기반의 중대성 평가 방식에 '재무적 영향도'를 측정하는 프로세스를 추가해야 한다.

도출된 중대 주제를 공시할 때도 2가지 측면을 균형 있게 보고하는 것이 좋다. 예를 들어 친환경 신규 사업을 진행하게 되었다면 해당 친환경 사업이 '환경·사회에 미치는 좋은 영향'만 보고하는 것이 아니라 해당 사업을 통해 우리 기업의 재무상태가 어떻게 변화할지, 얼마만큼의 성과가 예상되는지, 해당 사업을 통해 어떤 규제에 대응할 수 있을지 등 '재무적 영향'과 관련된 리스크 및 기회 요인을 포함하는 것이다. 이렇게 이중 중대성 관점을 반영한 내용을 보고한다면, 투자자뿐만 아니라 소비자, 임직원 등 모든 이해관계자가 관심 있는 정보를 균형 있게 포함하게 되어 공시의 활용도를 높일 수 있을 것이다.

우리 회사만의
스토리텔링

예나 지금이나 인간의 삶에는 항상 이야기가 있다. 진정성 있는 메시지는 감동을 주기도 하고, 똑같은 메시지라도 재미있고 이해하기 쉽게 전달되면 사람들에게 오랫동안 기억된다. ESG 공시도 우리 회사만의 특성을 반영한 스토리로 전달되면 성과에 대한 가치가 증대된다. 스토리텔링이 잘된 공시 사례를 몇 가지 살펴보겠다.

먼저 회사 존재의 목적, 비전 및 전략이 지속가능성과 연결되고, 목표 달성을 위한 혁신 활동이 이행되며, 이러한 기업의 성과가 공시까지 연결되었다면 감동을 주는 우수 보고서가 된다. 한 예로 유니레버는 '지속가능한 삶을 평범한 삶으로 만드는 것'을 기업 목적으로 두고, '기업의 규모를 2배로 늘리면서도, 환경 발자국을 줄이고 사회에 대한 긍정적인 영향을 높이는 비즈니스를 이행하는 것'을 기업 비전으로 하고 있다. 그리고 이를 위해 5가지 전략과 24개 중점 관리 주제를 설정하여 지속적으로 이행 및 공시하고 있는데, 매년 보고서가 발간될 때마다 또 어떤 변화와 성장이 있었는지 기대를 하게 된다.

보고서 독자 타기팅Targeting을 달리해도 매력적인 보고서가 된다. LG화학은 2020년부터 MZ세대와 유럽 시장에서 이목을 끄는 지속가능경영 보고서를 발간하고 있다. 2020년 보고서에는 솔라, 벤, 펠릭스라는 이름의 3명의 캐릭터가 CEO 메시지에 함께 등장하여 CEO와 함께 지속가능성에 대한 이야기하는 것으로 시작되는데, 국내에서는 처음 접한 (좋은 의미의) 파격적인 스토리텔링 방식이었다. 재미만 추구한 것도 아니었다. 보고서 본문에는 '탄소', '자원 선순환', '사람'이라는 3가지 테마에 대한 깊은 고민과 혁신활동이 함께 보고되어 재미와 깊이를 함께 확인할 수 있었다.

정보의 가시성Visibility을 증진하여 이해관계자들과 소통하는 방법도 좋다. 네슬레와 유니레버 등은 2010년 중반부터 지속가능경영 보고서의 주요 내용 중 일부를 동영상으로 제작하여 유튜브를 통해 소통하는데, 영상을 통해 소비자와 같은 일반 대중과 친숙하게 다가가고 있는 것이 특징이다. 그리고 하이네켄이 2015년 지속가능성보고서 주요 내용을 한 래퍼Kevin 'Blaxtar' de Randamie의 랩을 통해 전달했는데, 온실가스 배출 저감, 농장 맥주 부산물 처리 관련 이야기를 래퍼의 랩을 통해 신선하게 전달한 것이 인상적이었다.

또한 기업을 운영하다 보면 예기치 못한 사건사고가 발생하는 위기의 순간이 있는데, 부정적 사건에 대한 기업의 부주의 인정과 리스크 저감활동에 대한 성실한 보고는 투자자를 포함한 이해관계자들의 신뢰 구축과 의사결정에 도움을 준다. 롯데케미칼은 2020년 대산 사업장 화재사건에 대한 후속조치를 지속가능성 보고서에 상세하게 포함했는데 보고서 공개 후 부정 이슈에 대한 진정성 있는 보고가 이해관계자 신뢰에 도움을 준다는 호평을 받았다. 부정적인 사건에 대한 입장 표명 및 대응책 등을 언론 및 미디어를 통해 소통할 수도 있겠지만, ESG 보고서라는 공식적인 매개체를 통해 진정성 있는 계획과 약속을 포함하고, 약속 이행을 위한 구체적인 대응활동을 공시한다면 기업의 평판 및 신뢰 회복에 도움을 줄 것이다.

또한 공시 내용 중 특정 활동을 부속 보고서로 상세 보고하거나 회사 모바일 애플리케이션을 통해 투자자 및 고객과 더 가깝게 소통하는 것도 효과적인 커뮤니케이션 방식이다. 네이버, SK하이닉스, KB금융그룹 등의 기업이 글로벌 기후 공시 프레임워크에 부합한 상세한 정보 공개를 위해 TCFD 보고서를 별도 발간하고 있으며, SK텔레콤, LG생활건강, DGB금융그룹은 UNGP에 기반한 인권보고서를 부속 보고서로 발간하고 있다. 이러한 방식의 부속 보고서에서 중요한 주제에 대한 깊은 내용을 확인할 수 있고, 이는 기후 변화, 인권 등의 상세 기업 대응활동을 확인하고 싶은 ESG 평가사에게도 유용한 정보가 된다.

일반 이해관계자인 고객과의 소통을 위해서는 모바일 접근성을 증진하는 것도 좋은 방법이다. 럭셔리 브랜드 케링Kering은 2018년도부터 환경적 영향을 측정하고 화폐화하여 인포그래픽이 담긴 환경손익Environmental Profit & Loss 보고서를 발행하고 있으며, 환경손익 관련 애플리케이션 연동을 통해 소비자의 친환경 소비도 유도하고 있다. 신한카드 역시 2021년 ESG 보고서를 통해 소개했던 그린인덱스를 모바일로 연동하여 카드 사용자의 소비 데이터를 바탕으로 마트·편의점, 문화레저 등의 영역별 탄소 배출량을 보여줘 친환경 소비에 대한 관심과 참여를 유도하고 있다.

ESG 공시의
미래

공시 트렌드는 매우 빠르게 변화하고 있다. 공시 표준 및 가이드라인의 변경 사항만 따라가기도 벅찬데, 우리 회사 공시에 바이어의 요구 사항, 각종 ESG 평가항목 변경 사항, 시행을 앞둔 국가별 공시 규정도 반영해야 하니 공시 담당자는 항상 학습자의 마음으로 새로운 것을 맞이할 준비를 해야 한다.

공시 범위의 확장 및
시기 변경

먼저 기업들은 공시 보고 경계를 확장할 것을 요구받을 것으로 예상된다. 국내 기업들은 보통 보고 경계를 본사 및 국내 사업장의 활동과 성과에 한정하여 보고하는 경우가 대부분인데 앞으로는 지배기업 및 그 종속기업을 포함한 성과, 그리고 공급망의 성과까지 고려한 관리가 요구될 수도 있다. IFRS S1에서도 보고 경계를 재무제표와 동일하게 연결 기준으로 공시하는 것을 원칙으로 삼고 있으며, IFRS S2에서는 온실가스 스코프1 및 스코프2의 배출량을 보고할 때 연결기업, 관계기업, 공동기업, 비연결 대상 종속기업 또는 계열사까지 포함하도록 하고 있다. 또한 유럽 및 미주 등에서 공급망 실사 관련 정책을 강화하고 있어 스코프3 배출량을 포함한 공급망 환경 및 사회 관련 정보, 환경·사회·거버넌스, 정책 및 실사 프로세스 등 가치사슬Value Chain에 대한 공시가 지속적으로 요구될 것이다.

또한 보고 내용의 확장도 요구될 것이다. ISSB에서는 재무제표에 미치는 영향에 대한 정보를 정량적으로 공시하는 내용을 포함하고 있는데, 우리 기업이 투입Input한 자본이 얼마만큼의 가치를 산출Output하고 어떠한 결과Outcome를 가져올지를 정량적으로 관리하는 체계를 마련해야 한다. 또한 TCFD와 ESRS 등 글로벌 주요 공시 표준에서 미래지향적 정보Forward-looking Information를 포함할 것을 명시하는 것도 중요한 공시 트렌드다. 따라서 기존 성과Performance 위주의 보고에서 과정Progress과 중장기적인 계획Goal & Target을 포함하는 공시를 준비해야 한다.

공시 시기에 대한 변경도 준비해야 한다. 보고 정보의 적시성Timeliness이 지속적으로 논의되고 있어 ESG 정보 공시 시기도 사업보고서를 제출하는 시기에 맞추어 3월로 당겨질 가능성이 높다. 현재 국내 보고서 발간 시점은 정해진 바가 없어 기업별 자율적인 일정대로 보고서를 발간하거나 ESG 평가기관 제출 일정에 맞춰 6~7월에 가장 많이 발간되고 있다. 기업 담당자들은 ESG 정량 데이터의 기본 정보가 되는 재무제표의 확정 및 온실가스 명세서 제출 일정이 3월 말로 정해져 있어, ESG 공시를 동시에 준비하기엔 물리적인 어려움이 있다는 의견이 많다. 하지만 향후 사업보고서와 동일한 시기에 제출해야 할 수 있다는 가능성을 고려하여 정보를 모니터링 및 수집하는 방법을 모색해 나가야 한다.

ESG 워싱에 대한
경계 강화 ───────────────────────

마케팅 및 라벨링과 같은 제품 단위Product Level의 ESG 워싱과 더불어 ESG 공시와 관련된 기업 단위Firm Level의 ESG 워싱 관련 제재도 증가할 것으로 예상된다.

　2022년 4월 SEC의 ESG 전담 태스크포스는 브라질 광산 회사인 발레Vale가 댐 안전에 대해 허위 및 오해의 소지가 있는 진술을 한 혐의로 소송을 제기했다. SEC는 발레가 지속가능성 보고서 및 투자자 프레젠테이션에 댐 안전을 위해 '가장 엄격한 국제 관행'을 유지하고 있으며, '감사 대상 구조물의 100%가 안정적인 상태인 것을 인증받았음'을 포함한 것을 문제 삼았다.

이러한 허위 정보가 투자자들에게 잘못된 정보를 제공함은 물론 환경·사회적으로 심각한 문제를 야기했음을 주장했다. 국내 한 에너지 기업의 경우도 2022년 해상 가스전 광고 및 보도자료에 'CO$_2$ FREE' 'CO$_2$ 없는 친환경 LNG'를 사용한 것에 대해 환경부로부터 행정지도 통보를 받고 '저탄소 LNG'로 후속 조치를 취한 사례가 있었다.

ESG 성과를 부각하고 싶은 기업의 마음도 이해는 가지만 워싱된 공시는 큰 법적 리스크로 다가올 수 있다. 공시에서의 워싱을 피하기 위해서는 '모든 펀드자금이 ESG 품질 적격 검사를 받았다', '모든 사업장에 대한 안전성을 인증받았다'와 같은 포괄적인 진술을 피하고, 특히 사람의 생명 및 안전과 관련된 기업의 주장에 대해서는 합리적이고 사실적인 증빙 문서들을 신중하게 검토 및 확인해두는 것이 좋다. 또한 탄소 중립과 같은 '도전적인 목표'와 이행 중에 있다는 '구체적인 사실'을 명확하게 구분하여 정보 사용자에게 혼란을 주지 않도록 해야 한다.

높은 수준의 정보 신뢰성 및
엄격한 검증 준비

ESG 공시가 투자로 연결되면서 명확하고 비교 가능한 정보에 대한 요구가 증대되고 있다. 국내 KRX 정보공시 가이던스의 경우 검증을 권고사항으로 명시하고 있으나, ESRS의 경우 최소

3년은 제한적Limited 보증 수준을, 그리고 2026년부터는 더 높은 합리적인Reasonable 수준의 보증을 요구하고 있다. ISSB 역시 제3자의 검증 및 감독 관련 내용을 표준에 포함하고 있다.

모든 기업이 그런 것은 아니지만 일부 기업들은 검증을 요식 행위로 혹은 비용을 지불하고 구매하는 보증서 한 장 정도로 생각하는 경우도 있다. 하지만 ESG 보고서는 이제 더 이상 만만한 공시물이 아니다. 잘못된 기업 데이터가 공개되었을 경우 ESG 평가사에서 데이터 오류 및 불충분에 대한 직접 소명을 요구하는 경우도 많고, 그린워싱된 문구는 법적 제재로 이어질 수 있는 민감한 사항이기 때문에 검증 과정을 통해 정보의 정확성을 높이는 것이 좋다. 그리고 국내 검증기관들도 데이터 신뢰성에 대한 보증 책임이 있기 때문에 향후 검증 기준과 프로세스가 점차 엄격해질 것으로 예상된다.

이러한 상황에 대비하여 기업은 먼저 우리 회사 정보의 검증 가능성Verifiability을 강화해야 하는데, 정보는 검증이 가능하도록 정의·수집 및 기록되어야 하며, 정보의 공개는 재무보고서와 유사한 내부 통제 절차를 따라 관리되어야 한다. 그리고 검증사 및 검증 기준, 검증 유형을 선택할 때는 과정이 힘들지라도 우리 보고서의 품질과 신뢰성을 향상시킬 검증 기관과 높은 수준의 검증 유형을 선택할 것을 추천한다.

데이터 관리체계 구축 및
분석 역량 증진

디지털 플랫폼을 통한 ESG 데이터 관리 및 공시 시스템이 필요하다. 공시 관련 규제는 지속적으로 증가하고, 우리 기업의 ESG 수준을 평가하는 거래처도 점점 많아질 것이며, 관리해야 하는 ESG 성과 데이터의 숫자와 범위 역시 매년 증가할 것이다. 지금까지 대부분의 기업은 엑셀 스프레드시트 기반으로 데이터를 취합 및 관리해왔다. 하지만 데이터 수집 영역이 본사에서 연결회사, 연결회사에서 협력사로 넓어지면서 주관 부서는 타 부서의 수십 명 직원들에게 데이터를 요청하여 취합하거나, 때로는 지역 및 해외 사업장 또는 협력사로부터 데이터를 수집해야 한다. 이러한 프로세스는 번거로울 뿐만 아니라 취합 과정 중에 휴먼 에러가 발생하기 쉽다.

디지털 기반의 ESG 공시는 '정보 생산자' 입장에서는 교차 협업 및 소통을 증진하고, 운영상의 비효율성을 감소시켜 신뢰할 만한 공시체계를 구축하는 데 도움을 줄 것이다. 그리고 '정보 사용자' 입장에서는 기업의 정보가 디지털 태그가 가능하고, 기계가 읽을 수 있는 XBRL Extensible Business Reporting Language로 제공된다면 훨씬 더 비교 가능하고, 추적 가능하고, 신뢰성 높은 정보로 인식하고 정보를 사용할 수 있다.

국내에서는 2022년 말 SK하이닉스가 ESG 관련 데이터를 종합적으로 공개하는 지속가능성 보고 시스템 SRS을 구축하여 수

많은 ESG 데이터를 관리하고 시각화하는 등 선제적으로 데이터 관리체계를 마련했으며, 신한금융그룹에서도 데이터 투명성 증진을 위해 계열사 ESG 데이터를 포함한 그룹 ESG 데이터 플랫폼을 개발하여 이해관계자들에게 공시할 계획을 가지고 있다.

마지막으로 보고 기업이 ESG 데이터를 분석할 수 있는 역량도 필요하다. 지금까지의 ESG 공시가 데이터를 모아 보고하던 것이었다면, 앞으로는 데이터를 분석하고 문제를 파악하고 해결하는 역량을 키워야 한다. 근로자의 숫자가 증가했는데 임시직 노동자의 증가로 인한 것은 아니었는지, 자발적 퇴사가 늘어나고 있다면 그 이유는 무엇인지, 협력사의 환경 및 안전사고 건수가 증가했다면 그 이유는 무엇인지 등 쌓여가는 데이터가 주는 신호Signal를 잘 파악하여 문제를 해결할 방안을 마련하는 것이 필요하다.

길게 보고
기본기를 다지자 ─────────────

ESG 시대의 정보 공시 요구는 점점 더 강화될 것이다. 2030년까지 ESG 투자 규모가 130조 달러가 넘을 것으로 예상되는 만큼 더 많은 금융회사와 투자자들이 우리 회사의 ESG 정보를 요구할 것이며, 무역 장벽으로 다가오고 있는 기후·인권·노동·공급망 관련 각종 정책 및 규제의 끝자락에서도 역시 '공시'라는 과제를 마주하게 될 것이다.

급변하는 환경에서 언제까지 대응적Reactive 입장을 취할 수는 없다. 선제적인Proactive 방식으로 ESG 공시를 추진하기 위해서는 1년 단위의 공시 계획을 넘어 좀 더 긴 호흡의 중장기적인 공시 전략이 필요하다.

당장 기업이 당면한 규제 및 평가 그리고 투자자들의 요구사항에 대응하기 위해 우선순위가 높은 주제를 빠르게 선별하여 대응해야 할 수도 있다. 하지만 이러한 수동적인 방식의 대응형 공시는 당장 기업 생존에는 필요하겠지만 성장에는 큰 도움이 되지 않는다. 하나의 긴급한 규제를 대응해내면, 또 다른 규제가 다가올 것이며, 안정적으로 거래했던 거래처가 새로운 ESG 기준과 좀 더 도전적인 수준의 성과 공개를 요구할 것이다. 결국 우리 기업에 필요한 것은 공시 과정에서 기업이 가지는 위험과 기회 요인을 찾아내고, 이러한 요인들이 체계적으로 관리될 수 있도록 기업 경영활동에 내재화Embedding하는 것이다.

또한 대응을 넘어 주도적인 공시를 하기 위해서는 우리 회사의 공시 기본기를 다시 한번 단단히 해야 한다. 2021년 GRI 개정에서 강조하고 있는 지속가능성 보고의 기초Foundation는 '영향Impact', '중대 주제Material Topic', '실사Due Diligence' 그리고 '이해관계자Stakeholder'를 기반으로 한 ESG 공시인데, 이 4가지 개념은 시대가 변해도 변하지 않는 공시의 기본 원칙이다.

공시의 기본 원칙을 지키기 위해서는 기업의 활동 및 비즈니스 관계의 결과가 이중 중대성 관점에서 어떤 영향을 미치는지,

그리고 사람에게 미치는 부정적인 영향이 없는지를 면밀히 살펴보고, 가장 영향력이 큰 중대 주제에 집중하여 경영활동을 추진하고 공시해야 한다. 또한 식별된 각각의 중대 주제에 대해 상세하고 체계적으로 관리할 수 있는 실사 체계를 구축하여 부정적인 영향을 식별 및 예방하고, 완화하며 해결하는 구제 절차를 마련해야 한다. 그리고 마지막으로 우리 기업 이해관계자의 니즈를 면밀히 파악하고, 이해관계자들의 관심 및 기대 사항을 반영한 경영활동 및 공시를 추진해야 한다.

어떻게 보면 공시는 '결과물'과 관련된 이야기 같지만 ESG, 공시의 기본기는 '과정'에 초점이 맞추어져 있다. 외풍에 흔들림 없는 공시 체계를 갖추기 위해서는 지속적이고 정례적인 경영활동의 점검, 혁신 및 개선 활동이 필요하다. 또한 ESG 담당 부서 및 공시 담당자 개인의 노력이 아닌 명확한 거버넌스 체계를 기반으로 한 전사적인 참여와 총력전이 필요하다.

마치며

메가 리스크 시대,
ESG 경영의 골든 타임을 잡아라

지난겨울, 앞으로의 경제 전망과 기업들의 경영 계획 방향성 등을 확인하며 당분간 경제는 어려울 것이고 경영 환경은 더욱 쉽지 않을 거란 예감이 들었다. 그리고 이런 시기야말로 '가성비'가 좋고 '진정성' 있는 ESG 경영에 대한 접근이 더욱 필요하다는 생각이 들었다.

불확실성이 높아지는 시대, 리스크 관리 중심의 경영 체계를 수립하는 것은 너무 당연하다. 파도처럼 새로운 혁신이 우리를 향해 끊임없이 다가오고 있는데 그 뒤로는 경험하지 못한 위기도 함께 오는 형국이다. 규제로 인한 컴플라이언스 수준이 올라가고, 환경과 사회 가치에 대한 시장의 가격이 형성되면서 자연스럽게 새로운 시장이 만들어지고 있다. 이제 누가 그것을 빠르게 읽고 진입하고 있느냐의 문제만 남았을 뿐이다. 그렇기에 이 새로운 기회이자 위기에 더 꼼꼼하고 신중하게 다가가야 한다. 그것이 바로 ESG 경영이다.

ESG 경영과 거시적·미시적 변화

거시적으로 보면 ESG 경영으로의 패러다임 전환은 점차 미국과 EU를 중심으로 한 선진국의 경제 성장과 이익에 초점이 맞춰질 것이다. 중국 또한 패권국가가 되기 위해 ESG 경쟁력을 강화하고 있다. 이미 ESG는 정치와 경제, 규제와 통상, 산업과 기술이라는 측면에서 강력한 소프트 파워Soft Power의 요소가 되고 있다.

미시적으로 보면 ESG 경영은 대기업을 넘어 중소·중견기업까지 영향을 미치고 있다. 이는 ESG 경영이 기업의 가치 성장에 이익을 주며, '이해관계자 경영'이라는 기본 골격에 기업을 둘러싼 ESG 규제의 강화, 고객의 요구, 새로운 기술과 투자에 대해 정확하게 읽고, 준비할 수 있는 전략이기 때문이다.

전략이란 기업을 둘러싼 경영환경의 변화, 위기와 기회의 관점에서 명확한 목표를 세우고, 경영자원을 균형 있게 분배하고 통합적으로 조직의 능력을 발휘하는 것이다. 효율적인 의사결정과 일관성 있는 추진력을 통해 시장에서의 경쟁력을 만들고, 리스크를 줄이는 똑똑한 경영 전술들의 집합이다.

이때 전략에 가장 독이 되는 것은 유기적이지 못한 거버넌스,

즉 조직의 벽Silo이다. ESG 경영은 마치 오케스트라가 각 악기의 소리와 특성을 잘 알고 조화로운 화음을 만드는 것처럼 조직의 방향성을 알고 체계적으로 움직여야 한다. 그래서 주요 영역과 이슈에 대해 벽 없이 유기적이고 종합적으로 이해하는 것이 가장 중요하다.

이 책은 6명의 전문가가 한 권의 책을 유기적으로 엮어내기 위해 각자의 음색과 소리, 연주 방식에 대해 끊임없는 토론과 의견을 치열하게 나눈 결과물이다. 물론 쉽지 않았다. 그럼에도 우리는 결코 이 책을 통해 모든 기업과 조직의 'ESG 오케스트라 경영' 시작을 조금이나마 현명하고 올바르게 안내하고 싶다는 방향성을 놓치지 않았다. ESG 경영의 첫 단추를 끼우는 단계이든, 어느 정도 열심히 달려온 길을 돌아볼 단계든 이 책은 메가리스크 시대에 모든 조직이 점검해야 하는 주요 영역에서의 방향성과 이슈를 짚어줄 것이다.

지금을 위한 ESG 경영

ESG 경영을 너무 거창하고 부담스럽게 이야기할 필요는 없다. 또한 염세적이고 비관적인 관점으로 해석할 필요도 없다. 우리는 이제 ESG 경영 딜레마Dilemma에 빠질 여유가 없다는 것을 잘 알기 때문이다. 이미 ESG 경영이 완전히 새로운 형태의 경영관리가 아닌 것도 잘 알고 있다. 다만 기존의 체질을 바꾸고 기업의 쓰지 않던 근육을 길러내는 과정이기에 익숙해져야 하는 시간과 노력이 필요하다.

이제 하루는 따듯하다가 갑자기 다음 날은 추운 날씨가 어색하지 않다. 어쩌면 우리는 성큼 다가온 기후위기에 생존하는 하루하루를 이미 살고 있는 것일지도 모르겠다.

리스크 시대에 살아가는 기업들은 어떠한 경영무기를 준비해야 하는지 이 책을 통해 챙겨보자. 'ESG 생존 경영'의 골든 타임Golden Time이 오고 있다.

2023년
이준희

2장 초혁신 시대, 기술로 ESG 경영을 리드하라

- 유튜브: 대학생과 함께하는 ESG S경영에 대한 10가지 사례 공유 | ESG BP시리즈 | ESG TV | 대한상공회의소)
- 〈한겨레〉, 2021. 06. 04, '기후위기 최대 피해자' 사회적 약자 보호하는 복지국가 되려면…
- 〈아주경제〉, 2021.08.29, 안유화 칼럼, '불투명한 탄소배출권 거래, 블록체인 응용 시스템 구축은 필수다'
- 〈내일신문〉 2023.02.27, 탄소 줄이는 소비자 힘: '수리 정보, 소비자가 알 수 있도록 표시 의무화'
- 〈매거진 한경〉 2022.12.31, '상품별 ESG 정보 제공하는 디지털 여권'
- R&D의 진화, 이제는 X&D 시대, POSRI 이슈리포트, 2017.04.27
- 에너지엑스 블로그, '월마트의 기가톤 프로젝트: 공급업체들과 함께 탄소 배출량을 10억 톤 줄인다'
- 인터뷰, ESG 시장 진출, AI 기반 법률 규제 정보 서비스 '피스컬노트' 팀 황 대표, IMPACT ON(임팩트온) http://www.impacton.net
- 〈머니투데이〉 2021.06.14, '알쏭달쏭한 ESG 투자, AI가 직접 돕는다'
- IMPACT ON(임팩트온) http://www.impacton.net
- SOVAC Column, '2023년 5가지 ESG 주제별 전망과 시각', socialvalueconnect.com
- 〈SBS 뉴스〉 2022.09.15, '머뭇거리던 삼성전자도 "RE100" 가입 선언… 배경은?'
- 〈매거진 한경〉 2022.12.31, '상품별 ESG 정보 제공하는 디지털 여권'

3장 친환경으로 기업의 체질을 바꿔라

- 《지금 우리 곁의 쓰레기》, 슬로비, 홍수열·고금숙
- 《환경 전과정평가》, 동화기술, 김익·허탁
- 〈플라스틱 이슈리포트〉, 녹색연합
- 〈국내 자동차 LCA 온실가스 배출량 분석〉, 한국자동차공학회

4장 사람 없이는 기업도 없다

- 중소기업중앙회, 2023년 1월 11일 '30대 대기업 협력사 ESG 평가 보도자료'

5장 기업은 거버넌스 역량과 함께 큰다

- 《거버넌스 리스크 관리 컴플라이언스》, 연암사, 리처드 M. 스타인버그
- 〈ESG의 이해〉 http://www.esgeconomy.com, 'G'를 '지배구조'라 부르면 곤란한 이유
- 가습기 살균제 피해 지원 종합포털, https://www.healthrelief.or.kr
- 고용노동부, 산업안전보건법 위반사건 판결 분석 연구, (사)한국비교형사법학회 연구진(책임연구원 김성룡 교수 등), 2018. 12. 159면 참조

6장 제대로 된 ESG 공시로 기업의 가치를 높여라

- GRI(2014), Introducing sustainability reporting for SMEs
- GSIA(2018), Global Sustainable Investment Review
- GRI(2022), Public Sector Standards Setter Forum 웨비나 자료
- 〈Corporate secretary〉 2022.10.18, 'Are your ESG disclosures vulnerable to claims of 'greenwashing'?

ESG 생존 경영

초판 1쇄 2023년 5월 22일

지은이 | 이준희, 신지현, 전형석, 김소리, 조선희, 성진영

발행인 | 박장희
부문 대표 | 정철근
제작 총괄 | 이정아
편집장 | 조한별
책임편집 | 최민경
마케팅 | 김주희, 김미소, 한륜아, 이나현

디자인 | studio forb

발행처 | 중앙일보에스(주)
주소 | (03909) 서울시 마포구 상암산로 48-6
등록 | 2008년 1월 25일 제2014-000178호
문의 | jbooks@joongang.co.kr
홈페이지 | jbooks.joins.com
네이버 포스트 | post.naver.com/joongangbooks
인스타그램 | @j__books

ISBN 978-89-278-7982-4   13320

중앙북스는 중앙일보에스(주)의 단행본 출판 브랜드입니다.

엄마의 영화관

엄마의 영화관

내 아이와 함께하는 영화 보기, 세상 읽기

강안 지음

궁리
KungRee

프롤로그

부모를 위한 영화, 아이를 위한 영화…
영화가 우리에게 말을 걸어왔다!

『청소년을 위한 추천영화 77편』 두 번째 권 출간 후 5년 만입니다. '아이들을 위한 영화'도 필요하지만 '부모를 위한 영화'가 필요하다는 책망과 권유 사이에서, 아이들은 자라 성인이 되었고 부모가 되어갔습니다. 그런데 시간이 흐를수록 '부모의 자리'가 녹록지 않다는 걸 인정할 수밖에 없게 되었지요. 누군가 손을 잡아주고 조곤조곤 말을 걸어온다면, 한껏 위로가 될 것 같았습니다. 내 편이 되어주고 힘들겠다며 등을 도닥여주는 손, 그 손이 필요했지요. 제게는 영화가 그런 역할을 해주었습니다.

어느새 함께 나이 들어가는 내 부모, 커가는 아이들과 이웃, 세상 문제까지 아울러 성찰해볼 수 있는 시간이 필요했습니다. 관계와 소통 문제로 삶이 질척거린다고 생각할 때, 영화는 그 처방전이 되었지요.

영화를 골라 볼 때마다 마음의 상태를 읽게 됩니다. 마음이 영화를 선택하고 그 영화로 인해 마음이 움직이기도 합니다. 골라 본 영화 한 편이 하루, 일주일, 한 달, 오랫동안 마음을 움직이며 삶에 변화를 가져올 때가 많았습니다. 영화에 빚을 지게 된 것이지요. 그렇게 마음을 추스르게 하는 영화, 관계를 새롭게 열어가고 마음에 여유를 주는 영화를 모았습니다.

앞서 출간한 두 권의 책에 소개된 영화 150여 편을 골라 보며 가족 간 대화의 시간이 많아졌다는 얘기를 자주 들었지요. 서로 말이 터지면서 관계가 좋아졌다는 얘기는 큰 감동을 주었습니다.

우리 모두 스마트폰, 인터넷 등 다양한 매체 속으로 숨기 쉬운 세상입니다. 1인가구가 늘어가고 부모와 자식, 형제 자매간 얼굴 보기도 어렵다지요. 가족이 뭐 이래? 하면서 하루하루 지나갑니다. 각자 생활 패턴이 다르니 어쩌다 마주하면 어색하고, 보자니 껄끄러운 관계가 되어가지요. 그렇다고 함께 묶어줄 어떤 장치 또한 마땅치 않습니다. 영화가 그 자리를 메워 서로의 마음을 들여다볼 수 있다면 참으로 고마운 일입니다.

모든 초점이 자식에게만 맞추어져 있는 부모가 많지요. 다 내어주고 쭉정이만 남는다는 걸 알면서도 그 길을 가는 게 부모 마음입니다. 우리의 부모가 그랬으니까요. 우리 아이들이 부모가 되면 그런 부모의 마음을 닮아갈까요? 지금과는 다른 어머니, 아버지상을 만들어갈까요?

'자주 꽃 피는 감자는 캐보나마나 자주 감자, 흰 꽃 핀 감자는 캐보나마나 흰 감자'라는 동시는 '부모를 보면 자식이 보이고, 자식을 보면 부모가 보인다'는 의미로 이해할 수도 있겠습니다. 참 무서운 말입니다. '부모는 자식의 거울'이라는 말 때문에 정신이 번쩍 들기도 합니다. 아이들은 부모의 영향 아래 클 수밖에 없으니까요. 아이를 키우는 동안 영화는 저희 가족에게 큰 힘이 되었습니다. 영화를 함께 보는 동안 영화 속 인물들은 부모로서 쉽게 할수 없는 말을 아이들에게 대신해주었지요. 아이들 또한 그랬겠지요. 그 덕에 아이들과 좋은 관계를 맺고 끊임없이 소통할 수 있게 되었습니다. 영화란 인간의 삶을 총체적으로 보여주는 현장이기도 하니까요. 한 편 한 편 우리 삶의 일부로 이해하니 관계와 소통이 쉬워진 것입니다.

이 책 『엄마의 영화관』에는 부모와 자녀가 따로 또 같이 볼 만한 영화가 소개되어 있습니다. 그 주제는 삶과 죽음, 관계와 소통, 전통과 현대, 전쟁과 인권, 성과 문화 등 다양합니다. 이를 통해 우리의 가족이 좀 더 유쾌하고 단단해질 수 있다면 얼마나 좋을까요.

영화의 교육적인 활용을 다각적으로 모색해야 할 때입니다. 많은 학생들은 '보다'를 '읽다'보다 선호합니다. '보다'는 '읽다'보다

심리적인 부담을 덜어주기 때문이지요. 예를 들어 '책을 읽다'는 많은 시간을 필요로 하지만, '영화를 보다'의 경우 그렇지 않은 것입니다. 무엇이 더 중요하다고 말할 수 없겠지만, 짧은 시간 동안 다각적인 생각과 총체적 성찰의 시간을 가져볼 수 있다는 점에서 영화는 용이한 텍스트가 될 수 있습니다. 하지만 읽는 것과 보는 것에는 분명 차이가 있기 마련이지요. 그런 차이를 부모나 교사가 이해하고 영화 보기를 이끌어준다면, 영화는 분명 아이들에게 좋은 교재가 될 수 있을 것입니다.

책읽기를 좋아하는 아이들은 책을 선호하겠지요. 그런데 책읽기를 싫어하는 아이에게 굳이 책읽기를 고집할 필요는 없습니다. 책을 대체할 제2의 텍스트를 찾아주는 것이 부모의 역할 아닐까요? 그에 앞서 사전 준비가 필요합니다. 그 준비하는 과정에 이 책이 도움이 되었으면 합니다. 아이들이 세상을 열어가는 데 영화는 훌륭한 길잡이 역할을 할 수 있을 것입니다. 그에 대한 인식과 더불어 부모로서 삶에 대한 성찰의 시간이 필요했다는 게 이 책을 엮게 된 이유이기도 합니다.

모쪼록 이 책을 통해 모두의 삶이 좀 더 너그럽고 자유로워질 수 있다면 참 기쁘겠습니다.

이 책의 제목에는 '엄마'라는 말이 붙어 있지만 저희 집은 주말마다 '아빠의 영화관'이 문 열었습니다. 옆지기 이승민 씨에게 고

맙습니다. 못생긴 얼굴에 멋진 옷을 입혀준 궁리출판에도 감사의
마음을 전합니다.

봄의 문턱에서
강안

차례

우리가 놓치고 있는 것들
: 아주 가까운 타인, 가족을 보다

2부 사랑일까?
: 사랑 혹은 그 무엇에 관하여

3부 나는 당신의 삶을 응원한다
: 내 아이와 함께하는 세상 읽기

4부 이 세상 누군가 울고 있다
: 더 큰 공존, 함께하는 삶을 위하여

5부 삶의 강을 건너다보면
: 전반전이든 후반전이든, 삶은 아름다운 것

1부

우리가
놓치고
있는 것들

아주 가까운 타인,
가족을 보다

이별까지 7일(ぼくたちの家族, 2014)
감독_ 이시이 유야

함께 산다는 것은

어느 날 얼굴 마주하고 살던 가족으로부터 '살 수 있는 날이 일주일밖에 남지 않았어'라는 말을 듣는다면 마음이 어떨까요? 온전히 그 말을 믿을 수 있을까요? 이럴 때 나올 수 있는 말이 바로 '어처구니없다'입니다. '일이 너무 뜻밖이어서 기가 막히는 듯하다'는 것이지요.

기르던 애완동물은 물론이고, 이웃이 세상을 떠났다고 하면 우울해집니다. 그런데 가족 중 누군가가 이런 일을 당했다면 속된 말로 '멘붕' 상태가 되겠지요. 더욱이 그 주인공이 어머니라면 더욱 그럴 것입니다.

비록 영화적 서사지만 종종 그런 일이 주위에서 일어나기도 합니다. 이런 황망한 일들은 어느 특정한 가족들만 겪는 게 아니라 누구나 겪을 수 있는 일입니다. 삶이란 예측할 수 없으니만큼 이런 일로부터 자유로울 수 없지요. 말도 안 되는 사건 사고로 가족을 잃은 사람들이 하는 말은 거의 한결 같습니다.

"아침에 얼굴도 못 보고 헤어졌어요."

"어젯밤에 싸우고 화해도 못 했는데……."

"사랑한다는 말 한 번 못 했어요."

가족의
민낯

가족이란 한 집에 사느니만큼 새롭지 않습니다. 자기 일에 집중해 바쁘다 보면 서로 신경을 덜 쓰게 되지요. 그렇게 데면데면 지내다 무심하게 시간이 흘러갑니다. 그러던 어느 날, 가족 중 누군가 황당한 일을 당하고 나서야 자신이 가족 구성원 중 한 사람이었음을 깨닫게 되는 경우도 있습니다. 그때에야 한마음이 되어 상황에 집중하지요. 늘 그 자리에 있는 가구처럼 있을 때는 몰랐는데 떠나고 나니 그 사람이 그립고 허전합니다.

삶과 행복, 가족에 대한 관심을 끊임없이 가져온 이시이 유야 감독은 묻습니다. 가족 중 한 사람이 곧 떠난다고 말했을 때 당신은 어떻게 할 건가요? 더욱이 그 사람이 늘 내어주기만 하다 빈껍

데기만 남은 어머니라면. 소중한 사람이 세상을 떠나게 되었을 때 당신의 삶은 어떻게 변할 것인가, 어떻게 변해야 하는가라고 말이지요.

평소 말수 적은 큰아들은 결혼해 분가해 살며 좀처럼 집에 오지 않습니다. 작은아들은 즐겁게 사는 것이 삶의 목표인 양, 부모에게 용돈 받아쓰며 생각 없이 사는 철없는 대학생입니다. '아내와 아이들이 없다면 대출 받아 집을 사지도 않았고, 열심히 살지 않았을 것'이라며 생활비도 제대로 주지 않는 아버지가 있습니다. 생활비 때문에 대출을 받아야 하는 어머니, 가족은 그렇게 살아갈 수밖에 없었던 것처럼 그럭저럭 살아가고 있습니다.

그러던 어느 날, 건망증일 거라고 생각했던 어머니의 기억력에 문제가 생기며 뇌종양 말기라는 의사의 선고가 떨어집니다. 청천 날벼락입니다. 그것도 살 수 있는 시간이 7일 정도라니, 가족 모두 그 사실을 받아들일 수 없습니다.

어머니가 병원에 입원하게 되었지만 수술비가 만만치 않지요. 수술비 마련이 어려운 현실입니다. 그런데 평소 말없는 큰아들 코스케가 임신한 아내와 아기를 위해 마련해둔 예금통장을 가져옵니다. 철없는 둘째아들 슌페이는 어머니를 치료하기 위해 여기저기 병원을 찾고 아르바이트까지 생각합니다. 아버지는 자식들에게 폐를 끼치고 싶지 않다는 선언을 하고, 어머니는 자신의 물건을 팔아 장례를 치러 달라는 유서를 화분 아래 숨겨두었습니다.

순진한 아이가 되어 가족조차 알아보지 못하는 어머니, 가족들 얘기를 시작합니다. 돈도 못 벌어오는 무능한 남편과 속을 알 수 없는 자식들에 대한 불만을 털어놓으면서도, '사랑하기 때문에 가족을 버릴 수 없다'고 말합니다.

가족의 평범했던 삶이 엄마의 남겨진 7일을 두고 변하기 시작합니다.

마주
본다는 것은

"세월이 흐르고 나이가 들면서 무언가를 바라보는 시선은 계속 바뀐다고 생각합니다. 저 역시 돌아보면 10대 때 생각했던 것이 지금은 바뀌었고, 앞으로의 40, 50대도 계속해서 생각이 바뀌어갈 것 같아요. '가족이란 이런 것이다'라는 것을 말하고 싶었던 게 아닙니다. 그건 알 수가 없고, 앞으로도 모를 거예요. 그렇다고 무시해도 되느냐고 묻는다면, 그건 아니죠. 익숙하지 않고, 때론 귀찮더라도 가족은 마주해야 하는 것 같아요. 포기하면 안 되고, 생각하지 않으면 안 되는 것이 가족 아닐까요? 마주한다는 건, '보다'라는 의미예요. 가족이 함께 있는 건 당연한 것, 모두들 특별하다고 생각하지 않으니까 놓칠 수 있죠. 하지만 그런 것들이 나이가 들면서 바뀌어가고요.”

이시이 감독이 인터뷰를 통해 밝힌 가족에 대한 생각입니다. 감독은 이 시대를 살아가는 가족에 대한 보편적 진실을 말하고 있는 것 같습니다. 이 시대 가족의 민낯 아닐까요?

가족에 대한 여러 정의가 있겠지만, 대체로 가족이란 부모, 부부, 자식이 일상생활을 공유하는 공동체집단을 말합니다. 애정을 바탕으로 이루어진 일차적 사회집단이라고 할 수 있지요. 혈연으로 맺어진 만큼 관심과 사랑이 기본입니다. 그런데 과연 그럴까요? 현대사회 가족이란, 남보다 못한 관계를 유지하는 경우도 있으니까요. 부모와 자식, 형제자매 간에도 이익 앞에서는 한 치 양보 없는 전쟁을 벌입니다. 부모 부양문제로 자식 간에 싸우고, 형제끼리는 재산문제로 법정공방을 시작하며 반목하게 되지요. 부모가 가지고 있는 재산에는 관심이 많은데 부모의 삶에는 별 관심이 없는 경우가 많습니다.

부모란 늘 그 자리에서 사랑해주고 베푸는 자선냄비 같은 존재이길 바랍니다. 최대한 자식의 생활에 도움이 되어야 한다고 생각하지요. 늘 주는 존재라는 생각이 지배적입니다. 그렇다보니 자식들은 받는 데 익숙해져 있는 게 사실입니다. 나이 들어 자식에게 도움이 되지 못하는 부모는 자식들로부터 대접받지 못한다는 말, 믿고 싶지 않은 현실이지요.

만나서 즐거운 시간을 보내려고 손자들이 방문할 때마다 용돈을 준다는 어느 부부의 얘기는 사랑과 관심이 돈으로 대치되는 자본주의사회의 속살을 여실히 드러내는 일례입니다. 돈으로 사랑과 관심을 구걸하고 관계를 이어가는 것이라는 생각을 지울 수가 없습니다. 봉투를 주는 부모나 받아 챙기는 자식, 당연히 손자들도 그 봉투에 익숙해지겠지요. 돈을 주는 부모가 처음엔 고맙겠지만 끝까지 고마워할까요?

익숙하면서도 낯선 존재, 가족

부모와 자식의 관계라는 게 참 어렵습니다. 부모란 아프지도 말아야 하고 주어야만 하는 존재, 게다가 자신의 건강쯤은 알아서 챙겨야 하고 자식들에게 짐이 되어서는 결코 안 되는 존재로 흔히 말하는 구구 팔팔 이삼 사(아흔아홉까지 팔팔하게 살다 이틀 아픈 뒤 삼일째 죽는다)를 실천해야 하는 사람들일까요? 가족이란 혈연관계이지만 살아가면서 소통하지 못해 소원해지며 반목하는 경우, 무엇이 가족관계를 이리 어렵게 만들었을까요? 다양한 이유가 있겠지만, 감독은 이런 가족 간 관계에 대해 많은 생각을 해온 것 같습니다. 이 영화는 하야미 가즈마사의 자전적 소설 『모래 위의 팡

파르』를 원작으로 하고 있지만 소설과는 많이 다릅니다. 이야기를 스크린에 모두 담아내기는 어려웠을 테지요. 원작 중 '어머니의 일기' 부분이 빠져 있지만, 감독의 탁월한 연출력은 현대를 살아가는 가족의 맨 얼굴을 여실히 보여주고 있습니다. 타인처럼 살아갈 뻔했던 가족이, 기억을 잃고 시한부 판정을 받은 어머니를 통해 마주보기를 시작했다는 것, 우리 모두에게 과제가 아닐까요?

낳을 자식을 기다리며 모아놓은 통장은 큰아들 코스케 부부의 미래이며 꿈이기도 합니다. 현실적으로 그런 통장을 어머니 수술비를 위해 흔쾌히 내놓은 자식, 흔치 않습니다. 자식이 결혼해 가정을 가지면 그 부모는 뒷전으로 밀려날 수밖에 없다고 흔히 말하지요. 그런데 아들 코스케가 그 말을 무색케 했을 뿐 아니라 둘째 아들 또한 철이 들어갑니다. 어머니의 치료를 위해 동분서주하고 병원비를 걱정하지요. 무뚝뚝하고 빚만 지고 살았던 아버지도 변하게 됩니다. 연쇄반응입니다. 쉽지 않은 일을 누군가 먼저 하게 되니 또 다른 마음이 움직이게 된 것입니다. 그런데 왜 이런 일을 겪고 나서야 변화가 일어나는 걸까요? 이시이 감독의 말처럼 당연시되었던 것들이 낯설게 될 때, 놓치고 살아온 것들이 보이는 법입니다.

가족을
다시
마주하다

이런 이야기가 영화적 소재가 되었다는 것 자체가 아이러니입니다. 새삼 이런 영화에 감동하고 아파하는 건 들키고 싶지 않은 가족 간의 치부와 마주했기 때문이 아닐까요? 이웃사촌만 못하고 데면데면 있으나마나 한 존재, 단 한 번도 진실한 대화를 나눠본 적 없고 개인의 욕구에만 충실했다면, 마음의 벽을 허물고 내 옆의 가족과 마주보기를 해야 할 때입니다.

 영화를 보는 몇 개의 시선

1 · "가족이란 당연히 함께하는 것이라는 생각 때문에 놓치는 것이 많다"고 한 감독의 말에 동의하나요? 왜 그렇지요?
2 · 가족의 민낯에는 어떤 것들이 있을까요? 다양한 예를 들어 얘기해볼까요?
3 · 행복의 가치와 기준은 무엇일까요?

동경가족(東京家族, 2013)
감독_ 야마다 요지

가족이란 무엇일까

　가족이란 무엇일까요? 생물학적으로 연결된 존재, 아니면 한 집에 살면서 티격태격 미운 정 고운 정 들어가는 사이? 생물학적으로 연결되어 있으나 떨어져 살며 가끔 얼굴을 보고 안부를 묻는 관계일까요? 그렇다면 타인과도 얼마든지 그런 관계로 지낼 수 있으니 그런 관계를 굳이 '가족'이라고 규정할 수는 없을 것입니다. 그렇다면 추억을 나눈 존재, 그 정도일까요?

　인간의 이기심과 그 속에서도 인간만이 희망이라는 따스한 메시지를 담고 있는 영화가 〈동경가족〉입니다. 이 영화는 일본을 대표하는 거장 오즈 야스지로 감독의 〈동경 이야기〉를 재해석한 영화로 2013년 제작되었습니다.

자식들을 찾아
상경한 노부부가
마주친 것들

작은 섬에 사는 히라야마 부부는 도쿄(동경)에서 지내는 자식들을 만나기 위해 자식들이 좋아하는 것들을 싸들고 상경합니다. 큰아들 코이치는 의사, 둘째딸 시게코는 미용사, 막내아들 쇼지는 비정규직으로 일하는 무대 디자이너입니다. 막내 쇼지는 신세대답게 중고로 사들인 외제 승용차에 집착하며, 자유로운 삶을 원합니다. 부부에게 그런 막내아들이 늘 걱정입니다. 번듯한 직업이 아닌, 생소한 '무대 디자이너'라는 일은 노부부에게 그저 낯설 뿐입니다.

좋은 직업을 가진 큰아들과 둘째딸은 늘 바빠 모처럼 상경한 부모에게 시내 구경 한 번 시켜드리기가 힘이 들고 손자들은 노부부에게 방을 내주고 불평이 가득합니다. 결국 큰아들과 둘째딸이 효도한다며 노부부를 고급호텔에 묵게 하지만, 노부부는 근사한 침대에 누운 채 도시의 불빛에 잠을 설치고, 호텔 레스토랑에서 아침을 먹지만 여간 마음 불편한 게 아닙니다.

그런데 갑작스런 아내의 죽음을 맞게 된 히라야마 씨. 고향으로 돌아와 아내의 장례를 치릅니다. 그런 그에게 막내 쇼지와 애인 노리코는 큰 힘이 됩니다. 그들은 시골집에 남아 지붕을 수리하고 히라야마 씨를 돌봅니다. 히라야마 씨는 아들의 애인에게 아내가 평생 차고 있던 손목시계를 건넸습니다. 노리코가 그 손목시계를 차고 도시 도쿄의 일상으로 돌아가고, 히라야마 씨는 시골집에 혼자 남게 되었습니다.

일상의 침입자가 된 노부부, 우리 안의 불편한 진실

영화는 노부부가 일주일을 보내며 겪는 에피소드와 죽음을 통해 가족의 의미를 되짚어보는 성찰의 시간을 요구합니다. 어느 집 노부부의 이야기일 뿐 아니라, 현대를 살아가는 우리 모두의 이야기지요.

갑자기 나타난 노부모를 일상의 침입자처럼 대하는 자식들은 어쩌면 우리의 모습 아닐까요? 달갑지 않은 손님, 삶의 흐름을 방해하는 침입자라는 의식은 자식뿐 아니라, 잠자리를 내어주고 불평하는 어린 손자들에게로 이어집니다. 노부부의 방문은 그리 반가운 일이 아닙니다. 극단적인 표현일지 몰라도 가족이 아니라 작은 이익집단을 보는 듯해 불편해지기까지 합니다. 어쩌면 우리 안에 있는 불편한 진실을 만났기 때문이 아닐까요?

이런 현상은 전 세계적으로 닮아 있지 않을까요? 고향에 남은 늙은 부부, 도시로 떠난 자식들, 혈연으로 맺어진 관계라지만 자식은 부모를 돌볼 수 없게 되었고, 부모는 어느 새 짐이 되어 서로를 버거워하는 관계가 되었습니다. 늘어가는 수명에 반해 부모와 자식 간의 관계는 점점 더 소원해지는 현실입니다. 이 영화의 목적이 부모에 대한 자식들의 책임을 일깨우고, 자식들의 이기심만을 책망하려는 것만은 아닌 듯합니다. 가족 간 소통의 부재와 이기심만을 지적하고 비난하는 데 그치지 않습니다. 과거와 현재, 세대와 세대, 삶이 진행되는 동안 관계가 단절되지 않도록 함께 힘써야 한다는 것이지요.

마냥 미덥지 못했던 막내 쇼지였지만, 지진 재해 지역 봉사활동에 참여하기도 하고, 거기서 만난 노리코와 미래 설계도 하고 있습니다. 두 젊은이의 역할은 여기서 그치지 않습니다. 어찌 보면 구시대의 유물인 어머니의 손목시계를 기쁘게 받아들이는 노리코를 보면서 세대 간 이해와 소통에 대한 긍정적 시선이 큰 울림으로 다가옵니다. 비극이란, 절망이 아니라 출발선이 될 수도 있다는 것이지요.

어쨌거나
살아가야 하는,
우리는 혼자일까?

진정한 깨달음은 반드시 무언가를 잃고 난 다음에만 오는 것일까요? 어머니의 죽음을 자식에게 담담히 이야기하는 아버지, 장례 후 제자리를 찾아 일상으로 돌아가는 자식들을 보면, 그 어떤 상황이 닥쳐도 살아내는 게 우리 삶일 수밖에 없다는 허무와 체념을 만나게 됩니다.

원작이 전후 세대의 가족을 조명했던 것처럼, 이 영화가 2012년에 촬영이 시작된 걸 보면 2011년 3.11 동일본 대지진 이후 현실적 고통과 상처를 입은 채 살아가는 이들에 대한 감독의 따뜻한 시선이 느껴집니다. 지진으로 세상을 떠난 친구의 부인을 찾아가 위로하는 히라야마 씨나, 지진 현장 봉사에 참여한 쇼지 커플을 보면, 누구든 삶의 근간을 잃었다 해도 결코 혼자가 아니라는 사실을 잊지 말라고 다독여주는 손길을 느낄 수 있지요.

특히나 쇼지의 애인인 노리코라는 인물은 불행을 희망으로 바꾸는 메신저 역할을 합니다. 재난 지역을 찾아가고, 남자친구의 어머니와 소통하는가 하면, 홀로 남은 아버지 히라야마 씨 곁에서 빈자리를 채우려 하지요. 세대 간 거리를 없애고 가족 간 화합과 일치를 만들어가는 것은 아무래도 젊은이들의 몫이라는 것입니다. 게다가 노리코가 그들과 잘 지내는 것을 보면 가족의 조건이 꼭 혈연관계만은 아님을 알게 되지요. 가족이란 '혈연관계만이 아닌 사랑과 관심으로 맺어진 관계'라는 사실을 아우르는 작품입니다.

의연한 노인,
나아가는
젊은이들

일본과 해외 영화제를 휩쓸며 100편 이상의 영화를 만들어온 거장 오즈 야스지로. 그의 대표작 〈동경 이야기〉를 새롭게 리메이크한 이 영화는, 현대 일본 가족의 단상을 통해 평범한 가족의 해체와 소외를 현실적으로 보여줍니다. 자식들은 물질적인 것을 효도로 여기고 이를 통해서만 마음을 보여주려고 했지요. 고급 호텔에서 재우고, 레스토랑에서 아침을 먹게 했다고 노부부가 행복했을까요? 갑작스런 어머니의 죽음은 어찌 보면 개연성이 떨어져 보일 수 있으나, 이 영화에 담긴 담론은 전 세계 공통의 문제라는 생각입니다.

한편, 이 영화를 더욱 돋보이게 하는 데는 음악의 힘이 큽니다. 미야자키 하야오 작품의 음악을 도맡아온 거장 히사이시 조가 마음을 담아 오랫동안 준비해온 것이라고 하는군요. 영화의 잔잔한 분위기에 걸맞게 따스하고 깊이감이 느껴집니다.

엄청난 재난과, 방향을 잃은 듯한 일본의 현재를 바라보는 감독의 안타까운 시선이 영화의 전반을 지배하지만, 마루에 꼿꼿하게 앉아 빈자리를 견뎌내는 히라야마 씨와, 삶을 성실하게 살아내려는 쇼지와 노리코를 통해 삶이란, 견디며 한 발짝씩 내딛는 것이라는 사실을 다시 한 번 확인하게 됩니다.

 영화를 보는 몇 개의 시선

1 · 이기적인 가족의 행태는 이 시대를 살아가는 모두의 모습입니다. 무엇이
문제일까요?
2 · 고령화사회를 위한 이상적인 가족 형태와 생활 방식을 새롭게 제안할 수
있을까요?
3 · 세대 간의 간극은 어떤 방법으로 메울 수 있을까요? 대안으로 제시된 막
내 쇼지와 애인 노리코의 모습은 과연 현실적인 답이 될 수 있을까요?

윈터 슬립(Kis Uykusu, 2014)
감독_ 누리 빌게 제일란

먼저, 나에게 말 걸기

곰이나 다람쥐같이 동면(冬眠)하는 동물들은 날씨가 추워지면 활동을 멈춘 채 겨우 숨만 쉬거나 먹지 않으며 꼼짝하지 않는 경우도 있다고 합니다. 이들처럼 자신의 삶에 변화를 허락하지 않은 한 남자가 있습니다. 누리 빌게 제일란 감독이 선보인 영화 〈윈터 슬립〉은 인간의 내면에 내재된 알레고리적 속성을 다양한 은유와 상징을 통해 보여주고 있습니다.

흔히 불교에서 '카르마'라고 하는 인간의 습성은 쉽게 변하지 않는다고 하지요. 타고난 것이든 환경에 의한 것이든 시간이 흐르며 내면화된 한 인간의 고유한 정체성이니까요. 한 인간의 정체성을 객관적으로 정확하게 설명하기란 그리 쉽지 않지만, "내가 나를 모르는데 내가 너를 어찌 알겠느냐?"라는 드라마 삽입곡처럼 인간은 자신이 누군지 모르고 사는 경우가 많습니다.

우리가
함께할 수
있을까?

유전자와 염색체, 살아온 환경이 다른 사람들이 만나 가정을 이루고 공동체의 일원이 되기도 하니 언쟁과 싸움, 상대방을 쉽게 판단하고 오해하며 폄훼하는 경우도 많습니다.

'천상천하 유아독존'이라는 말처럼 인간은 태어나면서부터 유일한 존재라는 건 확실합니다. 하지만 결코 혼자 살아갈 수 없는 존재이지요. 상대방이 나와 달라 이 꼴 저 꼴 보기 싫으면 무인도의 삶을 택할 수도 있을 것입니다. 그런데 로빈슨 크루소가 왜 27년 동안 끊임없이 섬 밖으로 나오려 했을까, 라는 물음에 봉착하면 인간이란 결코 혼자 살 수 없다는 결론에 이르게 됩니다. 누군가와 대화를 하고 등을 기대 함께 살아간다는 것이 얼마나 소중한가를 뼈저리게 느끼면서 말이지요.

그런데 누군가와 함께 살아가는 일이 그리 만만하지는 않습니다. 뇌과학자들에 의하면 인간의 뇌는 부정적인 것에 먼저 반응하도록 진화되었다고 합니다. 그런 부정적인 뇌를 가지고 나와 맞지 않은 타인과 소통한다는 건 참 어려운 일입니다. 그러니 수도승은 끊임없이 '깨달음'을 향해 정진하며, 사제는 평생 수도원에 살고, 프로이트를 비롯한 많은 연구자들은 인간 실체에 대한 연구에 평생을 바치기도 했겠지요.

동면에서
빠져나오려면

신경심리학자 릭 핸슨 박사는 '긍정적인 경험에서 인간의 행복 에너지가 만들어진다'고 말합니다. 부정적인 것에 예민한 뇌가 긍정적인 뇌로 진화할 수 있다고 밝힌 다니엘 에이멘 박사는 과거 인간의 뇌가 부정함으로써 생존에 유리했다면 현대에는 위협을 느낄 필요가 없어 긍정적으로 바뀌어간다고 합니다.

아무리 뇌가 진화한다고 해도 자신을 객관적으로 바라보고 온전히 드러내며 타인과 소통하려 애쓰는 사람이 얼마나 많을까요? 『이기적 유전자』의 리처드 도킨스 박사 또한 '생명 있는 것은 모두 이기적'이라고 했지요. 사실 인간은 본능적으로 이기적이라는 게 지배적인 견해입니다. 그러다보니 자기 딜레마에 빠지기 쉽습니다. 나의 최선이 타인에겐 최악이 될 수 있듯 자기 생각만을 내세우며 타인의 삶을 인정하지 않는다면 매사 충돌할 수밖에 없습니다.

영화 〈윈터 슬립〉의 주인공 아이딘뿐 아니라, 인간이라면 자신의 기질적인 습성을 바꾼다는 게 그리 쉽지 않습니다. 정도의 차이는 있겠지만 가능한 자신을 포장하며 살아가지요. 겉으로는 남을 위하는 척하지만 속으로는 실속을 차리며 자신의 품위를 잃지 않으려고 도덕적 양심을 운운하기도 합니다.

자신의 문제점을 인식하고 그로부터 빠져나오는 데는 시간이 다소 걸리겠지요. 하지만 동면 상태로 삶을 마감하는 건 서글픈 일입니다. 아내와 여동생의 신랄한 비판, 세입자의 어린 아들이 차창에 던진 돌멩이 하나로 '동면'에 빠져 있던 남자, 아이딘의 마음이 마침내 흔들리기 시작했습니다.

인간의
보편적인 삶

전직 배우 출신으로 터키의 카파도키아에서 아버지로부터 물려받은 호텔 오셀로를 운영하며 젊은 아내 니할과, 이혼하고 돌아온 여동생 네즐라와 사는 아이딘은 지역 신문에 칼럼을 연재하고 연극사를 집대성하려는 야심을 품은 중년남자입니다. 그는 자신에 대한 주위의 도덕적 평가에 신경을 쓰고 품위를 지키려 지역사회를 위해 적당히 기부도 하면서 자기관리에 철저합니다. 그런데 어느 날, 세입자의 어린 아들이 던진 돌멩이에 그의 자동차 유리가 박살나며 그의 삶에 균열이 생겼습니다. 그는 집사를 내세워 세입자에게 밀린 세를 채근하기도 하고 세를 내지 못하는 세입자의 물건을 압류해 들고 오기도 합니다. 호텔 입구 비포장도로에 자갈을 깔라는 친구의 말에는 "자연의 가치를 아는 사람만이 자신의 호텔을 올 수 있다"고 할 만큼 자신이 운영하는 호텔을 자랑스러워하며 자신의 일에 소중한 가치를 부여하는 꽤 고집이 센 사람입니다. 때론 동생과 아내에게 칼럼을 읽어주며 설전을 벌이고, 자신의 뜻과 상반된 의견은 묵살해 자신의 주장을 관철시키려 애쓰는 자기기만에 능통한 인물로, 타인의 삶을 위하는 척하면서도 사실 실리적이며 자신의 잣대로 타인을 평가, 폄하하기도 하지요.

지역이기주의에 대한 문제점과 지역 공동체의 비전을 제시하는 칼럼을 신문에 기고하면서 여동생, 아내와 논쟁을 벌이는 과정에서는 가난한 지역주민들에 대한 연민보다는 그들의 게으름과 무능을 탓하며 도덕적 위선을 드러냅니다. 그럴 때마다 여동생과 아내의 비난을 받지만 그는 그들을 세상물정 모르는 철부지쯤으로 여깁니다. 그런 그에게 어느 날 아내 니할이 날카롭게 그의 폐부를 찌릅니다.

"남을 위하는 척하는 게 더 힘들어요."

가난한 학교와 지역공동체를 위해 일하는 아내의 씀씀이를 탓하며 허세라고 생각하는 아이딘, 자신의 삶을 경멸하는 아내의 냉기를 견디기 어려워 집을 떠나 겨울을 이스탄불에서 보내려고 합니다. 그러던 그가 발길을 돌려 혼자 사는 친구 집에 들릅니다. 친구와 사냥을 하고 며칠을 보낸 그가 다시 집으로 돌아오는데 그의 아내 니할이 이층 창가에 서서 지켜보고 있습니다. 반백이 된 아이딘의 머리 위로 눈이 내립니다. 표정 없이 내려다보는 아내를 올려다보며 아이딘이 고백합니다.

"내 안의 전혀 새로운 사람이 나를 돌아오게 만들었다. 사랑하지 않아도 나를 싫어해도 당신과 함께하는 삶을 살고 싶다."

당신 안에
내가 있었음을

영화의 엔딩장면은 아이딘이 마침내 '동면'으로부터 나와 아내 니할에게 용서를 구하는 독백으로 끝이 납니다. 한 남자의 고독과 깊은 슬픔을 엿보게 되는 장면입니다. 당신이 나를 사랑하지 않는다 해도 당신과 함께하는 삶을 살고 싶다는 남자, 예전에 이런 나를 상상도 할 수 없었지만, 긴 겨울잠에서 깨어나 보니 자신 안에 새로운 사람이 있었다는 사실까지 고백하며 그는 아내의 노예여도 좋으니 용서해 달라고 청합니다. 그의 독백은 위선에 차 품위를 잃지 않으려고 애쓰던 한 인간이 단 한 번도 드러내 보인 적 없던 자신의 치부를 내보이는 깨달음의 순간입니다. 자존심과 허위를 내려놓았기에 할 수 있는 고백이지요.

이제야 자신을 객관적으로 볼 수 있게 된 아이딘, 타인의 삶을 냉혹하게 재단하고 폄하해 소통의 부재를 낳았던 자신의 참모습을 비로소 보았다는 뜻으로 이해해야겠지요. 위선과 아집으로 똘똘 뭉친 그의 모습은 어쩌면 나의 모습이며 모두의 모습 아닐까요?

자신이 생각하고 원하는 것만 보인다는 말이 있듯, 자신을 객관적으로 보기란 쉽지 않습니다. 자신이 가지고 있는 습성대로 상대방을 재단하고 평가하며 비난하는 게 어디 아이딘뿐일까요? 그의 아내 니할이나 여동생 네즐라 또한 마찬가지입니다. 오빠를 비난하며 날카롭게 치고 드는 동생은 이혼에 대한 후회와 권태 사이를 오갔으며, 남편의 도덕적 위선과 권위를 힐난하고 속물 취급한 아내 니할 또한 남편의 부를 이용해 권태로운 일상을 봉사와 기부로 포장하고 있었습니다. 그러니만큼 특별히 그들이 아이딘의 삶을 폄하할 수만은 없습니다.

자신에게
말 걸기

세 시간이 넘는 런닝 타임에 채워진 주인공 아이딘의 모습은 인간의 보편적 삶이라고 볼 수 있습니다. 오목거울이나 볼록거울을 들고 세상을 바라보면 똑같은 사물일지언정 모양이 다르게 보이지요. 그러니 자신의 잣대로 타인의 삶을 평가하고 재단하는 일은 참으로 위험한 일입니다. 누구나 도덕적 양심과 위선으로부터 자유로울 수 없지요. 인간의 내면화된 습성 또한 '동면'이라는 은유처럼 변하기가 쉽지 않습니다. 아이딘이 자신의 실체를 들여다보고 소통에 이르는 과정은 다분히 철학적이며 감독의 시선이 묻어 있습니다. 인간이라면 누구나 한 번쯤 진정한 자신을 꺼내 말 걸기를 시도해야 한다는 것, 그것만이 타인의 삶을 이해하고 소통할 수 있다는 감독의 전언이 영화 전편에 흐르고 있습니다. 그 진정성을 향해 걸어가는 남자, 자기로부터 걸어 나와 끝까지 아내와 삶을 함께하겠다고 고백하는 그, 깨달음을 얻고 돌아온 한 남자의 어깨 위로 넉넉히 눈이 내립니다.

 영화를 보는 몇 개의 시선

1 · 인간의 습성은 어떻게 내면화되는 것일까요?
2 · 감독은 아이딘의 삶을 통해 무엇을 말하고자 했을까요?
3 · 아내에게 용서를 빌며 끝까지 삶을 함께하겠다는 아이딘의 의지는 무엇을 의미할까요?

바베트의 만찬(Babettes Gæstebud, 1987)
감독_ 가브리엘 악셀

음식이 주는 위로

　음식으로 마음을 위로받을 수 있을까요? 영화는 '그렇다'고 말
합니다.

　덴마크 여류작가 이자크 디네센의 단편소설을 각색한 이 영화
는 음식을 통해 인간의 마음이 어떻게 위로받는가를 잘 보여주는
한마디로 소울푸드 영화입니다. 영화 〈아웃 오브 아프리카〉로도
익히 알려져 있는 디네센의 작품은 헤밍웨이가 자신이 받은 노벨
문학상을 디네센이 받았어야 한다고 했을 만큼 작품성이 뛰어나
다는 평을 받고 있습니다. 소설 『바베트의 만찬』은 그녀의 후기 작
품으로 작가의 기독교적 세계관이 두드러진 작품입니다.

바베트 부인은
왜 만찬을
준비했을까?

덴마크의 작은 해변가 마을, 마티나와 필리파 자매가 목사 아버지의 뒤를 이어 검소하고 금욕적인 생활을 하고 있습니다. 젊은 시절, 이 자매는 인근의 많은 젊은 남성들이 두 여성을 보기 위해 교회로 몰려들 정도로 아름다웠지요. 목사인 아버지가 죽고 자매는 아버지의 뜻을 이어받아 신도들과 예배를 드리며 경건한 삶을 삽니다. 자매에게는 젊은 시절 사랑하던 사람이 있었습니다. 언니 마티나는 청년장교 로벤히엘름과 연인 사이였으며, 아름다운 목소리를 지닌 동생 필리파는 유명한 성악가 아실 파팽과 애틋한 사랑을 나누었지요. 시간이 흘러 노년이 된 자매에게 프랑스 내란 중 가족을 잃고 도망친 프랑스 여인 바베트가 필리파의 연인이었던 파팽의 편지를 들고 찾아와 간청합니다. 편지는 '바베트 부인을 거두어 달라'는 내용이었습니다. 빠듯한 살림, 어려운 형편이었지만 자매는 어려운 처지에 있는 바베트를 받아들이기로 합니다.

바베트의 뛰어난 요리실력과 검소한 살림살이로 자매의 생활은 나아지고 자매는 이웃을 위해 더 많은 일을 할 수 있게 되었지요. 그런데 이웃들은 서로 반목하고 다툼이 잦게 되었으며 불화와 갈등이 심각해져만 갑니다. 자매는 마을 사람들을 잘 돌보려고 애썼지만 뜻대로 되지 않았습니다.

바베트가 마을에 온 지 12년의 시간이 흐른 어느 날, 프랑스에 사두었던 복권에 당첨이 되어 1만 프랑을 받게 된 그녀가 당첨금으로 자매의 아버지 목사를 기리는 백 번째 생일에 프랑스식 만찬을 준비하기로 합니다. 자매는 바베트의 작별 선물일 것이라고 생각하며 승낙하는데, 바베트의 만찬 식재료가 너무 거창합니다. 은 식기에 도자기 접시, 살아 있는 메추라기, 바다거북, 평생 보지 못한 열대 과일에 와인 등 엄청난 재료들이 공수되었지요. 재료들을 보며 당황하는 자매는 엄격한 청교도 정신에 위배되는 음식들로 인해 고민합니다.

거북이 스프를 시작으로 화려하고 맛있는 음식들이 줄지어 나오고 만찬에 초대된 사람들은 테이블에 앉아 음식을 음미하기 시작합니다. 물에 불려 말린 가자미와 불린 빵을 맥주에 넣어 푹 삶은 음식만 먹고 지내던 마을 사람들의 마음에 음식을 먹고 마시는 동안 사랑과 온기가 퍼집니다. 그동안 싸우고 미워하며 살았던 지난날이 부끄러워지며 서로 화해합니다.

사랑을 담은 요리는 사람을 행복하게 합니다. 서로 비난하며 냉소적이던 마을 사람들은 하나둘 자신의 감정을 드러내며 서로 소통하기 시작하지요. 사치스런 음식은 죄악이라는 고정관념을 깨고 음식을 향유하고 음식을 통해 이웃을 바라보며 반목과 질시로부터 벗어나기 시작한 것입니다. 드러내지 못했던 감정을 서로 드러내며 손을 마주 잡았고 미루었던 고백을 하기 시작합니다. 떠날 줄로만 알았던 프랑스 최고의 요리사 바베트가 따뜻한 음식을 만들어 외롭고 지친 이들을 위로한 것입니다. 만찬을 차려내고 주방에 홀로 앉아 와인잔을 기울이던 바베트, 몹시 행복해 보입니다. 자신의 세계를 완성한 장인의 마음이었을까요? 바베트의 마법 같은 음식이 불가능을 가능으로 바꾸었습니다.

밥을 짓는 일은
여성만의 일일까?

'음식을 사랑하는 사람은 다 좋은 사람이다'라고 했던 미국 요리계의 전설 줄리아 차일드의 말이 생각납니다. 무엇을 만들지, 먹게 될 사람을 떠올리며 식재료를 다듬는 사람은 아마도 순하고 따뜻한 마음의 소유자가 아닐까요. 냉랭했던 관계도 얼굴을 마주하며 한 끼를 나누고 나면 한 식구가 된 것처럼 친밀해집니다. '콩 한 쪽을 나눠 먹은 사이'라는 말처럼 음식을 나누고 나면 특별한 관계가 된 것 같습니다. 그러니만큼 '밥 먹자!'라는 말만큼 따뜻한 말이 어디 있을까요?

먹을 것을 준비하고 나누는 것 자체가 생명을 돌보는 일이기도 하지만 '여성만이 잘하는 일'이라는 생각, 그런 사회적 통념 때문에 힘들어하는 여성들이 많다고 합니다. 아내가 끼니를 챙겨주지 않으면 종일 굶고 있는 남편 때문에 집을 비울 수 없다는 지인의 얘기에 놀란 적이 있습니다. 냉장고에 마련해둔 음식을 꺼내먹기 싫어 배달음식을 시켜먹었더라는 남편, 머리에 국 냄비를 올려놓아도 좋을 만큼 그녀는 화가 나 있었습니다. 그녀의 남편, 배달민족(?)이라 굶어 죽지 않았으니 다행이라며 웃었지만 참 씁쓸했지요.

왜 '요리'는 여성들의 일이라고 생각하는 걸까요? '혼밥족'이라는 말이 낯설지 않은 요즘, 동네 문화센터 요리교실에 남성들이 늘고 있다고 하는군요. 어쩔 수 없는 상황에 요리를 배워야 했거나 아내에 대한 연민이거나 둘 중 하나일까요? 남자는 바깥일, 여자는 집안일이라는 구분은 어디서 비롯되었을까요?

수렵시대, 사냥이란 여성보다 좀 더 힘이 센 남성들의 것이었지요. 아이를 낳고 양육하며, 사냥감을 손질해 저장하는 일이나 열매를 따는 일은 여자들의 몫이었을 것입니다. 어찌 보면 분업이랄 수 있습니다. 이런 생활이 반복되었을 테고, 시대가 변하였지만 남성은 '집 밖', 여성은 '집 안'이라는 생각은 쉽게 변하지 않은 것 같습니다. 그런 성역할에 순응해온 내 부모, 나에 이르기까지 여전히 그 범주를 벗어나지 못했던 건 사실입니다.

하지만 변화의 물결을 감지할 수 있습니다. 좀 이름이 나 있는 셰프, 의상디자이너, 분장사에 이르기까지 여성들의 영역이라고 여겨왔던 일에도 남녀 구분이 없게 된 것입니다. 그런데 집밥을 짓는 여성은 텔레비전에서 화제가 되지 않는데 왜 남자 요리사들만 텔레비전 화면을 뜨겁게 달구는지 모르겠습니다.

"나는 평생 부엌에서 일하다 꼬꾸라져 죽을 것이다"며 하루 세 끼를 꼬박꼬박 챙기는 아버지를 두고 어느 날 파업선언을 했던 친정엄마, 그런 엄마가 생경해 웃음을 참지 못했던 일이 있었습니다. 결혼을 하고 난 후, 철없이 웃었던 그때 일을 백 번 후회했지요.

'요리는 여자가 잘하는 일'이라던 남성들이 주방 일에 조금씩 관심을 보인다는 게 요리학원만의 풍경은 아니겠지요? 함께 직장생활을 하는 부부가 많아지며 주방이란 여성전용공간이 아니라 가족 모두 공유해야 하는 공간이 되어갈 수밖에 없는 게 요즘 현실입니다.

요리학원에서 배운 음식을 지인들을 초대해 맘껏 자랑하는 한 남자를 알고 있습니다. 끼니때마다 아내의 눈치를 보지 않아도 되었으니 삶이 더 자유로워졌다고 합니다. 그의 손을 한참 들여다보았습니다. 그런 아버지 밑에서 아버지의 음식을 먹어본 아이들이라면 자연스레 그런 아버지가 되어갈 것이라고 믿게 되었지요. 그 집 아이들은 음식, 하면 엄마가 아니라 아빠를 떠올릴 수도 있겠습니다.

몸이 기억하는
음식 그리고
사람

대부분 사람들은 '음식' 하면 고향과 어머니를 떠올립니다. 어머니는 늘 건강한 음식을 만들어 자식 먹이는 일에 우선이었으니까요. 만약 아버지가 그런 일에 앞장 섰더라면 아버지를 먼저 떠올리지 않았을까요? 어머니는 평생 부엌을 떠나지 못하셨고 부엌과 늙으셨습니다. 그러니만큼 '어머니' 하면 '음식', '음식' 하면 '어머니'가 떠오르게 되지요. 어릴 적 먹었던 어머니의 음식에는 음식만이 아닌 스토리가 담겨 있습니다.

타국에 살면서 가장 힘들었던 일은 음식향수였습니다. 김치나 된장찌개를 자유롭게 먹을 수 없으니 병이 날 지경이었지요. 양배추를 절여 김치를 담아보고 고향 맛을 낼 수 있는 식재료를 이용해 다양한 방법으로 흉내를 내었지만 이미 뇌가 기억하고 있는 어머니음식은 맛을 낼 수 없었습니다. 어떤 날은 전화기를 들고 청국장찌개를 주문한 적이 있었지요. 전화 한 통이면 총알 배달에, 먹고 싶은 음식을 맘껏 먹을 수 있는 내 나라가 제일 살기 좋은 나라라며 애국자가 된 것도 음식 때문이었습니다. 돌아가면 먹을 것이라며 음식 목록을 만드는 중에는 고통과 행복감을 동시에 느끼곤 했지요. 음식에 대한 향수가 고통이라는 걸 그때 알게 되었습니다.

　음식향수에 시달린 경험 때문인지, 우리 아이들에게 객지에 나가 있다가도 돌아오는 발길은 집밥이 그리워서라는 말이 듣고 싶어졌습니다. 김치찌개 한 냄비에 세상 모든 걸 다 차지한 것 같은 아이들의 미소를 보고 싶었지요. 그 행복한 밥상은 엄마와 동일시된다고 생각합니다. 집을 떠나 있어도 그 음식은 몸이 기억할 테니까요. 지금, 그런 음식을 매일 만들고 먹을 수 있게 되었으니 이 세상 부러울 게 없습니다. '바베트의 만찬'처럼 거창한 요리는 아니래도 몸과 마음이 기억할 수 있는 음식, 가족 누구랄 것 없이 주방을 들락거리며 함께 만들고 나눌 수 있는 음식이 있다면 참 기쁜 일입니다.

　　통째로 삶은 / 하얀 감자를 / 한 개만 먹어도
　　마음이 따뜻하고 / 부드럽고 / 넉넉해지네
　　-이해인, 〈감자의 맛〉 일부

　〈바베트의 만찬〉은 시인의 마음처럼, '마음이 따뜻해지고 부드러워지며 넉넉해'지는 영화입니다. 모차르트 음악과 와인, 프랑스 요리, 바닷가 풍경 등 다양한 볼거리가 많지요. 계절 식재료를 통해 소소한 음식을 만들어 사람들과 나누는 한 소녀의 이야기, 〈리틀 포레스트〉는 숨이 차게 내달리는 현대인의 시간을 멈추게 하는 힘을 가지고 있는 영화입니다. 모리 준이치 감독의 슬로푸드 라이프가 사계절음식과 펼쳐지며 그 질서 속에 삶이 흘러가야 한다는 건강한 메시지를 담고 있습니다. 위로가 더 필요하다면 영화 〈카모메 식당〉, 〈하와이언 레시피〉, 〈바닷마을 다이어리〉도 함께 보시면 좋겠습니다.

 영화를 보는 몇 개의 시선

1 · 자신이 선호하는 음식은 어떤 것이 있는지 서로 얘기해볼까요. 왜 선호하는지요?
2 · 음식은 왜 우리 마음의 위로가 될까요? 음식을 통한 치유 방법으로는 어떤 것이 있을까요?
3 · 바베트는 왜 많은 비용을 들여 만찬을 준비했을까요?
4 · '음식이란 고향의 집이다'라는 말에 동의하나요? 왜 그렇지요?
5 · 부엌이 여성만의 공간이라는 것도 이제 옛말이 되었습니다. 자신이 가장 잘 만드는 음식으로는 무엇이 있는지 서로 얘기해볼까요?

앵그리스트맨(The Angriest Man in Brooklyn, 2014)
감독_ 필 알덴 로빈슨

사흘만 살 수 있다면?

살 수 있는 시간이 90분 남았다는 통보를 받는다면 어떤 심정일까요? 아마 피투성이가 되어 의식을 잃을 만큼 아픔이 밀려오지 않을까요.

죽음으로부터 자유로운 사람이 어디 있을까요? 부와 명예를 누렸음에도 죽음을 피하지 못한 역사 속 많은 인물을 보면, 아무리 발버둥 쳐도 비켜갈 수 없는 죽음이란 참으로 공평합니다. 그런데 그런 죽음이 어느 날 갑자기, 그것도 90분 후에 찾아온다는 통보를 받았다면 얼마나 황당할까요?

평소 죽음을 목전에 두고 산다는 건 그리 쉽지 않습니다. 연습해 본 일이 없기 때문이지요. 설령 자신의 삶이 언제 끝이 날지 알고 있다면 어떤 변화가 있을까요?

오늘만 아는 사람,
내일을 아는 사람

'내일'이라는 단어를 모르는 '하루살이'와 싸우다 지친 '모기'가
'내일' 다시 붙어보자고 했을 때, 하루살이가 '내일'이 뭐냐고 물었
다고 합니다. 내일이 없기 때문에 지금 끝을 내야 하는 하루살이
는 모기와의 싸움을 그만둘 수가 없었다는 유머는, 오늘 하루가
삶의 끝인 양 살 수밖에 없는 하루살이의 관점에서 하는 얘기입니
다. 내일이 있는 모기의 관점에서 보자면, 굳이 오늘 하루를 치열
하게 살 필요가 없습니다. 오늘 다 하지 못하면 내일, 모레, 여유를
갖고 어떤 일이든 진행하면 되니까요. '오늘 일을 내일로 미루지
말라', '하루를 일년인 양 살라'는 말은, 삶이란 유한하므로 우물쭈
물할 시간이 없다는 것입니다. 모든 사람이 그렇게 살 수는 없지
요. 삶이 언제 끝날지는 모르나 우물쭈물거리기도 하고 후회하며
서둘러 나아가기도 합니다. 모기처럼 내일이 있으니 오늘 편안하
게 살 수도 있습니다. 그러다 어느 날, 전혀 예상 못 한 아픔을 겪
을 수도 있겠지만 말이지요.

어느 날 황망하게 세상을 떠난 이들의 소식을 듣게 되었을 때,
참으로 놀라게 됩니다. 너무 갑작스런 이별통보에 가슴이 무너질

수밖에요. 그런 한 남자의 이야기를 다룬 영화 〈앵그리스트맨〉은 누구의 이야기가 아닌 우리 모두의 이야기일 수 있다는 점에 주목하게 됩니다.

내게 주어진
시간이
사흘이라면?

뉴욕에 사는 변호사 헨리는 화를 주체하지 못하는 조울증 환자입니다. 무슨 일만 있으면 화를 내고 세상에서 싫은 것들을 나열하며 시한폭탄 같은 나날을 보내고 있습니다. 그래서일까요? 어느 날 병원에서 뇌동맥류라는 진단을 받습니다. 주치의를 대신해 진료를 본 의사 초년생 새런은 그의 괴팍한 성격과 끝없이 다그치는 질문에 폭발하기 일보 직전입니다. 그녀는 애완동물 고양이가 10층에서 떨어져 죽은 뒤 우울한 나날을 보내고 있습니다. 틈을 주지 않고 몰아붙이는 헨리의 질문에 인턴 새런은 헨리가 90분 동안 살 수 있다고 통보합니다.

청천벽력과 같은 통고를 받은 헨리, 마음이 복잡합니다. 신에 대한 원망과 분노가 가득 차 주체할 수 없습니다. 90분을 살 수 있다니. 어처구니없는 선고를 받긴 했지만 슬퍼만 하기에는 시간이 얼마 없습니다. 헨리는 90분 동안 무슨 일을 할까 고민합니다. 먼저,

늘 마음의 짐이 되어 있던 가족이 떠오릅니다. 가족에게 무관심하고 괴팍했던 지난날을 사죄하고 싶습니다. 그러나 별거 중인 아내를 만나는 일도 아들과의 서먹한 관계를 푸는 일도 쉽지 않습니다.

그는 한때 행복했던 가정의 가장이었으나, 큰아들의 죽음으로 삶은 엉망이 되었고 일상이 분노에 차 화부터 내는 괴팍한 성격이 되고 말았지요.

한편, 헨리에게 90분이라는 시한부 선고를 내린 인턴 새런은 사태의 심각성을 뒤늦게 깨닫습니다. 헨리가 다그치는 바람에 뱉어낸 말, 생각 없이 눈에 띈 잡지에 쓰인 '90'이라는 숫자를 말해버린 자신의 실수에 놀라 헨리를 찾아 브루클린 시내를 헤매었지요.

헨리는 남은 90분간을 새롭게 살기로 작정하며 버킷 리스트를 만들어 그동안 소원했던 아내와 아들과의 관계 개선을 위해 노력합니다. 그러나 헨리의 사정을 모르는 아내는 달라진 헨리를 이해하지 못하고 그의 화해 신청을 받아주지 않습니다. 아들 토미 또한 자신의 꿈을 인정해주지 않은 아빠에 대한 상처로 가득해 연락이 닿지 않는 곳으로 숨어버리지요.

세 가지 장애를 겪었던 헬렌 켈러의 에세이 『사흘만 볼 수 있다면』은 50대 헬렌이 눈이 뜨여 세상을 볼 수 있게 된 기적적인 상황을 가정해 쓴 글입니다. 평생 아무것도 볼 수 없었던 그녀는 우리가 무심코 지나친 것들에서 소중한 가치를 찾아내지요. 우리가 볼 수 있다는 것이 얼마나 큰 축복인지를 깨닫게 해준 글입니다. 그녀는 가장 먼저 사랑하는 사람들을 모아 그들의 얼굴을 오래오래 들여다보고 싶다고 했습니다. 특히 바깥세상을 활짝 열어준 앤 설리번 선생님의 얼굴을 오랫동안 바라보고 싶다고 했지요.

헬렌 켈러의 수필을 읽어가며 학생들에게 '사흘만 살 수 있다면'이라는 질문을 한 적이 있습니다.

첫 번째, 부모를 모시고 가족여행을 가고 싶다는 답이 가장 많았습니다. 생각해보니 그동안 가족에게 해준 게 없었고, 가족의 사랑은 당연한 것이라고 생각해왔다는 것입니다. 세상을 떠나기 전 자신에게 '사흘'이라는 시간이 주어진다고 하니 가장 먼저 떠오르는 게 가족이라고 했지요. 제자리에서 항상 자신을 향해 바라보고 있어야 한다고 생각했던 그 '당연함'에 대한 새로운 인식을 하게 되었다는 말에 가슴이 찡했습니다.

눈이 멀쩡하니 보는 게 당연한 것이고, 귀가 정상이니 듣는 게 당연하고, 말을 정상적으로 하는 게 당연한 것이었는데, 그 당연한 것으로부터 분리된다고 생각하면 익숙한 것이 새롭게 보이지요.

가을 햇살에 반짝이는 제법 잘 익은 곡식을 바라보는 농부의 마음이 되었습니다. 살아 있다는 것에 감사하고 늘 당연함으로 여겼던 가족을 새롭게 바라볼 수 있게 되었습니다. 소중한 사람들이 절박한 순간에 가장 먼저 떠오르는 것은 그만큼 그들과 친밀하게 닿아 있었다는 것은 물론이고, 어쩌면 그들에게 커다란 빚을 지고 살았음에 대한 미안함 때문일지도 모르겠습니다.

가족끼리
왜 이래?

인간이란 본능적으로 이기적인 동물입니다. 모든 것이 나를 향해 있어야 하고, 당연히 보호받고 사랑받아야 한다는 자기중심적 착각 속에 사는 경우가 많지요. 대부분 그렇다보니 모두가 상대를 이해하기보다는 이해받기 바라고, 사랑하기보다 사랑받기 원합니다. 인간의 속성이기도 하지요. 가족이란 특히 그렇습니다. 핏줄로 얽힌 일차적 공동체 집단으로 가장 가까운 관계이니만큼 아주 편합니다. 타인과의 관계에서처럼 서로 조심하며 예의를 갖추지 않아도 된다는 생각이 지배적이다 보니 말과 행동이 자유로이 오고 갑니다. 그 과정엔 상처 주는 말과 무례한 행동이 자연스럽습니다. 가족이니까, 사랑하니까 이해 가능하다고 생각합니다.

하지만 그 사랑과 이해에는 반드시 한계가 있습니다. 그걸 인식하지 못하면 언젠가는 그 지점에 이르게 되지요. 그다음은 빤히 보이는 순서입니다. 서로 상처 주는 말을 마구 쏟아내며 싸움이 잦을 수밖에요. 원수처럼 등을 돌리기도 합니다. 집 밖에서 타인과는 예의를 지키며 좋은 관계를 유지하려고 애쓰는 사람들이 가족과는 서로 상처를 주고받습니다. 가족관계는 왜 그럴까요?

그렇게 미워하며 등을 돌리는 관계, 주위를 둘러보면 그런 가족을 쉽게 만날 수 있습니다. 부부는 물론 부모와 자식, 형제 자매간 원수처럼 얼굴 안 보고 살아갑니다. 그러다가도 절박한 순간을 맞닥뜨리게 되면 찾게 되지요.

단 사흘만이라도 눈을 뜨고 볼 수만 있다면 하고 바랐던 헬렌 켈러의 간절함으로 세상과 관계를 바라보면 조금은 덜 후회하는 삶을 살 수 있지 않을까요.

주인공 헨리의 뒤늦은 후회는 특별한 영화적 서사만은 아니라는 것입니다. 매사에 불만으로 가득 차 화를 내고, 가족에게 상처를 주며 살고 있지 않은지 이 영화와 더불어 점검해볼 일입니다. 감정을 추스르지 못한 새내기 의사가 뱉어낸 무책임한 말에 90분 동안만이라도 온전한 모습으로 살고자 했던 헨리는 어쩌면 우리 모두의 모습이 아닐까요.

상처를 받았다고 생각하는 순간, 누군가에게 상처를 주고 있다는 생각을 동시에 하게 된다면 그리 억울하지는 않습니다. 자신만이 상처를 받았다고 생각을 하니 화가 나고 분한 생각이 든 것입니다. 하지만 받은 만큼 자신 또한 알게 모르게 상처를 주며 산다고 생각하면 억울하거나 분한 생각보다는 미안한 생각이 들 수도 있겠습니다. 화해나 용서라는 말 또한 특별히 의미를 두고 쓰지 않아도 될 것입니다.

남은 날을 우리가 알고 산다면 무얼 해야 할지, 거의 정답에 가까운 얘기를 들려주는 이 영화를 통해 우리 삶에 얼마나 많은 소중한 것들이 숨어 있는지 알아가야겠습니다. 삶의 모습이 어떻게 달라질지 궁금해집니다.

헨리처럼 남은 시간이 90분이라면 무슨 일을 먼저 하게 될까요? 행복지수란 화려함이나 거창한 부와 명예에 있지 않다는 것을 새삼 깨닫게 됩니다. 소박한 일상 안에서 당연한 것에 대한 가치를 부여하고 의미 있게 바라보는 것, 그 안에서 발견한 소중한 것들과 함께 호흡하며 사는 일, 스스로 찾아가야 할 길이지요.

 영화를 보는 몇 개의 시선

1 · 우리 삶에 가장 가치 있는 것은 무엇일까요?
2 · 헨리처럼 우리에게 90분이라는 남은 시간이 주어졌을 때 가장 먼저 하고 싶은 일은 무엇인지 서로 얘기해보세요.
3 · 감정을 추스르지 못해 90분이라는 말을 환자에게 뱉어버린 새내기 의사 새런처럼 의사가 개인의 감정이나 상황에 따라 환자를 대한다면 어떤 일이 일어날까요.
4 · 가족 간 일어날 수 있는 갈등에는 어떤 것들이 있을까요. 그로 인해 어떤 변화와 결과가 있었는지 서로 얘기해보세요.

아무도 모른다(誰も知らない, 2004)
감독_ 고레에다 히로카즈

여기, 한 가족이 있었습니다

일본 도쿄, 도심 한 아파트에 일가족이 이사를 옵니다. 엄마 게이코와 아들 아키라가 이삿짐에 실려온 여행용 가방을 흘끔 흘끔 바라봅니다. 이삿짐이 하나둘 집으로 들어오고 이삿짐차가 돌아가자 아들 아키라가 여행용 가방을 열어 제칩니다. 땀에 폭 젖은 여자아이 하나가 가방에서 나옵니다. 두 번째 가방을 열자 작은 사내아이가 나옵니다. 잠시 뒤, 키가 제법 큰 여자아이 하나가 슬그머니 집 안으로 들어섭니다.

'쉿,
없는
사람처럼'

아버지가 각기 다른 자식을 둔 엄마 게이코는 아키라, 교코, 시게루, 유키 네 아이를 혼자 키웁니다. 아이가 많아 시끄럽다고 셋집에서 쫓겨 난 경험이 있는 엄마는 여행용 가방에 아이 둘을 넣어 실어온 것입니다. 이미 커버린 큰 딸은 가방에 들어갈 수 없으니 따로 올 수밖에 없습니다. 엄마 게이코는 아파트에서 쫓겨날까봐, 남편이 해외 근무 중이고 아들 하나와 산다며 아래층에 사는 이웃에게 거짓말을 하고, 돌아와 아이들에게 단단히 주의를 줍니다. 큰 소리로 떠들지 말 것, 아키라 외에는 밖에 나가지 말 것 등 새로운 규칙도 정해둡니다.

장남 아키라는 학교에 가고 싶다고 말합니다. 여느 집 아이들처럼 학교에 다니며, 좋아하는 야구도 하고 싶어 하는 평범한 소년입니다. 엄마는 "학교에 다니지 않고 훌륭한 사람이 될 수도 있다"고 말합니다. 아키라는 학교에 다니지 않고 성공한 사람의 이름을 말해보라며 엄마를 추궁해보지만 집안 사정 뻔하다보니 고집 부릴 상황이 아닙니다.

어느 날 엄마 게이코는 '좋아하는 사람이 생겼다'며 돈 몇 푼 남겨둔 채 집을 나갔습니다. 장남 아키라는 집안일에 동생들까지 돌보며 하루하루를 견딥니다. 밖에 나갈 수도 없는 동생들은 말을 잃어갑니다.

막내동생 유키의 생일, 아키라는 생일선물로 밤에 유키를 데리고 바깥구경을 다녀옵니다. 집 안에서 소리를 낼 수 없고 밖을 내다볼 수도 없는 아이들이 점점 지쳐갑니다. 돈은 떨어지고 가스와 전기, 수돗물이 끊겨 밤에 몰래 공중화장실 수도를 이용합니다. 아키라는 엄마에게 전화를 걸어보지만 연락이 되지 않습니다. 편의점 일자리를 얻고 싶지만 열두 살 어린 나이로는 불가능합니다. 동생들에게 먹이려고 유통기한 지난 편의점 식료품을 얻어오며 살기 위해 몸부림칩니다. 그런데 그만 막내 유키가 창가에 물건을 놓고 올라가 밖을 구경하다 미끄러져 다쳤습니다. 아키라는 편의점에서 약을 훔쳐와 유키를 돌봤지만 결국 유키는 죽고 말았습니다. 아키라는 유키의 시신을 여행용 가방에 넣어 엄마가 오면 만날 수 있게 비행장 근처에 묻었건만 엄마는 끝내 소식이 없습니다.

영화보다
처참한
도시의 비극

이 영화는 1988년 도쿄에서 일어난 '나시스가모의 버림받은 사남매 사건'을 토대로 고레에다 감독이 15년을 준비해 만들었다고 합니다. 영화에서는 막내 유키가 의자에서 미끄러져 죽었지만, 실제로는 집에 놀러온 큰아이 친구에게 맞아 죽은 끔찍한 사건이었다는군요. 아이가 다섯이었던 엄마는 실제로 둘째아이가 죽자 냄새제거제를 넣어 벽장에 방치해둔 일이 있었다고 합니다. 시신이 부패해 냄새가 고약해지자 주민들의 신고가 접수되었고, 경찰이 집안을 수색해 드러난 사건입니다. 실제 형은 아키라처럼 동생들을 돌보는 착한 아이가 아니라 동네 불량배들과 어울려 놀았다지요. 더욱 어처구니없는 일은 엄마가 사건 보도 방송을 보고 자기 아이들이라는 걸 알았다니 참으로 놀랍습니다. 당연히 아이들 엄마는 영아유기죄로 감옥에 다녀왔고, 큰아들과 딸은 이름을 바꾸고 잘 살고 있다는군요.

빌딩이 즐비한 일본 수도 도쿄의 한복판에서 아이들이 부모에게 버림받은 채 굶주리며 죽어간 사실을 '아무도' 몰랐습니다. 감독은 이러한 사실을 영화적 담론의 장으로 끌어들여, 옆집 사는 여자가 네 명의 아이를 키운다는 사실, 엄마에게 버림받은 네 명의 아이들이 살았다는 사실도 모르고 사는 현대인들의 이기적인 삶에 대해 묻고는 '이제, 우리는 알아야겠다'라고 말합니다. 엄마로부터 버려진 아이들이 가쁜 숨을 몰아쉬며 살아가는 모습은 영화적 허구가 아니라 실제라는 사실에 다시 한 번 놀라게 됩니다. 그 어떤 꾸밈도 없이 높은 빌딩이 빼곡한 멋진 도시를 배경으로 한 비극성을 이만큼 현실감 있게 보여준 영화가 있을까요?

북적이는 도시에서 아무도 모르게 살아야만 했던 아이들, 굶을 수밖에 없었던 아이들이 있다는 사실을 이웃은 왜 몰랐을까요? 또한 아이들은 왜 도움을 청하지 않았을까요? 숨죽여 살아야만 겨우 살아갈 수 있다는 것을 아이들이 이미 알아버린 것은 아닐까요? 이웃에게 주눅이 들어, 남의 집에 세 들어 산다는 것도 쉽지 않다는 사실을 말입니다. 이웃집에 방해가 되면 쫓겨날 수 있을 테니 소리를 내어서도 안 되고 밖으로 나와서도 안 된다 등, 수도 없이 주의를 받았을 테고요. 아이들은 누구에게도 말하고 싶지 않았을 것입니다.

도시적 삶이란 다분히 개인주의적인 성향이 짙습니다. 이웃에 누가 사는지 누가 뭘 하는지 알고자 하지 않고 알 필요도 없다고 생각하는 경우가 많지요. 남의 사생활에 관심을 가질 필요도 없고, 개인의 사생활이 이웃으로부터 침해당하는 걸 원치 않습니다. 열린 공간이 아니라 다분히 폐쇄적인 공간입니다. 이기적인 삶이라고 비난해도 현실이 그러니까요.

이웃의 시선이 오가는 공동체 안에서 네 명의 아이들이 그렇게 살았다면 어찌되었을까요? 뉘 집 자식이 장가를 가고, 뉘 집 개가 새끼를 낳으며, 뉘 집 김치가 맛있는지 다 아는 열린 공간에서는 아무도 아이들이 굶거나 죽게 놔두지는 않았을 것입니다.

미혼모와
그 아이를
위해

아버지가 각기 다른 아이를 둔 미혼모가 혼자 살아가기에는 그리 쉽지 않은 현실입니다. 그렇다고 아이들을 방치한 채 자신의 삶을 찾아 떠나는 젊은 엄마의 행동에 화가 납니다. 부모가 된다는 것은 자신의 꿈이나 욕망을 잠시 접어두어야 할 만큼 무거운 책임이 따르니까요. 산업화, 현대화, 자본주의, 이런 낱말들이 즐비할수록 사회 저변에 어두운 그늘은 짙어질 수밖에 없을 것입니다. 미혼모의 삶 또한 그러합니다. 어떤 이유로 미혼모가 되었든, 아이를 입양 보내거나 시설에 맡기지 않고 돌보겠다는 의지가 있는 미혼모라면 국가와 사회가 그들을 돌봐야겠습니다.

현실적으로 미혼모가 아이를 데리고 살아가기에 참으로 어려움이 많다고 합니다. 2012년 8월 '입양 특례법'이 시행된 이후 미혼모가 더욱 증가했다는데 법의 허점이 무엇일까요. 미혼모가 아이를 다른 가정에 보내려면 부모의 동의가 있어야 하니 굳이 신분을 드러내고 싶어 하지 않은 경우, 입양보다는 아이를 버리거나 혼자서 키우는 경우가 느는 것입니다. 놀라운 사실은 2013년 서울 관악구에 설치되어 있는 '베이비 박스'에 한 해 252명의 영아가 버려졌다고 합니다. 입양절차가 까다로워 버리거나 음성적으로 입양을 보내는 경우도 많아졌고요. 인터넷 사이트에 자신의 아기를 입양 보내고 싶다는 내용의 글은 물론이고, 그런 아기를 입양시켜주 겠다며 돈을 갈취하는 브로커까지 생겼다니 어이가 없습니다. 아기를 사고파는 상상 못 할 일이 벌어지고 있는 게 현실입니다. 아동을 입양하려 할 경우 가정법원의 허가를 받아야 하는 것은 물론, 입양아동의 출생신고가 반드시 되어 있어야 하므로 미혼모들은 출산 기록을 평생 안고 살아야 하는 두려움 때문에 입양 결정을 쉽게 하지 못하는 것입니다. 이럴 때 미혼모들은 극단적인 방법을 선택하기도 합니다.

십대 미혼모가 날로 증가하는 추세입니다. 아무 준비 없이 임신을 하게 된 청소년들은 출산과 더불어 대부분 학업을 중단하는 경우가 많습니다. 아기를 키울 준비가 되어 있지 않은 데다 설령 키우려 해도 경제적인 어려움 때문에 엄두가 나지 않겠지요. 많은 미혼모들이 경제적 궁핍과 사회적 시선으로부터 자유롭지 못한 게 사실입니다. 정부에서 지급하는 아동 양육비나 생활보조금으로 산다는 건 매우 힘든 일이지요. 게다가 십대 미혼모는 그것마저 다 받을 수가 없으니 아이를 기르기보다는 포기하는 게 쉬울 수밖에요.

미혼모가 50%가 넘는다는 북유럽국가에서 공부하는 유학생들은 아기를 낳아 키우며 학업을 이어가기도 한답니다. 아기와 엄마를 위한 시스템이 탄탄하기 때문이라고 했지요. 아기는 물론 학생 엄마를 위해 생활에서 교육까지 모든 걸 정부가 지원해 줄뿐더러 사회적 시선 또한 문제가 되지 않으니 미혼모 미혼부라도 아이를 기르는 데 크게 주저하지 않는 것입니다. 어떤 유학생은 아이를 넷 낳아 공부하고 생활까지 할 수 있었다니 별나라 이야기만 같습니다.

한국은 저출산 국가로 분류되어 갈수록 노동력인구가 줄어들고 있지요. 저출산에 대한 걱정에 앞서 자신이 낳은 아기를 경제적 이유로 돌볼 수 없는 미혼부모에 대한 국가적 차원의 지원이 아쉬운 현실입니다. 또한 어려서부터 올바른 성교육과 생명에 대한 새로운 인식, 임신과 피임, 출산에 대한 교육이 체계적으로 이루어진다면 미혼모는 물론이고, 부모로부터 버려진 아이들이 줄지 않을까요? 뿐만 아니라 부모의 욕망을 잠재워 더 이상 아이들이 '아무도 모르게' 살지 않았으면 좋겠습니다.

화려함 뒤에 숨겨진 부끄러운 그늘, 도시적 삶에 대한 감독의 시선은 다분히 냉소적입니다. 이웃에 누가 사는지, 누가 죽었는지 아무도 모르게 살아가는 우리 현대인들의 자화상에 일침을 가하는 영화입니다.

자신이 임신한 아기를 입양 보내기 위해 부모와 입양과정을 준비하는 십대 미혼모에 관한 영화 〈주노〉와, 자신이 낳은 아기를 찾아가는 부모의 음악영화 〈어거스트 러쉬〉, 젊은 엄마를 누나로 부르며 살아가는 소년의 이야기 〈시스터〉를 함께 보고, 자녀와 대화의 시간을 가져보시기 바랍니다.

 영화를 보는 몇 개의 시선

1 · 씨족사회의 공동체적 삶과 현대적 삶의 장단점에 대해 얘기해볼까요?
2 · 정보매체 속 개인의 삶은 어디로부터 어떻게 보호받을 수 있을까요?
3 · 한부모가정을 위한 국가적 지원은 어떻게 이루어져야 할까요?
4 · 개인의 행복추구권 차원에서 본다면 엄마 게이코의 삶 또한 중요합니다.
　 개인의 행복추구권과 부모의 양육 책임에 대해 얘기해볼까요?

2부

사랑일까?

사랑 혹은
그 무엇에 관하여

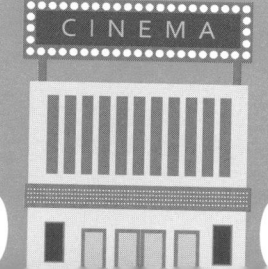

아들의 자리(Poziția Copilului, 2013)
감독_ 칼린 피터 네처

엄마의 자리를 묻다

독수리는 한 해 한 개의 알을 낳아 60일 정도 알을 품어 새끼를 얻는다고 합니다. 새끼를 낳을 때가 되면 높은 절벽 벼랑 끝 바위에 둥지를 틀고 알을 낳아 기르는데 그 양육방법이 여느 새들과는 좀 다르지요. 어미 독수리는 새끼 독수리가 자라 적당한 시기가 되면 둥지에서 밀어내 벼랑으로 떨어뜨리는데, 떨어지지 않으려고 발버둥 치는 새끼를 보면 아예 둥지를 없애버리기도 한다는군요. 참 잔인한 어미입니다.

벼랑에서 떨어진 새끼 독수리는 본능적으로 날개를 퍼덕이지만 땅에 부딪혀 몸이 깨어지려는 순간, 어미 독수리는 새끼를 자신의 날개로 안전하게 받아 떨어뜨리기를 반복한다고 합니다. 날개 근육이 발달해 있지 않아 생존율이 낮은 새끼 독수리를 위한 어미의 새끼 사랑방법입니다. 새끼가 다른 맹금류에게 먹히지 않도록 일찍이 맹훈련을 시키는 것입니다. 수명이 인간과 비슷하다는 독수리는 거듭된 어미의 훈련으로 태어난 지 여섯 해가 되면 스스로 먹이사냥에 나서 마침내 하늘의 제왕이 된다지요. 일찍이 어린 새끼를 생활전선에 내모는 어미독수리의 훈련 덕에 새끼는 주체적 삶을 살아갈 수 있게 됩니다. 새끼를 떠나보내야 하는 적당한 시기를 알고, 조력자 역할을 제대로 해낸 어미독수리의 지혜를 생각해봅니다.

이 사랑,
누구를 위한
것일까요?

부모와 자식과의 관계가 그렇습니다. 사랑이라는 미명하에 '적당한' 시기를 놓쳐 평생 짐이 되거나, 짐을 지고 살아야 하는 경우는 우리 주변에서 흔히 볼 수 있습니다. 자식을 떼어놓고 싶은 부모는 세상에 흔치 않습니다. 흔히 나이가 들어도 자식은 어린애 같다지만, 독수리처럼 적기에 떼어놓지 않으면 독립할 수 없게 되겠지요.

과연 부모의 역할은 어디까지일까요? 제목부터 많은 의미를 전하고 있는 이 영화는 '자식의 자리' 이전에 '부모의 자리'가 얼마나 중요한지를 보여주고 있습니다.

디자이너로 사회적으로 성공한 코넬리아는 명성 있는 커리우먼이자 바르부라는 30대 아들을 둔 엄마입니다. 아무리 나이가 들어도 코넬리아에게 아들은 늘 엄마의 손이 필요한 소년입니다. 간섭하고 챙기며 아들의 모든 걸 알아야 하는 엄마 코넬리아에게 아들 바르부는 그녀의 전부인 것처럼 보입니다. 그런 엄마를 떼어내려고 애쓰는 아들, 자신을 멀리하는 아들이 야속하기만 한 엄마, 둘의 관계가 팽팽합니다.

그러던 어느 날, 아들 바르부가 열네 살 소년을 자동차로 치어 죽이는 사고를 내자, 엄마 코넬리아는 본격적으로 아들의 삶에 개입하게 되었습니다. 아들 또한 자신이 저지른 사고를 엄마를 앞세워 해결하려 들지요. 엄마 코넬리아의 아들을 위한 맹활약이 시작되었습니다. 사건현장을 조작하기 위해 정관계 인사를 동원하고 심지어 현장 목격자와의 돈거래를 통해 아들에게 유리한 알리바이를 만들어내기도 합니다. 그뿐 아닙니다. 아들의 집에 몰래 들어가 사생활을 점검하고 약혼녀와의 은밀한 관계까지 알고자 하는 극성 엄마입니다. 그런 엄마라는 사실을 이미 알고 있는 아들은 몸서리를 치면서도 자신이 저지른 사건 해결사로서 엄마가 필요합니다.

피해자의 집에 엄마 코넬리아가 찾아가 사정합니다.

"제발, 우리 아들이 감옥에 가지 않게 해주세요."

어린 아들을 잃고 비통해하는 부모 앞에서 울먹이는 엄마 코넬리아, 아들을 잃은 부모의 마음을 이해한다 하면서도 그녀가 원하는 것은 자신의 아들을 감옥에 보내지 않는 것입니다.

소년의 장례식, 피해자의 집 앞까지 찾아온 코넬리아의 아들 바르부가 차 안에 앉아 있습니다.

부모의
삶을 대신
살다

영화의 엔딩장면은 관객을 향해 '아들 바르부는 과연 혼자 피해자의 부모 앞에 나설 수 있을까?'라고 묻고 있습니다. 엄마 없이는 아무것도 할 수 없었던 아들 바르부입니다. 그는 자신의 삶에 틈입자로 여겼던 엄마를 늘 못마땅해하면서도 자신이 저지른 사고의 해결사로 엄마를 끌어들이는 나약하고 이기적인 아들입니다. 끝까지 엄마로 남기를 원했던 코넬리아는 아들의 사고를 통해 엄마의 존재감을 드러낼 기회를 잡았고, 자신이 가지고 있는 인맥과 재력을 동원해 아들이 감옥에 가지 않도록 최선을 다하지요. 아들은 사사건건 간섭해오던 엄마를 비난하면서도 그런 엄마의 능력을 빌려 감옥행을 피해보려고 합니다. 집착을 버리지 못하는 엄마를 벌레 보듯 하고 온갖 험한 말을 쏟아내 상처 주기를 밥 먹듯 했던 아들, 그런 아들의 행동은 과연 바르부만의 모습일까요?

아무리 부모의 자식사랑이 무죄라 한다 해도 자식의 인생을 망쳐놓는 사랑은 결코 면죄부가 될 수 없습니다. 자식이 성장해 독립할 나이가 되면 육체뿐 아니라 부모 또한 정신적으로도 독립이 되어야 아이들이 주체적으로 자신을 책임지고 살아갈 수 있겠지요.

서양을 보면 대부분의 아이들이 스무 살이 되면 독립에 나섭니다. 꼭 공부를 하고 싶은 아이들은 대학에 가지만 그렇지 않으면 직업교육을 받아 직장생활을 하게 되지요. 돈을 모아 세계여행을 떠나기도 하고 자신의 진로를 스스로 결정해 주체적인 삶을 꾸려가려고 애씁니다. 부모의 조언도 필요하지만 부모는 깊이 개입하지 않습니다. 사회 시스템의 차이도 있겠지만, 우리 아이들처럼 누구나 대학에 가겠다고 재수 삼수까지 해가며 공부하는 아이들이 많지 않습니다.

흔히 대학에 가야 미래가 보장된다고 합니다. 대학 밀어 넣기 대열에 나서는 과정은 대부분 부모의 몫이 되는 경우가 많지요. 오로지 성적이 자식의 미래를 결정한다는 믿음은 부모의 잘못된 성공신화에 있다고 볼 수도 있겠습니다. 그런 믿음 때문에 아이들이 희생양이 되는 경우도 많습니다. 그런 아이들이 자라면 더하면 더

했지 덜한 부모가 되지는 않겠지요. 보편적이라고는 할 수 없지만, 자식을 원하는 대학에 넣고도 못 믿어 과목마다 과외선생을 붙이고 과제물까지 의뢰한다는 엄마, 자식의 학점까지 관리하는 엄마도 있다 하니 웃을 수밖에요. 여전히 자식을 어린 아이로 생각한 부모가 많다는 것입니다. 그것뿐일까요. 낮은 학점을 주었다며 선생에게 따지러 오는 부모는 물론이고 직장, 심지어 군대에까지 찾아가 아들의 권리나 보호를 요구한다고 하니 이런 얘기가 소설이 아니라는 현실 앞에 더욱 놀라게 됩니다.

엄마 코넬리아가 그런 엄마 아니었을까요? 자신의 물건이나 재산을 관리하듯 자식을 원하는 대로 만들려고 하는 엄마, 그런 엄마를 비난하면서도 앞세워 자신의 불행을 막아내려는 아들 바르부는 엄마 코넬리아가 키워낸 것입니다.

삶은
각자의 것

아들을 키워낸 엄마의 책임이 더 크다는 데 이 영화는 무게를 두고 있습니다. 피해자의 집에 아들을 끌고 가 사죄와 용서를 빌어도 시원찮은 마당에 아들을 대신해 돈뭉치를 들고 찾아가 아들을 감옥에 보내지 말아달라며 통사정하는 코넬리아의 이기심은 도덕적 양심뿐 아니라 인간으로서 기본적인 예의를 모르는 경우입니다. 사회적 권위와 부를 이용해 사건을 은폐 조작하고, 어린 자식을 잃고 통곡하는 부모를 찾아가 아들의 안위를 걱정하는 행위는 인간 이기심의 극치를 보여주는 장면입니다. 만일 "자식의 일이라면 그 어떤 일이라도 할 수 있는 게 엄마"라고 코넬리아가 변명한다면, 그 말을 피해자의 부모가 되받아 할 수도 있겠습니다. "당신의 아들이 죽인 내 아들을 위한 일이라면 난 무슨 짓이라도 할 수 있어"라고 말이지요.

다 큰 아들의 사생활까지 체크해야만 직성이 풀리는 엄마 코넬리아나, 결정적 순간에 그런 엄마를 방패로 자신의 과오를 털어내려는 비겁한 아들 바르부. 둘 다 이기적입니다. '그 엄마에 그 아들'이란 말처럼 아마 엄마 코넬리아는 아들에 대한 걱정과 연민 때문에 평생 눈을 감지 못할 것이며, 아들 바르부 또한 궁지에 몰릴 때마다 엄마를 내세워 치졸한 삶을 살아갈 수밖에 없을 것입니다.

영화의 제목처럼 '아들의 자리'는 '아들이 만드는 자리'이기도 하지만, '엄마의 자리'가 어디쯤이어야 하는지를 분명히 말하고 있습니다. 엄마가 어떻게 하느냐에 따라 '아들의 자리'가 만들어진다는 것이지요. '지나치면 부족한 것만 못하다'고 했던가요. 사랑이라는 미명하에 부모가 자식의 삶을 망치는 일, 자식이 자신의 발로 땅을 딛고 설 수 없게 하는 일만큼 무서운 게 어디 있을까요? 부모와 자식의 현주소에 대해 묻고 있는 영화입니다.

"당신의 모든 불행은 당신 자신으로부터 생긴다"라고 했던 장 자크 루소의 말이 떠오릅니다.

 영화를 보는 몇 개의 시선

1 · 사건을 축소해주는 대가로 돈을 요구하는 목격자는 코넬리아의 어떤 점을 악이용하고 있나요?

2 · 엄마 코넬리아의 간섭을 비난하면서도 자신의 과오를 엄마에게 떠넘기는 아들 바르부의 태도에 대해 얘기해볼까요? 그 책임은 누구에게 있을까요?

3 · 아들의 감옥행을 막기 위해 피해자의 집에 찾아가는 엄마 코넬리아의 태도를 이해할 수 있나요? 만일 이런 일을 당했다면 어떻게 대처하면 좋을까요?

그렇게 아버지가 된다(そして父になる, 2013)
감독_ 고레에다 히로카즈

시간이 만드는 아버지라는 이름

어떻게 아버지가 되는 걸까요? 영화의 제목대로라면 '그렇게'라고 하는군요. 제목이 시사하듯, 이 영화는 한 남자가 참 아버지로 태어나는 일련의 과정을 더듬어 보는 영화입니다.

고레에다 히로카즈 감독의 영화는 서정성은 물론 유머와 따뜻함을 고루 갖추고 있습니다. 그의 많은 영화적 서사는 끊임없이 사회와 인간, 휴머니즘에 닿아 있지요. 마치 영화가 감당해야 할 의무인 양 말입니다. 그렇다고 그 어떤 숙제를 강요하는 건 아닙니다. 어쩌면 영화적 장치를 통해 가감 없이 그대로 보여줄 뿐이지요. 인물의 곁에서 표정은 물론 숨소리 하나까지도 잡아내는 면밀함은, 조미료를 넣지 않은 음식의 맛처럼 자연스러움에 있습니다. 그렇게 보면 덴마크의 다르덴 형제 감독의 연출기법에 서정성을 더해 뿌연 먼지를 뒤집어쓰고 바람에 몸을 맡긴 코스모스 같다고나 할까요?

거친 현실, 자신의 경험이나 사회적으로 이슈화된 기사 등을 오랫동안 다듬어 스크린이라는 밥상에 맛깔스레 올려놓는 연출은 분명 감독의 뛰어난 역량입니다.

감독의 개인적 경험이 녹아 있는 영화 〈걸어도 걸어도〉나 도쿄 한복판에 네 아이를 버려둔 채 자신의 행복을 찾아 떠난 모진 어미와 아이들에 관한 사건 〈아무도 모른다〉만 봐도 그렇습니다. 〈그렇게 아버지가 된다〉 또한 신파조의 슬픔이나 분노를 드러내지 않고, 낮은 음성을 통해 가족과 아버지 그리고 자식에 대한 깊이 있는 성찰을 요구하지요.

아이가 바뀌었습니다

대기업의 중견 간부로 엘리트 코스를 밟아 넓은 집과 아름다운 아내, 착한 아들과 남부럽지 않게 살고 있는 료타는 어느 날 아들 케이타를 낳은 병원으로부터 연락을 받습니다. 6년 전 병원 간호사의 착오로 아이가 뒤바뀌었다는 것입니다. 료타의 친아들 류세이를 키운 부모는 료타 부부와는 다른 삶을 삽니다. 시골에서 조

그만 전파상을 하며 세 아이를 키우는 성격 좋은 사람들입니다. 병원으로부터 소식을 들은 료타는 고민 끝에 자신의 친아들을 만나기로 합니다. 친아들 류세이는 그동안 키워온 케이타와는 다르게 밝고 명랑하며 자신감이 넘칩니다. 료타는 친아들을 데려오기 위해 다양한 방법을 생각하지요. 두 아이에게 충격을 줄여주기 위한 방법으로, 집 바꿔 살아보기라는 미션을 주기로 합니다.

케이타의 친아빠 유다이는 많은 시간을 아이들과 보냅니다. 고장 난 물건도 뚝딱 고치고 욕조에서 함께 목욕도 하는 친절한 아빠입니다. 게이타는 문득문득 집이 생각나지만 아빠와 보내는 시간이 즐겁습니다. 그러나 도시로 온 시골 소년 류세이는 하루하루가 지루합니다. 아빠 료타는 몹시 바빠 놀아줄 시간이 없습니다. 다양한 장난감이 있고, 맛있는 음식을 먹어도 자꾸 옛집이 생각납니다. 아빠와 동생들이 엉켜 즐겁게 보냈던 시간이 그립습니다.

아빠 료타는 류세이를 자신처럼 키우고 싶어 합니다. 케이타에게 그러했듯 반듯하고 예의 바르게 성공한 아들로 키우고 싶은 마음이 굴뚝같습니다. 그런 류세이가 어느 날 집을 나가 살던 집으로 가버렸습니다.

류세이를 찾아 간 료타, 류세이에 케이타까지 데려와 함께 키우고 싶습니다. 병원으로부터 받을 보상금만을 생각하는 듯한 유다이가 료타는 마음에 들지 않습니다. 6년간 정을 준 케이타가 가난한 시골집, 그런(?) 아빠 밑에서 살게 된다는 걸 생각하면 더욱 그렇습니다. 그런 료타에게 유다이가 말합니다.

"아버지란 역할뿐 아니라 시간이오."

아이와 얼마나 많은 시간을 통해 사랑과 정을 나누었느냐는 것입니다.

아들 케이타가 찍은 카메라 속 자신을 본 료타가 마침내 깨닫게 됩니다. 주말이면 소파에 누워 잠을 자거나 텔레비전 리모컨을 들고 있는 모습뿐이었음을.

자신을 버린 것이라고 생각해 상처받은 어린 케이타에게 아빠 료타가 고백합니다. 케이타가 너무 보고 싶어 왔노라고 말이지요.

게이타는 마침내 료타의 진심 어린 고백에 아빠를 바라봅니다. 그동안 아빠에게 잘 보이려고 아이 같지 않았던 케이타, 마침내 아이다운 여섯 살 아이가 되었고, 료타는 비로소 '그렇게' 아버지가 되었습니다.

아버지는 어떻게 되는가?

영화는 결말을 보여주지 않은 채 열어두고 있습니다. 관객의 몫입니다. 낳은 자식 류세이와 기른 자식 케이타. 과연 료타는 어떤 결론을 얻었을까요? 흥미롭지만 아픈 결말입니다.

영화는 아빠 료타가 친아들 류세이를 찾고, 기른 아들 케이타를 보내는 과정, 갈등과 깨달음을 얻으며 '그렇게 아버지가 되'어가는 모습을 묵묵히 지켜봅니다. 진정한 아버지가 태어나는 일련의 과정입니다.

'낳은 정이냐, 기른 정이냐'라는 물음과 함께 전형적인 도시아빠의 바쁜 일상과 가족 간 소통의 부재, 행복의 기준은 결코 물질이 아니라는 것까지를 아우르며 결국 '아버지가 된다는 것'은 과정이라는 것에 무게를 두고 있지요.

아이를 낳았으니 '당연히' 아버지가 됩니다. 혈연으로 맺어진 끊을 수 없는 관계로 자식과 아버지가 되는 것이지요. 간호사가 아이가 뒤바뀐 사실을 끝까지 폭로하지 않았다면 료타는 케이타를 친자로 키웠을 것입니다.

영화는, 제목만 보아도 알 수 있듯, 두 아버지가 어떤 아이를 자식으로 선택하느냐의 문제가 아니라, 자식을 자신과 동일시하는 아버지가 아닌, 자식과 소통하려고 애쓰는 참 아버지를 보여주고자 한 것입니다. 보편적인 아버지의 일상 안에 자리 잡고 있는 타성을 파헤쳐 아버지의 일상이 달라져야 한다는 데 이 영화는 방점을 두고 있지요. 그렇다면 엄청난 사건을 맞닥뜨린 남자 '료타'는 개인뿐 아닌, 참 아버지로 태어나는 모든 아버지의 표본이 된 것입니다.

'역할이 아니고 시간이다'라고 한 유다이의 말이 전적으로 옳다고 할 수는 없습니다. 아버지에게는 '아버지로서의 역할'도 있으니까요. 유다이의 말은, 그 역할 속에 아이들과의 시간이 켜켜이 쌓여야 한다는 것이겠지요. 부모는 아이들의 기억의 집이며 추억의 창고가 될 수 있으니까요. 유다이의 생활이 정상이고 료타의 생활이 나쁘다고 말할 수도 없습니다. 현실적으로 아버지란 존재는 가장으로서 엄청난 생활의 무게를 지고 있는 게 사실입니다. 주말에 편안한 소파와 텔레비전 리모컨에 매달리는 것은 잠시만이라도 유토피아가 필요한 우리 시대 아버지의 모습이기도 합니다. 감독의 시선 또한 그 어떤 판단을 유보한 채, 참 아버지 되는 과정을 그저 '그렇게' 보여줄 뿐입니다.

가족이라는 것은 서로 이해하고 이해받는 공동체임을 감안한다면 결코 '료타'의 생활이 잘못되었고, '유다이'의 생활이 정상이라는 구분 방식은 무리가 있어 보입니다. 보기에도 시골 전파상을 하는 유다이는 대기업 중견간부로 치열한 경쟁 속에서 살아가는 료타보다는 시간이 많아 보입니다. 피로가 덜할 수도 있겠지요. 하지만 시간이 많다고 해서 가족들과 많은 시간을 보낼 수 있다고 볼 수는 없습니다. 분명한 건 넉넉지 않은 살림에도 유다이는 아이들과 많은 시간을 갖고 소통하며 유쾌하게 보내고 있다는 것이지요. 반면, 료타에게는 많은 생활규칙이 존재합니다. 아들 케이타가 그 규칙 속에 살기를 원하며 자신처럼 만들려는 아빠입니다.

그러니 어린 아들은 아빠가 정해놓은 규칙에 맞추려고 늘 안절부절못했겠지요. 아빠의 맘에 들려고 얼마나 애를 썼을까요. 자신도 중도에 그만두었던 피아노 치기를 아들에게 시키고, 잠자리 인사까지 꼬박꼬박 시키는 료타입니다. 아들은 그런 아빠를 실망시키지 않으려고 소질도 없는 피아노를 치고 그런 아들을 통해 아빠는 대리만족을 하려듭니다. 반드시 자신보다 더 나은 성공한(?) 사람이 되기를 원했지요. 그렇다면 억울한 건 케이타입니다. 원래 병원에서 바뀌지만 않았던들 형제 하나 없이 외롭게 살지 않아도 되었을 테고, 싫은 피아노를 치지 않아도 되었을 테니까요.

시간과
환경은
힘이 세다

'낳은 정'보다는 '기른 정'에 무게를 두고 있는 영화입니다. 생물학적으로 연결된 부모와 자식의 관계란 '낳은 정'이 먼저입니다. 그런데 아무런 생물학적 연결고리 없이 부모와 자식의 관계가 된 경우도 있습니다. 입양이라는 법적 절차를 통해 부모와 자식관계가 성립된 경우지요. 피는 물보다 진하다. 천륜은 어쩔 수 없이 끌리는 것이다. 이런 말을 무색케 합니다.

그렇다면 영화 〈그렇게 아버지가 된다〉는 어떤가요? 바뀌어 다

른 환경에서 자라게 된 '케이타'와 '류세이'입니다. 아이들은 자라
온 환경과 키워준 부모를 떠나기 쉽지 않습니다. 어린 시절 함께
생활하며 호흡한 부모와 자식은 굳이 혈연관계가 아니어도 다분
히 환경의 지배를 받을 수밖에 없으니까요.

    영화 〈곰이 되고 싶어요〉에 등장하는 소년이 생각납니다. 새끼
곰을 잃고 슬픔에 잠겨 있는 엄마 곰을 위해 아빠 곰은 사냥꾼 아
내가 낳은 아이를 몰래 데려옵니다. 엄마 곰의 젖을 먹으며 길러
진 소년, 물고기를 잡아먹고 자연에서 곰처럼 살아갑니다. 그렇게
자란 아이를 어느 날 사냥꾼이 찾아 집으로 데려왔지요. 평생 아
들을 그리며 살았던 그의 아내가 감격합니다. 하지만 소년은 생소
한 인간의 집이 두려워 쉬지 않고 탈출을 시도하지요. 사냥꾼 부
부는 아들을 밧줄에 묶어두고 소통하려 들지만 소년은 곰이 되고
자 몸부림칩니다. 결국 사냥꾼 부부는 아들을 야생으로 돌려보내
기로 합니다. 아들의 행복을 생각하면서 말이지요.
    새로운 환경에 대한 적응이 얼마나 어려운가를 보여주는 예이
지요. 어린 소년 케이타와 류세이 또한 새로운 환경에 적응하는
일이 쉽지만은 않을 것입니다. 분명한 건 자식이 바뀐 부모는 물
론이고, 부모가 바뀌었다는 사실 하나만으로 아이들도 큰 충격을
받았을 테니까요.
    "아버지의 역할은 누구도 대신할 수 없다"고 한 유다이의 말은

'아버지는 있어도 진짜 아버지는 많지 않다'라는 의미로 이해해야 할까요?

비록 료타가 어떤 선택을 했을지 알 수 없지만, 분명 영화는 어설프게 아빠 노릇을 했던 료타가 진정한 아빠가 되어가는 과정을 통해 모든 아빠의 '아빠 되기'에 대한 물음과 답을 동시에 보여줍니다.

가족과 사회의 내밀한 이야기를 즐겨 다루는 감독의 뛰어난 연출력은 물론, 아역배우들의 놀라우리만치 자연스런 연기력이 돋보입니다. 야생화가 일렁이는 들판을 더디게 걸으며 구경하듯 다양한 소재가 함께 잘 어우러진 영화입니다. 〈단델리온 더스트〉도 함께 보시면 좋겠습니다.

 영화를 보는 몇 개의 시선

1 · 유다이와 료타의 자녀 교육 방식 중 어느 쪽을 더 선호하나요?
2 · 사람의 성격은 생물학적 요인과 환경적 요인 중 어느 쪽 영향을 더 받을까요?
3 · '아버지를 아버지답게 하는 것'은 무엇일까요?
4 · "아버지의 역할은 그 누구도 대신할 수 없다"고 한 유다이의 말에 동의하나요?
5 · "아버지란 역할뿐 아니라 시간"이라는 말은 무엇을 의미하나요?

초콜릿 도넛(Any Day Now, 2012)
감독_ 트래비스 파인

남들과 다른 삶을 산다고 나쁜 건 아니야

　여장남자 루디는 게이 바에서 립싱크를 하며 근근이 먹고삽니다. 여장은 했으나 턱수염이 거뭇합니다. 어느 날, 바에 찾아온 한 중년 남성이 루디를 그윽하게 바라봅니다. 폴이라는 이 남자는 현직 검사로 이혼한 상태입니다. 둘은 서로 짧은 시간 사랑하는 사이가 됩니다.

　루디가 사는 연립주택, 옆집은 밤만 되면 시끄러운 음악을 틀어놓습니다. 하루는 참다못한 루디가 옆집에 들어가 음악을 끄고 나오다가 구석에 웅크리고 앉아 있는 남자아이를 발견합니다. 다운증후군 장애를 가진 마르코입니다.

여장남자
루디에게 찾아온
부모라는 삶

남자와 집을 나간 마르코의 엄마가 밤새 돌아오지 않자 루디는 검찰청에서 일하는 폴을 찾아갑니다. 루디의 등장에 당황한 폴, 난감한 표정을 지으며 아동국에 신고하라고 말하는 그의 태도에 루디는 실망합니다.

마르코의 엄마는 마약 투약 혐의로 체포되고, 그 바람에 마르코는 아동국 직원에 의해 수용시설로 옮겨졌습니다. 루디는 마르코를 시설에 보내지 않으려고 폴에게 도움을 요청합니다. 루디의 집 또한 환경이 열악하기는 마찬가지라, 폴은 마르코와 루디를 자신의 집으로 데려옵니다. 감옥에 있는 마르코의 엄마를 방문해 마르코를 돌보겠다는 허락도 받지요.

폴은 어렵게 얻은 검사 자리를 지키기 위해 지금껏 자신의 성정체성을 숨기고 살아왔지만, 결국 집요하게 뒤를 캐는 상사에 의해 동성애자임이 드러나고 직장을 그만둘 수밖에 없게 되었습니다.

마르코는 루디의 따뜻한 보살핌으로 행복했고, 루디 또한 마르코의 천진한 미소가 있어 나날이 즐겁습니다. 루디에게 아들이 생긴 셈입니다. 그러나 법원은 루디에게 마르코를 부양할 경제적인 능력이 없다는 이유로 아이를 시설에 보내려 합니다. 이런 상황을 알게 된 폴은 자신의 경제력이라면 마르코를 돌볼 수 있을 것이라고 생각해 함께 가정을 이루기로 합니다.

마침내 초콜릿 도넛을 좋아하는 열네 살 마르코와 두 남자의 행복한 날들이 이어집니다. 루디는 마르코를 학교에 데려다주고 데려오며, 잠자리에 책까지 읽어주는 모범적인 부모의 역할에 행복감을 느낍니다. 게이 바 일까지 그만두며 마르코를 돌보려는 루디. 마르코를 통해 새로운 삶이 시작된 것입니다. 그러나 법원은 동성애자 부부가 장애아인 마르코와 지내는 것을 용납하지 않습니다. 루디와 폴이 정상적인 부부관계가 아니므로, 마르코가 자라면서 성정체성에 대한 혼란을 겪게 될 수 있다는 가정 아래 법원은 결국 마르코를 보호시설에 보냅니다. 법원의 판결에 불복한 두 남자의 마르코를 데려오기 위한 싸움이 다시 시작됩니다. 한편, 시설에 적응하지 못한 마르코. 반드시 데리러 올 것이라는 루디를 기다리며 매일 짐을 챙기다 마침내 혼자 시설을 빠져나오고 말지요.

동성애자 부부는 가족을 꾸리면 안 되나요?

영화는 해피엔딩이 아닙니다. 부모로부터 버림받은 장애아를 돌보기 위해 법정 싸움을 벌이는 동성애자 부부. 보통의 가정처럼 아이와 함께 지내려 하지만 그들에게는 이 최소한의 평범한 행복조차 별나라 이야기만 같습니다. 그들의 진심을 대변하는 주변의 증언과 그 어떤 노력에도, 루디의 마르코에 대한 진정성은 법적으로 인정되지 않습니다. "남들과 다른 삶을 산다고 나쁜 부모는 아니다"라는 영화 속 대사는 성적 소수자의 삶에 대한 사회의 굴절된 시선을 의미합니다.

영화의 시대 배경은 1970년대 미국입니다. 그런데 40년이 지난 지금 왜 이런 영화가 여전히 대중의 관심을 받는 걸까요. 예나 지금이나 성적 소수자는 물론 장애아에 대한 사회적 편견은 크게 달라지지 않았음을, 감독이자 소설가인 트래비스 파인은 영화적 서사를 통해 다시 한 번 환기시키고자 합니다.

이 영화는 다수를 대변하는 법이 소수의 행복권을 침해하는 경우를 보여줍니다. 따뜻하게 돌봐줄 가정이 필요한 장애아 마르코나, 아이와 함께 가정을 이루고자 하는 루디와 폴, 서로를 필요로 하건만 법이 허용하지 않는군요.

생물학적 필연성으로 동성애자가 되는 것이 아니라, 자신의 취향에 따라 선택하는 경우도 있겠지요. 그런데 보편적이지 않다는 이유로 비난받고 법적 보호도 받지 못한다면 그들의 삶은 어떻게 될까요? 더욱이 그 소수자가 나 혹은 내 가족이라면 말이지요.

인간은 누구나 행복할 권리를 가지고 태어납니다. 자신의 삶이 존중되고 보호받기를 원하는 만큼, 타인의 삶도 인정해야겠지요.

저는
아들의 선택을
존중합니다

어느 날 아들이 화장을 하고 치마를 입고 나가는 모습에 놀라 한동안 정신을 놓았다는 한 어머니는, 지난 2015년 6월 광화문 광장에서 열린 '퀴어축제'에 트렌스젠더 아들과 함께 참여했습니다. 여장한 채 다니는 아들 탓에 주위의 눈총을 받을까 한동안 바깥출입도 제대로 못 했다는 어머니는, 행복하기 위해 여자로 살 수밖에 없다고 고백한 아들의 선택을 인정하고 나니 지옥이 천국으로 바뀌었다고 했습니다. 그동안 혼자 고민하고 아파했을 아들에게 미안하다고 말하는 어머니의 환한 표정이 놀라웠습니다.

만일 내 아이가 어느 날 동성애자임을 밝혀왔을 때, 아니면 트렌스젠더가 되겠다고 선언했을 때, 나라면 어떤 태도를 취하게 될까 생각해보았습니다. 앞에서 언급한 그 어머니처럼 저도 아이와 함께 세상에 나가 "내 아이가 성 소수자가 되었으니 법적으로 인정해주세요. 내 아이가 성정체성에 대한 혼란으로 고통받지 않도록 사회적 편견과 차별을 없애주세요"라며 앞장서 외칠 수 있을까요?

아이들을 키우면서 입버릇처럼 늘 하는 말이 '역지사지'입니다. 내 자신의 허물을 누군가 너그러이 봐주고 이해해주길 바라는 마음에서 하게 되는 말이지요. 허물이 많다보면 늘 그런 마음을 갖게 됩니다. 마음에 짐을 덜어내기 위한 하나의 방편으로 말이지요. 그러니 누군가를 섣불리 판단하고 비난하며 그들의 행복권을 침해해서는 안 되겠습니다. 국가나 사회가 약자의 삶을 부정하고, 권리를 인정하지 않는 것은 다수의 폭력이고 횡포일 수 있지요.

루디와 폴이 마르코를 위해 방을 마련하고 아이가 좋아하는 초콜릿 도넛을 내놓는 장면은 참으로 정겹습니다. 초콜릿 도넛을 받아든 마르코의 천진난만한 미소, 세상에서 가장 행복한 시간을 맞은 소년의 것입니다.

"이들의 이야기는 동성애자냐 이성애자냐의 문제도, 백인이냐 흑인이냐의 문제도, 부자냐 가난한 자이냐의 문제도 아닌 자녀를 빼앗기는 상황에서 누구라도 느낄 법한 고통의 문제다"라는 감독의 말처럼 진심으로 원하는 사람들끼리 마음으로 사랑으로 의지할 수 있기를 바라지만 그런 가정을 꾸리는 일이 쉽지 않습니다. 실제로 부인과의 이별로 인해 "딸아이와 떨어져 사는 아픔이 크다"는 감독의 마음이 마르코와 루디를 통해 잘 드러나 있습니다. 가정을 만들고 지켜나가는 일이 참으로 값지다는 메시지를 담은 이 영화는 국제영화제의 수많은 상을 휩쓸었지요.

제게는 루디 역의 배우 앨런 커밍의 연기가 조금은 불편했습니다. 그런데 그가 실제로 동성애자라는군요. 그의 연기는 노력이 아니라 동성애자로서 내면화된 삶 자체를 자연스레 스크린에 옮겨 놓은 듯했습니다. 마음을 담아 사회적 약자에 대한 편견과 억압을 노래하는 루디의 애절한 목소리가 영화가 끝난 후에도 오랫동안 떠나지 않습니다.

 영화를 보는 몇 개의 시선

1 · 성적 소수자가 커밍아웃(자신이 스스로 성정체성을 밝힘)한다는 것은 무엇을 의미할까요?
2 · 동성애자인 루디와 폴이 마르코를 돌보는 일이 옳지 않다고 판결한 법원의 결정에 대해 어떻게 생각하는지 서로 얘기해보세요.
3 · 우리 사회는 사회적 약자에 대한 권리와 행복권을 어떻게 인정하고 있나요? 예를 들어 말해볼까요?
4 · 사회적으로 보편적이지 않은 삶을 선택한 경우, 비난받아야 할까요? 비난을 받는 경우라면 어떤 경우이며 왜 그럴까요?
5 · 성적 소수자에 대한 편견을 가지고 있나요? 왜 그럴까요?

소중한 사람(折り梅, 2001)
감독_ 마츠이 히사코

타인과의 관계 속에서 우리는 성장한다

　누군가 우리에게 '소중한 사람'이 누구냐고 묻는다면, 과연 누구라고 답할 수 있을까요? 자식이나 부모? 아내와 남편? 연애를 시작한 청춘남녀라면 연인의 이름을 말했을지도 모릅니다. 늘 함께하면서도 함께한다는 사실조차 모르는 관계, 아니면 알면서도 당연시하는 그렇고 그런 관계, 철석같은 믿음으로 서로를 신뢰하는 관계도 있을 것입니다. 그런 관계 안에서 '소중한 사람'이 되어본 적이 있는지 스스로에게 묻게 됩니다.

내가 아닌
내 주변의 사람을
생각한다는 것은

누군가에게 소중한 사람이 되었거나, 자신에게 소중한 사람을 생각해보는 것은 우리 삶이 더욱 견고해지기를 바라는 마음에서 일 것입니다. 이러한 물음은 어쩌면 서로의 관계가 소원해졌을 때 관계를 회복할 수 있는 돌파구가 될 수도 있겠습니다.

대부분 인간은 자신의 삶이 우선이기 때문에 타인의 상황을 전적으로 이해하고 받아들이기 쉽지 않습니다. 자신의 삶에 집중하기 때문이지요. 그렇다면 자신의 삶이 송두리째 흔들리는 상황을 당연한 일상으로 받아들이는 게 가능할까요? '가능할까?'라는 의문에 과감히 쐐기를 박는 한 여인이 있습니다. 쉽지 않은 일을 평범한 일상으로 끌어안고 살아가는 한 여인의 일상이 예사롭지 않습니다.

주인공 도모에는 셋째 며느리입니다. 그녀에게는 아이 둘과 남편이 있고 작은 뜰이 딸린 예쁜 집도 있습니다. 그녀는 아이들과 남편을 학교, 직장에 보낸 뒤 식물회사에서 일도 하며 만족스런 생활을 하는 것처럼 보이지만 시골에 혼자 남아 있는 어머니를 염려하는 남편이 늘 마음에 쓰입니다. 그런 남편의 마음을 헤아린 도모에, 자식 중 어느 누구도 관심을 갖지 않은 시어머니 마사코를 자신의 집으로 데려옵니다. 그런데 어느 날, 시어머니의 행동이 심상치 않습니다. 치매에 걸린 것입니다. 시어머니 마사코는 며느리 도모에를 의심하고 집안을 엉망으로 만들어 가족 모두 정상적인 생활을 할 수가 없게 되었습니다. 남편은 도모에에게 직장을 그만두고 집에만 있으라고 하지만 도모에는 "자신의 인생은 가족만을 위해 있는 것이 아니라"며 받아들이지 않습니다. 시어머니로 인해 자신의 일상이 무너지는 것을 원치 않는다는 속내를 드러내는 말입니다. '자식들에게 버림받았다는 생각 때문에 아무리 잘 해도 시어머니의 마음이 채워지지 않을 것'이라고 덧붙이는 도모에의 말이 남편의 폐부를 찌릅니다.

치매를
특이한 병으로
보지 마세요

도모에의 태도에 분노해 시어머니를 모셔갔던 시누이는 시어머니를 도모에 집으로 다시 돌려보냈고, 남편은 어머니를 모시자고 말한 도모에에게 책임을 묻습니다. 마침내 도모에는 시어머니를 시설에 맡기기로 했지요. 마지막 밤을 시어머니와 한 이불 속에서 보내기로 한 도모에. 자신의 가슴에 손을 얹고 '엄마'라고 부르며 잠꼬대를 하는 시어머니를 애처롭게 바라봅니다.

시어머니와 시설로 향하는 길, 원숭이가 보고 싶다는 시어머니의 부탁으로 도모에는 동물원에 갑니다. 엄마 원숭이의 품에 안긴 새끼원숭이를 보며 시어머니가 말합니다.

"나도 저렇게 엄마한테 안긴 적이 있었을까?"

시어머니는 하늘색 기모노를 즐겨 입고 매화가지를 꽃병에 즐겨 꽂던 자신의 어머니를 떠올립니다. 도모에는 시어머니의 과거 얘기를 듣게 되었습니다. 어린 시절, 엄마로부터 버림받고 결혼해 남편마저 일찍 잃게 된 시어머니. 네 자식을 홀로 키워냈다는 얘기를 듣고 마침내 도모에의 마음이 흔들립니다. 시어머니의 손을 잡고 집으로 돌아온 도모에, 남편과 아이들이 반기며 도모에를 돕겠다고 나섭니다. 도모에는 사찰의 치매노인프로그램에 시어머니와 참여해 마음의 여유를 조금씩 찾아갔지요. "치매를 특이한 병으로 보지 말고 자연스런 일상으로 받아들여야 한다"는 관계자의 말에도 수긍합니다.

"가족을 대신할 그 어떤 사랑도 없다"는 말이 도모에의 가슴을 파고듭니다. 시어머니가 그림에 소질이 있다는 사실을 발견한 도모에, 시어머니에게 전문적인 그림수업을 받도록 했지요. 치매환자도 자신감을 갖게 되면 좋아지게 된다는 전문가의 말을 따르기로 한 것입니다. 그러던 어느 날, 시어머니가 그린 그림이 공모전에 입선이 되었는데, 그림 제목이 '소중한 사람'입니다. 액자 안에는 노란 옷을 입은 도모에가 활짝 웃고 있습니다.

도모에는 마침내 깨닫습니다. 시어머니를 단 한 번도 '소중한 사람'이라고 생각하지 않았던 자신을. 단 한 사람도 소중한 사람이라고 생각해주지 않았고, 버림받고 살았던 시어머니. 치매에 걸려 버림받은 시어머니를 연민과 사랑으로 바라보니 마침내 자신의 '소중한 사람'이 되었습니다.

나의 삶이 소중하듯,
타인의 삶 또한 소중해

시어머니의 희생자가 되기 싫다며 끝까지 일을 고집하던 도모에가 어떻게 이런 깨달음을 얻게 되었을까요? 의지를 꺾을 것 같지 않던 도모에는 그리 행복해 보이지 않았습니다. 시어머니로 인해 평온하던 자신의 삶이 얽힌 실타래처럼 복잡해졌으니까요. 어쩌면 누군가에 의해 자신의 삶의 근간이 흔들리는 것을 용납할 수 없었을 테지요. 시어머니에 의해 자신의 삶이 침해당했다고 생각하면 그리 유쾌하지 않았을 것입니다. 그런 도모에가 시어머니를 받아들이고 시어머니의 재능까지 찾아주었습니다. 자신만을 향했던 관심이 비로소 시어머니로 바뀐 것입니다. 바로 사랑이겠지요. 자신의 삶이 소중하니 타인의 삶 또한 소중하다는 이타심에서 비롯된 마음입니다. 이기적인 사랑이 아니라 아주 크고 넓은 사랑입니다.

행복은 대체 어디서 오는 걸까요? '행복은 스스로 만들어가는 것'이라는 흔한 말에 기대어보면, 도모에는 분명 행복을 만들어가는 여성입니다. 그녀 안에 가득한 사랑이 느껴집니다. 그 견고한 사랑이 만들어낸 삶은 그 어떤 문제에 맞닥뜨린다 해도 거뜬히 일상으로 끌어들여 녹여낼 수 있겠지요.

상대가 변하기를 원한다면 자신이 먼저 변해야 한다는 도모에, 시어머니를 통해 그걸 깨달았습니다. 그 깨달음으로 시어머니는 물론이고 자신과 가족들도 행복을 되찾았지요. '행복의 파랑새를 찾으러 떠났다 돌아와 보니, 처마 밑에 있더라'는 칼 붓세의 말은 맞습니다.

뜰에 앉아 그림을 그리는 시어머니를 보며 눈물짓는 도모에. 시어머니에 대한 연민 때문만은 아닐 테지요. 어쩌면 그 순간 자신의 노년과 마주한 것은 아닐까요? 도모에의 눈물을 통해 또 한 번 깨닫게 됩니다.

 영화를 보는 몇 개의 시선

1 · 과연 우리는 '소중한 사람'을 몇이나 품고 살아갈까요?
2 · 도모에와 같은 처지에 놓였다면 어떤 결정을 내릴까요?
3 · 현실적으로 가족이 치매환자를 돌보는 것이 가능할까요? 구체적으로 논의해보아요.
4 · 노후를 위해서는 어떤 준비를 해야 할까요?

케빈에 대하여(We Need to Talk About Kevin, 2011)
감독_ 린 램지

엄마가 된다는 것

에바는 원치 않은 아이를 가졌습니다. 여행 도중 한 남자와 사랑에 빠져 임신했고 어쩔 수 없이 낳게 됩니다. 그 결과, 여행가로서 세계를 누비며 자유롭게 살아왔던 그녀의 세계는 집과 아이로 제한되었지요. 준비되지 않은 상태에서 낳은 아이, 케빈. 아들 케빈은 에바의 삶에 걸림돌이 되어 삶을 송두리째 뒤흔듭니다. 우는 아이 때문에 짜증이 난 에바, 아들 케빈의 울음을 소음에 묻으려고 공사현장에 유모차를 세워 두기도 하지요. 에바는 엄마로서 사는 것에 익숙지 않습니다. 그러니 매사가 불만입니다.

어느 날, "익숙한 거랑 좋아하는 거랑은 달라. 엄만, 그냥 나한테 익숙한 거야"라고 냉정하게 말하는 케빈. 교묘한 방법으로 엄마

에바를 괴롭힙니다. 그런 케빈에게 에바가 말합니다.

"너도 알지? 난 네가 태어나기 전에 훨씬 더 행복했어."

케빈은 세계지도로 도배한 엄마의 방을 물감총으로 망치고, 여섯 살이 되어서까지 기저귀에 똥을 싸며 엄마를 괴롭힙니다. 아버지에게는 친절하고, 어린 동생을 사랑하는 척하지만 엄마가 자신보다 더 사랑한다고 느끼는 동생은 그냥 둘 수가 없어 해악을 저지릅니다.

활쏘기는 케빈의 취미입니다. 열심히 활을 쏘는 케빈의 열성에 감동한 아빠, 생일에 값비싼 활을 선물합니다. 케빈은 활쏘기에 매진합니다. 인터넷을 통해 대형 자물쇠를 준비한 뒤, 학교 체육관 입구를 막고 활을 쏘아 학생들과 선생을 살해합니다. 집에는 이미 그의 아버지와 어린 여동생이 케빈이 쏜 화살을 맞고 쓰러져 있습니다.

경찰에 끌려가며 엄마를 향해 미소 짓는 케빈, 오렌지색 죄수복을 입고 면회 오는 엄마 에바를 대하는 태도는 섬뜩하리만치 냉소적입니다.

엄마 되기의
두려움

원작은 사건 이후 에바가 남편 프랭클린에게 쓴 편지형식을 취하고 있습니다. 두 시간 남짓한 영화적 서사로 끌어들이기에 다소 무리가 있는 분량이나 원작의 의도를 침해하지 않고 치밀한 구성과 배우의 놀라운 연기력을 입혀 스크린에 담아낸 감독의 역량이 참으로 놀랍습니다. 충격과 회한으로 몸을 떨 수밖에 없는 엽기적 스토리와 숨 쉴 틈조차 주지 않는 뛰어난 연출력을 보여준 감독 린 램지는, "여성으로 살아가며 갖게 된 개인적 고민이 영화 〈케빈에 대하여〉로 이끌었다"고 합니다. 또한 "내 아이가 안 좋은 아이로 태어날지도 모른다는 근원적 두려움이 나의 내면에 있다는 것을 깨달았고, '엄마가 된다는 것에 대한 두려움'을 영화를 통해 이야기해보고 싶었다"라고 했지요.

에바 역의 배우 틸다 스윈튼 또한 "아이를 낳아 아이가 귀여웠지만 동시에 무서운 생각이 들었고, 아이가 사랑스럽게 느껴지지 않는다면 어떨까?" 하는 마음을 가졌다는군요.

새롭게 부여받은 '엄마'라는 이름. 그 이름에는 많은 의무와 책임이 따르게 됩니다. 그러니만큼 엄마가 된다는 것, 그리 쉽지 않습니다.

사랑은 자유로운 선택이 가능하지만 자식은 선택할 수 없다는 말이 있지요. 원했든 원하지 않았든 한 여성이 '엄마가 된다는 것'은 그리 쉬운 일이 아니지만 주인공 에바처럼 자신이 원하지 않은 아이가 태어났다고 해서 아이를 삶의 틈입자로 생각해서는 안 될 일입니다. 부모가 되면 삶이 변하기 마련이지요. 아이와 함께하는 삶이 시작되는 것입니다.

식물 한 그루를 기르는 일에도 시간과 정성이 필요합니다. 두 그루의 나무를 심어두고 매일 눈을 마주치며 사랑한다고 말해준 나무와 눈길도 제대로 주지 않은 나무의 생장을 비교한 실험이 있었습니다. 참 놀라운 실험결과였지요. 관심을 제대로 받지 못한 나무는 잎이 마르고 누렇게 떠 제대로 자라지 못했습니다. 종일 클래식음악을 틀어주며 병충해 없이 오이를 기른다는 한 농부의 농법은 위의 실험과 다르지 않습니다.

부모라는 이름에 따라오는 책임

케빈의 엄마 에바처럼 원하지 않던 아이를 낳게 되어 자신의 삶이 침해당했다고 생각한다면 엄마가 아이에게 많은 사랑을 줄 수 있을까요? 아이는 자신이 엄마의 방해꾼이 되었다고 생각할지도 모릅니다.

말을 할 수 없는 아기라 해도 엄마의 마음을 읽어낸다는 사실을 텔레비전 의학 프로그램을 통해 본 적이 있습니다. 자궁에 있는 태아가 산모의 기분상태나 외부로부터 들어오는 소리에 표정이 달라지는 것에 참으로 놀랐습니다. 뱃속에 있는 태아도 그러한 데 자신의 아이를 원치 않았던 아이, 삶에 훼방꾼이라고 생각한다면 어느 순간 아이를 향해 부정적인 말이 튀어나올 수도 있을 테고 애정을 쏟지 않을지도 모릅니다. 케빈의 엄마 에바가 그랬습니다. 아이의 울음소리를 듣지 않으려고 공사현장에 유모차를 세워두고 "네가 오기 전 나는 훨씬 행복했어"라고 아이에게 말하는 에바, 그녀가 엄마 역할에 대해 얼마나 낯설어하고 부담스러워했는지가 고스란히 전해지는 장면입니다.

　그런 엄마를 괴롭히려고 태어난 아이처럼 케빈은 지능적으로 엄마 에바를 못 살게 굴었지요. 법적으로 책임을 묻게 될 열여섯 살이 되기 사흘 전, 준비해온 살인을 실행하기까지 철저히 계획적입니다. 아빠에게는 살갑게 굴면서 엄마에게는 독한 말을 퍼붓고 엄마가 좋아하는 것을 파괴하고, 동생까지 살해하는 케빈. 이런 아이를 사이코패스라고 합니다. 감정에 미숙하고 감정을 억제하지 못해 자아를 통제하는 능력을 상실한 상태지요. 겉은 멀쩡한데 다른 사람의 권리를 무시하거나 침해하는 반사회적 성격 장애자를 일컫는 말입니다. 대인관계가 부족하고 정서적으로 불안할뿐더러 그 어떤 죄의식도 못 느끼며 자신의 감정과 고통에는 매우 예민하지요. 치밀하게 계획해 살인을 저지르고도 죄의식을 느끼지 못하는 케빈의 무서운 웃음 위에 아들을 온전히 사랑하지 못한 엄마 에바의 얼굴이 클로즈업됩니다.

　"왜 그랬니?"

면회실에 앉아 케빈에게 에바가 묻습니다.

"안다고 생각했는데 나도 모르겠어."

아들 케빈이 씨익 웃습니다. 그런 케빈을 끌어안은 에바. 살인자의 엄마로 평생 살아야 하는 에바의 얼굴에 회한이 가득합니다.

마을 사람들이 뿌려놓은 붉은 페인트를 닦아내는 에바, 잘 지워지지 않은 붉은 페인트를 닦아내며 자신의 지난날을 후회했을까요?

엄마가 된다는 것, 엄마로 산다는 것, 그리 만만치 않은 일입니다. 자식을 낳고 무섭고 두려웠다는 감독의 말은, 엄마가 된다는 기쁨에 앞서 아이를 사랑하고 잘 양육해야 한다는 무거운 '책임'을 마음에 두고 꺼낸 이야기일 것입니다.

이런 어려운 문제를 놀라운 연출력으로 스크린에 옮겨놓은 이 작품은 2011년 한 해 전 세계 언론과 평단을 열광시키며 최고의 영화에 선정되었습니다. 600쪽이 넘는 분량의 원작에는 미국 내 학교에서 일어나는 다양한 총기난사사건을 언급하고 있습니다. 그런 범죄를 저지른 아들 케빈이 수감되어 있는 소년원을 방문하며 아들과 소통하려 애쓰는 에바의 모습에서 어쩔 수 없는 모성과 연민을 만나게 됩니다.

영화를 보는 몇 개의 시선

1 · 감독이 한 '엄마 되기의 두려움'이라는 말은 어떤 의미일까요?

2 · 건강한 부모와 자식의 관계란 어떤 것일까요?

3 · 일과 육아 사이의 갈등이 있다면 어떤 것이 있을까요?

4 · 사이코패스에 대한 깊이 있는 논의를 해보세요.

라벤더의 연인들(Ladies in Lavender, 2004)
감독_ 찰스 댄스

노년의 사랑

'사랑'을 뇌의 화학작용으로 분석한 미국 코넬 대학의 인간행동 심리학자 하잔 박사는 2년 동안 서른일곱 개 문화권 5천 명을 관찰한 결과 열정적 사랑의 지속기간이 대략 18개월에서 30개월이라는 사실을 발견했다고 합니다.

사랑에 빠지는 순간부터 대뇌의 화학작용이 시작된다는 것입니다. '도파민'이라는 신경전달물질이 솟아나 원기가 왕성해지며 기쁨이 넘쳐난다지요. 이런 호르몬 분비는 연애가 길어지면서 점차 줄어들어 서서히 바닥을 드러낸다고 합니다. 그렇다면 열정이 끝나는 순간 사랑도 끝나는 것일까요? 다시 한 번 뇌 내 화학작용에서 답을 찾자면, 누군가와 친밀감을 지속시켜나갈 때 생겨나는 '옥

시토신'은 바닥이 난 도파민의 자리를 대신한다고 하는군요.

인간에게 누군가를 사랑하는 감정은 자연스러운 것입니다. 감정을 지닌다는 것은 여전히 삶이 지속된다는 것이지요. 그러니 삶을 지속해 나가는 일은 끊임없이 사랑하는 일이기도 합니다.

우리는 늘
사랑할 준비가
되어 있다

1930년대, 영국의 아름다운 어촌 마을 콘웰, 해안을 따라 펼쳐지는 멋진 풍광과 굽이치는 하얀 파도. 노년의 자매, 언니 자넷과 동생 우슐라가 그곳에서 평화로운 황혼을 보내고 있습니다. 1차 세계대전으로 남편을 잃은 언니와 연애 한 번 못 해본 동생은 라디오를 들으며 독서와 뜨개질을 하고, 정원을 가꾸며 담담한 생활을 이어가지요.

소박하고 아름다운 정원, 눈부신 아침햇살을 받으며 맨발 잠옷차림의 자매가 밖으로 나왔습니다. 그런데 동생 우슐라의 눈에 낯선 물체가 들어옵니다. 동생 우슐라가 한달음에 바닷가를 향해 달려갑니다. 바닷가에 청년이 쓰러져 있습니다. 동네 의사를 부르고 자매는 바다를 표류하다 쓸려온 듯한 청년이 깨어나길 기다립니다. 청년의 이름은 안드레아, 동생 우슐라는 말이 통하지 않는 청년이 폴란드 사람임을 알아내고, 청년을 간호하며, 그를 위해 음식을 준비합니다. 청년이 깨어나자 자매의 일상이 일렁이기 시작합니다. 알아갈수록 청년이 사랑스러워집니다.

우슐라는 청년에게 말을 걸기 위해 폴란드어 사전을 펼쳐들고, 집 안 가구에 영어로 이름을 써 붙여두기도 하며, 별식을 만들고 아버지가 입던 잠옷을 꺼내 입히느라 분주합니다. 자매의 일상이 활기를 띠어갑니다.

평생 사랑을 해본 적 없는 동생 우슐라, 청년 안드레아를 바라만 봐도 벅차고 흐뭇합니다. 머리를 자주 빗고 행복해하지만, 사랑의 감정을 자제하려 애쓰는 듯합니다.

어느 날, 안드레아가 꺾어다준 들꽃을 받고 좋아하던 우슐라. 언니 자넷에게 건넨 꽃묶음을 보자 크게 실망합니다. 동생 우슐라의 감정을 눈치 챈 언니 자넷. 언니답게 자신의 감정을 누르려 하지만 그녀 또한 사랑을 숨길 수 없습니다. 심지어 툴툴거리는 하녀 도카스까지 가슴이 설레는 걸 어찌할 수 없지요.

어느 정도 건강을 회복한 안드레아는 바이올린 연주에 재능을 보입니다. 때마침 휴가차 그곳에 머물던 화가 올가가 이를 눈여겨 보고 유명 바이올리니스트인 자신의 오빠에게 소개하겠다는 편지를 자매에게 보냅니다.

"언니, 나는 그 젊은 여자가 괜히 싫어. 두려워."

안드레아를 잃을까 걱정하는 우슐라, 결국 언니 자넷이 올가의 편지를 태워버렸고, 그 사실을 뒤늦게 안 안드레아, 크게 화를 내며 작별 인사 없이 올가를 따라 런던으로 떠납니다.

올가와 안드레아가 함께 런던 행 기차를 탔다는 소식을 들은 우슐라. 마침내 울음을 터뜨립니다. 동생의 등을 토닥이는 언니. 자매는 안드레아를 추억하며 일상으로 돌아간 듯합니다. 그러던 어느 날, 자매 앞으로 소포 하나가 배달되었습니다. '새로운 삶을 주어 감사하며, 올가 남매의 도움으로 오케스트라와 협연을 하게 되었다'는 안드레아의 편지입니다. 자매는 안드레아의 연주회를 보기 위해 런던으로 향했고, 무대에서 열정적으로 연주하는 안드레아를 보며 감회에 젖습니다. 연주가 끝난 뒤 안드레아를 만난 자매. 안드레아는 잠시 얘기 나눌 시간도 없을 만큼 바쁜 사람이 되었습니다. 자매는 겨우 눈빛만 교환하고 연주회장을 떠납니다. 그리고 아무 일도 없었다는 듯 바닷가 집, 자신들의 일상으로 돌아옵니다.

사랑은
현재 진행형

'성(性)'이란 인간의 본능 중 첫 번째라고 해도 과언이 아닐 것입니다. 성의 본능은 '쾌락'에 있지요. 쾌락, 즐거움을 싫어할 사람이 있을까요? 그런데 몸이 늙어가면 마음도 늙었다고 생각하는 경우가 많습니다. 과연 그럴까요?

인간의 기억은 과거에 머무는 것이라고 합니다. 과거, 기억의 집을 끊임없이 찾아 나서는 일, 특히 과거 아름다운 사랑에 대한 추억은 더욱 그렇습니다. 젊은 시절 사랑은 우리의 기억을 끊임없이 더듬게 만들지요. 그 기억을 더듬는 일은 아프기도 하지만 즐거운 일이기도 합니다. 그러니 사랑은 현재 진행형이라는 말이 맞습니다. 어떤 사랑의 형태일지라도 끊임없이 누군가를 향하는 마음, 그것은 곧 살아 있음을 의미하는 것이기도 하느니만큼 그 일을 싫어할 사람은 흔치 않습니다. 노인들 또한 몸은 쇠약해도 마음은 누군가를 향할 수 있습니다.

우리 사회는 노인의 성에 대해 터부시하거나 너그럽지 못한 게 사실이지요. 노인은 몸이 늙었으니 누군가를 좋아하는 마음을 가져서는 안 되고, 그 마음을 드러내서도 안 되는 것일까요? 젊은이의 사랑은 아름답고 노인의 사랑은 추한 것일까요?

흥미로운 연구결과가 있습니다. 미국 펜실베이니아 대학 요한 룬드스트룀 교수의 노인 냄새를 구별해내는 연구입니다. 20대에서 90대까지 남성을 청년, 중년, 노년 세 그룹으로 나누어 5일간 냄새를 겨드랑이에서 채취했지요. 담배는 모두 끊게 했으며, 자극성 있는 음식을 피하고 같은 샴푸 등을 쓰게 했고요. 채취한 냄새는 특정그룹명을 표기하지 않은 채 여자들에게 좋지 않은 냄새 순으로 표기하도록 했는데 그 결과 중년의 냄새가 가장 고약했고 청년, 노년 순서였습니다. 다음은 그룹명을 표기한 후 냄새를 맡게 했는데 단연 노인 그룹이 첫 번째였습니다. 많은 사람들이 노인 냄새는 고약하다는 편견을 갖고 있다는 사실을 보여준 연구결과입니다.

이와 비슷하게 젊은이의 사랑은 당연한 것, 늙은이의 사랑은 주책이라는 생각 역시 사회적으로 만들어진 통념 아닐까요?

흔히 회자되는 말이 있습니다. '자신의 사랑은 로맨스고, 타인의 사랑은 불륜'이 그것입니다. 이 말은 자신의 사랑은 아름다운 것, 타인의 사랑은 용납될 수 없는 것으로 보는, 인간 이기심과 포악성을 드러내는 말이기도 합니다. '노인의 성'에 대한 이야기가 불편한 것은 어쩌면 드러내지 못한 자신 안의 내밀함, 감히 말할 수 없는 본능을 건드렸기 때문은 아닐까요?

'인간은 타인의 욕망을 욕망한다'는 라캉의 말은 타인의 욕망이 자신의 욕망이 될 수도 있다는 것이지요. 남을 비난하기 전 자신의 욕망에 얼마나 뜨거운 불이 켜져 있는지 들여다보아야겠습니다. 무시하고 꺼려했던 노인의 성, 시선을 교정해야 할 때입니다. 그 성은 모두의 것이기도 하니까요.

꽃무늬 원피스를 입고 고요한 콘월 바닷가를 산책하는 자매. 걸음을 옮길 때마다 자갈소리가 귓가에 와 닿는 것만 같습니다. 사랑을 가슴에 품은 노년의 아름다움이 눈과 마음을 사로잡습니다.

여인의 로맨스는 영원하다 했나요? 노년에 침묵할 수밖에 없는 사랑, 설령 누군가 받아줄 수 없다고 해도 한때 마음을 빼앗긴 사랑은 아름답습니다. 자매의 절제된 사랑에 여전히 라벤더향이 남아 있습니다. 빛이 좀 바랬으면 어떤가요. 사랑은 영화의 엔딩 크레디트와 무관하게 이어질 것입니다.

사랑, 이제 또 시작입니다.

 영화를 보는 몇 개의 시선

1. 언니 자넷은 화가 올가가 안드레아에게 보내 온 편지를 불태웁니다. 왜 그랬을까요?
2. 노인은 사랑을 적극적으로 표현하면 안 될까요?
3. '사랑의 기간이 30개월'이라는 연구결과에 동의하나요?
4. '인간은 타인의 욕망을 욕망한다'는 말은 무슨 뜻일까요?

3부

나는
당신의 삶을
응원한다

내 아이와
함께하는 세상 읽기

우리들(The World of Us, 2015)
감독_ 윤가은

왕따, 시켜보라지 뭐!
왕따들의 연대

　공동체적 결속을 보여주는 단어로 '우리들'만 한 말이 있을까
요? '너', '나'가 아닌 '우리들'. 한 개인이라면 사심을 버리고 '함께'
해야 그 의미가 빛을 발할 수는 아름다운 말입니다. 그런데 그 이
면에 무시무시한 이기심과 폭력성이 드리워져 있다면 어떨까요?
그 속에는 선을 가장한 악, 평화를 앞세운 폭력이 드리워져 있기
도 하니까요. '우리들'이라는 이름으로 가해지는 다수의 폭력, 그
것은 크든 작든 한 개인에게 상처와 죽음을 불러오기도 합니다.
제목부터 의미심장한 이 영화는, 그런 '우리들'이 갖고 있는 이중
성, 그 딜레마로부터 자유롭지 못한 우리의 일상을 날것 그대로
보여줍니다.

'우리들'이라는
말의
이중성

조금만 부딪쳐도 뭉개지고 꺾이는, 갓 올라온 새싹, 그런 아이들의 세계가 결코 여리고 순수하지 않다는 것, 그 세계가 어른의 세계와 다르지 않음을 말하려는 것일까요. 카메라의 눈은 그 어떤 영화적 장치 없이 인물이 처한 상황을, 그리고 인물의 표정과 심리를 거칠게 좇고 있을 뿐입니다. 그 현장에 질척이는 십대 아이들의 좌절과 아픔이 자리하지요.

아이들은 태어나면서부터 거짓말과 폭력을 배워야 험한 세상을 살아갈 수 있다고, 무기 하나쯤은 지녀야 상대방을 찌르고 살아남을 수 있다고, 네가 죽어야 내가 살 수 있고, 너를 욕보이고 무너뜨리고, 훔치고 뺏어야 사람답게 살 수 있다고, 그런 현장에 오늘도 '우리들'은 살아갈 수밖에 없다고 말합니다.

초등학교 십대 소녀들의 일상을 통해 영화가 말하고자 하는 것은 무엇일까요? 공동체 집단의 폭력성? 순수하고 여린 소녀의 좌충우돌 성장기? 그 어느 쪽에 무게를 둘 수 없는 이 영화는, 공동체 안에서 벌어지는 '소외'와 '폭력', 그 폭력을 배워가는 아이들의 모습이 다름 아닌 '너'이며 '나'이고 '우리들'이라고 합니다.

'우리들'이
되지
못한 소녀

초등학교 4학년 '선'은 흔히 말하는 '왕따'입니다. 교실에서 운동
장에서 친구들은 선을 그림자 취급하며 무리에 끼워주지 않습니
다. 그런 선은 전학 온 '지아'라는 친구를 만나 행복한 여름방학을
보내게 되었지요. 지아는 이혼한 부모 곁을 떠나 할머니와 함께
살게 되었고, 휴대폰에 의지해 하루하루를 견디는 것처럼 보입니
다. 그런 지아가 선을 만났으니, 선은 지아에게 마른 논에 내리는
단비와 같았지요. 지아는 선이 갖고자 했던 비싼 크레파스를 훔쳐
줄 만큼 선을 좋아했고, 선 또한 지아와 은밀한 우정을 나누었습
니다. 김밥집을 하는 엄마와 기계공 아빠, 유치원에 다니는 남동
생 윤, 넉넉지 않은 살림이지만, 엄마는 선과 윤, 지아까지 살뜰히
보살필 만큼 정 많고 너그러우며 상냥합니다. 지아는 그런 엄마가
있는 선이 부럽고, 선은 지아의 넉넉한 생활이 부럽습니다.

함께 뒹굴며 잠을 자고 서로 우정을 쌓아가던 어느 날, 할머니의
요구에 학원에 다니게 된 지아, 그곳에서 보라를 만나 친한 사이
가 되었습니다. 선은 자신을 왕따 시킨 보라와 지아가 친구가 되
었다는 사실에 놀랐지요. 보라와 어울리며 선을 거들떠보지 않은
지아, 냉랭한 태도에 선은 몹시 당황합니다. 어디 그뿐인가요. 주

었던 크레파스를 빼앗아가고, 생일 선물을 들고 찾아온 선을 따돌리기도 합니다. 너무나 갑자기 변해버린 지아의 태도에 배신감을 느낀 선. 시험에서 일등 자리를 지아에게 뺏겨 화가 나 있는 보라에게 '자신에게 주었던 크레파스가 지아가 훔친 것'이라고 알리면서 지아 또한 왕따가 되었습니다. 지아의 나쁜 행동을 공개함으로써 보라와 친구들로부터 한 무리가 될 줄 알았던 선. 자신의 아버지가 알콜중독자라고 칠판에 써놓은 지아의 폭로에 분노하며, 친구들 앞에서 지아의 거짓말을 터트리기 시작합니다.

"너, 너희 엄마 영국 있다는 거, 너, 영국 갔었다는 것, 다 거짓말이지? 그렇게 거짓말을 하니까 전에 학교에서도 왕따를 당한 거지? 거짓말하는 사람을 누가 좋아해? 왕따 당해서 너 전학 온 거잖아. 맞잖아? 왜 그렇게 사니?"

선의 폭로에 지아의 분노가 폭발합니다. 머리채를 잡고 뒹구는 선과 지아. 보라와 친구들로부터 인정받고 한 무리가 되고자 했지만 둘 다 왕따가 되었습니다. 왕따와 왕따가 싸우는 현장을 즐기는 아이들, 참 잔인합니다.

친구와 놀다 싸워 눈가에 상처가 있는 동생 윤을 바라보며, 김밥을 말고 있던 선이 말합니다.

"또 맞았어? 자꾸 때리는 친구와 놀지 말라니까? 너도 때려줘야지 왜 맞기만 해?"

"나도 때렸어. 그래서 친구가 또 때렸어."

"그래서?"

"나가서 함께 놀았어."

"너 바보야? 친구가 때리면 너도 때렸어야지. 놀았다고?"

"그러면 언제 놀아?"

아이들의
마음을
들여다보기

동생 윤은 친구와 때리고 싸우다 놀 시간이 없으니, 자신은 때리지 않고 그냥 친구와 놀기로 했다고 합니다. 그런 동생 윤의 말에 선은 왜 아무 말도 하지 못했을까요? '맞았으면 반드시 복수를 해야지'라며 강한 어조로 말했지만, 싸우다가 놀 시간이 없다는 동생의 천진난만한 표정에 그만 할 말을 잃고 말았습니다. 아무리 보아도 지루하지 않은 장면입니다. 누군가는 끝내야 하는 복수, 그 복수를 끝내야 함께 어울릴 수 있다는 게 이 영화의 전언 아닐까요?

타인의 기분을 이해하려 애쓰고, 도와주며 어울리고자 했던 한 순진한 소녀가 집단 따돌림을 당하면서 폭력성을 배우고, 우정을 나누던 친구를 무너뜨리기까지, 이 이야기는, 지금, 우리 학교 현장의 모습이라 할 수 있겠습니다. 하지만 영화는 그 현장의 냉혹함을 비판하는 것만으로 그치지 않았지요. 어린 윤이 말했듯, 서로 치고받으며 시간을 허비하느니 복수 따위는 내던지고 함께 어울려 놀아야 자유로울 수 있다는 대안까지를 제시합니다. 그저 영화적 서사일까요?

'왕따가 없는 곳에서 살고 싶다'는 유서를 남긴 채 목숨을 끊고, 친구들의 구타를 못 이겨 투신자살을 한 중학생들의 이야기가 낯설지 않게 된 요즘입니다. 누가 아이들을 이 지경까지 내몰았을까요? 시험점수 한두 개에 천국과 지옥을 오간다는 부모들, 그 부모들과 사는 아이들. '우리들'의 모습이 아닌지 이 영화를 통해 다시 한 번 묻게 됩니다.

청소년기는 그 어느 때보다 예민해 친구관계가 원만하지 않으면 모든 게 뒤얽힌 실타래처럼 복잡해지지요. 당연히 공부에 전념할 수 없습니다. 극단적인 생각을 하기 쉽겠지요. 그러니 내 아이가 집단으로부터 소외당하고 있는지, 친구를 괴롭히는 건 아닌지, 성적을 확인하기보다는 시간과 마음을 들여 아이를 보살펴야겠습니다. 청소년기의 나쁜 경험은 트라우마가 되어 오랜 기간 아이의 전 삶을 지배할 수도 있기 때문입니다.

중학교 때 왕따를 당한 경험이 있는 한 청년이 가해자를 찾아갔다가 살인을 저질렀다는 기사를 보았습니다. 사는 동안 얼마나 힘들었으면 가해학생을 찾아갈 생각을 했을까요? 그런데 놀라운 것은, 가해자가 자신이 한 짓을 모르고 있었다는 거지요. 그냥 장난삼아 한 짓이었을 거라고 무심히 말했다고 합니다. 장난삼아 한 짓 때문에 청년은 그만 살인자가 되고 말았습니다. 저 또한 어린 시절, 물놀이 중 친구들이 장난삼아 뒤집은 튜브에 말할 수 없는 공포를 느낀 경험이 있습니다. 그 공포의 기억으로 지금껏 물을 두려워하지요. 장난삼아 던진 돌멩이에 등이 터져 죽은 개구리와 다르지 않습니다.

다른 관계를 상상하기

지아와 선, 둘은 서로 등을 돌리면서까지 왜 보라와 같은 무리가 되고자 했을까요? 한 번 왕따의 아픔을 경험했던 선과 지아이니만큼 절대 그 세계로 돌아갈 수 없다는 절박한 심정이었을 것입니다. 서로 상처를 후벼 파면서까지 벗어나려 발버둥 친 것이지요. 그런 선에게 어린 동생 윤이 따끔하게 일침을 놓습니다. 싸우다가 언제 함께 놀 수 있겠냐고 말이지요. 동생 윤의 말에, 선은 지아에 대한 분노를 조금은 내려놓은 것처럼 보입니다. 노골적으로 지아를 괴롭히는 친구들 앞에 당당히 맞서 지아에게 잘못이 없다고 대변하는 걸 보면 말입니다. 아마 다시는 지아를 미워하지 않고 함께 우정을 다지겠다는 의지를 선언한 것은 아닐까요? 우리에게 결코 '왕따'란 없다고 말이지요.

선과 지아의 표정을 따라가는 카메라의 눈을 보면, 분명 둘이 우정을 회복했을 것이라는 믿음을 갖게 됩니다. '왕따, 시켜보라지 뭐! 놀이삼아 친구를 괴롭히는 못된 친구들 무시하고 우리 함께 놀자!'라며, 미소를 날리는 선과 지아, 서로를 의지하고 응원하며 꿈을 꾸는 통 큰 아이가 될 것이라고 말입니다.

영화 〈우리들의 일그러진 영웅〉, 〈내 책상 위의 천사〉, 〈캐리〉 등도 함께 보며 지금 '우리들'의 양면을 잘 들여다보아야겠습니다.

 영화를 보는 몇 개의 시선

1 · '우리들'이라는 단어는 언제 사용하는 것이 가장 적절할까요?
2 · '무서운 십대들'이라는 말에 동의하나요? 왜 이런 말이 생겼을까요?
3 · 공동체 집단의 폭력성에 대해 얘기해볼까요?
4 · 동생 윤의 말처럼 폭력에 대항하지 않으면 끝이 날 수 있을까요?
5 · 어떤 경우에 '왕따'가 될까요?

씨민과 나데르의 별거(A Separation, 2011)
감독_ 아쉬가르 파르하디

거짓말과 양심에 대하여

루소의 말을 빌리자면, '최악의 거짓말은 자신의 이익을 위해 타인에게 해를 입히는 것'입니다. 위기에 처했을 때 자신의 이익을 위해 진실보다는 거짓말로 합리화하려는 게 인간의 본성이라면, 거짓말이 더 쉽다는 것이지요. 그렇다면 인간은 태어날 때부터 악하다고 믿는 '성악설'에 근거를 둘 수 있겠습니다.

인간은 누구나 스스로를 보호하기 위해 거짓말을 하거나 자신의 잘못을 합리화하려는 경우가 많지요. 한결같이, 자신에게 닥칠 위기나 비난을 주저 없이 받아들이려는 사람은 과연 몇이나 될까요?

진실을 왜곡하면서도 자신이 유리한 쪽으로 합리화하는 게 보

편적 정서라고 한다면, 그런 이기심의 극치를 보여주는 영화로
〈씨민과 나데르의 별거〉를 들 수 있습니다. 이란에서 만들어진 이
영화는 인간의 본성을 다양한 시각으로 보여주며 반성과 성찰의
시간을 요구하는 성공적인 작품입니다.

직접 시나리오를 쓰고 제작과 연출까지 1인 3역을 수행한 감독
은 인물들의 내적·외적 갈등 속에 드러난 거짓말의 윤리적 문제,
종교적 신념, 성과 계급 문제와 같은 핵심적 이슈를 놓치지 않았
습니다.

각자의 이익을 위해 부딪치는 거짓말들

테헤란에 살고 있는 중상류층 부부 씨민과 나데르는 의견 차이
로 별거를 앞두고 있습니다. 씨민은 딸의 교육을 위해 이민을 가
려 하고, 남편 나데르는 치매에 걸린 아버지를 두고 갈 수 없다며
이에 팽팽하게 맞섭니다. 결국 나데르의 고집을 꺾을 수 없었던
아내 씨민은 딸을 데려가기 위한 법적 소송을 시작하며 별거가 시
작되지요.

은행원인 나데르는 아버지를 돌볼 사람을 겨우 찾아냅니다. 신
앙심이 깊은 간병인 라지에는 경제적 어려움으로 어린 딸을 데리

고 먼 길을 오가야 합니다. 용변도 가리지 못한 노인을 씻겨야 하는 상황이 교리에 어긋나지만 라지에는 일을 계속할 수밖에 없는 처지입니다.

어느 날 일찍 귀가한 나데르는 침대 아래 바닥에 떨어져 의식을 잃은 아버지를 발견합니다. 게다가 돈까지 없어졌습니다. 불같이 화가 난 나데르는 외출했다 돌아온 라지에를 해고하기에 이릅니다. 나데르는 일당을 달라고 항변하는 라지에를 밖으로 밀쳐내는데, 라지에가 넘어지면서 살인죄로 기소될 위기에 놓입니다. 라지에가 유산을 했기 때문입니다. 라지에의 남편 호얏은 나데르가 라지에의 임신 사실을 알고도 밀쳤다고 주장합니다. 나데르는 라지에가 히잡으로 온몸을 가려 임신 사실을 몰랐다며 맞서지요.

상황은 라지에와 호얏 부부에게 불리하게 돌아갑니다. 나데르가 라지에의 어린 딸을 통해 라지에가 아버지를 침대에 묶어두고 병원에 다녀왔다는 사실을 알게 되었기 때문입니다. 라지에는 법적으로 불리해질까봐 그 사실을 숨겼고 나데르는 라지에의 임신을 알고 있었습니다.

나데르의 딸 테르메가 "왜 알면서 모른다고 했느냐?"고 아빠 나데르를 추궁하자 "솔직히 말하면 모든 걸 잃게 된다"고 말합니다. 그러자 줄곧 양심적인 소녀로 보였던 테르메는 놀랍게도 아버지를 위해 법정에서 아빠가 몰랐다는 거짓 증언을 했지요.

딸의 안위를 걱정한 씨민은 남편 나데르에게 합의하라고 강요하면서 나데르는 호얏과 라지에의 집으로 찾아갑니다. 돈을 받아 빚을 해결할 셈인 호얏은 일이 잘 정리되는 듯해 만족스럽습니다. 그런데 뜻하지 않는 상황이 벌어집니다. 나데르가 "돈을 줄 테니 나 때문에 유산한 것이 확실하다"라고 코란 앞에 맹세하라는 요구를 해온 것입니다. 라지에는 나데르의 요구에 어쩔 줄 모릅니다. 라지에가 "코란에 맹세할 수 없다"며 거부합니다. 사실 유산의 원인이 나데르에게 있지 않기 때문입니다. 화가 난 호얏은 집을 박차고 나가며 분을 삭이지 못합니다.

누구의
거짓말이
나쁜가

참 어려운 상황입니다. 이런 상황에 누가 누구를 비난할 수 있을까요? 자식의 교육을 위해 이민을 결심한 씨민, 치매에 걸린 아버지 때문에 떠날 수 없다는 나데르, 힘든 형편에 아이의 유산이 나데르 탓이라고 주장하는 라지에, 아내의 유산을 빌미로 빚 청산을 하고자 하는 호얏, 아버지의 감옥행을 원치 않아 거짓 증언을 하는 딸 테르메까지.

치매에 걸린 시아버지가 있음에도 자식 교육만을 생각하는 씨민은 이기적이며 현실 도피형 인간입니다. 자식의 교육을 앞세워 남편 나데르를 비난하며 치매에 걸린 시아버지로부터 벗어나려는 이기심을 드러내지요.

나데르는 또 어떠한가요. 그 또한 이기적이며 비양심적인 인물입니다. 아버지의 간병을 이유로 아내와 어떤 대화도 허용하지 않는 고집불통인 데다 라지에의 임신 사실을 알고 있었지만 진실을 말하지 않는 부도덕한 인물입니다. 진실을 말하는 순간 감옥에 갈 수 있다는 사실까지 잘 아는 영악한 지식인으로, 철저히 진실을 왜곡하며 끝까지 거짓말을 하지요.

그런 아버지의 마음을 헤아리고 있는 딸 테르메는 어떤가요. 거짓말이 나쁘다는 걸 알면서도 진실을 말할 용기가 부족해 아버지의 뜻에 따라갈 수밖에 없습니다. 아버지의 거짓말로 인해 좋은 결과가 올 것이라는 사실을 알고 있기 때문입니다. 자신이 처하게 될 비극적 상황을 원치 않았을 테니까요.

간병인 라지에의 상황은 아주 처절합니다. 우울증 환자인 남편이 진 빚 때문에 임신 중이었음에도 어린 딸을 데리고 일을 했던 것입니다. 종교적 신념이 강하나 어쩔 수 없이 나데르의 아버지를 간호할 수밖에 없고, 유산이 된 원인을 솔직히 말할 수 없는 형편입니다. 이럴 수도 저럴 수도 없는 현실이 그녀를 거짓말쟁이로 몰아간 것이지요.

그런 라지에의 남편 호얏은 되는 일이라고는 하나도 없으니 사는 게 힘이 듭니다. 늘 사회에 대한 불만으로 가득 차 있는 그는 빚

더미에 앉아 있는 가난한 구두 수선공입니다. 아내의 일로 합의금을 받는다면 빚을 청산하고 새 출발을 하려는 계획을 가지고 있습니다. 하지만 '뛰는 놈 위에 나는 놈 있다'는 속담처럼, 나데르의 교활함을 당해낼 수가 없습니다.

누가 누구에게 돌을 던질 수 있을까요? 유리한 진술을 통해 자신의 목적을 달성하려 한 인물들의 모습은 지극히 보편적 인간 군상에 속합니다. 나쁘다는 걸 뻔히 알면서도 거짓말을 하는 나데르는, 치매 걸린 아버지와 딸을 돌봐야 하니 거짓말을 할 수밖에 없었다고 항변할 수도 있습니다. 그의 딸 테르메는 아버지에게 불리한 진술을 하는 딸이 어디 있겠느냐며 자신의 거짓말을 정당화할 수도 있겠습니다. 모두 자신의 이익에 충실한 것입니다.

거짓말을
끝내겠다는
의지

단지 라지에의 행위를 눈여겨볼 필요가 있습니다. 그녀는 거짓말을 해왔지만, 종교 앞에서 양심을 저버리지 못합니다. 합의금으로 빚을 변제하고 새 출발을 할 수 있으니 이보다 더 좋은 기회가 어디 있을까요. 합의금을 싸들고 온 나데르 부부 앞에서 아무렇지 않게 코란을 두고 선서를 한들 뭐라 할 사람은 없습니다. 남편이 간절히 원했고, 자신의 어려운 형편에서 벗어날 절호의 기회입니다. 그런데 그녀는 신을 의식하고 자신의 삶이 신에 대한 믿음 안에 있었다는 사실을 새롭게 인식합니다.

　　루소는 〈에밀〉에서 '거짓과 진실' 앞에서 인간이 취해야 할 '양심'에 대해 말합니다.

선생	그런 짓을 해서는 안 된다.
아이	왜 안 되지요?
선생	그것은 나쁜 짓이기 때문이다.
아이	어떤 것이 나쁜 짓인가요?
선생	금지된 일을 말한다.
아이	금지된 짓을 하면 어째서 나쁜가요?
선생	너는 벌을 받는다.
아이	남 몰래 하면 되죠.
선생	누군가 지켜본다.

　'거짓말을 하는 것은 드러내야 할 진실을 감추는 일'이라는 루소의 생각처럼 '누군가 지켜보기 때문'에 더 이상 거짓말을 할 수 없다는 게 라지에의 생각입니다. 인간의 보편적 이기심의 극치를 보여주는 인물들 사이에서 라지에는 진실의 편에 서지요. 어떤 협박과 비난에도 믿음을 버릴 수 없다는 라지에의 단호한 의지는, 믿

음이 인간의 이기심에 앞선다는 감독의 종교적 신념이 드러나 있습니다. 인간의 본성이 아무리 악하다 해도 결국 인간은 정의로운 신 안에서 새로운 출발을 할 수밖에 없다는, 아니 해야 한다는 감독의 신념이 라지에라는 인물에 투사된 것이라고 볼 수 있지요.

자식이 보는 앞에서 빤한 거짓말을 하는 나데르의 사악함. 그 거짓말을 어쩔 수 없이 따라가야 하는 딸 테르메의 갈등은 반드시 트라우마로 남아 또 다른 거짓말을 낳게 될 것이며, 아이는 평생 거짓말의 기억을 안고 살아가야겠지요. 자신의 거짓말이 언젠가는 자신은 물론 아이에게도 신의 벌로 돌아올 것이라는 라지에의 두려움은 '누군가 보기 때문'에 거짓말을 하면 안 된다는 루소의 두려움과 다르지 않습니다. 거짓말을 끝내겠다는 의지를 보여주는 건 분명 용기입니다.

무수한 거짓과 진실 사이를 오가며 선택의 딜레마에 빠질 때 영화 〈더 디너〉와 함께 보시기 바랍니다.

 영화를 보는 몇 개의 시선

1 · 인간의 양심과 종교적 신념에는 어떤 차이와 공통점이 있을까요?
2 · 영화 속 인물들의 선택은 최선이었을까요?
3 · 루소가 말한 '거짓말을 지켜보는 누군가'란 과연 누구일까요?
4 · 삶은 순간순간의 선택으로 채워진 결과입니다. 영화 속 인물들과 같은 상황이라면 어떤 선택을 할 수 있을까요?

더 헌트(Jagten, 2012)
감독_ 토마스 빈터베르그

우리 안의 편견이 만든 비극

어린 아이는 정말 거짓말을 하지 않을까요? 유치원에 다닐 정도의 어린 아이는 순수하고 거짓말을 할 줄 모른다고 믿는 사람이 많습니다. 정말 그럴까요? 어른들의 이런 믿음 때문에 끔찍한 일을 당해야만 했던 유치원 교사가 있습니다. 꼬맹이들의 짓궂은 장난을 받아주고, 함께 엉켜 놀며 이런 생활에 만족한 것처럼 보이던 교사 루카스가 상상할 수 없는, 상상해서도 안 될, 끔찍한 일을 당하게 되었으니 기가 막힐 지경입니다.

거짓말에
무너진
누군가의 일상

도로 위에 그려진 선 밟기를 좋아하는 아이, 친구의 딸 클라라는 늘 외롭습니다. 클라라는 바쁜 부모님과 달리 자신에게 정겹게 대해주고, 유치원에도 데려가주는 아빠의 친구 루카스 선생이 정말 좋습니다. 하지만 친구들에 치여 루카스 선생의 곁을 비집고 들어갈 틈이 없습니다.

어느 날 클라라는 루카스 선생의 코트 주머니에 하트 펜던트를 넣어두고 자신이 한 짓이 아니라고 시침을 뚝 뗍니다.

"이런 선물은 남자친구에게 주는 거란다."

클라라는 이렇게 말하는 루카스 선생이 밉습니다. 아이는 거기서 그치지 않습니다. 언젠가 오빠가 친구들과 보던 성인잡지를 떠올리며, "루카스 선생이 은밀한 부위를 보여주었다"는 거짓말까지 하지요.

그런 클라라의 거짓말은 사실로 받아들여집니다. 유치원 원장이 불러들인 조사원이 클라라의 상상력에 부채질을 하면서 거짓말은 걷잡을 수 없게 되었고, 꼬마의 발칙한 거짓말에 사람들의 불온한 상상이 더해져 커다랗게 부풀고 맙니다. 진실은 이미 루카스의 편이 아닙니다. 이 일로 인해 마을은 아수라장이 되어갑니다.

결국, 마을 사람들뿐 아니라 클라라의 부모를 포함한 우정을 나누며 지냈던 친구들까지 모두 루카스의 가슴에 비수를 꽂기 시작합니다.

만일 우리가 이런 상황을 맞닥뜨렸다면, 누구의 손을 들어주게 될까요? 우리 또한 루카스의 결백에 쉽게 동의하지 못하고 어린 클라라의 말에 더 귀를 기울이지 않았을까요? 영화에서처럼 다수의 목소리에 최면이 걸려 이성적으로 판단할 수 없게 되었을지도 모를 일입니다.

영화는 선량한 한 남자의 삶이 공동체 안에서 어떻게 망가지는지를 잘 보여줍니다. 꼬마 클라라의 상상이 만들어낸 거짓말을 믿고 진실을 외면해버린 어른들의 나약함, 소문에 휘둘려 올가미를 씌워 단죄하는 치졸한 행동, 중세 마녀사냥과 다르지 않습니다.

엉망이 되어버린 루카스의 일상을 들여다보면 이렇습니다. 푸줏간에서는 고기 대신 주먹이 날아들고, 슈퍼 주인은 아예 발을 들이지 못하도록 바닥에 패대기를 칩니다. 그가 치르는 고통은 그것만으로 끝나지 않습니다. 교회에서조차 외면당하는가 하면 집에 날아든 돌멩이에 자식처럼 키우던 애완견을 잃게 됩니다.

꼬마 클라라의 거짓말에 거짓말을 보태 키워내는 어른들, 있지도 않은 루카스 선생의 지하실 환경과 비밀스런 얘기를 꾸며내는 아이들에게 속았음을 뒤늦게 알아챈 경찰, 루카스의 무죄가 밝혀

졌음에도 사람들은 이를 쉽게 인정하지 않습니다. 만신창이가 된 루카스는 과연 예전의 삶을 찾아갈 수 있을까요?

우리는
사냥감이
필요했던 걸까요?

무죄가 밝혀진 후 루카스는 친구들이 열어준 파티에서 즐거운 시간을 보냅니다. 그런데 친구들의 제안으로 사냥을 나선 루카스, 그를 향해 날아오는 한 발의 탄알. 얼굴을 감춘 채 방아쇠를 당긴 이는 누구였을까요? 루카스를 사슴으로 착각했던 걸까요? 루카스는 머리 위를 스쳐간 총알에 공포를 느꼈고, 순간 깨달았을 것입니다. 마녀사냥이 아직 끝나지 않았음을. '너는 여전히 우리의 사냥감'이라는 선언을.

영화는 마을을 어지럽힌 사건의 중심에 서 있던 루카스를 끝까지 단죄하려는 무서운 군중심리를 보여줍니다. 루카스의 무죄가 입증되었지만 사람들은 그 사실을 받아들일 기미가 보이지 않습니다. 루카스를 동네북으로 삼았던 자신들의 과오를 인정하고 싶지 않은 것입니다. 남의 죄에 대한 경솔한 판단에 이어 진실을 안 후에도 멈추지 않는 단죄, 사냥감에 대한 동정과 후회는 절대 있어서는 안 된다는 사람들 사이의 무언의 약속. 결코 비현실적인 서사일 뿐이라고 치부할 수 없는 이야기입니다. 집단 폭력의 잔혹성은 피해자가 되기 전에는 이해할 수 없는 것일까요?

이 영화는 '대부분'의 아이들이 진실을 말한다는 보편적 진실에 치우쳐 진실의 목소리를 외면해버리는 다수의 횡포에 대해 말합니다. 잘못된 전제조건 아래, 집단은 포악성을 드러냅니다. 누군가를 범죄자로 몰아가는 데에는 다수의 합의가 필요하기 마련입니다. 이혼남이 된 선생의 얘기는 들어보나마나 거짓이고, 어린 꼬마가 한 얘기는 진실일 수밖에 없다는 식으로 일을 처리하는 유치원 원장의 태도, 섣부르게 조사원을 부르고 아이와의 질문 과정에 죄를 하나둘 만들어가는 과정은 참으로 기가 막힙니다. 사람들은 내가 아닌 누군가의 잘못은 절대 용서하지 않습니다. 다수가 돌멩이를 던지면, 사람들은 더 무섭게 더 아프게 마구 던질 수 있지요. 누구 것인지 잘 구분이 되지 않으니까요. 하지만 그 돌멩이에 내가, 내 가족이 맞게 된다면 어떨까요?

한 번 낙인이 찍힌 사람은 절대 공동체에 발들일 수 없다는 가혹한 폭력성, 대중의 힘으로 무차별 가해지는 폭력, 개인의 행복을 앗아가는 사회적 통념 앞에서 법은 무력하기만 합니다. 이것이 법의 한계일까요?

"한 번 목표물이 된 사람은 정상적인 삶을 살아선 안 돼!"라고 말하는 듯한 그들의 집착에 가슴을 쓸어내릴 수밖에 없습니다.

딸이 거짓말을 했다고 밝힐 용기가 없는 클라라의 부모나, 처음부터 진실이든 아니든 상관없이 신나게 돌팔매질을 해댔던 그들 중 한 명은 내가 아니었을까 하고 묻게 됩니다.

 영화를 보는 몇 개의 시선

1 · 공동체의 집단 폭력성 대해 얘기해볼까요?
2 · 각 등장인물의 사건 대처방식은 적절했나요?
3 · 중세 '마녀사냥'은 오늘날 어떤 방식으로 이루어지고 있나요?

인 어 베러 월드(Hævnen, 2010)
감독_ 수잔 비에르

폭력에 맞서는 우리들의 자세

'좀 더 나은 세상'이라니, 영화의 제목이 매우 고무적입니다. '나은 세상'이란 관점에 따라 다르겠지만, 행복을 느끼는 감정이나 그 수위가 현재보다 어떤 형태이든 나은 상황을 말하겠지요. 보통의 경우 무언가를 원한다면 변화에 기대기 마련입니다.

학생들에게 "행복하니?"라는 질문을 종종 하게 됩니다. 현재 행복감을 느끼며 살고 있는지가 궁금해서입니다. 우물쭈물하며 행복하다고 말하는 학생이 많습니다. 그런데 개중에 불행하다고 말하는 학생이 있지요. 다들 뜨악한 표정으로 그를 바라보는데, 매우 동정하는 눈빛입니다. 그 학생이 세상에서 가장 불행한 사람으로 지목받는 순간입니다.

행복하다고 말했던 학생들에게 다시 묻습니다. 정말 행복하니?

몇몇 학생은 사실 그리 행복하지 않다고 쭈뼛거리며 머리를 긁적거립니다. 계속 행복을 고집하는 학생에게 또 묻습니다. 정말 행복하니?

몇몇은 또 그리 행복하지 않다고 말합니다. 끝까지 행복을 고집하는 학생에게 묻습니다. 무엇이 너를 행복하게 만들었지?

집이 있고 가족 모두 건강하며 대학을 다닐 수도 있고 돈 걱정 크게 안 하니 등등을 나열하며 불행하다고 말한 학우의 행복까지를 채워줄 양, 행복 레시피를 줄줄이 나열합니다. 이 정도면 자신이 행복하다고 느끼는 감정을 표현하는 데 무리가 없어 보입니다. 그렇게 행복하다는데 더 이상 할 말이 없습니다.

내 마음이
진짜
하는 말

여러 학생들은 따라합니다. 옆 친구가 행복하다고 말하는데 자신이 불행하다고 말할 수 없으므로 그냥 행복하다고 말하는 경우입니다. 불행하다고 단호하게 말하는 학생은 흔치 않습니다. 다들 눈치를 보며 자신의 감정에 솔직하지 않지요. 겉으로 보이는 것, 포장되어 있는 것은 말할 수 있는데 그 내용물에 대해 말할 수가 없습니다. 코끼리를 먹은 보아구렁이를 모자라고 한 경우입니다. 행복감을 느끼지 못하는 것은 현실에 대한, 자신의 현 상황이 만족스럽지 않다는 것을 의미합니다. 현실적으로 '좀 더 나은' 상황을 바라지만, 꼭 집어 쉽게 말할 수가 없습니다. 설령 무엇인가를 말했다 해도 왜 그것이 필요한지 묻게 되면 우물쭈물합니다. 다들 그것을 원하니까 자신도 원한다고 생각하지요. 집단 최면에라도 걸린 걸까요? 흔히 친구 따라 강남 가는 경우입니다.

행복하지 않다며 과감히 말하는 경우, 길을 잘 찾아가는 학생입니다. 자신의 불행한 감정을 정확히 드러낼 수 있으니 '좀 더 나은 삶'에 적극적일 수밖에 없습니다. 흔들리면서도 굳건히 뿌리를 박고 꽃을 피우며 열매를 기다리는 나무처럼 아름답습니다. 불행한 현실을 직시할 수 있으니 그리 불행하다고 할 수 없습니다. 현재를 바꿀 수 있는 의지가 있는 학생이지요. 여기 그런 고집으로 '더 나은'에 집착하는 사람, 의사 '안톤'이 있습니다.

폭력에 맞서는 방법이 더 큰 폭력밖에 없을까?

끊임없이 폭력을 증오하고 몸으로 맞서는 한 남자의 이야기는 우리 안의 치부를 보는 듯해 사실 불편하기까지 합니다. 하지만

한 가지 분명한 것은 '좀 더 나은 세상'을 위한 그의 의지와 신념에 대해 갈채를 보낼 수밖에 없다는 것입니다.

의사 안톤은 외도를 하는 바람에 아내에게 큰 상처를 주고 아프리카를 오가며 의료봉사를 하고 있습니다. 그의 아들 엘리아스는 학교 폭력배들에게 놀림과 폭행에 시달리며 힘들게 하루하루를 보내고 있지요. 그러던 어느 날 엄마를 잃고 전학 온 소년 크리스티안과 짝이 되어 엘리아스는 그와 가까워졌습니다.

크리스티안은 곱상하게 생긴 외모와 달리 엄마가 돌아가신 슬픔과, 역할을 다하지 못한 아버지에 대한 분노가 마음에 자리 잡고 있습니다. 그런 크리스티안은 엘리아스를 괴롭히는 폭력배의 덩치 큰 리더를 팬 뒤, 강해지는 법을 엘리아스에게 가르칩니다.

안톤은 어느 날 둘째아들이 그네를 타다 상대와 싸우는 것을 말리다 상대아이의 아버지로부터 폭행을 당합니다. 아이들에게 '싸움은 피하고 참는 게 이기는 것'이라고 말하는 안톤, 그 광경을 본 크리스티안은 안톤을 이해할 수 없습니다. 게다가 안톤은 카센터에서 일하고 있는 남자를 찾아가 아이들이 보는 앞에서 뺨까지 맞았습니다. 크리스티안은 폭력에는 폭력으로 맞서야 한다고 생각하는 아이입니다. 그런 크리스티안은 칼을 품고 다니다 엘리아스를 괴롭히는 학교 폭력배 리더에게 처절히 복수합니다. 당황한 엘리아스는 크리스티안의 칼을 숨기고 경찰의 끈질긴 추궁에도 말하지 않았지요. 이를 계기로 크리스티안과 엘리아스는 더욱 친해졌습니다.

안톤이 폭력을 대하는 방식에 불만이 많은 크리스티안은 폭탄을 만들어 안톤에게 모욕을 준 남자의 차를 폭파하기로 합니다. 가족과 세상에 대한 분노와 복수심에 몸을 떠는 크리스티안, 결국 남자의 차에 폭발물을 설치했는데 예기치 않은 일이 기다리고 있습니다. 폭발물이 터지려는 순간, 사람들을 보호하기 위해 폭발물에 뛰어들어 엘리아스는 큰 부상을 입게 되었고, 크리스티안은 엘리아스에 대한 죄책감에 건물 옥상에 올라가 자살을 시도합니다. 달려온 안톤이 엘리아스가 죽지 않았음을 알렸고 엘리아스를 찾아간 크리스티안은 복수심을 내려놓고 마침내 아버지와도 화해합니다.

한편, 아프리카 난민캠프의 안톤은 난민을 무자비하게 학살하는 반군지도자의 심각한 부상을 치료하며 의사로서 도덕적 책무와 양심 사이, 심각한 딜레마에 빠져 있습니다. 반군지도자를 치료하는 안톤에게 피해자들로부터 맹비난이 쏟아집니다. 의사로서 환자를 거부할 수 없다던 안톤이 분노에 차 있는 피해자들 속으로 반군지도자를 내쫓습니다.

안톤이 왜 그를 내몰았을까요? 그의 한계였을까요? 의사로서의 도덕적 의무를 말하며 난민들의 원성을 뒤로하던 그가 치료를 끝낸 뒤 폭군을 피해자들에게 넘긴 것은, 자신의 신념을 드러내는 장면입니다. 그는 자신의 하는 일에는 최선을 다하되 누군가를 징벌하는 일에는 가담하지 않겠다는 것입니다. 폭력을 끝내야 한다는 안톤의 의지를 확인할 수 있습니다. 하지만 복수심과 증오로 이글거리는 피해자들이 반군지도자를 처단해주기를 바라는 마음이 아니었을까요?

복수
VS
비폭력저항

'눈에는 눈, 이에는 이'라는 함무라비 법전은 상대와 똑같이 함으로써 공평하다는 것을 법제화한 보복형 법이지요. 복수란 뭘까요? 복수란 사전적 의미를 보면, '그대로 갚아주는 것'입니다. 누군가 마음에 상처를 주었고 그 상처로 인해 분노를 갖게 됩니다. 그대로 되갚아주고자 하는 마음, 이것은 인간의 보편적 정서이기도 하지요. 나에게 해를 가했는데 그냥 웃어넘기는 일은 쉽지 않습니다. 그렇다고 모두 복수에 칼을 간다면 어찌될까요?

분노조절이 잘 되지 않은 사람들이 수많은 사건을 만들어냅니다. 9.11 테러를 비롯해 이 지구상에서 일어나는 무시무시한 사건은 분노와 복수심에서 비롯된 경우가 많지요. 그런데 복수하면 마음이 풀릴까요? 남에게 상처를 주면 자신의 상처가 아물 것 같겠지만 과연 그럴까요?

비폭력저항 하면 누구나 떠오르는 인물이 있습니다. 마하트마 간디입니다.

영국의 식민치하 인도인들 또한 영국에 대한 분노가 가득 차 있었겠지요. 주권을 빼앗고 사사건건 강제하는 점령국을 좋아할 리 없습니다. 간디라고 어디 달랐을까요. 하지만 간디는 그들에게 폭력으로 맞서지 않았습니다. 총칼 앞에 묵묵히 맞서는 간디의 담대함이 사람들의 마음을 움직여 수많은 간디 추종자들이 간디의 신념을 따랐습니다. 그리고 마침내 영국으로부터 독립을 했지요. 그렇다면 '눈에는 눈 이에는 이'라는 함부라비 법전의 힘은 무력합니다.

간디의 이런 비폭력에 대한 신념은 어디서 온 것일까요?

간디는 1906년부터 러시아의 문호 톨스토이와 편지를 주고받았습니다. 톨스토이 또한 러일 전쟁 당시 반전운동을 펼쳐온 사람입니다. 청년시절, 크리미아 전쟁에 참여해 수많은 사람을 죽이며 싸웠던 것에 대해 그는 평생 괴로워했고 속죄하며 살고자 했습니다. 사회 약자에 대한 연민과 자연친화적인 삶을 원했던 평화주의자 톨스토이의 신념을 간디는 지지했던 것입니다. 이로 인해 그 작은 거인 간디는 비폭력주의를 통해 조국의 독립에 앞장섰습니다. 그런 간디의 비폭력 저항정신은 흑인인권운동에 몸을 바친 미국의 마틴 루터 킹 목사로 이어지게 되었지요.

'오른쪽 뺨을 치면 왼쪽 뺨까지 내주어라'는 예수의 실천은 폭력은 폭력을 부르고 복수는 복수를 낳을 수밖에 없으므로 원수를 사랑하라는 것입니다. 그런데 현실적으로 원수를 그리 쉽게 사랑할 수 있을까요? 인간은 본능적으로 자신에게 해를 가하는 경우 분노하기 마련입니다.

내 안의
분노를
다스리기

어린 아이들은 어른들의 삶을 모방하며 자랄 수밖에 없습니다. 폭력이 난무한 세상에서 쉽게 노출되는 건 아이들입니다. 청소년기 아이들은 옳고 그름에 대한 판단능력이 부족하니만큼 죄의식 없이 사고를 저지르게 되는 경우가 있지요. 방관만 할 수도 없는 일입니다. 친구 크리스티안에게 차 있던 분노는 친구를 괴롭히는 폭력배를 만났을 때 여실히 포출됩니다. 폭력에는 폭력으로 맞서 본때를 보여줘야 한다는 신념을 가지고 엘리아스에게 폭력을 가르쳤습니다.

대부분 인간은 분노가 쌓이면 그 분노를 쏟아낼 방법을 찾기 쉽습니다. 크리스티안이 친구 엘리아스와 안톤을 만나지 않았다면 어쩌면 학교 폭력배들과 다르지 않은 무서운 괴물이 되었을 것입니다. 폭력 앞에서 저항하지 않고 당하는 엘리아스와 카센터 남자에게 뺨을 맞으며 '그가 진 것이라'고 말한 안톤을 만나지 않았더라면 말입니다. 그런데 현실적으로 내 아이가 폭력배들에게 당했다면 어찌했을까요? 안톤처럼 맞으라고 할 수 있을지 의문입니다. 폭력이란 반드시 근절되어야 하는 것이지만 정작 내 아이나 가족이 그 상황에 처했다면 '오른쪽 뺨을 때리거든 왼쪽 뺨까지 내어주라'는 예수의 가르침을 따라야 할지, '눈에는 눈, 이에는 이'라는 함무라비 법을 행해야 할지 고민에 빠질 수밖에 없습니다.

가정과 환경, 어른들의 역할이 무엇보다 중요하겠지요. 분노를 잘 조절하지 못한 아이들은 행복감을 느끼며 살 수 없습니다. 늘 불만으로 가득 차 있으니까요. 그런 아이들의 입에서는 늘 거친 말이 튀어나오고 분노를 표출할 상대를 찾기 마련입니다. 그러니 최소한 분노와 복수심을 덜어낼 수 있는 방법을 알려줄 필요가 있겠습니다. 막스 에르만의 〈한 친구에 대해 난 생각했다〉라는 잠언시가 생각납니다.

어느 날 나는 그와 함께 식당으로 갔다. / 식당은 손님으로 만원이었다. / 주문한 음식이 늦어지자 / 친구는 여종업원을 불러 호통을 쳤다. / 무시를 당한 여종업원은 / 눈물을 글썽이며 서 있었다. / 그리고 잠시 후 우리가 주문한 음식이 나왔다. / 난 지금 그 친구의 무덤 앞에 서 있다. / 식당에서 함께 식사한 것이 / 불과

한 달 전이었는데 / 그는 이제 땅 속에 누워 있다. / 그런데 그 10
분 때문에 / 그토록 화를 내다니.

10분을 못 기다려 화를 내더니 그 친구가 땅 속에 누워 있습니다. 생각해보면 그리 화를 낼 일도 아닌데 순간을 못 참아 화를 내는 일이 많습니다. 화, 즉 분노는 '자신의 마음에 상처를 내는 일'이라고, 시 한 편이 말하고 있군요.

우리 아이들이 마음에 화를 덜어내는 훈련을 하도록 도와야겠습니다. 어찌해야 할지 아시겠지요? 행복하냐고 물었을 때, 눈치 보지 않고 단호하게 '행복하다'고 답할 수 있기까지는 마음훈련이 필요합니다.

'좀 더 나은 세상'을 염원하는 감독의 의지는 치밀한 스토리텔링을 통해 이 세상에 넘쳐나는 폭력을 진중하게 그려내고 있습니다. 폭력의 단절을 통해서만 '나은 세상'을 가져올 수 있다는 감독의 신념이 영화적 서사로 관객의 동의를 구하는 시간, 그 메시지에 전 세계가 귀를 기울여야겠습니다.

영화를 보는 몇 개의 시선

1 · 여러분이 생각하는 '좀 더 나은 세상'은 어떤 곳인가요?
2 · '폭력은 폭력을 부른다'는 신념에 의해 남자에게 뺨을 들이대는 안톤의
   행위에 대해 얘기해볼까요?
3 · "폭력을 행사하는 사람이 진 것"이라는 안톤의 말은 무슨 뜻일까요?
4 · 비폭력, 무저항을 통해 자유와 평화를 얻어낸 사례에 대해 좀 더 알아볼
   까요?

콰이어트 맨(He Was a Quiet Man, 2007)
감독_ 프랭크 A. 카펠로

그가 내 가족이라면?

평범한 샐러리맨 밥 맥코넬은 소심한 성격 탓에 이웃은 물론 직장 동료들과도 잘 어울리지 못해 늘 무시와 괴롭힘을 당했습니다. 특히나 밥은 시도 때도 없이 보고서를 요구하며 무시하는 나이 어린 상사 때문에 폭발 직전입니다. 어디 그뿐인가요. 짝사랑하는 바네사는 눈길 한 번 주지 않지요. 그녀와의 로맨스를 꿈꾸지만 고작 책상 위에 놓인 인형 훌라 걸을 바라보며 위로받을 뿐입니다. 밥은 점심시간에 홀로 샌드위치를 먹으러 나가며 회사 건물을 폭파시키는 상상을 하고, 속 시원히 털어놓을 상대도 없어 집에 오면 물고기와 대화를 나누며 힘겹게 하루하루를 보냅니다.

소심한 왕따의
위험한 상상

밥은 매일 회사 서랍 속에 숨겨놓은 총에 총알을 장전하면서 동료들을 향해 발사하는 상상을 합니다. 첫 번째 총알은 사무실 마스코트, 두 번째 총알은 미스 왕, 세 번째는 아부하는 놈을 향해 쏘는 것입니다. 그러던 어느 날, 장전하던 총알 중 하나가 책상 밑으로 떨어졌습니다. 총알을 줍기 위해 책상 밑으로 들어간 밥의 머리 위로 탕! 탕! 탕! 총성이 울립니다. 순간 사무실은 아수라장이 되었는데 어이없게도 동료 콜맨이 자신보다 먼저 계획을 실행한 것입니다. 그런데 이게 웬일인가요? 짝사랑 바네사가 총을 맞고 쓰러져 있으니! 순간 밥은 콜맨을 향해 방아쇠를 당깁니다. 그리고 죽어가는 바네사의 생명을 구하기에 이르지요. 현장에서 범인을 죽인 밥, 하루아침에 영웅이 되었습니다. 천덕꾸러기에서 벗어나 파격적으로 승진까지 하게 된 밥, 바네사를 간호하며 함께 지내는 행운까지 얻었습니다. 그런데 과연 밥의 행복은 언제까지나 지속될 수 있을까요?

이 영화를 쓰고 제작한 프랭크 A. 카펠로 감독은, 뉴스에서 소심하고 조용히 지내던 한 직장인이 동료와 자신의 몸에 불을 지른 일화를 접하고 아이디어를 얻었다고 합니다.

"소심하고 용기 없는 사람이 현실에서 벗어나는 가장 쉬운 방법이었을 것입니다. 우리는 살아가면서 끝없이 사람을 만나고 그들과 관계를 유지해야 합니다. 그리고 사회에서 인정받으며 자신이 가진 환상을 깨지 않기 위해 발버둥 쳐야 하지요. 그 남자는 자신의 삶을 끝마침으로써 문제를 해결했습니다.

하지만 그는 왜 다른 사람을 끌어들였을까요? 그가 의기소침한 사람이라면 왜 자신을 고쳐보려고 하지 않았을까요? 누구나 사회에서 능력을 인정받고 성공하기를 꿈꿉니다. 그리고 직장에서 누군가를 몰래 짝사랑하거나, 자신을 무시하고 힘들게 만드는 사람을 미워하기도 합니다. 한 설문조사에 의하면 직장인 10명 중 6명은 직장 내 왕따가 존재한다고 답했다고 합니다. 주인공 밥은 보잘 것 없는 외모와 소심한 성격 탓에 직장 동료들에게 무시당하고 겉도는, 말 그대로 왕따입니다. 그의 스트레스는 사무실에서 총기를 난사하고 싶은 욕구에 이릅니다. 점심시간이면 혼자 밖으로 나가 회사 건물 전체를 스위치 하나로 폭파하는 상상을 하며 하루하루를 살아가지요. 영화에는 세상 모든 직장인들이 공감할 법한 애환이 담겼습니다. 객관적으로 보면 밥은 일반적이지 않은 위험한 인물이지만, 사회생활을 경험해본 사람이라면 누구나 밥의 이런 위험한 상상에 공감하고, 그를 동정하게 됩니다"라고 감독은 말했습니다.

누구나
피해자이자
가해자가 될 수 있다

직장인을 대상으로 한 설문조사 결과를 보면, 왕따는 업무 능력이 떨어지거나 노력하지 않는 사람이 아니라, 눈치 없고 답답한 성격을 가진 사람이 당할 확률이 높다고 합니다.

실제로 영화 속 밥처럼 조용하고 수줍음이 많은 사람을 만난 적이 있습니다. 말을 더듬고, 시선을 어디에 둘지 몰라 안절부절못하던 소심한 사람이었지요. 어찌나 부끄러워하는지 마주보기가 미안해질 지경이었습니다. 대화를 이어가려 해도 답답하고 즐겁지가 않았습니다.

"미안해요. 제가 좀……."

그가 어렵게 말했습니다. 부끄럼을 많이 타고 말주변이 없다는 그는 자신의 특성을 잘 알고 있었습니다. 자신이 상대방을 불편하게 만든다는 것까지 말이지요. 그렇지만 왜 그가 미안해야 할까요? 저는 그의 마음에 얼마나 들었을까요? 순간, 머리를 땅에 쾅 박고 싶어졌습니다. 그를 조금 더 알고 나니 참 따뜻하고 사려 깊은 사람이었습니다.

대부분 사람들은 자신의 대화 방식이나 습성대로 상대를 대하기 마련입니다. 상대방을 전적으로 이해하며 대하는 일은 드물지요. 인간이라면 대부분 타인이 자신에게 맞추어주기를 은연중 바라게 됩니다. 모든 포커스가 내게 맞추어져 있으니까요. 참으로 이기적인 태도입니다.

대인관계가 원만치 않고 내성적인 사람이 밥뿐일까요? 왜 성격을 바꾸지 못하느냐고, 왜 사람들과 어울리지 못하느냐고 그들을 무작정 비난해서는 안 되겠습니다. 내 가족, 내 친구, 심지어는 나 자신이 이 땅에 존재하는 수많은 밥 중 한 명이 될 수도 있다는 사실을 인식해야 합니다. 누구나 피해자이며 가해자가 될 수 있다는 것을 늘 염두에 두어야겠지요.

주변에는 밥 맥코넬이나 그의 동료 콜맨처럼 소심해서 자신을 제대로 드러내지 못한 사람들이 의외로 많습니다. 그렇다고 그들이 집단으로부터 따돌림을 당하거나 놀림거리가 되어야 할까요? 밥이나 콜맨은 얼마나 힘이 들면 서랍 속에 숨겨둔 총알을 매일 만지작거렸을까요? 내 자신이고 가족이라고 생각한다면 밥이나 콜맨을 함부로 대할 수 없을 것입니다. 가해자가 되어 누군가를 아프게 한 적은 없는지 스스로에게 묻게 되는 영화입니다.

 영화를 보는 몇 개의 시선

1 · 중세 '마녀사냥'과 오늘날 '왕따'는 어떤 공통점과 차이가 있을까요?
2 · 밥 맥코넬과 콜맨이 직장 동료로부터 따돌림 당하는 이유는 무엇일까요?
3 · 집단 구성원으로부터 소외되었다고 생각할 때 어떻게 대처해야 할까요?

와즈다(Wadjda, 2012)
감독_ 하이파 알 만수르

나는 왜 자전거를 타면 안 돼?

열 살 소녀 와즈다는 자전거에 관심이 많습니다. 그저 관심만이
아니라 동네 남자아이 압둘라처럼 자전거가 타고 싶습니다. 하지
만 꿈속에서나 이루어질 법한 일, 현실적으로 불가능한 일입니다.

"여자는 왜 자전거를 탈 수 없는 거죠?"

와즈다가 묻습니다.

엄마는 아들을 낳지 못했습니다. 벽에 붙여놓은 가계도에는 와
즈다의 이름은 없고 남자들 이름만 있습니다. 그런 가계도에 와즈
다는 자신의 이름을 써 붙여둡니다. 다음 날 와즈다의 이름이 적
힌 종이가 구겨져 바닥을 뒹굴고 있습니다. 와즈다는 실망합니다.
아빠는 엄마와 와즈다를 사랑한다면서도 아들을 얻기 위해 새장

가를 가야만 하고, 엄마는 아빠를 탓하지도 못하고 속울음을 삼키
는 처지입니다.

"여자는 반드시 두건을 두르고, 얼굴을 보이면 안 돼."

"여자는 남자 앞에서 얼씬거리면 안 돼."

"여자는 함부로 남자들 앞에서 노는 모습을 보이면 안 돼."

여자가 할 수 있는 일이란 금기사항을 잘 지키는 것 외에는 없
습니다. 와즈다는 아빠에게 잘 보이려고 빨간 드레스를 사고자 하
는 엄마의 아픔을 이해하는 중입니다. 새장가를 가기 위해 분주한
아빠. 와즈다는 엄마에게 빨간 드레스를 사러 가자고 조릅니다. 그
리고 '여자로 사는 것'의 의미를 깨달아갑니다.

바람을 가르며
씽씽
달리고 싶어

와즈다는 여자에게 금지되어 있는 자전거가 타고 싶습니다. 언
젠가 자전거를 타고야 말겠다고 결심한 와즈다의 의지는 꺾이지
않습니다. 와즈다는 자전거를 타고 씽씽 학교에 다니는 남자애들
이 부러워 미칠 지경입니다. 등하교 길에 자전거 가게에 들러 자
신이 찜해놓은 자전거를 팔지 말라고 부탁도 합니다. 자전거를 사
기 위해 팔찌를 만들어 팔고, 학교의 불량 언니들의 연애편지도

전해주며 돈을 모으지만, 자전거를 사기에는 턱없이 부족합니다. 그런데 때마침 학교에서 큰 상금이 걸린 '코란 암송대회'가 열린다는 것입니다. 코란에는 큰 관심이 없지만 상금을 받아 자전거를 살 수도 있겠다는 생각에 골몰한 와즈다. 자전거를 갖겠다는 일념으로 열심히 준비해 1등을 거머쥡니다. 그런데 이게 웬 날벼락인가요? 교장은 상금을 팔레스타인 형제들을 위해 기부하라고 종용합니다.

"자전거를 사야 해요."

와즈다가 또박또박 말합니다.

"자전거는 여자들이 타는 게 아니야."

교장의 강한 어조에 와즈다는 절망합니다. 1등을 했는데 상금을 못 받다니! 집에 돌아와 우는 와즈다를 위로하는 아빠, 그런 아빠는 새장가를 들기 위해 집을 나갑니다.

결국 사고 싶었던 빨간 드레스를 포기한 엄마는 대신 와즈다에게 줄 선물을 마련합니다. 와즈다가 오랫동안 찜해놓은 자전거입니다.

"네가 세상에서 제일 행복했으면 해."

와즈다를 끌어안은 엄마의 눈가가 젖어 있습니다.

마침내 와즈다는 자전거를 타고 밖으로 나갑니다. 남자친구 압둘라와 달리기 시합을 하는 와즈다, 바람을 가르며 힘차게 페달을 밟습니다.

"네가
행복했으면 해."

이 영화가 세계적 명성을 얻은 후 사우디아라비아에서는 여성들의 '자전거 타기'가 허용되었다는군요. 이슬람국가 중에서도 보수적이고 여성에게 금지된 것들이 많은 나라인 사우디아라비아에서, 이 한 편의 영화로 인해 여성들의 소원이 한 가지 더 이루어졌다니 영화의 힘에 다시 한 번 놀라게 됩니다.

성지 메카가 있는 사우디아라비아에서는 여성들에게 엄격한 이슬람 율법이 적용된다고 합니다. 여자는 외출 시 얼굴과 몸을 노출할 수 없습니다. 검고 긴 망토 아바야(Abaya)를 입고 머리카락이 보이지 않게 검은 베일 니캅(Niqab)을 얼굴까지 늘어뜨려 철저히 남성으로부터 차단되어야 합니다. 일부다처제는 말할 것도 없고, 입후보나 투표권 또한 없으며, 45세 미만인 여성은 혼자 여행도 할 수 없습니다. 심지어는 외국인 여성 여행자도 남성과 동행하지 않으면 비자를 발급해주지 않는다는군요. 음악, 무용, 연극, 영화 등 예술, 문화 활동도 할 수 없습니다. 운전도 금지되었고, 당연히 자전거도 탈 수 없었습니다. 자전거를 타면 아이를 낳지 못한다는 이유에서라지요.

사우디아라비아의 바스마 빈트 사우드 빈 압둘라지즈 공주는 영국 BBC와의 인터뷰를 통해 사우디 헌법이 성별, 지위, 종파에 상관없이 모든 시민의 기본적인 인권을 보호해야 한다고 주장하며, 여성에게 불리한 이혼법을 비판했습니다. 여성에게도 이혼 소송을 제기할 자유가 허용되어야 하며, 여성 학대를 방관하는 사회 시스템을 개혁하고 자유롭게 이동할 권리가 주어져야 한다고 말이지요. 아미라 알 타월 공주 또한 일간지와의 인터뷰에서 여성의 운전 허용을 요구하며, 여성들이 매달 큰 비용을 들여 운전사를 고용하거나 남성 친척이 모는 차를 이용해야 하는 불편한 현실을 지적했습니다. 이런 요구에도 불구하고 사우디아라비아 정부는 자국 내에서 외국인 여성을 포함한 모든 여성의 운전을 금지하고 있지요. 여성에게 운전을 허용하면 남성과의 접촉이 많아져 도덕적인 타락을 불러일으키기 때문이라지요.

세상을
바꾼 영화
한 편

하이파 알 만수르 감독은 국제사회에 사우디 여성의 숨 막히는 현실을 알리고자 이 영화를 만들었다고 합니다. 자전거 타기를 열망하는 열 살 소녀의 사랑스러운 반란을 통해 사우디 여성들의 염원을 스크린에 담아낸 것입니다. 영화는 폐쇄적인 사회에서 살아가는 사우디 여성들에게도 꿈이 있고, 세상을 바꿀 의지가 있다는 것을 보여주고자 합니다. 감독은 아버지의 응원에 힘입어 외국에서 공부하는 동안 이 영화의 시나리오를 완성했는데, 이것이 국제사회에 관심을 받게 되며 자금 지원이 이루어졌고 영화를 제작할 수 있었다고 하는군요. 무엇보다 사우디 최초의 여성감독이 되어 영화 제작을 하기까지 얼마나 많은 어려움이 있었을지 짐작이 가고도 남습니다. 영화 촬영 내내 이슬람 골수세력으로부터 살해 협박을 받았고 남자들과 공개적으로 말을 섞을 수 없어 모니터와 무전기로 촬영 현장을 지휘해야만 했다니 그 어려움이 오죽했을까요.

영화 〈와즈다〉는 자국 내에서 개봉조차 하지 못할 영화였지만, 결국 베니스 국제영화제 3관왕을 비롯해 다수의 영화제에서 수상을 하며 그해 최고의 영화라는 찬사를 받기에 이르렀습니다. "억압받는 사우디 여성도 도전하고 있다"는 걸 보여주기 위해 만들었다는 감독의 의도대로, 머지않아 사우디 여성들의 삶에 거센 변화의 바람이 불어올 것입니다. 유쾌한 반란을 일으킨 와즈다의 자전거 바퀴가 거침없이 굴러가듯 말이지요.

소녀 와즈다가 묻습니다.

"세상의 시선 때문에 자신에게 꼭 필요한 것을 포기하거나 주저하고 있진 않나요?"라고.

부조리한 현실, 억압과 폭력에 맞서는 데는 용기가 필요하다는 걸 이 영화를 통해 다시 한 번 확인하게 됩니다.

영화를 보는 몇 개의 시선

1 · 인간의 자유를 지나치게 억누르는 종교와 관습, 법과 규범 등은 과연 지속 가능할까요?

2 · "세상의 시선 때문에 자신에게 꼭 필요한 것을 포기하거나 주저하고 있지는 않나요?"라는 질문에 어떤 대답을 할 수 있을까요?

3 · 삶을 강제하고 억압하는 규칙과 종교법에 대해 논의해볼까요?

앨버트 놉스(Albert Nobbs, 2011)
감독_ 로드리고 가르시아

성정체성은 타고나는 것일까, 만들어지는 것일까?

    엘버트 놉스는 모리스 호텔의 종업원입니다. 늘 예의 바르고 친절해 까다로운 호텔 사장에게도 인정받았고, 단골손님까지도 인정하는 최고의 웨이터로 고객들로부터 종종 팁을 받기도 하지요. 그는 받은 팁을 자신의 침실 마룻바닥에 차곡차곡 넣어두고 장부에 적어둘 만큼 꼼꼼합니다. 돈을 모아 담배 가게를 낼 생각입니다. 사실, 같이 일하는 종업원 헬렌을 마음에 두고 있습니다. 그런 앨버트는 여자입니다. 어린 시절, 먹고살기 위해 남장을 하게 된 이후 혼자 살고 있습니다. 그러던 어느 날, 호텔 여주인은 노후된 호텔을 단장하려고 허버트라는 페인트공을 고용했는데 수리를 하는 동안 페인트공과 방을 함께 써줄 것을 요구합니다. 어쩔 수 없이 한방을 쓰게 된 앨버트, 허버트와 같은 침대에 눕습니다. 그런데 이게 무슨 일일까요? 앨버트가 온몸을 뒤틀며 옷을 벗기 시작하면서 페인트공이 잠에서 깨었고, 그만 앨버트의 몸을 보고 말았습니다.

"당신 때문에 벼룩 한 마리가 옷 속으로 들어갔어요."

그는
왜 남장을
했을까?

풀어헤친 옷을 주어들고 몸을 가려보지만 엎질러진 물이 되고 말았습니다. 앨버트는 무릎을 꿇고 제발 소문 내지 말라며 허버트에게 통사정합니다. 페인트공 허버트는 앨버트의 비밀을 지켜주기로 약속하며 자신 역시 남장여자로 살아가고 있다고 고백했지요. 허버트가 남편의 폭력을 견디다 못해 집을 나와 남장을 하고 살았으며, 한 여자와 혼인해 가정까지 꾸리고 있다는 사실을 알게 된 앨버트, 그때에야 마음을 놓습니다.

부인과 다정하게 살아가는 허버트를 보며 앨버트는 여종업원 헬렌과 담배 가게를 차려 평생 함께하겠다는 꿈을 갖게 됩니다. 마침내 헬렌에게 고백했고 새로운 삶을 시작하게 될 가게까지 보여주었지만 그녀는 앨버트의 말을 무시합니다. 젊은 보일러공 조의 유혹에 빠져 있던 헬렌은 조의 아이를 낳지만 버림받았고 앨버트는 그런 헬렌에게 아이와 함께 돌봐주겠다고 제안합니다. 하지만 순조롭지 않습니다. 조와 싸우는 헬렌을 돕기 위해 조와 몸싸움을 벌인 앨버트, 결국 조의 폭행으로 삶을 마감합니다.

조지 무어의 단편소설을 각색해 만든 영화 〈앨버트 놉스〉는 19세기 아일랜드 더블린, 남장을 하고 살 수밖에 없었던 여인들의 삶의 질곡을 엿볼 수 있습니다. 먹고살기 위해 남장을 했던 앨버트, 남편의 폭력을 피해 집을 나와 남장을 하고 산 페인트공 허버트. 남성중심사회의 억압과 착취 속에 살았던 여성들이 과연 아일랜드 더블린만의 얘기일까요?

19세기 전 세계 대부분의 여성들은 집안일 잘하고 남자들 시중들기 위한 수업을 받는 것이 교육의 전부인 양 알고 살았습니다. 학교는 물론이고 여성들이 선택할 수 있는 것이란 그리 많지 않았지요. 가지고 있는 재능을 제대로 발휘해보지 못한 채 죽은 여성들도 많았습니다. 여성이 바깥활동을 한다는 것이 여간 힘들었을 때입니다. 오죽하면 앨버트와 허버트가 남장을 하고 살았을까요? 그들은 필요에 의해 남장을 해야만 했겠지요. 하지만 앨버트와는 달리 페인트공 허버트는 분명 아내를 사랑했다고 말합니다. 여성과 부부가 되어 유쾌하게 살고 있었지요. 그런 허버트는 동성애자였습니다.

허버트의 남장은 사회적 시선을 견딜 수 없어 선택한 수단이었 겠지만, 백 년이 훨씬 지난 오늘날에도 동성애자들에 대한 사회적 시선은 그리 달라지지 않았습니다.

미국에서는 다섯 살부터 동성애교육을 시키는 학교방침에 반대 한 한 아빠가 감옥을 간 사례가 있습니다. 동성애자에게 빵을 팔 지 않고, 꽃을 팔지 않은 가게 주인이 처벌을 받기도 했지요. 미국 은 여러 주가 동성애자들의 삶을 허용하고 보호하고 있습니다. 성 소수자들의 삶 또한 존중되어야 한다는 것입니다. 모든 인간은 법 앞에 평등하다는 법치국가의 이념 때문이라고 볼 수도 있겠습니 다. 드러내놓고 말하지 못했던 성 소수자들의 성정체성에 대한 문 제가 다양한 매체를 통해 논의되고 있는 게 현실입니다. 굳이 숨 기거나 침묵할 필요가 없게 된 것입니다.

최근 룩셈부르크 총리는 재임기간 자신이 동성애자임을 밝히는 결혼식을 올려 세간의 화제가 되었지요. 동성애자들의 이야기는 이제 특별한 화젯거리에 끼지도 못할 만큼 일상 안으로 들어온 것 같습니다. 특별한 나라의 특별한 이야기라고 치부할 수도 있겠지 요. 그러나 성 소수자들이 미국에만 사는 것은 아니니까요.

타고난 성,
만들어진 성

남자, 여자로 구분되는 인간의 성정체성은 생물학적으로 타고
날까요, 아니면 환경에 의해 교육되는 것일까요?

존 콜라핀토의 다큐멘터리 〈타고난 성 만들어진 성〉은 생후 8개
월에 포경수술 중 성기를 잃은 데이비드 라이머라는 소년이 자신
의 성정체성을 되찾기까지의 과정을 그리고 있습니다.

1965년 미국의 한 병원에서 일란성 쌍둥이 중 한 명으로 태어
난 데이비드 라이머는 이름이 브루스였고 동생은 브라이언이었
습니다. 브루스는 포경수술 중 화상을 입어 성기가 완전히 사라지
는 사고를 당합니다. 한 아이의 운명이 바뀌는 사건이 벌어진 것
이지요. 당시 존 홉킨스대학의 머니 박사는 성기절제수술과 호르
몬 치료를 통해 새로운 성을 만들 수 있다는 주장을 펴오고 있었
습니다. 브루스의 부모는 머니 박사의 주장에 매료되어 머니 박사
의 조언에 따라 브루스에게 성기절제수술을 받게 했습니다. 브루
스는 이름도 브렌다로 바꾸고 여자 옷을 입고 여자로 살았습니다.
하지만 11세 무렵이 되면서 브렌다는 어깨가 넓어지고, 목과 팔이
굵어지며 목소리가 변하는 등 생리적 변화가 시작되었지요. 여성
호르몬인 에스트로겐 처방을 받아 여성의 몸이 되어야 했고 여성
화되어가는 몸매를 감추기 위해 폭식을 했습니다. 이 과정에서 브

렌다는 깊은 고통을 겪었을 뿐 아니라 가족 또한 파탄지경에 이르렀지요. 결국 아버지로부터 그간의 진실을 듣게 된 브렌다는 자유로운 안도감을 맛보았고 합니다.

"다시 남자로 돌아갈래요."

브렌다가 내린 결정이었습니다. 브렌다는 성기재건수술을 받고 다시 남자 데이비드로 태어나 진정한 남성성을 되찾았습니다. 남자 아이를 여성으로 만들고 싶어 한 머니 박사의 공명심 때문에 데이비드뿐 아니라 가족 모두가 고통 속에 살아야만 한 사건이었습니다.

타고나느냐, 길러지느냐에 대한 성 담론은 끊임없이 계속되고 있습니다. 남자는 이렇게, 여자는 이렇게 살아야 한다는 고정관념은 성 소수자들의 삶을 무력화시키고 고통의 습지로 몰아넣는 경우가 많습니다.

성정체성에 대한 혼란을 겪으며 살아가는 여성과 남성이 어디한 시대에만 국한되었을 리 없습니다. '성이란 타고난 것일까? 만들어지는 것일까?'에 대한 담론 이전에 성 소수자들의 삶이 사회적 시선으로부터 자유로워져야 하겠습니다.

황병승 시인의 〈여장남자 시코쿠〉를 보자면, 도마뱀의 꼬리는 잘려도 새롭게 자라난다고 합니다. 아무리 잘려도 자라나는 도마뱀의 꼬리처럼, 여장을 한 남자 시코쿠는 자신의 성정체성을 열두 살에 알아버린 것 같습니다. '다양성이 인정되는 사회가 건강한 사회'라는 건 교과서에서 절대 밖으로 나올 수 없는 얘기일까요?

영화 〈플루토에서 아침을〉, 〈내 어머니의 모든 것〉, 〈필라델피아〉, 〈대니쉬 걸〉, 〈초콜릿 도넛〉도 함께 보시면 성 소수자들에 대한 삶을 조금 더 이해할 수 있을 것입니다.

 영화를 보는 몇 개의 시선

1 · 성이란 태어난 걸까요? 만들어진 걸까요? 구체적인 예를 들어 서로 논의해보세요.
2 · 19세기 여성들의 삶은 현재와 어떻게 달랐을까요? 오늘에 이르기까지 변화된 여성들의 삶에 대해 알아볼까요?
3 · 성 소수자에 대한 부정적 인식과 편견은 무엇 때문일까요?
4 · 사회약자에 대한 사회적 보호장치에는 무엇이 있을까요?
5 · 시몬 드 보부아르의 '제2의 성'에 대해 알아볼까요?

4부

이 세상
누군가
울고 있다

더 큰 공존,
함께하는 삶을 위하여

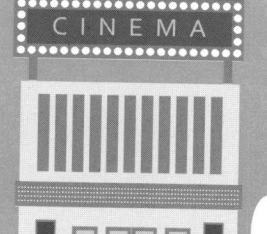

르 아브르(Le Havre, 2011)
감독_ 아키 카우리스마키

난민 소년, 이드리사의 꿈

프랑스 서북부의 항구도시 르 아브르. 북적북적한 역 앞에 서서 지나치는 사람들의 신발만 지켜보는 남자가 있습니다. 마르셀 막스, 구두닦이입니다. 오랫동안 집시처럼 떠돌다 항구도시 르 아브르에 정착했습니다. 그는 거리에서 구두를 닦아 생계를 유지합니다. 하루 종일 일했지만 벌이는 신통치 않습니다. 집에 들어가는 길, 마르셀은 빵집에 들러 바게트 하나를 들고 나서는데, 외상입니다. 아내 아틀리에는 마르셀이 건넨 동전과 지폐 두어 장을 작은 상자에 넣으며, "일을 많이 했네"라며 지폐 한 장을 꺼내 술 한 잔 마시고 오기를 권합니다. 이런 하루 하루가 마르셀의 평범하고 소소한 일상입니다.

흑인 소년,
프랑스 항구마을에
발 딛다

　그런데 조용한 항구마을에도 작은 소동이 생길 때가 있습니다. 컨테이너 안에 숨어 밀입국하는 사람들이 발견될 때입니다. 3주 전 가봉에서 출발해 런던으로 향하던 컨테이너가 실수로 이 항구에 묶여 있다 발견되었는데, 한 소년이 도망칩니다. 도망친 소년을 향해 무장요원이 반사적으로 총을 겨누자 르 아브르 서의 모네 경감이 소리칩니다.

　"미쳤소? 어린애요."

　마침 그때, 점심을 먹으려고 한적한 곳을 찾던 마르셀, 다리 밑에 숨어 있던 소년과 눈이 마주칩니다. "여기가 런던이에요?"라고 묻는 소년에게 점심을 나눠주려는데, 근방을 수색하던 모네 경감이 다가옵니다. 달아난 흑인 소년을 본 적 없느냐고 모네 경감이 묻습니다. 아무것도 보지 못했다고 마르셀은 쌀쌀 맞게 대합니다.

　그날 밤, 소년을 만났던 자리로 돌아와 샌드위치를 담은 종이봉투를 슬며시 놓고 오는 마르셀. 평소보다 늦게 집에 들어와 보니 아내가 몹시 아파 보입니다. 아내를 병원에 입원시키고 돌아오니, 창고 안에 그 흑인 소년이 잠들어 있습니다. 예의바른 소년의 이름은 이드리사. 엄마를 찾아 런던에 가는 길이었다고 합니다. 경찰에 쫓기는 이 소년을 숨긴 뒤 병원으로 향하는 마르셀, 입원한 아내를 두고 집으로 돌아오니 이드리사가 문밖에 나와 있습니다.

"잡히면 런던 대신 너희 나라에 가게 돼. 도와줄 테니 시간을 줘."

이드리사를 데리고 집으로 들어가는 마르셀을 목격한 이웃 남자가 경찰서에 신고를 합니다. 다음 날, 평소처럼 구두를 닦고 카페에서 가벼운 점심을 먹고 있는데, 모네 경감이 들어와 맞은편에 앉습니다. 경계심을 보이며 쌀쌀맞게 대하는 마르셀에게 경감은 침착하게 말합니다.

"친구로서 조심하라는 말 하러 왔소."

마르셀이 소년을 숨겨주고 있다는 걸 알게 된 빵집 주인은 바게트를 한아름 안겨줍니다. 마르셀을 피하던 건너편 가게 주인도 기다렸다는 듯 그를 부릅니다.

"유통기한이 얼마 안 남은 물건이 많은데 마르셀 씨 생각이 나서요."

이드리사를 빵집 주인에게 부탁한 뒤, 불법이민자 보호소에 있다는 이드리사의 할아버지를 만나러 갑니다. 이드리사의 할아버지는 "1년 전 밀입국에 성공한 소년의 어머니가 런던에서 아들을 기다리고 있다"고 합니다. 이드리사를 어머니에게 보내주겠다 굳게 약속하고 돌아온 마르셀, 소년을 탈출시키는 데 집중합니다.

소년을 영국에 데려다줄 배편을 준비하려면 3천 유로가 있어야 한다니! 친절한 이웃들이 없는 돈을 쪼개 돕겠다고 했지만, 마르셀은 '자선 콘서트'를 열기로 합니다. 한 동네에 사는 유명한 가수 '리틀 밥' 콘서트를 통해 비용을 마련한 마르셀. 한 푼 두 푼 아내가 모아둔 상자의 돈을 보태 마침내 이드리사를 영국으로 가는 배에 숨기는데 모네 형사가 등장합니다. 기관실 문을 여는 모네 형사, 얼굴이 까만 소년의 커다란 눈동자와 눈이 마주치자 뚜껑을 닫고 그 위에 앉습니다.

소년 이드리사는 과연 엄마를 만날 수 있을까요? 상상은 관객의 몫입니다.

분명히 소년이 숨어 있다는 걸 확인했음에도 무장경찰에게 거짓말을 하는 모네 형사를 보자면, 소년은 엄마를 만났을 것이라는 희망적인 결말을 예견할 수 있습니다. 무장경찰의 강요에 못 이겨 모네 형사가 문을 열었다면, 소년은 반드시 끌려가 수용소에 갇히거나 고향 가봉으로 돌려보내졌을 테지요. 감독은 관객의 상상력에 불을 지핍니다.

가난한 구두닦이 노인 마르셀의 여유, 따뜻한 이웃들, 알고도 못 본 체한 모네 형사, 자선 콘서트를 흔쾌히 수락한 리틀 밥 등 휴머니즘이 녹아 있는 이 영화는 우리가 살아가는 세상이란 '함께 살아갈 수밖에 없는 곳'이라는 감독의 따뜻한 시선이 녹아 있습니다.

이주는
남의 이야기가
아니다

유엔난민기구(UNHCR)에 의하면, 2013년 기준 전 세계에 약 4천 2백만 명이 넘는 무국적자가 있다고 합니다. 난민이란 말의 사전적 의미를 보자면, 전쟁이나 이념 갈등, 다양한 이유로 고국을 떠나 다른 나라에 정착하고자 하는 사람들을 일컫는 말입니다. 보금자리를 떠나 언어는 물론이고 새로운 문화에 진입한다는 건 많은 어려움이 따르지요. 그걸 무릅쓰고 고향을 등지려는 사람들입니다.

탈북자를 포함해 우리나라 이민자의 수가 날로 증가하고 있는 추세입니다. 정상적인 직업을 갖고 있는 이민자를 제외한 이민자의 90%가 경제적 어려움 때문에 오는 경우가 많다고 하는군요. 통계청 조사에 의하면 2014년 5월 기준 외국인경제활동인구가 89만 6천 명으로 그중 취업인구는 85만 2천 명이라는 발표가 있었습니다. 국내 체류 외국인이 181만 명을 넘었다고 하니 다문화시대가 열린 건 분명합니다.

영화 〈국제시장〉의 주인공 '덕수', 독일, 중동에 나가 외화를 벌어오던 1960~70년대 우리나라 산업일꾼처럼 경제적 어려움으로 이 땅에 건너온 수많은 이민자들 또한 같은 처지가 아닐까요? 여전히 우리 사회는 이민자들에 대한 정부차원의 정책이 미흡하고 타문화에 대한 배타적 감정과 편견이 짙다고 볼 수 있습니다. 그럼에도 불구하고 이민자가 증가하고 있지요. 이와 반대로 우리나라 국적을 포기하고 미국으로 이주하는 한국인은 연간 2만 5천 명으로 일본의 8배 수준이라고 합니다. 참 아이러니합니다. 떠나는 이주민과 들어오는 이주민, 무엇이 다를까요?

난민은 전쟁이나 이념 문제로 인해 생기는 것만은 아닙니다. 지난 2014년 6월에는 시칠리아 섬과 북아프리카 해안 사이의 지중해 한복판에서 6백 명이 탄 어선이 발견되었습니다. 발 디딜 틈이 없이 타고 있던 난민 가운데 시신 30여 구가 발견되었지요. 이뿐 아니라, 1천 명가량의 난민이 이탈리아와 접한 프랑스 남부 니스 주변에서 적발되었다고 프랑스 정부가 발표했습니다. 아프리카에서 이탈리아로 배를 타고 건너와 프랑스로 밀입국을 시도한 아프리카인들입니다. 이들은 버스나 기차를 타고 프랑스로 넘어오다 붙잡히는 경우가 많다고 합니다. 프랑스 정부는 밀입국을 막으려고 단속을 강화하지만 가난으로 인해 고향을 등진 아프리카 난민은 끊임없이 늘고 있는 추세입니다.

그 안에 엄마를 찾아 영국으로 떠난 소년 이드리사도 끼어 있을까요? 엄마를 찾아 죽음과 공포를 넘나들며 컨테이너에 숨어 들어왔는데 그만 엉뚱한 프랑스 작은 항구에 닿고 말았으니, 엄마를 찾을 수만 있다면 그 어떤 어려움도 마다하지 않을 소년입니다.

비극적 상황에 놓인 소년을 돕기 위해 마르셀을 비롯한 마을 사람들이 나섰습니다. 심지어 냉혈인간처럼 보이던 모네 형사까지도 말이지요. 업무상 소년을 찾아내야 했지만 사실 마르셀과 같은 마음이었을 것입니다. 누구나 부모가 필요하고, 행복할 권리가 있듯이 불법 체류자 이드리사가 엄마를 찾게 되길 간절히 바랐을 것입니다.

현실이 어두울수록 희망을 상상해야 한다

국가가 예산문제로 난민들을 쫓아내고 밀어낸다 해도, 이 세상에는 그들의 아픔을 이해하고 돕고자 하는 사람들도 있습니다. 하루 벌어 먹고사는 형편인 주인공이 한 푼 두 푼 모은 돈을 몽땅 털어 내놓고 발 벗고 나서 소년을 돕는다는 설정이 어딘지 모르게 비현실적이고 뒤가 빤한 이야기라고 치부할 수도 있겠지요. 물론 우리 삶이 현실에 매여 있는 건 사실입니다. 하지만 현실이 지치고 너털거릴수록 우리에겐 상상력이 필요합니다. 현실에서 불가능한 일도 상상의 세계에서는 가능하니까요. 현실적인 잣대로 이 영화를 재단한다면 다분히 작위적입니다. 컨테이너에서 도망친 소년을 향해 총구를 겨누는 단속경찰을 비난하는 형사 모네를 현실에서 쉽게 만나지는 못할 것입니다. 만약 그랬다면 업무방해죄로 재판에 회부되었을 테지요. 그러나 모네 형사의 행위에서 힘없고 가난한 이들에 대한 연민과 희망을 만나게 됩니다. 권력과 힘을 행사할 수 있는 모네 형사이지만, 그 힘을 인간에 대한 기본 예의를 지키는 데 쓰고 있지요. 어린 소년이어서만은 아닐 것입니다.

현실이 녹록지 않은 만큼 영화로나마 유쾌하고 따뜻한 사람들을 만날 수 있다는 게 참으로 흐뭇합니다. 영화적 서사가 바로 현실이 되는 날을 기다려 봅니다.

영화 〈이민자〉, 〈로나의 침묵〉, 〈언더 더 쎄임 문〉, 〈크로싱〉도 함께 보시길 권합니다.

 영화를 보는 몇 개의 시선

1·현재 우리나라 이민자들에 대한 정부의 대책에 대해 알아볼까요?
2·이민은 어떤 경우에 선택하나요?
3·이민자는 물론 이민 2세들의 어려움에 대해 얘기해보세요.
4·어떤 경우에 국제 난민이 될까요. 그들에 대한 국제사회의 지원대책은 어떻게 이루어지고 있나요?

데저트 플라워(Desert Flower, 2009)
감독_ 쉐리 호만

사막에 핀 꽃, 와리스 디리!

이 영화는 소말리아의 지역에서 가난한 유목민의 딸로 태어나 톱 모델이 된 와리스 디리의 자전적 소설 『사막의 꽃』을 스크린에 옮긴 것입니다. 전통이라는 미명 아래 자행되는 거부할 수 없는 악습이 인간의 삶을 어떻게 강제하는지를 보여주며, 그로 인한 트라우마를 안고 살아가는 한 여인의 삶의 궤적과 용기까지를 아우르고 있지요.

와리스는
왜 고향을
도망쳐야 했을까?

　세 살에 할례를 받았고, 열세 살 되던 해 강제결혼을 피해 고향으로부터 도망친 와리스 디리. 우여곡절 끝에 런던 주재 소말리아 대사관에서 가정부로 일하며 사춘기를 보냅니다. 하지만 대사관이 폐쇄되며 영어도 할 줄 모르는 채, 노숙자 신세가 되었습니다. 거리를 떠돌며 쓰레기통을 뒤져 먹을 것을 찾아야만 했던 그녀, 옷가게에서 우연히 만난 친구의 도움으로 맥도날드 청소부로 일하게 됩니다. 손님이 먹다 남긴 햄버거를 주머니에 감추어야 살 수 있었던 그녀는, 어느 날 유명 사진작가 테렌스 도노반의 눈에 띄게 되었지요. 청소부보다 돈을 더 받을 수 있다는 말에 모델 일을 시작한 와리스 디리. 하지만 불법체류자 신분으로는 그 무엇도 할 수가 없습니다. 국제무대에 설 수가 없어 절망하던 와리스 디리는 마침내 영주권을 얻기 위해 위장결혼까지 하였으나, 매 순간이 위기입니다. 경찰은 밤낮을 가리지 않고 들이닥쳐 와리스의 결혼을 감시하고 도와주겠다고 자청했던 가짜 남편이 사랑한다는 고백까지 해오는 난관에 부딪혔지만 어렵게 얻은 기회를 놓칠 수는 없습니다. 그렇게 몇 년을 견뎌내고 드디어 영주권을 취득한 와리스 디리, 그녀 앞에 비로소 새 삶이 펼쳐집니다.

본격적인 모델 일을 시작한 와리스는 돈과 명성을 얻게 되었습니다. 하지만 문신처럼 지워지지 않는 마음속의 아픈 비밀이 끊임없이 그녀를 괴롭힙니다. 세 살 아이에게 전통이라는 명목 아래 자행된 할례라는 폭력적 의식. 그녀는 잡지와 방송 인터뷰를 통해 자신이 비인간적이고 잔인한 여성 할례의 희생자라는 사실을 밝힌 뒤, UN에서의 할례의 실상에 대한 연설을 계기로 UN 특별대사에 임명되기에 이르지요.

단지
흑인 모델의
성공담만은 아니다

영화는 과거와 현재를 오가며 다양한 빛깔의 이야기를 스크린에 펼쳐놓았습니다. 가난한 유목민의 딸이 세계적으로 유명한 패션모델이 되기까지의 성공기 혹은 모험담, 한편으로는 여성 할례라는 잔인한 관습을 고발하고 이슈화한 용기 있는 여성의 삶의 궤적입니다.

UN 추정에 따르면 매일 6천 명의 어린 소녀들이 고통스러운 여성 할례를 받고 있다고 합니다. 와리스 디리는 2002년 설립된 '와리스 디리' 재단을 통해 할례 피해자들을 도왔고, 2005년에는 세계적인 캠페인을 진행하는 등 국제적인 활약을 통해 여성 할례 금지 법안을 마련하기 위해 노력해왔습니다. 와리스 디리의 활약 이후, 국제사회의 압력으로 몇몇 국가의 여성 할례 금지법이 강화되는 성과를 거두기도 했지요. 하지만 유니세프(UNICEF)의 조사에 따르면, 2006년에만 해도 전 세계 1억 5천만 명에 이르는 여성들이 여성 할례로 인해 고통받고 있다고 합니다.

와리스 디리는 자신의 삶이 영화화된 것 자체가 불편했지만 "그럼에도 이 영화를 통해 인간의 존엄성에 대한 메시지가 전달되기를 바라는 마음이 간절하다"고 했습니다. 자신 또한 여느 아이들처럼 꿈이 많았지만 여자로 태어났다는 이유 때문에 할례를 받았고, 차별 대우를 받아야 했다는 것이지요. 의사표현이 불가능했던 세 살 무렵 행해진 할례, 그리고 여전히 이로 인해 많은 여자 아이들이 죽어간다는 현실을 마냥 두고 볼 수 없었다는 그녀는 영화, 책, 다양한 방법으로 인권유린의 현장을 고발해오고 있습니다. 그러니 이 영화를 아프리카 출신 흑인 모델의 화려한 성공담이나 신데렐라 스토리쯤으로 치부할 수만은 없겠습니다.

이 영화의 바탕이 된 와리스 다리의 소설 『사막의 꽃』은 1997년 뉴욕을 비롯해 여러 나라에서 출판되어 1천만 부 이상 판매된 스테디셀러입니다. 그녀의 삶의 궤적에 대해 많은 독자들이 공감했겠지요.

부조리한
세상에
맞서는 용기

　책을 통해 유명세를 탄 와리스 다리는 영화 촬영을 위해 소말리아의 고향을 방문했지만 그녀의 어머니는 그녀를 만나주지 않았다고 합니다. 밖에서 성공한 딸이라지만, 전통을 거부하고 사는 딸에 대한 사회적 비난을 의식했기 때문은 아니었을까요.

　자신이 속한 사회의 전통을 거부하는 일은 쉬운 일이 아닙니다. 전통이란 대개 구성원의 동의 아래 이어져 내려온 소중하고 가치 있는 것들로 여겨집니다. 하지만 세대가 바뀌며 등장한 새로운 가치 또한 우리 삶을 이롭게 할 수 있지요. 조선 5백 년을 이어져 내려온 우리의 양반 문화 또한 새로운 문화와 질서에 순응할 수밖에 없었습니다. 아마 양반 문화가 여전히 사회 구성원 대다수에게 환영받았다면 지금까지도 이어져왔겠지요.

　과거의 전통은 왜 자꾸 사라지는 것일까요? 사람들에게 유쾌하게 받아들여지지 않았기 때문일 것입니다. 구성원의 생존을 위협하고 평생 지울 수 없는 상처를 남기는 전통이라면 사라져야 마땅합니다. '온고이지신'이라는 말처럼 시대가 변했다 해도 모두에게 이로운 전통이라면 면면히 이어져야 옳겠지만, 인간의 삶을 유린하는 악습은 당연히 단절되어야 합니다.

우리는 과연 잘못된 관습이나 사회적 통념으로부터 자유로울 수 있을까요? 한 여성의 파란만장한 삶의 질곡, 부조리한 전통에 맞서는 용기, 아프리카의 장엄한 풍광까지를 아우르는 이 영화는 생각하고 나눌 거리가 아주 많습니다.

전통이나 관습이 우리 삶을 어떻게 지배하고 강제하는지를 보여주는 또 다른 영화로는 〈그녀가 떠날 때〉, 〈요시노 이발관〉, 〈더 스토닝〉, 〈웨일 라이더〉, 〈워터〉 등이 있습니다. 함께 보시길 바랍니다.

 영화를 보는 몇 개의 시선

1 · 우리는 관습이나 사회적 시선으로부터 자유로울 수 있을까요?
2 · 오늘날까지 이어져오는 전통이나 관습 중 거부할 수 없는 게 있다면 어떤 것들이 있을까요?
3 · '할례'는 이슬람문화뿐 아니라 기독교문화권에서도 행해지고 있습니다. 어떤 이유로 그 전통은 지속되는 것일까요?

천상의 소녀(Osama, 2003)
감독_ 세디그 바르막

행복은 남녀를 가르지 않는다

　이 영화는 탈레반정권 붕괴 후 만들어진 최초의 영화로 실제 사
건을 토대로 하고 있습니다. 아프가니스탄은 탈레반이 1996년부
터 2001년까지 정권을 5년간 장악해 정치·종교적으로 몹시 혼란
스러웠지요. 주로 난민촌 신학생들로 이루어진 탈레반은 여성들
을 억압하고 종교 유적을 파괴해 국제사회 비난을 받기도 했습니
다. 더욱이 2001년에는 세계무역센터의 테러로 인해 탈레반정권
에 대한 국제사회의 시선이 곱지 않게 되었지요. 특히 그들은 여
성들의 인권을 유린하고 사회활동을 금지하는 등 여성들의 삶을
강제해왔습니다.

　영화는 탈레반정권의 잔악성을 전편에 드러내고 있습니다. 사

회활동을 허용하라는 여성들의 시위를 통해 탈레반정권의 인권과 생명유린이 얼마나 심각한가를 보여줍니다.

시민의 삶을 무너뜨리는 정치

아프가니스탄은 많은 남성들이 전쟁에 나가 죽었기 때문에 집 안에는 여성들만 남아 있는 경우가 많았습니다. 그런데 탈레반정권은 여성들의 바깥활동을 금지했지요. 하루아침에 가장이 된 여성들에게 바깥활동을 하지 말라는 것은 그대로 죽으라는 말과 다르지 않습니다. 그러니 당장 생계를 위해 일터에 나가게 해달라고 소리칠 수밖에 없게 된 것입니다. 행복권은 고사하고 당장 끼니를 이어가야 하는 생존을 위한 몸부림입니다. 그 비극성은 레일라라는 한 소녀와 그 가정을 통해 극명하게 드러납니다.

한 개인의 삶이 한 나라의 정치상황과 무관하지 않다고 볼 때, 위정자는 물론 종교지도자들의 불온한 욕망과 그릇된 신념은 시민의 삶을 유린하고 강제하며 생명을 위협하기도 합니다. 그 수위에 따라 삶의 질이 달라질 수 있다는 것은 누구나 다 아는 사실이지요. 권력과 힘이란 나라가 안정되지 않을수록 부패되어 시민의 삶과 질서를 무너뜨리기 쉽습니다. 더욱이 국민에 의해 지지를 얻고 합법화된 정권이 아니라면 그 심각성이 더하겠지요. 탈레반정권이 그렇습니다. 영화는 평범한 삶에 폭력을 가하는 정치·종교적 위선을 여실히 보여줌과 동시에 최소한 인간에 대한 예의가 무엇인지를 묻고 있습니다.

남자가
되어야 했던
소녀 레일라

열두 살 소녀 레일라는 아버지가 전쟁에서 죽고, 할머니와 엄마, 레일라 셋이 살고 있습니다. 병원에서 일하는 엄마는 탈레반정권이 여성의 집밖활동을 금지하는 바람에 일할 수 없게 되었습니다. 바깥출입을 할 경우 반드시 가족 중 남자가 동행을 해야만 하는 규정 때문에 집에 여자들만 있는 레일라 엄마는 난감한 상황에 처하게 되었습니다. 그러니 집안 형편이 말이 아닙니다. 여자 셋이서 살길이 막막합니다. 살아갈 방법을 찾아야만 했지요.

"레일라, 너만 조심하면 남자가 될 수 있어."

어느 날 엄마가 근심이 가득한 얼굴로 말했습니다.

"네가 일하지 않으면 우린 다 굶어 죽을 거야.

'비 오는 날, 무지개가 떴을 때, 그 아래서 간절히 기도하면,

남자애는 여자애가, 여자애는 남자가 될 수 있단다'."

할머니가 말한 '무지개 전설'처럼 엄마는 말없이 레일라의 머리를 잘랐고 레일라는 화분에 자른 머리를 심었습니다. 남자들처럼 머리를 빡빡 민 레일라, 아버지 옷을 고쳐 입고 친분이 있는 아저씨의 잡화점에 어렵게 취직이 되었습니다. 급료 대신 그날그날 식료품을 받아오는 것으로 세 식구는 끼니를 때워갑니다. 그런데 우연히 알게 된 거지 소년 에스판디가 레일라가 남장 여자임을 알아차렸습니다.

"빵을 주지 않으면 여자애라고 말할 거야."

시도 때도 없이 겁을 주는 에스판디가 레일라는 두렵습니다. 발각되는 순간 어떤 일이 벌어질지 너무 잘 알기 때문입니다. 레일라는 불안에 떨며 하루하루를 견디지요. 그뿐 아닙니다. 탈레반군이 소년들을 강제 소집하기 시작했습니다. 전쟁터에 보내기 위해 군사훈련을 시키는 데 열을 올리는 중입니다. 피할 수 없는 상황에 맞닥뜨린 레일라, 역시 소년군으로 끌려가 훈련을 받습니다. 하지만 여자임이 드러날까봐 공동목욕탕에도 들어갈 수가 없습니다. 곱상한 외모와 남다른 언행으로 금방 의심을 받게 된 레일라. 함께 끌려온 거지 소년 에스판디가 레일라를 '오사마'라 부르며 보호하지만, 아이들은 틈만 나면 레일라를 놀리며 괴롭힙니다.

어느 날, 나무에 올라갔다 벌벌 떨며 내려오지 못한 레일라로 인해 한바탕 소동이 벌어지고, 때마침 생리가 시작되어 다리를 타고 내려온 한 줄기, 레일라는 여자임이 드러나고 말았습니다. 남장을 한 죄로 감옥에 갇히는 신세가 되어 총살을 당해야만 하는 위기에 놓였는데, 늙은 영감의 눈에 들어 시집을 가게 되었지요. 노인의 집에는 이미 여러 명의 부인이 아이들과 갇혀 지내고 있는 상황입니다.

"너를 위해 아주 커다란 자물쇠를 준비했단다."

첫날밤을 치르러 목욕을 하는 늙은 영감의 음흉한 미소, 신부로 치장한 소녀 레일라의 커다란 눈망울이 공포에 떨고 있습니다.

여자라는
이유로 해서는
안 되는 일들

세디그 바르막 감독은 파키스탄 망명 중, 한 신문을 통해 남장한 소녀 이야기를 접하게 되었다고 합니다. 열세 살 소녀가 학교에 가고 싶어 남자아이로 변장했다 발각되는 바람에 학교 교장이 감옥에 갔다는 것입니다.

아프가니스탄 전역의 아동보호소를 다니며 수천 명의 아이들을 만나는 도중, 수도 카불의 거리에서 걸인 소녀 '마리나'를 주인공으로 캐스팅했는데 무언가에 쫓기는 듯 불안한 눈동자, 전쟁에 모든 걸 잃고 먹을거리를 찾아 헤매던 마리나는 문맹으로 대본을 읽을 수도 없었지만 먹을 것이 생긴다고 하니 열심히 촬영에 임했다고 합니다. 구걸을 해 가족의 끼니를 마련해야만 했던 마리나의 삶이 주인공 레일라의 삶과 그다지 다를 바 없었을 테니까요.

특별히 레일라를 위해 준비했다는 커다란 자물쇠를 방문에 채우는 추악한 늙은 영감, 여성에 대한 억압과 폭력성을 여실히 드러내는 장면입니다. 인권이라는 말 자체가 낯선 땅, 아프가니스탄의 여성들은 인간에 대한 권리를 요구하기 전 당장 먹고살기 위한 몸부림을 쳐야 했다는 데 이 영화는 비중을 두고 있습니다. 여성의 사회활동 금지는 물론이고 금기사항을 칙령화해 여성들의 삶을 유린하고 자유를 박탈한 탈레반 칙령을 한 번 보기로 하지요.

부녀자는 가정 이외의 장소에서는 어떠한 일도 해서는 안 되고, 불가피하게 외출할 시에는 보호자인 친인척 남자를 동반해야 하며 반드시 부르카를 착용해야 한다고 합니다. 또한 젊은 여자는 젊은 남자와 이야기할 권리가 없고, 위반 시 그 상대와 결혼해야 하며, 어떤 남자 의사도 여자의 신체를 만져서는 안 된다는군요. 여성이 매니큐어나 립스틱을 바르는 일, 화장도 할 수 없을뿐더러 상인들은 여성의 속옷을 판매할 수 없다고 합니다.

참 무서운 칙령입니다. 이야기만 해도 상대 남자와 결혼을 해야 하고 더욱이 남자 의사가 여자의 신체를 접촉해서는 안 된다 하니 여성들은 절대 아파서는 안 되겠습니다. 게다가 화장은 고사하고 속옷조차 사 입을 수 없는 상황이라니 상상불허입니다.

행복은
모두의 것

종교가 인권을 유린하고 폭력을 행사하며 인간의 삶을 강제하는 것 자체가 모순입니다. 어떤 종교든 사랑과 평등이 근간이라고 볼 때, 삶을 억압하고 인권을 유린하는 종교라면 그 기본을 벗어난 것입니다. 종교란, 자유와 행복에 대한 염원에서 출발해야 하니까요. 그럼에도 불구하고 철저히 배치된 종교법이라니 아이러니합니다. 인간은 누구나 행복을 추구하며 살 권리가 있다는 것쯤은 다 아는 사실입니다. 그런 기본권을 빼앗겼을 때 삶은 죽음과 다르지 않습니다.

중세부터 오늘에 이르기까지 종교 갈등이 불러온 숱한 전쟁은 수많은 죽음과 희생을 치르도록 했습니다. 그 많은 희생으로 무엇을 얻었을까요? 무엇보다 전쟁 피해의 중심에는 여성과 아이들이 있습니다. 레일라의 가족처럼 말이지요.

여전히 전쟁과 더불어 정치·종교적 이념 논쟁은 끊이지 않고 우리의 삶을 위협합니다. 모든 인간은 생명에 대한 위협을 느끼지 않고 행복감을 느끼며 자유롭게 살아가길 원합니다. 의식주가 해결되고 신체적 억압이 없는 소소한 일상이 얼마나 소중한지 이 영화는 말하고 있습니다.

여성이라는 이유로 바깥활동을 할 수 없는 나라에서 먹고살기 위해 남장을 하고, 불안에 떨며 살아가는 여성들이 어디 아프가니스탄만의 이야기일까요? 정치적·종교적 갈등으로 고국을 떠나 유랑하며 남의 나라에서 불법체류자로 불안에 떨며 살아가는 사람들 또한 아프간 여성들과 다르지 않습니다. 위정자들에 의해 소시민의 삶이 억압받고 고통을 받은 일이 없어야겠습니다.

이란 영화 〈거북이도 난다〉, 〈취한 말들을 위한 시간〉도 함께 보시기 바랍니다.

 영화를 보는 몇 개의 시선

1 · 종교가 지향해야 하는 것은 무엇일까요?
2 · 왜 타 종교에 대한 배타적인 감정을 갖는 것일까요? 구체적인 예를 들어 논의해볼까요?
3 · 종교법은 무엇을 근간으로 만들어졌을까요?

학교 가는 길(Buddha Collapsed Out of Shame, 2007)
감독_ 하나 마흐말바프

누가 이 아이들에게 전쟁을 가르치는가?

  이 영화는 정치·사회적으로 억압받는 아프가니스탄의 현실과 다양한 사회문제를 담고 있습니다.

  극우 이슬람 정치단체인 탈레반은 이슬람 이외의 모든 종교를 거부하고 우상숭배라는 명목으로 세계문화유산으로 지정된 바미안 석불 등 수많은 아프가니스탄의 문화재를 파괴했지요. 당시 아프가니스탄의 집권 세력이었던 탈레반은 1천 5백 년이 된 바미안 석불을 단 17초 만에 폭파시킨 일이 있었습니다. 영화는 그 파괴된 석굴 밑에 사는 아이로부터 시작합니다. 석굴 아래에 둥지를 틀고 살아가는 어린 소녀 박타이, 소녀의 이야기는 아프가니스탄 전체의 슬픔이라는 게 영화 전편을 관통하고 있습니다. 재미난 이야기를 배우고 싶어 학교를 가려는 어린 소녀, 그런데 그 소녀가 나선 세상은 만만치 않습니다.

나도 학교에서
재밌는 이야기
듣고 싶어요!

여섯 살 박타이는 학교에 다니는 옆집 압바스와 무너진 동굴 안에 삽니다. 어느 날 박타이가 동생을 재우고 있는데, 압바스의 글 읽는 소리가 들려옵니다. 박타이는 자고 있는 동생이 깬다며 압바스에게 그만두라고 하지만 들은 척 만 척 우렁차게 글을 읽는 압바스, 사실 박타이는 그런 압바스가 부럽습니다. 압바스의 글 읽는 소리가 좋습니다. 박타이는 압바스가 읽고 있는 우화에 넋이 나간 상태입니다.

"한 남자가 호두나무 밑에서 낮잠을 자는데 머리에 호두가 떨어집니다.

깜짝 놀란 남자는 '호박이 아니라서 다행이다'라고 합니다."

이 우화를 들은 박타이는 학교에 가고 싶어집니다. 압바스는 학교에 가려면 연필과 공책이 있어야 한다고 말합니다. 그러나 박타이는 연필과 공책이 없습니다. 압바스는 달걀을 팔아서 공책과 연필을 사라고 넌지시 알려줍니다.

그런 박타이가 결심한 듯 말합니다.

"나도 재밌는 얘기 배우고 싶어. 학교에 갈 거야."

하지만 난감합니다. 동생도 봐야 하고 엄마는 먹고살기에 바빠 얼굴 보기도 힘듭니다. 박타이는 달걀 네 개를 가지고 집을 나섰고, 달걀을 팔아 노트와 연필을 사기로 합니다. 그런데 그만 길 가던 어른에 부딪혀 두 개가 깨지고 말았습니다. 남은 두 개를 겨우 빵과 바꿀 수 있게 되었고, 빵을 팔아 마침내 노트는 사게 되었지만 연필은 살 수가 없었던 박타이, 엄마의 립스틱을 가지고 압바스를 따라 학교에 갑니다. 박타이가 찾아간 학교는 압바스가 다니고 있는 남자학교입니다. 학교에서 쫓겨난 박타이는 강 건너 여자학교를 찾아갔습니다. 그런데 전쟁놀이에 빠져 있는 한 무리의 사내아이들에게 붙잡혀 괴롭힘을 당하지요. 사내아이들은 박타이가 어렵게 구한 공책을 찢어 종이비행기를 만들고, 구덩이를 파 박타이를 묻는 등 어른들의 전쟁 흉내를 내며 놉니다. 학교에 가야 한다고 말해보지만 나무총으로 박타이를 향해 쏩니다.

박타이는 전쟁놀이가 싫다고 외치며 도망쳐 겨우 여자학교를 찾아갑니다. 그런데 아무도 박타이에게 자리를 내어주지 않습니다. 겨우 비집고 들어가 앉았으나 연필이 없는 박타이는 엄마의 립스틱을 꺼내 필기를 했고, 짝이 반 친구들에게 립스틱을 발라주는 바람에 학교에서 쫓겨나고 말았습니다. 집으로 향하는 길, 압바스를 만납니다. 박타이와 압바스는 전쟁놀이에 빠져 있는 사내아이들에게 또 붙잡히고 말았습니다. 사내아이들이 박타이와 압바스를 향해 총을 겨누며 말합니다.

"너희를 살려두지 않을 거야."

압바스는 사내아이들이 쏘는 총을 맞고 쓰러져 죽은 척을 하지만 박타이는 도망칩니다. 사내아이들이 뒤쫓아 갑니다. 그때, 압바스가 소리칩니다.

"박타이 죽은 척 해!"

도망친 박타이는 어른들에게 구원을 청했습니다. 하지만 그 누구도 관심을 보이지 않습니다. 결국 박타이는 총을 맞고 쓰러집니다.

영화는 다시 석불의 폭음과 함께 엔딩 크레디트입니다.

누가
이 아이들의
꿈을 앗아갔을까?

어린 박타이가 마침내 쓰러지고 나서야 전쟁은 끝이 날까요? 아닙니다. 석불에서 나는 폭음, 영화의 엔딩 씬은 여전히 아프가니스탄의 전쟁이 현재 진행형이라는 사실을 환기시키며 어린 소녀의 꿈을 빼앗은 전쟁의 폭력성을 고발합니다. 아프카니스탄의 암울한 미래입니다.

학교에 가고 싶어 하는 어린 박타이의 소박한 꿈마저도 좌절케

하는 전쟁, 박타이를 절망하게 하는 것은 전쟁만이 아닙니다. 위험에 빠져 도와달라고 애원하는 박타이의 절규에도 무관심한 어른, 그 어른들은 달걀을 팔러 나온 박타이에게 냉정했고, 공부하겠다고 찾아간 학교에서는 쫓아내었지요. 어디 그뿐인가요. 어른 흉내에 빠져 있는 사내아이들은 참으로 무섭고 잔인하기까지 합니다. 구덩이를 파서 박타이를 묻고 얼굴을 가려 총부리를 겨누며 여자애들을 가두는 걸 보면 전쟁놀이에 빠져 있는 어른들과 다르지 않습니다.

남자아이들의 놀이는 단순한 놀이가 아닌 공격적이고 폭력적입니다. 어른들의 전쟁광기와 너무 닮아 있습니다. 어쩌면 목전에서 전쟁을 보고 자라서일까요. 총부리를 겨누고 거침없이 방아쇠를 당기는 사내아이들의 놀이가 전혀 놀이로 볼 수 없는 것은, 박타이와 압바스가 놀이로 받아들일 수 없을 만큼 공포로 느꼈다는 것입니다.

커다란 눈에 눈물이 가득 고인 박타이가 말합니다.

"난 전쟁놀이가 싫어. 학교에 빨리 가야 해."

뒤쫓아 온 압바스가 박타이를 향해 소리칩니다.

"박타이, 살기 위해선 죽은 척 해야 해!"라고.

마침내 박타이는 쓰러지고 전쟁의 총구는 꿈을 꾸던 박타이의 눈을 감게 했지요. 그저 연필 한 자루와 공책 한 권을 들고 학교에 가서 재미난 이야기를 배우고 싶었을 뿐인데, 여섯 살 꼬마 박타이의 희망마저 앗아가는 전쟁.

"난 전쟁놀이가 싫어"라고 끝없이 되뇌던 박타이의 외침은 크고 작은 전쟁 속에 살아가는 이 지구상의 모든 전쟁 난민들의 외침이 아닐까요?

아이들에게
전쟁을
가르치는 이곳

압바스의 외침처럼 죽은 척 해야 살 수 있는 세상, 그런 아프가니스탄에서 학교에 가는 길은 멀고도 험난합니다. 감독은 박타이가 우화를 배우러 학교에 가는 하루 동안의 일을 보여주며 두 아이에게서 아프가니스탄의 미래를 찾고자 했지만 그리 쉽지만은 않아 보입니다.

아프가니스탄 정부가 어린이들의 장난감 총 사용을 전면 금지했다고 합니다. 장난감이 살상을 할 수 있는 무기가 되어가고 있다는 증거입니다. 영화적 설정이 아니라 실제로 아프가니스탄 아이들이 장난감 총으로 전쟁놀이를 많이 한다는 건 전쟁이 일상이라는 것을 의미합니다.

IS 대원이 되기 위해 세계 많은 청소년들이 그 현장으로 가고 있다고 하는군요. 옳고 그름을 분간하기 어려운 사춘기 소년들입니다. 그런 청소년들이 집을 나서는 것은, 다양한 메신저를 통해 접촉을 시도하는 테러조직의 계략이 있기도 하지만, 부모와 가정이 아이들을 밖으로 밀어낸 것은 아닌지 반성해보아야겠습니다. 공부 스트레스와 끝없는 경쟁 속에 사는 우리 자녀들의 앞날이 아득하다면, 자신을 인정해주고 영웅대접 해줄 곳을 찾게 될지도 모릅니다. 의미 있게 산화될 수만 있다면 불확실한 미래보다 존재감을 드러내는 일에 목숨을 걸 수도 있는 나이니까요.

전쟁이란 파괴와 살상이 아니라 명예롭게 죽을 수 있는 현장이라고 자신의 행보를 합리화할 수도 있습니다. 참과 거짓, 현실과 허구를 구분하지 못하는 경우 아이들의 삶이란 허공에 발을 디딜 수밖에 없으니까요. 그건 어른도 마찬가지입니다. 그런 어른들이 만들어내는 아이들이 할 수 있는 일은 다시 살상과 파괴를 죄의식 없이 행하는 일일 테지요. 괴물이 괴물을 만든다는 건 분명한 사실입니다. 무너진 석불 앞에서 총놀이에 빠져 있는 아프가니스탄의 어린 사내들이 배운 건 전쟁이며, 총으로 사람을 위협하고 살상하는데 그다지 죄의식을 갖지 않는 건 어른들로부터 받은 면죄부가 아닐까요?

소중한 문화유산을 파괴할 수 있는 전쟁, 억압받는 아프가니스탄 여성들의 삶, 무심한 어른들, 다양한 메시지를 담고 있는 이 영화는 아이들에 대한 어른들의 도덕적 책임, 삶에 대한 성찰과 반성을 동시에 묻고 있습니다.

영화를 보는 몇 개의 시선

1 · 박타이를 향해 "죽은 척 하면 살 수 있어"라고 외친 압바스의 말은 무엇을 의미하나요?
2 · 박타이가 들고 나간 달걀 네 개는 무엇을 의미할까요?
3 · 열여덟 살 감독이 영화를 통해 전하고자 한 것은 무엇일까요?
4 · 영화적 상상력을 발휘한다면, 박타이는 과연 학교에 갈 수 있었을까요?

아들(Le Fils, 2002)
감독_ 장 피에르 다르덴, 뤽 다르덴

증오를 다른 마음으로 바꿀 수 있을까?

그 어떤 영화적 장치나 꾸밈없이 영화의 민낯을 보여주기로 유명한 다르덴 형제 감독, 영화 〈아들〉을 통해 칸 영화제 3개 부문 수상이라는 영광과 함께 다시 한 번 전 세계에 다르덴 열풍을 일으켰습니다. 리얼리티에 대한 감독의 신념이 고스란히 드러난 영화지요. 감독의 시선은 극 사실주의에 닿아 있습니다. 내면의 갈등과 변화의 미묘한 움직임까지 살아나도록 많은 노력을 기울인 영화입니다.

누군가의 일상을
응시하면
보이는 것들

　설명하는 데 많은 말이 필요치 않은 영화의 서사는 관객으로 하여금 인내를 요구하는 경우가 많습니다. 다르덴 감독의 작품은 '말하기(telling)'보다는 '보여주기(showing)'를 택한 전형적인 예입니다. 이야기를 노골적으로 드러내는 '말하기' 방식에 비해, '보여주기'는 사건이나 대화를 관객이 직접 경험하고 있는 듯 착각에 빠지도록 유도하지요. 주인공이 많은 말을 하지 않으니 관객이 적극적으로 참여해 내용을 이해하고 따라가야 합니다. '말하기' 방식에 익숙한 관객으로서는 답답하고 짜증이 나는 전개일 수 있지요. 주인공의 심리 변화에 따라 전개되는 스토리는 바라보는 관객의 유추에 따라 다양한 해석을 불러일으킬 수 있습니다.

　아버지 올리비에가 '아들'을 잃고, 아들을 죽인 범인을 용서하는 과정에는 그리 많은 설명이 필요하지 않습니다. '범인을 용서하고 받아들여 분노와 증오로부터 벗어난다'는 전개는 평범하고 익숙한 이야기로 치부될 수 있지만, 그 과정에 이르는 주인공의 심리적 불안과 갈등을 오직 보여줄 뿐 그 어떤 영화적 장치도 없다는 점이 놀랍습니다. 주도면밀하게 인물과 밀착된 카메라의 움직임을 통해 관객은 거친 숨소리와 불안한 손 떨림까지도 눈으로 확인할 수 있습니다. 그러다보니 헐리우드 영화에 길들여진 관객이라면 참을 수 없는 존재의 '무거움(?)'에 압도당해 밋밋한 영화라 폄하할 수도 있겠지만 카메라는 사회적 약자, 인본주의 자장 안에 시선을 두고 있습니다.

아버지 올리비에가 '아들'을 잃고 또 다른 '아들'을 맞이하는 지난한 과정에서 우리는 숭고함에 가까운 인간의 고귀한 정신을 만날 수 있지요. '용서'란 신이 인간에게 내린 최고의 선물이라는 말을 확인해보는 시간입니다.

아들을 죽인
소년의 일상을
좇다

올리비에는 5년 전 아들을 잃고 이혼한 후 홀로 지내며 소년원에서 출소한 청소년들의 직업재활을 돕고 있습니다. 어느 날 올리비에가 일하는 훈련소에 들어오게 된 열여섯 살 소년 프랜시스는 놀랍게도 아들을 죽인 범인입니다. 올리비에는 혼란에 빠졌습니다. 그의 삶이 마구 흔들립니다. 흥분 속에서 프랜시스의 일거수일투족을 집요하게 좇는 올리비에. 재혼을 하겠다고 찾아온 이혼한 아내는 소년 프랜시스에 대해 듣는 순간 정신을 잃고 맙니다. 자식을 죽인 범인의 직업교육을 맡은 올리비에를 이해할 수 없다며 아내는 당장 일을 그만두라고 말하지만 직업교육은 의미 있는 일이라며 올리비에는 아내의 요구를 거절합니다.

올리비에의 소년 프랜시스에 대한 탐색작업이 본격적으로 시작됩니다. 그는 프랜시스의 일상을 낱낱이 들여다보지요. 어떤 범행을 저질렀는지, 왜 그랬는지를 캐묻는 과정에서, 자기 아들이 죽게된 이유를 소년 프랜시스로부터 듣게 되었습니다. 그는 프랜시스의 모든 것을 알고자 그의 집까지 방문합니다. 그러던 어느 날, 벌목장에 목재를 가지러 가는 올리비에를 프랜시스가 따라나섭니다. 가는 도중에도 올리비에의 질문은 계속되었지요. 졸음을 못 이겨 프랜시스가 꾸벅꾸벅 졸자 올리비에가 급브레이크를 밟습니다. 올리비에가 머리를 박고 놀라 깨어나자 토끼가 지나갔다고 말하는 올리비에. 프랜시스는 쏟아지는 잠을 참지 못해 자리를 옮겨 누워 잠에 빠졌습니다. 아들을 죽인 범인의 곤한 잠을 싣고 올리비에가 숲길을 달립니다. 휴게소에 들러 간식을 먹던 프랜시스가 묻습니다.

"후견인이 되어주시겠어요?"

선뜻 그러겠다고 대답하지 못한 올리비에. 벌목장에 도착해 가구를 만들 나무를 싣던 그는 프랜시스를 향해 낮은 목소리로 말했습니다.

"네가 죽인 그 아이가 내 아들이야."

순간, 프랜시스가 목재 더미 위로 뛰어 올라갑니다. 올리비에가 프랜시스의 뒤를 쫓습니다. 프랜시스가 외칩니다.

"나는 5년 동안 죄 값을 치루었어요!"

다람쥐처럼 뛰어 산으로 도망치는 프랜시스, 올리비에가 필사적으로 따라 붙습니다. 마침내 프랜시스의 어깨를 누르고 목을 조르는 올리비에, 프랜시스가 모든 걸 포기한 눈으로 올리비에를 올려다봅니다. 순간, 올리비에의 손이 스르르 풀어집니다. 마저 목재를 차에 싣고 떠나는 두 사람, 영화의 엔딩장면입니다.

증오와
용서 사이

두 사람은 어찌 되었을까요? 영화는 결말을 관객의 몫으로 남겨두고 있습니다. 목을 조르던 손을 풀고 함께 목재를 싣는 걸 보면 올리비에는 프랜시스를 용서한 것처럼 보이지요. 한편 프랜시스로부터 자유로워지겠다는 체념 같아 보이기도 합니다.

아내의 만류에도 아들을 죽인 범인을 가르치겠다고 고집한 올리비에의 의도는 무엇이었을까요? 프랜시스에게 집요했던 만큼 올리비에는 일상이 자유롭지 못했습니다. 그가 프랜시스에게 보이는 집착은 어쩌면 죽은 아들에 대한 애정과 슬픔의 깊이일지도 모릅니다. 죽임을 당한 아들이 홀로 겪었을 공포를 떠올리며 집을 비운 부모로서의 자책이 자신의 심장을 짓이기지 않았을까요? 하지만 올리비에는 흥분하지 않습니다. 더 침착하게, 면밀하게 프랜시스의 일거수일투족을 관찰하지요. 분노를 밖으로 드러내지 않고 프랜시스를 해칠 기회가 많았음에도 그저 그의 뒤를 좇았을 뿐입니다.

이따금 심장이 멎을 듯 침묵과 거친 숨소리까지 담아내며 시종일관 인물의 뒤를 좇는 핸드 헬드 카메라는 올리비에의 곁에서 불안하고 불편한 그의 심리를 무엇 하나 놓치지 않고 잡아냅니다. 영화라기보다 한 편의 다큐를 보는 듯합니다. 흔들리며 좇아다니는 카메라는 대사 없이도 영화의 리얼리티를 한층 더 살려내지요. 거친 카메라의 움직임만큼이나 범인을 좇는 아버지의 마음은 불안합니다. 색채감 없이 어둡고 침침한 화면은 올리비에의 불안한 심리를 극대화시키며, 아들을 죽인 범인을 용서하고 받아들이기까지의 암울한 심리를 잘 드러내고 있습니다.

아버지가 어디 있는지도 모른다는 프랜시스. 프랜시스가 올리비에를 향해 후견인이 되어줄 수 있느냐고 물었던 것은 그를 통해 아버지를 떠올렸기 때문인지도 모릅니다. 하지만 올리비에는 선뜻 대답하지 못했지요. 어떻게 아들을 죽인 범인을 아들처럼 돌볼 수가 있을까요? 하지만 프랜시스의 목을 누르던 손을 거둔 걸 보면 그가 이미 프랜시스를 마음에 받아들였다고 볼 수밖에요.

올리비에가 프랜시스를 학생으로 받겠다고 결정한 순간, 그의 마음에는 이미 용서가 들어왔던 것입니다. "네가 죽인 아이가 내

아들이다"라고 말하면서, 도망치는 프랜시스의 목을 죄이려던 손을 내려놓으며, 증오 대신 또 다른 아들을 마음에 품지 않았을까요.

소년 프랜시스 또한 그렇습니다. 올리비에가 자신이 죽인 아이의 아버지라는 사실을 알았음에도, 도망가지 않고 돌아와 올리비에의 일을 거드는 걸 보면 아버지의 빈자리에 올리비에를 두었기 때문일지도 모릅니다. 자신을 해칠지도 모르는 상대를 미워하지 않는 철없는 소년, 제대로 된 가정을 가져보지 못했고, 보호막 없이 살아온 소년을 지켜보는 올리비에의 마음에 분노와 증오를 넘어선 아버지의 마음이 깃들었다고 보여집니다.

새로운
삶의
가능성

평생 분노와 복수의 칼을 갈며 죽은 아들로부터 벗어나지 못하는 아버지, 분노와 증오로부터 벗어나 범인을 용서하고 받아들이는 아버지. 우리에게 익숙한 모습은 전자입니다. 수백 번이고 그런 아버지를 이해할 수 있습니다. 그런데 다르덴 감독은 '현실 너머의 세계를 현실로 받아들일 수 있을 때 자유로워질 수 있다'고 말합니다. 불가능을 가능으로, 비현실적인 서사를 현실로 끌어들일 수 있을 때, 자유로울 수 있다는 것이지요. 어쩌면 감독은 그런 아버지를 꿈꾸고 있는지도 모릅니다. 증오의 대상까지 끌어안는 너그러움, 분노의 거친 숨소리를 내뱉지 않고 견디는 아버지를 말입니다. 아들이 어떤 죄를 지었다 해도 그 허물을 덮어주는 아버지. 아버지 올리비에의 용서는 잠 못 이루는 소년 프랜시스에게 새 삶을 열어주었습니다. 그렇다면 올리비에의 용서는 소년 프랜시스와 올리비에의 새로운 삶의 출발점이 될 수도 있겠습니다.

영화적 서사 안에서나 있을 법한 스토리라고 치부할 수 있겠으나, 악의 고리를 끊는 방법은 누군가의 용서를 통해서만 가능한 일, 이 영화가 가진 미덕입니다. 용서란 인간만이 할 수 있는 일이니까요.

평생 증오와 복수심으로 온 삶을 불사르다 생을 마감하는 사람들이 있지요. 운이 좋아 원하는 복수를 이루는 날이 온다 한들, 과연 삶이 온전할까요?

프랜시스는 아버지 올리비에의 용서를 통해 새 삶을 얻은 만큼, 앞으로 '화해'와 '용서'를 마음에 두고 살아갈 것입니다. 인간이 행할 수 있는 최고의 선이란 '사랑과 용서'라는 걸 늘 마음에 두어야겠습니다.

1 · 올리비에는 프랜시스가 범인이라는 사실을 알았음에도 왜 자신의 학생으로 받았을까요?

2 · 직업훈련소를 그만두라고 한 아내의 말에 "자신이 하고 있는 일이 매우 의미 있는 일"이라고 한 올리비에의 말은 무슨 뜻일까요?

3 · 프랜시스와 벌목장을 가던 중 "토끼가 지나가 급정지를 했다"고 한 올리비에의 말은 사실일까요?

4 · 올리비에는 프랜시스를 온전히 용서하고 자유로워질 수 있을까요?

5 · 올리비에는 프랜시스의 목을 누르려다 왜 손을 놓았을까요? 프랜시스는 도망치지 않고 돌아와 왜 올리비에를 도왔을까요?

자전거 탄 소년(Le Gamin au Vélo, 2011)
감독_ 장 피에르 다르덴, 뤽 다르덴

위로하는 마음, 위로하는 카메라

벨기에 세렝의 어느 보육원에 맡겨진 열한 살 시릴은 연락이 두절된 아빠가 자신을 찾으러 오기만을 기다리며 수없이 전화를 겁니다. 그러던 어느 날 자신을 찾아오지도 않고 전화를 받지도 않는 아빠를 찾아가기 위해 보육원을 빠져나왔지요. 옛집에 찾아가기도 하고, 행방을 수소문하던 시릴은 아빠가 자신을 버렸음을 확인하는데, 잃어버린 줄로만 알았던 자신의 자전거를 아빠가 팔아넘겼다는 사실까지 알게 되며 절망합니다.

보육원 교사에게 붙잡혀 돌아오던 시릴, 보육원 뜰에서 우연히 만난 미용사 사만다에게 주말 위탁모가 되어줄 수 있냐고 묻습니다. 시릴의 주말 위탁모가 된 사만다. 팔린 시릴의 자전거를 되찾아주고 시릴의 아빠를 수소문해 찾아갑니다. 그러나 아빠는 냉담한 태도로 시릴에게 찾아오지 말라고 합니다다. 시릴이 아빠에게 묻습니다.

"돈 때문이야?"

아빠를
기다리는 소년
시릴 이야기

시릴은 돌아와 동네 불량소년 웨스와 어울리며 결국 퇴근하는 동네 서점 주인을 야구방망이로 내려친 뒤 돈을 빼앗아 아빠를 찾아갑니다.

"훔친 돈이지만 잡히면 아빠에게 줬다는 말은 하지 않을게."

시릴이 내민 돈뭉치를 내던지며 아들을 쫓아내는 아빠. 시릴은 돈뭉치를 버려둔 채 돌아옵니다.

서점 주인과의 합의는 사만다의 몫입니다. 사만다는 12개월 할부로 서점 주인의 치료비를 갚아주기로 했지요. 설상가상으로 자신이 시릴보다 뒷전이라고 생각한 사만다의 애인은 사만다에게 이별통보를 했고, 사만다는 거칠어진 시릴과 실랑이를 벌이다 시릴이 휘두른 가위에 상처까지 입었습니다.

뒤늦게야 자신의 잘못을 인정하고 사만다의 진심을 알게 된 시릴. 사만다에게 지금처럼 함께 살고 싶다고 말합니다.

사만다는 그런 시릴과 자전거를 타고 도시를 빠져나가 풀밭에 앉아 간식을 먹습니다. 모처럼 시릴의 표정이 밝습니다. 둘은 시릴의 친구가족을 초대해 바비큐 파티를 열기로 했지요. 기쁜 마음으로 고기 구울 숯을 사러가던 시릴, 서점 주인과 그의 아들을 맞닥뜨려 숲으로 도망칩니다. 시릴을 끈질기게 쫓아 숲으로 들어선 서점 주인과 그의 아들. 키가 큰 나무에 올라가 몸을 숨긴 시릴은 서점 주인 아들이 던진 돌멩이를 맞고 떨어져 정신을 잃었습니다. 서점 주인과 그의 아들이 구급차를 부르고 알리바이를 조작하는 사이 깨어난 시릴은 일어나 옷을 툭툭 털고 숯을 챙겨 자리를 떠났습니다.

이 영화는 다르덴 형제 감독이 일본을 방문했다가, 고아원에서 하염없이 아빠를 기다리는 소년에 관한 이야기를 통해 영감을 얻었다고 합니다. 사회적 약자에 대한 끊임없는 연민과 따뜻한 시선으로 영화를 만들어온 감독답게 이 영화 또한 소외된 인간과 그 아픔을 보듬은 한 여인에 대한 서사입니다. 화려하거나 다채로운 영화는 결코 아니지요. 그저 냉혹한 현실과 그 현실을 자기 것으로 받아드리는 여인의 숭고한 정신을 보여줄 뿐입니다.

사회의
어둠을
어루만지다

"인간의 가치는 가격을 매길 수 없습니다. 인간과 인간의 존엄성은 그 무엇보다 앞서기 때문입니다"라는 감독의 말처럼 영화는 비극적 현실 앞에 놓인 이들을 어떠한 상황에서든 끌어안아야 한다고 말하고 있습니다. 또한 소년 시릴과 여성 사만다가 처한 상황과 고민이 사회 전체의 것이어야 함을 환기시켜 휴머니즘이야말로 인간이 가지고 있는 최대 가치임을 보여주고 있지요.

그동안 감독 다르덴 형제는 인간애와 사회적 통찰을 담은 다양한 작품을 통해, 인간의 존엄성과 사회적 약자에 대한 관심을 영화적 담론의 장으로 끌어들이는 일에 앞장 서 왔습니다.

1999년에는 취업난을 겪는 청년 세대의 불안과 비애를 영화 〈로제타〉에 담았으며, 2005년 〈더 차일드〉에서는 십대들의 임신과 출산을 다루며 현실적인 문제에 좀 더 천착합니다. 또한 비전문배우를 캐스팅해 촬영한 2008년작 〈로나의 침묵〉에는 불법 이민자들의 삶의 질곡이 고스란히 드러나 있지요. 2014년에 나온 〈내일을 위한 시간〉에는 해고 위기를 맞아 직장 동료들을 설득해 복직을 해야 하는 한 여인의 하루를 담고 있습니다.

사회의 어두운 그늘을 조명하고 소외된 이들에게서 시선을 떼지 않은 형제 감독은 "가족이 때로는 고통의 원인이 될 수 있으나, 가족이란 언제나 구원과 희망"이라고 말합니다.

살아가는
힘

부모로부터 버림받은 소년 시릴은 마치 온몸의 가시를 세운 고슴도치 같습니다. 맹렬히 싸워야 살 수 있는 투견처럼 상처를 두려워하지 않습니다. 부모와 안락한 집이 필요한 나이입니다. 돈 때문에 아빠로부터 버림받았다는 사실을 깨달은 시릴이 강도짓을 마다않는 것을 보면, 아이에게 가족이 얼마나 절실했는지를 알 수 있지요. 시릴이 사만다와 나누는 대화를 보면 더욱 그렇습니다.

"아줌마랑 주말에 같이 지내도 돼요?"

"원장님과 얘기해볼게."

"말만 그렇게 하지 안 오실 거잖아요."

"올 거야."

그동안 보육원에 찾아온 이들에게 함께 살고 싶다고 수없이 말해왔지만 매번 거절을 당한 모양입니다. 보육원에 찾아올 수는 있어도 아이를 선뜻 데려가지는 못하는 사람들. 감독은 그런 사람들의 양면성을 소년 시릴의 입을 빌려 까발리는가 하면, 그에 대한 대안으로 사만다를 내세우기도 하지요.

"따뜻하다, 아줌마 입김."

열한 살 소년 시릴이 사만다의 품에 안겨 느끼는 감정은 '따뜻함'입니다.

"아빠가 보고 싶어요."

사만다에 안기면서도 시릴은 아빠가 보고 싶다고 말했지요. 시릴에게는 그 무엇으로도 채워지지 않는 헛헛함이 있나봅니다. 그때, 베토벤이 등장합니다. 감독은 "시릴에게 위로가 필요할 때만 음악을 넣었다"고 합니다. 영화에 음악을 넣지 않기로 유명한 다르덴 감독이 베토벤의 피아노 협주곡 5번 2악장을 통해 소년 시릴을 위로합니다. 버림받은 소년의 무너져 내리는 마음의 무게를 대변하는 듯 음악은 '위로하는 손길'이 되었습니다.

시릴을 위해 감독이 왜 베토벤 음악을 사용했는지는 어느 정도 짐작이 갑니다. 극한의 좌절을 경험한 후에 쓰인 베토벤의 곡에는 따뜻한 위로가 있으니까요. 우리가 아는 베토벤이 '의지'와 '희망'의 대명사이듯, 감독은 소년 시릴이 베토벤처럼 '희망'의 빛을 따라가주길 바라지 않았을까요. 베토벤에게는 위로와 희망이 음악이었지만 시릴에게 있어 살아갈 힘은 무엇일까요. 바로 사만다가 아니었을까요. 감독은 우리 모두가 사만다가 되기를 바라고 있습니다. 그 자리에 여러분이 있기를 바라면서 말이지요.

1 · 감독은 사람들이 고아원을 드나들면서 주말위탁가정이 되는 일에는 인색하다는 것을 소년 시릴을 통해 보여줍니다. 반면 사만다가 주말 위탁모가 되는 과정을 통해 감독이 하고자 하는 얘기는 무엇일까요?

2 · 시릴에게 아버지가 있다는 사실을 알았음에도 사만다는 왜 그에게 아버지로서의 책임을 묻지 않았을까요.

3 · 남자친구와 헤어지고 피해자의 합의금까지 할부로 갚아가며 시릴의 주말 위탁모가 되기로 한 사만다에 대해 얘기해볼까요?

5부

삶의 강을
건너다보면

전반전이든
후반전이든,
삶은 아름다운 것

퍼스트 그레이더(The First Grader, 2011)
감독_ 저스틴 채드윅

새로 시작하는 용기

독수리의 수명은 40년쯤 된다고 합니다. 그런데 수명이 다 되어 가면 부리가 무디어지고 오그라져 목을 찌른다는군요. 날카로운 발톱 또한 오그라져 살 속을 파고들어 사냥을 할 수 없게 된다지 요. 그대로 두면 죽을 수밖에 없습니다. 이때, 독수리는 결단을 내 립니다. 운명인 양 받아들이고 죽을 것인지, 극한의 고통을 이겨내 고 새로 태어날 것인지.

새로 태어나기로 결심한 독수리는 산꼭대기 바위로 자리를 옮 깁니다. 먹는 것조차 포기하고 새로운 삶을 위해 고통을 받아들이 기로 하지요. 먼저 부리가 닳아 없어질 때까지 바위에 부딪히기를 반복합니다. 새 부리가 나게 되면 발톱을 하나씩 문질러 뽑아내고 새 발톱이 나오면 마지막으로 묵은 깃털을 모두 뽑아 새 깃털이 나오기까지 대략 5~6개월이 걸립니다.

죽음과 같은 고통의 시간을 겪은 독수리는 마침내 살아온 만큼의 수명을 다시 살 수 있습니다. 끔찍한 고통의 시간을 통해 얻게 된 삶입니다. 그런 아픔 속에서 부리와 발톱과 깃털을 새로 얻게 된 독수리는 하늘의 제왕으로서의 삶을 살게 되지요. 40년이라는 시간을 덤으로 얻게 되었을까요? 천만에요. 고통을 희망으로 받아들이기로 한 순간, 얻게 된 새로운 삶입니다.

후회와
원망은
버리고

독수리의 인내는 제2의 삶을 얻기 위한 자기훈련 과정입니다. 아프리카 케냐에 사는 84세 마루게 할아버지의 삶 또한 그렇습니다.

삶이란 과정이니만큼 독수리의 선택처럼 각자 선택하기 나름입니다. 마루게 할아버지 또한 공부에 대한 갈망을 현실로 바꾸지 않았다면 과거의 상처나 곱씹으며 원망과 어둠 속에서 빠져나오지 못한 삶이 계속되었을 테지요. '안 되면 조상 탓, 잘 되면 제 탓'이라는 우스갯소리는 인간의 이기심을 잘 드러낸 표현입니다.

강의실에서 학생들의 모습은 다양합니다. 어떤 학생은 지각을 했는데 차를 놓쳤기 때문이고, 어떤 학생은 컴퓨터가 고장 났기 때문에 과제물이 늦었고, 아르바이트 때문에 잠을 못 자 수업시간에 졸았다고 합니다. 무엇 때문에 못했고, 무엇 때문에 안 되었으며, '무엇 때문에' 인생이 꼬인다고 '무엇'을 탓합니다. '때문에'에 갇혀 나올 수가 없습니다.

'이유 없는 죽음이 없다'고 하지요. 모든 죽은 자는 사연이 있다는 말입니다. 저 또한 그렇습니다. 살아가면서 숱한 이유를 핑계로 많은 일과 관계에 소홀한 점을 부인할 수 없습니다. 하지만 최소한 남은 시간은 무엇을 핑계로 행위나 결과를 합리화시키는 일을 줄여가야 한다고 영화 한 편을 통해 다시 다짐합니다.

인간이란 다 같을 수가 없겠지만 마루게 할아버지 앞에서는 그런 말조차 하기 어려울 것 같습니다. 교복을 만들어 입고 다리를 절며 학교 안으로 들어가는 할아버지의 만족스런 미소가 잊히지 않은 영화입니다.

학교에
간 할아버지

학교를 향해 달려가는 천진난만한 아이들 사이로 지팡이에 의지해 발을 절룩거리며 가는 덩치 큰 어른 한 명이 있습니다. 무상교육을 받을 수 있다는 방송을 듣고 학교를 찾아온 84세 마루게 할아버지입니다. 학생들의 복장 검사를 하려고 교문에 지켜 서 있던 선생은 마루게 할아버지의 뜻밖의 출현에 놀라 대문을 걸어 잠급니다. 교복을 갖추지 않은 학생은 학교에 다닐 수 없다며 돌려보내지만 사실 나이 많은 할아버지 학생을 받아줄 수가 없을 만큼 학생 수가 많습니다.

마루게 할아버지는 교복을 만들어 입고 학교에 가지만, 선생은 또다시 받아줄 수 없다고 합니다. 학생 수도 많지만 나이든 사람은 학교에 다닐 수 없다는 게 교육부 방침이라고 둘러댑니다. 그렇다고 포기할 할아버지가 아닙니다. 마을 사람들이 교복을 입고 지나가는 할아버지를 보고 망령이 났다며 수군거려도 할아버지의 공부에 대한 열망은 아무도 꺾을 수 없습니다. 학교장 제인 선생은 할아버지의 그런 마음을 이해하고 마침내 자신의 책임 하에 입학을 허락합니다.

학부형들의 항의가 빗발칩니다. 상부에 보고를 하고 할아버지의 입학허가를 철회하라는 시위도 합니다. 제인 선생에게 협박을 하고 불륜선생이라는 소문까지 퍼트렸지만 제인은 마루게 할아버지를 보호하려고 최선을 다합니다. 아이들도 할아버지를 좋아합니다. 마루게 할아버지가 실제 겪은 생생한 이야기를 듣는 게 즐겁습니다. 할아버지는 학습이 부족한 아이를 돕기도 합니다. 독립운동을 하다 잡혀 오랫동안 수용소에 갇혀 온갖 고문을 당했던 할아버지, 이제 그 고통의 악몽에 시달리지 않아도 되었습니다. 연필

잡는 법도 몰랐던 할아버지가 알파벳과 숫자를 배우고 아이들과 어울리며 그동안의 상처가 점차 아물어가는 것 같습니다. 학교생활이 즐겁기만 합니다. 그런데 마을 사람들은 그런 할아버지를 그냥 두지 않습니다. 학교 밖으로 끌어내기 위해 갖은 수단과 방법을 동원합니다. 마침내 교육당국에 의해 할아버지의 입학이 취소되자 제인 선생은 할아버지를 보조교사로 교실에 남게 합니다. 학부모들은 상부에 진정을 넣어 제인 선생은 외지학교로 떠나게 되고 새로운 여선생이 부임을 받아오는 날, 학생들은 교문을 열어주지 않습니다. 당황한 여선생이 도망칩니다.

삶이
곧 역사

마침내 불의에 맞선 마루게 할아버지의 행보가 시작됩니다. 할아버지는 염소를 팔아 여비를 마련한 뒤 도시로 갑니다. 자신을 받아주고 끝까지 지켜주려 힘썼던 제인 선생의 외지발령에 항의하며 자신의 공부에 대한 열망을 당국에 얘기합니다. 지난 과거 수용소에서의 가혹한 폭행으로 인해 자신이 어떻게 망가졌는가를 관계자들 앞에 보여주며 호소합니다.

가난한 가정에 태어나 독립운동을 하느라 공부할 기회를 놓쳤으며 모든 걸 잃어버린 자신이 하고 싶은 건 글을 깨우치는 것이라고 말합니다. 지식으로 무장하는 것만이 삶의 질을 높일 수 있으며 불의에 맞서 싸울 수 있다고 자신의 신념을 굽히지 않습니다. 현재의 안정된 조국은 자신처럼 조국을 위해 젊음을 불태운 수많은 젊은이들의 헌신과 희생이 이루어낸 것이라는 사실을 잊어서는 안 된다는 것까지를 아우르며 교육의 중요성을 강조합니다.

그러던 어느 날, 마루게 할아버지에게 대통령이 보내온 훈장이 도착하고 외지로 쫓겨났던 제인 선생이 돌아오며 할아버지의 즐거운 학교생활이 다시 시작되었습니다.

실제로 마루게 할아버지는 최고령 초등학생으로 기네스북에 올라 있다고 합니다. 84세에 처음으로 글을 배우기 위해 학교에 간 마루게 할아버지의 공부에 대한 갈망은 공부가 나이와 상관없다는 것을 증명합니다. 할아버지는 지식으로 무장해야 불의에 항거할 수 있고 권리를 찾을 수 있다는 것을 지난한 과거 삶을 통해 깨달은 것입니다. 나이가 들어 손자뻘 되는 어린이들과 공부하는 게 어디 쉬운 일일까요? 하지만 마루게 할아버지는 교과서에서 만날 수 없는 자신의 다양한 경험을 아이들에게 들려주며 공부에 대한 흥미를 갖게 합니다. 아이들은 그런 마루게 할아버지를 따르며 함께 나아갑니다.

연륜에 의한 지혜는 결코 무시할 수 없습니다. 동네 사람들의 놀림을 받으면서까지 반바지에 스타킹을 신고 학교에 가는 마루게 할아버지의 집념에 선생 제인은 감동했을 것입니다. 배우고자 하

는 열정을 이해하고 이끌어준 제인 선생이야말로 참 스승이라 할
수 있겠습니다.

"당신이 있어
    우리가
    있습니다"

아내와 두 아들을 잃고 온갖 고문과 폭행으로 몸과 마음이 만
신창이가 된 할아버지는 '국가를 지키자'는 맹세를 했다는 이유로
청력을 잃고 발가락까지 절단되었습니다. 케냐가 영국으로부터
독립한 후 수용소에서 나온 할아버지는 줄곧 홀로 살아왔지요. 수
용소에서 당한 폭행으로 날카로운 것에 대한 트라우마까지 생겨
연필도 제대로 깎지 못하지만 배움에 대한 열망은 그 누구도 따라
갈 수 없습니다.

할아버지가 글을 배워 꼭 읽어보고 싶은 것은 대통령의 편지를
읽는 것입니다. 케냐 대통령으로부터 받은 한 통의 편지, 독립운동
에 참여했던 할아버지에게 케냐정부가 위로금을 주겠다는 편지를
받았지만 할아버지는 읽을 수가 없었던 것입니다. 그런 할아버지
의 마음을 마을 사람들이 알 리 없지요.

할아버지의 노력으로 외지학교에서 돌아온 제인 선생에게 마루
게 할아버지가 편지를 건네며 읽어달라고 부탁합니다. 편지를 소

리 내어 읽은 제인 선생.

"당신이 있어 우리가 있습니다."

나라를 위해 젊음을 바친 마루게 할아버지의 희생이 있어 오늘이 있다는 뜻이겠지요.

2003년 케냐정부는 모든 국민은 무상으로 공부할 수 있다고 발표합니다. 그 덕분에 마루게 할아버지의 소원도 이루어집니다.

제게는 환갑을 맞은 학생이 있었습니다. 공부하고자 하는 열정이 얼마나 대단한지 강의가 없는 날도 학교에 온다는 학생은 이모, 이모 하면서 따르는 조카뻘 되는 동기들을 챙기며 소통하려 애썼지요. 집안 형편 때문에 열세 살 때부터 일터에 나갔으나 한순간도 책을 손에서 놓지 않았다는 학생은 검정고시를 통해 중, 고교 과정을 마치고 대학에 왔습니다. 자식들 또한 훌륭하게 성장해 몹시 흐뭇하다 했지요. 손자들에게 읽히려고 글을 쓰고 대학 문예상도 받아 우수한 성적으로 대학원에도 진학했습니다. 그 과정에 이르기까지 얼마나 많은 고뇌와 인내의 시간이 필요했을까요? 그 나이에 손자들과 놀며 문화센터 노래교실을 다닌다고 누가 뭐라고 할까요. 그런데 그분은 생각이 달랐습니다.

자신이 간절히 원하는 일을 원 없이 해보는 것만큼 유쾌한 삶이 어디 있을까요? 비록 초등 전 과정을 마칠 수 없는 상황이 온다 해도 마루게 할아버지는 그리 억울하지 않을 것 같습니다. 간절히 갈

망해온 글자를 익혀 편지도 읽고 쓸 수가 있었을 테니 말입니다.

'공부에는 왕도가 없다'는 말은 맞는 말입니다. 시간이 좀 더 걸릴 테고 더 많은 노력이 필요하겠지만 독수리의 선택처럼 삶을 좀 더 유쾌하고 풍요롭게 살 수 있다면 인내하는 시간을 겸허하게 받아들여야겠습니다. 우리 아이들이 마루게 할아버지의 선택과 독수리의 인내를 닮아갔으면 좋겠습니다.

 영화를 보는 몇 개의 시선

1 · 평소 하고 싶은 일을 시도해보지 않거나 하다가 그만둔 적은 없나요? 왜 그랬나요? 이유를 들어가며 서로 얘기해보세요.
2 · 마을 사람들은 마루게 할아버지의 공부에 대해 왜 부정적일까요? 꼭 나이 때문일까요?
3 · 제인 선생은 불이익을 당하면서도 왜 마루게 할아버지를 끝까지 지켜주려 했을까요?
4 · 자신의 견해와 다른 상황에 맞서 끝까지 자신의 생각을 관철시켰던 경험이 있나요? 어떤 일로 그랬나요?

여름의 조각들(L'Heure d'été, 2008)
감독_ 올리비에 아사야스

기억은 삶의 모든 것이다

중국 최대 명절인 춘절에는 엄청난 인구가 고향을 향해 대이동을 한답니다. 1928킬로미터를 오토바이를 타고 6박 7일간 달려간 부부의 사연을 매스컴을 통해 접했습니다. 부부는 건설현장에서 2년간 일하며 돈을 모으고 오토바이를 마련한 뒤 고향을 향해 달려가다 고속도로 경찰에 붙잡혔지요. 오토바이 뒷좌석에 붙어 있는 '고향 가는 농민공입니다'라는 글귀를 보고 경찰이 잠자리까지 내주었다는 이야기였습니다.

집과 고향은
우리에게
어떤 의미일까요?

누구나 태어나 자란 곳이 있습니다. 매우 의미 있는 장소가 되겠지요. 한 개인의 과거, 시간의 역사가 켜켜이 남아 있는 곳, 그곳이 고향입니다. 어디서건 생각하면 위로가 되는 곳, 그 고향에는 과거의 시간과 일상이 차곡차곡 채워져 있습니다. 흑백영화 서너 편은 만들 수 있을 만큼의 스토리도 있겠지요.

기억의 집은 아름답습니다. 아무리 세월이 흘러도 결코 때 묻지 않은 과거의 것들이 숨을 쉬고 있기 때문입니다. 언제 어느 때건 돌아가면 되는 곳, 온갖 상처를 안고 있다가도 돌아가면 치유 받을 수 있는 곳, 그곳이 고향집입니다. 그 고향 집이란 물리적인 장소가 아니라 기억입니다. 그 기억 속에는 어머니가 있고 밥상머리에 옹기종기 모여 앉은 형제자매가 있겠지요.

정지용 시인의 고향은 '실개천이 휘돌아 나가'는 곳, '얼룩백이 황소가 해설피 금빛 게으른 울음을 우는 곳'이며, '어린 누이와 예쁘지도 않은 사철 발 벗은 아내'가 있는 곳입니다.

기계적인 것에 온통 마음을 뺏기고 사는 현대인들에게 과거란, 낡고 진부한 것, 현대적인 것과 대치되는 것으로 치부할 수도 있겠습니다. 그러나 과거가 되기 위해 우리는 오늘을 살아가고 내일을 맞이하지요. 우리 조상이, 부모가 그러했듯 우리 또한 자식들에게 자리를 내어주고 과거 속 낡은 사진으로 남게 될 것입니다. 박인환의 시처럼 '세월은 가고 또 오는 것이어서 인생은 외롭지도 않고 거저 낡은 잡지의 표지처럼 통속'하다 했으니, 과거로 묻히는 것을 그리 억울해할 필요는 없겠습니다. 누구나 맞게 될 죽음, 모두에게 공평하니까요.

톨스토이는 평생 죽음으로부터 자유롭지 못했습니다. 어려서 조실부모했고, 청년시절엔 의지하며 살았던 형을 잃었으며, 열셋을 낳은 자식 중 다섯이나 떠나보내야만 하는 아픔을 겪었지요. 어디 그뿐인가요. 전쟁터에 나가 수없이 많은 사람을 죽였다는 죄책감 때문에 죽음으로부터 벗어날 수 없는 삶을 살았습니다. 그래서 그의 여러 작품에는 수많은 죽음이 존재하며 자살 시도를 한 것도 한두 번이 아니었지요. 어느 날 밤 불현듯 자신에게 찾아올 자살에 대한 충동이 두려워 그는 주변에 있는 끄나풀조차 치워야 했고, 사냥마저도 그만두게 되었으며, 죽음을 인식함으로써 도덕과 선, 진리와 사랑을 깨달았습니다. 삶과 죽음이 분리될 수 없다는 걸 인식한 후에야 자유로워질 수 있었다고 고백합니다.

그는 죽음 때문에 함부로 살 수가 없었습니다. 언젠가 맞게 될 죽음 뒤에 야기될 여러 문제들을 생각해 그는 생전에 아내 몰래 유서를 준비했고, 그 때문에 아내 소피야와 끊임없는 마찰을 빚으며 여든셋의 나이에 가출까지 감행했지요.

누구나 맞게 될 죽음이라면, 미리 자신의 삶을 정리해두는 것도 나쁘지 않을 것입니다. 그 시간의 흔적들을 정리하려는 한 여인과 그녀의 흔적들을 정리하는 자식들의 이야기를 다룬 영화 〈여름의 조각들〉입니다.

어머니의
유품을
정리하며

영화는 어머니 엘렌의 일흔다섯 번째 생일을 축하하기 위해 세 남매가 한 자리에 모인 여름날 정원에서 시작됩니다. 낡았지만 풍경화처럼 아름다운 파리 외곽의 전원주택. 어린 손자들은 눈이 부시도록 파란 여름 숲 사이를 뛰어 다니고, 가족들은 평온하고 즐거운 한때를 보내고 있습니다. 예술에 조예가 깊은 어머니 엘렌은 친척인 유명 화가 폴 베르티에로부터 물려받은 카미유 코로, 오딜롱 르동, 루이 마조렐 같은 19세기 예술가들의 작품을 소장해왔습니다.

엘렌에게는 자신의 생일보다 신경 쓰이는 일이 있습니다. 그녀는 장남 프레데리크를 불러 앉히고는 자신이 죽고 난 뒤 집을 채운 가구나 그림 같은 예술품이 어떻게 될지 걱정이라며 속내를 털어놓습니다. 그러나 프레데리크는 모든 가족의 추억이 고스란히 담겨 있는 집이므로 당연히 그대로 보존될 것이라며 귀담아듣지 않습니다.

파티는 끝났고, 자식들은 떠나기에 바쁩니다. 손자들은 할머니에게 받은 선물도 무심히 두고 갔고, 자식들이 생일선물로 사온 무선전화기만 덩그러니 남았습니다. 모두들 떠난 텅 빈 집. 집과 함께 늙어온 도우미가 말합니다.

"불을 켤까요?"

"어둠이 좋아. 애들은 각자의 삶이 있으니 관심사가 나랑 같을 수 없지. 내가 떠날 땐 많은 것들이 함께 떠날 거야. 기억들, 비밀들, 이제 아무도 재미있어 하지 않는 이야기들. 그런데 찌꺼기가 남아. 물건들이 남지."

그리고 어느 날, 세 남매는 어머니의 사망소식을 듣게 됩니다. 세 남매는 어머니의 집과 유품을 처리하는 과정에서 충돌합니다. 유품을 지키고 싶은 큰아들 프레데리크와 달리, 이래저래 목돈이 필요한 둘째 아드리엔과 막내 제레미는 모든 것을 처분하고 싶어 합니다. 당장 돈이 필요하며, 다시는 고향 집에 올 일이 없을 거라는 이유를 늘어놓지요.

어머니를 묻게 될 공원묘지를 보고 돌아오는 길에 큰아들 프레데리크, 멈춘 차 안에서 오열합니다. 어머니의 내밀한 과거가 남아 있고, 자신의 과거와 추억이 깃든 집이 사라진다는 사실을 받아들일 수 없습니다. 결국엔 돈이 필요하다는 두 동생의 의지를 꺾지 못해 집과 집기들을 팔기로 결정하지만 내키지가 않습니다. 자식들에게 그대로 남겨주고 싶은 마음이 간절합니다.

맏이 프레데리크가 동생들에게 말합니다.

"난 이 집이 좋았어. 모두들 그런 줄 알았는데."

"앞으로 가족들과 중국에서 살려면 돈이 필요해."

"난 이 집이든, 프랑스든 중요하지 않아."

막내 제레미와 둘째 아드리엔이 말합니다. 동생들은 속전속결로 어머니의 유품과 저택을 처분합니다. 자포자기한 프레데리크는 어머니가 이렇게 될 것을 이미 알고 계셨을 거라고 말합니다. 유품은 오르세미술관이 사들이기로 합니다. 어느 날 박물관에서 엄마의 가구와 소장품을 만난 큰아들 내외, 햇살을 받으며 집 안 어딘가에 놓여 있어야 할 물건들이 진열장 안에 갇힌 모습이 생소하기만 합니다. 아내는 박물관에 놓여 많은 사람들이 볼 수 있으니 잘된 일이라며 프레데리크를 위로합니다.

우울한 와중에 프레데리크에게 당황할 만한 일이 생깁니다. 아이들이 이미 팔린 할머니 집에 친구들을 초대해 파티를 열었습니다. 손녀딸은 할머니의 흔적이 남았고, 유년의 추억이 깃든 저택이 팔린 것에 대한 아쉬움을 친구들에게 토로합니다.

"언젠가 나도 내 아이들과 함께 여기 오게 될 거라고 할머니가 그러셨지."

　손녀딸의 독백은 과거를 야멸치게 밀어낸 어른들, 추억을 도려
내고 물질로 채워버린 어른들의 지독한 현실감각에 대한 비난처
럼 들립니다.

　누군가는 과거가 있었기에 현재가 있는 것이라 말하고, 다른 누
군가는 낡고 퇴색한 과거는 새로운 것을 따라갈 수 없다고 말합니
다. 그런데 분명한 사실은 과거의 흔적들은 인간의 기억 안에 영
원히 남아 있다는 것입니다.

　현금으로 바꿔버린 고향 집과 추억을 그리워하는 아들과 손녀
딸. 스크린 속에만 있을 법한 이야기는 아니지요. 우리는 추억을
얼마나 소중히 여기며 살아가고 있을까요? 부모의 재산 분배문제
로 형제자매가 법정에 서게 된 한 지인이 문득 떠오릅니다.

 영화를 보는 몇 개의 시선

1 · 우리에게 고향이란 어떤 의미일까요. 영화와 같은 상황에 처했다면 어떤
　 결정을 하게 될까요?
2 · 어머니의 집을 놓고 자식들이 갈등을 빚고 있습니다. 누구의 손을 들어줄
　 건가요?
3 · 어머니의 유품을 내어놓지 말았어야 한다는 아들과, 많은 사람들이 볼 수
　 있으니 내어놓은 게 잘한 일이라고 한 그의 아내. 어느 쪽에 동의하실 건
　 가요?

아무르(Amour, 2012)
감독_ 미카엘 하네케

죽음이 삶에게 묻는 것

죽음 앞에서 품위를 논한다는 것, 과연 어려운 일일까요? 인간
이라면 누구나 세상을 떠나는 마지막 순간에는 고통과 공포로부
터 좀 더 자유롭기를 바랄 것입니다. 평균 수명이 늘면서 노인의
삶은 '질척거리는 시간이 많아졌다'고 표현할 수 있습니다. 죽음에
이르기까지 평균 20년을 병고로부터 자유롭지 못하고, 병상에서
무의미한 시간을 보내며 하루하루 견디는 시간이 활동할 수 있는
기간보다 길다는 것이지요. 하지만 인간에게 태어날 권리가 없듯
죽음을 선택할 권리 또한 주어지지 않습니다. 안락사에 대한 논의
는 오랫동안 진행되어 왔습니다. 죽음을 선택할 권리, 동의할 수
있나요?

영화 〈아무르〉는 평생을 음악과 더불어 품위 있게 살아온 노부부의 삶과 죽음을 통해 인간의 삶과 사랑 그리고 죽음에 대한 성찰의 시간을 마련해줍니다.

어느
노부부의
마지막 순간

영화는 경찰에 의해 테이프로 꽁꽁 봉해진 아파트의 문이 열리면서 시작됩니다. 시체가 얼마나 오래 방치되어 있었는지, 창문을 열어젖히며 경찰이 코를 감싸 쥡니다. 침대 위 반듯하게 누운 노파의 시신 주위로 꽃 장식이 보이며, 영화는 과거로 되돌아가지요.

음악인으로서 후학들을 길러내며 부족함 없이 살아온 노부부 조르주와 안느는 제자의 연주회를 관람하고 집으로 돌아옵니다. 여느 때와 같이 일상적인 얘기를 나누며 아침식사를 하는 부부, 그런데 조르주의 말에 반응도 없고 눈에 초점이 없는 안느의 행동이 이상합니다.

안느의 뇌에 문제가 생긴 것입니다. 결국 안느는 병원에서 수술을 받았지만 불행하게도 수술은 실패로 끝나 평화롭던 노부부의 삶이 송두리째 흔들리기 시작합니다. 병원 생활을 원치 않는 안느. 남편 조르주는 마비 증세로 거동이 불편해진 안느를 직접 돌보기로 합니다. 그러나 안느는 조르주에게 너무 많은 시간을 자신에게 쏟지 말고 죄책감도 갖지 말기를 당부합니다. 그러면서 부부는 점차 바뀐 삶에 적응해갑니다.

어느 날, 노부부를 찾아온 딸이 엄마를 병원에 데려가지 않는 아버지를 책망합니다. 안느 간병에 기운이 부친 조르주가 간병인을 고용하지만 간호가 마음에 들지 않아 해고했고, 안느의 건강은 갈수록 악화됩니다. '엄마'와 '아파'를 반복하며 고통을 호소하는 아내 안느를 지켜보는 남편 조르주의 고통이 극에 달합니다. 시간이 지날수록 희망을 잃고 병들어가는 안느를 보며 조르주는 마침내 선택을 합니다. 신음하는 아내의 얼굴을 베개로 누르는 조르주. 아내 안느의 시신을 가지런히 눕힌 후 꽃으로 장식합니다.

아내를 위해 그가 할 수 있었던 일은 그것뿐이었을까요? 영화가 너무 사실적이라 현실로 착각해 숨이 멎을 것만 같습니다.

안락사의 정의는 '생존 가능성이 없는 환자의 고통을 덜어주기 위해 인위적으로 죽음에 이르게 하는 행위'입니다. 인간답게 죽을 권리를 말하며 안락사를 지지하는 사람들이 있는가 하면, 생명경시 풍조를 들어 반대하는 사람들이 있지요.

안락사 논쟁은 1975년 미국의 '카렌 퀸란 사건'에서 시작되었습니다. 무의식 상태에서 인공호흡기를 단 채 죽어가는 딸에게 자연스러운 죽음을 맞이할 기회를 주겠다며 부모는 치료 중단을 요구했지만 의사가 이를 거부했습니다. 카렌의 부모는 딸에게 인공호흡기를 뗄 권한을 달라는 소송을 제기했지요. 뉴저지주 대법원은 '치료 중단이 자연스런 죽음을 맞는 것'이라는 판결을 내리게 됩니다. 사람을 불법적으로 살해하는 것과 생명 유지 장치를 거두는 것은 차이가 있다는 것입니다.

노르웨이를 비롯해 대부분의 나라에서 제한적인 안락사를 인정하고 있지요. 원칙적으로 안락사를 금지하는 나라에서도 본인이나 가족의 요청에 따라 제한적 안락사를 허용합니다. 예를 들어, 임종이 임박한 환자가 집에서 죽음을 맞이할 수 있도록 퇴원시키는 경우입니다. 현재 우리나라에서 안락사는 불법이지만, 제한적인 존엄사가 허용됩니다.

인간답게 죽는다는 것은 무엇일까?

잘 사는 것을 넘어 잘 죽는 것에 대한 관심이 증폭되고 있습니다. 품위를 유지하며 평온한 삶을 살아온 노부부에게 예고 없이 찾아온 질병이란 사형선고에 가까운 것이었습니다. 남은 삶을 누군가에게 의지해 살아야 한다는 사실 자체가 위기입니다. 끝까지 품위를 잃지 않으려고 애쓰는 아내 안느, 대소변을 가리지 못해 남편의 도움을 받아야 하는 어쩔 수 없는 상황에서 마지막 자존심을 내려놓지 못해 안간힘을 쓰는 그녀에게서 깊은 슬픔을 만나게 됩니다.

평균 수명이 늘어가는 만큼, 질병으로부터 자유로울 수 없는 노년기를 통증을 견디며 살아가야 한다면 '무병장수'가 아닌 '장수'란 그리 유쾌한 삶이라 할 수 없겠습니다. 노인인구가 늘어가면서 노인 빈곤층 또한 늘어가는 게 현실입니다. 경제적 어려움에 처해 있는 노인일수록 질병으로부터 자유롭지 못하다고 합니다. 어디 그뿐일까요? 가족과 사회로부터 소외는 노년의 삶을 더욱 위태롭게 하지요. 결코 오래 사는 게 축복이 아닐 수도 있다는 생각을 떨쳐버릴 수가 없습니다.

아내 안느를 베개로 누르는 남편 조르주의 표정에는 그 어떤 변화도 일지 않았습니다. 눈물 한 방울 흘리지 않는 남편 조르주가 병간호에 지쳐 아내의 숨을 끊었을까요? 끊임없이 '아파', '아파' 하고 소리 지르는 아내를 지켜보는 일은 끔찍한 고통을 수반했을 테지요. 조르주의 행위는 안느의 마지막 자존심을 위한 건 아니었을까요? 평소 우아하게 피아노를 연주하던 안느의 환영을 본 조르주가 꽃으로 아내의 시신을 장식하는 장면에서 슬픔과 더불어 평안을 만나게 되는 건 왜일까요?

그러나 설령 부정적인 생각을 한다 해도 스스로 생을 마감할 수는 없습니다. 존엄사 허용에 대한 의견이 분분하지만 여전히 어려

운 일입니다. 베개로 아내의 숨을 거두고 꽃으로 시신을 장식한다
고 해서 남편 조르주의 행위가 사랑이라는 말로 묵인될 수도 없는
일입니다. 그렇다면 조르주가 언제까지 아내의 고통스런 비명을
들어야 할까요. 조르주를 비난할 수도 없는 일입니다. 불편한 이
진실 앞에서 누군들 자유로울 수가 있을까요.

   변치 않는 사랑과 헌신으로 아내를 돌보는 남편 조르주 역의 82세
장 루이 트랭티냥과, 자신을 돌보는 남편을 지켜보며 괴로워하는 아
내 안느 역을 맡은 85세의 에마뉘엘 리바의 눈빛, 표정, 몸짓 하나하
나에 인간의 삶과 죽음에 대한 감독의 연민이 배어 있습니다.
   영화 〈씨 인사이드〉는 죽을 권리를 주장하며 법정 투쟁을 벌이
고 있는 한 남자의 이야기를 다루고 있습니다. 〈유 돈 노우 잭〉,
〈종의 신탁〉, 〈그대를 사랑합니다〉 등도 함께 보며 삶과 죽음의 의
미를 되새겨보시길 바랍니다.

 영화를 보는 몇 개의 시선

1 · 아내 안느는 왜 병원생활을 거부했을까요?
2 · 조르주의 아내 안느에 대한 행위는 최선이었을까요? 선택에 따라 타당한
    이유를 들어 논의해보세요.
3 · 법과 윤리차원을 떠나 '생명존엄성' 차원에서 안락사 문제를 토론해보세
    요.

마마 고고(Mamma Gógó, 2010)
감독_ 프리드릭 토르 프리드릭슨

노년의 삶, 함께 고민하다

엄마 '고고'는 일명 치매라고 불리는 알츠하이머에 걸러 평온했던 삶이 흔들리기 시작합니다. 냄비를 가스 불에 올려놓은 걸 잊고, 열쇠 둔 곳을 몰라 집에 들어가지 못하는 일이 빈번합니다.

아들은 치매노인에 관한 영화 〈자연의 아이들〉을 만들었으나 흥행에 실패해 모든 재산을 날렸습니다. 이제 그가 할 수 있는 일은 치매에 걸린 어머니를 요양원에 보내는 것입니다. 그런 아들에게 엄마 '고고'가 묻습니다.

"나를 정말 그런 곳에 보낼 생각이니?"

아픈 엄마를
돌보는 일

　엄마 '고고'를 요양원에 보낸 후, 자식들은 집과 유산을 놓고 의견이 분분합니다. 결국 아들은 엄마의 살림살이며 집까지 처분하기에 이르고, 엄마 '고고'는 가방 하나를 들고 요양원을 탈출해 세상을 먼저 떠난 남편과의 아름다운 추억 속으로 빠져듭니다.

　아이러니합니다. '모든 치매에 걸린 노인들이 요양원에 가야 할까?'라는 물음을 제기한 아들의 영화 〈자연의 아이들〉은 '모든 치매에 걸린 노인이 모두 요양원에 가는 것이 능사가 아니다'라고 말합니다. 그런데 현실은 과연 그럴까요? 엄마 '고고'를 돌볼 가족은 어디에도 없습니다. 어머니가 생명을 주셨고, 인생을 보는 법을 가르쳐주셨지만 그런 돌봄을 되돌려 받을 어머니는 어디에도 없다고 영화는 말합니다. 치매에 걸려 자식들도 알아보지 못하고 안개 속을 헤매는 어머니를 요양원에 맡겨서는 안 된다고 하면서도 눈앞에 있는 현실은 그럴 수 없다고 손사래를 치는 상황이지요.

　누구에게나 떳떳하게 말할 수 없는 현실적인 얘기입니다. 치매에 걸린 부모를 두고 누군들 자유로울 수가 있을까요? 누군가 책임져주길 바라는 마음이 간절해집니다. 주위의 시선 또한 두렵습니다. 이래서 안 되고 저래서 안 된다는 핑계를 대기 쉽습니다. '생명을 주셨고, 많은 걸 주신 엄마'를 요양원에 보낸다는 것에 죄의식을 갖게 됩니다.

자신이 할 수 없는 일은 그 누구라도 쉽게 할 수 없습니다. 그러니 마침내 형제간에 다툼이 시작되며 엄마의 마지막 안식처 '요양원'이 정해집니다. 각자 분담금이 정해지고 그 분담금에 따라 엄마의 요양원은 등급이 매겨지겠지요.

오래 사는 게
축복이
아닌 시대

의료기술의 발전에 힘입어 생명이 연장되고 개인의 건강에 대한 관심과 복지 시스템이 확대되면서 나이와 수명은 별 상관관계가 없는 것처럼 보이지만, 결국 인간은 모두 떠나게 된다는 것, 진리입니다. 불로초를 먹고 장수해보려고 갖은 애를 쓴 진시황도 어디 죽음을 거역할 수 있었던가요?

감독은 〈자연의 아이들〉을 통해 우리 인간이 돌아가야 할 마지막 정거장을 말하고 있습니다. 인간은 모두 '자연의 아이들'이라는 것이지요.

'자연으로 돌아가라'는 장 자크 루소의 말처럼 인간은 누구나 자연으로 돌아가기 위해 앞으로 나아갑니다. 뒤로 갈 수 없는 게 삶이지요. 그렇다면 걸어가는 과정이 조금은 순조롭기를 바랄 뿐입니다. 온갖 병마와 고통 속에서 긴 시간을 보내는 일은 자신은 물론 가족들에게도 엄청난 경제적 비용과 수고가 따르기 마련이니까요.

양가 부모 네 명 중 한 명은 치매라는 조사결과에 참으로 놀라게 됩니다. 부부가 사는 경우보다 혼자 사는 노인의 경우 치매 발병률이 두 배라는 사실 또한 그렇습니다. 영남대학교 노인치매 선도연구센터의 연구에 의하면 연령이 높을수록, 배우자가 없을수록, 혼자 기거하며 가족과 유대관계가 적을수록, 경제사정이 열악할수록 치매 발병률이 높다고 하는군요.

말상대가 없고 관심 밖으로 밀려난 노인의 경우는 더욱 치매에 걸릴 확률이 높다는 것입니다. 온갖 바쁘다는 핑계로 얼굴 보기 힘든 자식들에게 관심 가져달라고 조르는 부모는 흔치 않습니다. 자식들도 다 이유가 있겠거니 하면서 이해하고 침묵할 뿐이지요. 그렇다보니 노인 자살률이 매년 증가 추세에 있습니다. 한국은 OECD 국가 중 자살률이 1위라고 합니다. 우리나라 통계청 조사에 의하면 80세 이상 노인 자살률이 2000년 10만 명당 51명에서 2010년 123.3명으로 늘었다는군요. 2002년 보건복지부 자료를 보면 75세 이상 노인 자살률은 일본이 32.1명인 반면, 한국은 83.4명으로 엄청난 차이입니다. 왜 그럴까요?

여러 요인이 있겠지만, 첫 번째가 빈곤입니다. 노인빈곤율은 2011년 OECD 가입국 중 45.1%로 미국 22.4%에 비해 배로 차이가 납니다. 그동안 전후세대에 의해 경제부흥을 이루었지만, 노후 대책을 미리 세우지 못하고 오로지 자식 교육과 먹고사는 일에만 몰두한 세대는 빈곤에서 헤어 나올 수가 없게 되었습니다. 그렇다고 자식들에게 부모의 노후를 책임지라고 할 수도 없는 상황입니다. 자식들은 제 살기도 벅차 부모에 대한 책임을 지기가 여간 쉽지 않으니까요. 기본 재산이 넉넉한 노인들은 병원 출입이 자유롭고 건강관리에 소홀하지 않는 데다 생활 형편이 넉넉하니 굳이 자식들 눈치를 보지 않는다고 합니다. 그러나 많은 노인들이 경제적으로 자유롭지 못하고, 자식들로부터 소외당한 경우가 적지 않습니다. 게다가 국가의 복지 시스템으로부터 보호받지 못한 경우 우울한 시간을 보낼 수밖에요. 어딜 가나 천덕꾸러기입니다. 사는 게 축복이 아니라 형벌이 되는 경우 극단적인 생각을 하는 경우도 있습니다.

가족은 물론 사회로부터 삶을 보호받지 못했을 때, 절대 병에 걸려서는 안 되는 게 현실입니다. 하지만 어디 그런가요? 한 치 앞을 내다볼 수 없는 게 우리 삶이라 한다면, 누구나 질병과 죽음으로부터 자유로울 수는 없습니다.

함께
짊어질 수
없을까?

감독의 말처럼, 생명을 주었고 사는 법을 일깨워주었으며 모든 것을 주었던 부모지만 노인의 삶은 그리 환영받지 못합니다. 양날의 칼과 같습니다. 요양원에 보내자니 마음이 아프고, 안 보내자니 받아들일 수 없는.

그렇다면 어떻게 하는 게 바람직할까요? 영화가 그 대안까지를 마련해줄 수 있다면 얼마나 좋을까요. 사회복지 시스템이 잘 되어 있는 북유럽 국가를 언제까지 부러워해야만 하는지 참 답답합니다.

아이슬란드 다큐멘터리 작가이며 영화 감독인 프리드릭슨은 자폐증을 앓고 있는 아이를 키우고 있는 어머니를 다룬 다큐 〈용감한 어머니들〉을 발표해 주목을 받은 적이 있습니다. 자기 세계에 갇혀 세상과의 소통을 거부하는 자폐증 또한 치매와 다르지 요. 영화가 쫄딱 망해 엄마의 재산이 필요한 자식의 이기심은 영화의 서사에서만 만날 수 있는 게 아니라, 누구나 그 이기적인 자식이 될 수도 있다는 현실을 보여주고 있지요. 하지만 분명 감독은 말합니다. 혼자이든 함께이든 누군가는 그 짐을 나누어 져야 한다는 것입니다. 부모뿐 아니고 우리 자신 또한 그러한 상황에 맞닥뜨릴 수 있다는 가능성을 열어놓고 있기 때문이겠지요.

누구나 죽음을 향해 걸어가지만 그 가는 길은 조금 덜 아프게 가야 한다는 게 이 영화의 전언 아닐까요?

〈아이리스〉, 〈스틸 앨리스〉, 〈노트북〉, 〈장수상회〉, 〈그대를 사랑합니다〉와 함께 보시면 좋겠습니다.

 영화를 보는 몇 개의 시선

1 · 주인공과 같은 현실적인 상황에 놓인다면 우리는 어떤 결정을 내릴 수 있을까요?
2 · 치매환자와 가족이 함께 만족할 수 있는 현실적 대안을 내놓는다면 어떤 게 있을지 논의해보세요.
3 · 행복한 노년의 삶을 위해서는 어떤 준비가 필요할까요?
4 · 개인의 삶의 질은 개인만의 문제일까요?

어바웃 슈미트(About Schmidt, 2002)
감독_ 알렉산더 페인

은퇴 이후, 이제 또 다른 시작이에요

〈어바웃 슈미트〉는 가정보다는 직장에서 성실하게 일하다 은퇴를 맞는 한 남자의 삶에 대한 성찰입니다. 미국만의 이야기가 아니고 전 세계 어디에서나 가정과 직장을 가진 아버지들의 이야기지요.

'은퇴'의 사전적 의미를 보면, '맡은 바 직책에서 손을 떼고 한가로이 지내는 것'이라고 합니다. 원하든 원하지 않든 간에 하던 일을 멈추라는 것이지요. 그런데 많은 은퇴자들이 일하고 싶어 한다고 합니다. 이럴 경우, '은퇴'란 폭탄선언 같을 수밖에요. 모든 걸 다 바쳐 일했건만 더 이상 필요 없다니, 참으로 어처구니가 없습니다. 당신의 자리는 더 이상 회사에 남아 있지 않다는 걸 공식적으로 공표하는 게 '은퇴'입니다.

피해갈 수 없는
우리 앞의
진실

주로 직장에서 시간을 보낸 중년 남성들이 은퇴를 하면 많은 어려움을 겪는다고 합니다. 익숙하지 않은 일에 익숙해져야 하는 낯선 시간 앞에서 삶에 대한 회의가 일기도 하겠지요.

나이가 든 것입니다. 회의가 밀려옵니다. 마치 수명이 닳아 제역할을 못해 버려진 건전지 같은 생각이 들겠지요. 그동안 일만 했으니 이제 쉬어도 된다고 아무리 위로의 말을 건네도 대부분의 은퇴자들은 자신의 체력과 능력에 대해 재평가해주길 바랍니다. 이미 은퇴했거나 은퇴를 앞둔 사람들 대다수가 '은퇴연령이 너무 이르다'고 답한 조사결과를 보았습니다. 기업에서는 50대가 되면 원하지 않은 은퇴를 해야 한다니 걱정이 이만저만 아닙니다. 자녀교육도 마치지 못했고 노후설계 또한 제대로 준비되지 않은 상태에서 하는 은퇴란 어떤 결과를 가져올지 빤한 일이니까요. 제일 큰 문제는 경제적 어려움입니다. 재취업을 한다고 해도 여간 어려운 일이 아니지요.

대기업에 다니다 50대 초반에 은퇴를 하게 된 지인은 자녀교육이 끝나지 않은 상태였습니다. 재취업을 하려고 7개월 동안 기업에 이력서를 백 군데 넣었는데 한 곳에서 불러주었다고 합니다. 영업책임자로서 그것도 영업실적에 따라 보수를 받을 수 있는 곳이었지만 거절하지 않았다고 합니다. 집에 들어앉아 있는 자신을 불러주었다는 사실에 20대 입사 때보다 더 기뻤다고 하는군요. 회사 경영상태가 좋지 않아 월급을 제때 받지 못했지만 아침이면 출근할 곳이 있어 다행이라고 합니다.

해고를 당했으나 아내에게 말도 못하고 아침마다 집을 나서 도서관이나 공원을 돌며 한숨만 폭폭 쉬는 젊은 가장의 이야기가 한때 유행이었습니다. 아서 밀러의 극영화 〈어느 세일즈맨의 죽음〉에서 주인공 윌리 로먼도 다르지 않았지요. 직장으로부터 해고를 당했지만 매일 아침 출근을 하고, 친구에게 돈을 빌려 집 할부금과 생활비를 아내에게 주는 윌리 로먼은 이 시대 아버지의 초상이라고 할 수도 있겠습니다.

무너진
일상과
마주한다는 것

실제로 많은 직장인들이 은퇴 이후 경제적 어려움을 겪고 있지요. 최근 한 기관에서 발표한 연구 결과를 보면, 은퇴 후 부부 갈등의 원인은 '경제적 문제'에서 비롯된 경우가 많고 대부분 가장들이 때 이른 은퇴로 예기치 않은 어려움을 겪고 있다고 합니다. 그 것뿐 아닙니다. 직장에서 긴 시간을 보내다 돌아온 수많은 가장들이 은퇴 후 가정에 적응을 못해 어려움을 겪는다지요.

요즘 아이들은 아빠의 얼굴을 잊어버렸다는 우스갯소리를 듣게 됩니다. 이른 아침 출근했다 밤늦게 돌아오는 아빠의 얼굴을 볼 수 없다는 것이지요. 참 슬픈 현실입니다. 새벽에 나가 밤늦게 집에 들어오니 아이들과는 밥상머리에서 얼굴 보기 힘든 세상이 되었습니다. 아빠, 아이 모두 '그렇게 사는 거지 뭐'라고 체념해버린 것은 아닐까요? 많은 가족들이 그렇게 살아가니 그것을 당연시하는 건 아닌지 모르겠습니다. 그렇게 자란 아이들은 또 그런 아이들을 키워내겠지요. 설령 그런 아빠의 모습에 진저리가 난 아이들이라면 아빠 되기가 두려울 것도 같습니다.

그런데 아빠라고 그런 삶을 살고 싶었을까요? 아내와 아이들과 많은 시간을 보내고 싶었지만 그럴 수가 없었겠지요. 가족의 생계를 책임진 가장이란 가족의 안위 때문에 직장생활을 소홀히 할 수가 없습니다.

이 세상 수많은 가장, 아버지는 상사의 잔소리와 모욕을 잘 견디는 유전인자를 가지고 있습니다. 짐을 한 가득 싣고도 뜨거운 사막을 뚜벅뚜벅 걸어가는 낙타처럼 말이지요. 그렇게 걷느라 자신을 위해 아무것도 하지 못한 아버지들입니다. 이 세상 모든 아버지가 자신의 꿈을 찾으려고 하던 일손을 놓는다면 가정이 그리 순탄치는 않았을 테지요. 가장이 되어 그 몫을 다하려고 직장에서 등이 다 굽은 아버지가 은퇴해 돌아오지만 가족 모두 아버지가 새롭습니다. 익숙지 않은 일상이 시작됩니다. 많은 시간을 직장에서 보냈던 남편과 하루 종일 함께 있게 된 아내 또한 쉽게 적응이 되지 않습니다. 자신만의 공간을 침해당한 것만도 불편한데 남편의 잔소리에 신경쇠약이 걸릴 것 같다고도 합니다.

낯설음을
끌어안기

영화 〈하얀 손가락〉은 은퇴 후 소파와 침대에 누워 신문과 텔레비전 리모컨을 손에서 놓지 않고, 하루 세 끼 집밥을 먹으며, 양념으로 아내에게 잔소리까지 늘어놓는 은퇴한 남편과 그 아내에 관한 이야기입니다. 식물을 가꾸고 집안 살림을 열심히 해온 그의 아내는 은퇴 후 집에만 틀어박혀 지내는 남편이 미워 죽을 지경입니다. 그 미움이 날로 커지자 아내는 몰래 남편의 칫솔로 변기를 닦아 꽂아 두고, 허브를 이용해 골탕을 먹이지요.

직장에서 일만 하다 집에 가 쉬라고 해서 돌아오니 아무것도 할 수 없고 또한 환영받지 못하니 참으로 난감한 아버지들입니다. 은퇴 후 이런 상황을 맞닥뜨린 남자, 미국의 슈미트 씨를 만나볼까요?

보험회사에 다니던 슈미트 씨는 한눈팔지 않고 성실히 일해온 가장으로 여느 아버지처럼 은퇴를 하게 되었습니다. 열심히 일만 하느라 아내에게 그리 다정하지 못했고 하나 있는 딸과의 관계 또한 원만하지 않습니다. 그런 그가 직장동료와 아내가 마련해준 은퇴식을 맞아 멀리 사는 딸로부터 축하전화도 받았고 동료들로부터 칭찬도 받았습니다. 이렇게 슈미트 씨의 제2의 인생이 시작되었지요.

그런데 웬 날벼락인가요. 아내가 죽는 예기치 못한 위기를 맞게 됩니다. 살갑게 대해주지 못한 아내에 대한 미안함, 아내 없는 쓸쓸함을 뼈저리게 느끼며 아내의 유품을 정리하는 슈미트 씨, 직장동료와 주고받은 아내의 연애편지를 발견하며 분노합니다.

술에 의지해 살아가는 슈미트 씨의 삶이 뒤죽박죽 되어갑니다. 그러던 어느 날, 그는 캠핑카를 타고 자신만의 삶을 살아보기로 합니다. 딸의 결혼식 참석을 구실 삼아 떠난 여행길, 딸은 아내의 죽음이 아버지의 탓인 양 비난하며 냉소적입니다. 어디 그뿐인가요. 예비사위는 영업실적도 형편없는 물침대외판원이라니, 슈미트 씨의 속이 여간 상한 게 아닙니다. 그런 슈미트 씨의 마음을 알아챘을까요? 안사돈의 친절에 슈미트 씨의 마음이 조금 누그러지며 딸의 결혼식을 무사히 마치고 여행에서 돌아옵니다.

그의 유일한 즐거움은 구호단체를 통해 알게 된 탄자니아 소년 엔두구에게 편지를 쓰는 일입니다. 전쟁고아로 영양실조에 걸려 시력을 잃어가고 있는 엔두구에게 후원금을 보내고 편지를 쓰는 그의 마음이 따뜻해집니다. 어린 엔두구가 보내온 편지를 읽고 또 읽는 슈미트 씨, 편지 속 깡마른 소년의 손을 잡고 서 있는 한 남자를 바라보는 그의 표정이 몹시 행복해 보입니다.

이제,
또 다른
시작이에요

어찌 보면 슈미트 씨는 별 탈 없이 직장생활을 마치고 화려하게 은퇴까지 했으니 잘 살아온 것처럼 보입니다. 그런데 그는 은퇴 후 소통하며 함께 해줄 만한 친구 하나 남아 있지 않았습니다. 철석같이 믿고 있던 아내는 몰래 외도를 했고, 하나밖에 없는 딸은 냉소적이라는 걸 보면, 슈미트 씨가 가정에 그리 충실한 건 아니었나 봅니다. 오직 직장에만 매달려 살았을까요? 그러다 집으로 돌아왔지만 그 무엇 하나 자신의 편은 없고 혼자 할 수 있는 일이라고는 아무것도 없습니다.

영화는 슈미트 씨의 평범한 일상을 통해 묻고 있습니다.

"잘 살아왔니? 앞으로 어떻게 살 거야?"라고 말이지요. 슈미트 씨는 여행 후에야 그 사실을 깨달은 것 같습니다. 그가 아프리카

소년 엔두구의 손을 잡았으니 참으로 다행입니다. 영화는 코믹하지만 결코 웃기만 할 수 없습니다. 희극 안에 감춰진 비극성을 감출 수는 없으니까요. 그 비극성을 진정한 희극으로, 유쾌한 시작으로 바꾸려는 남자, 슈미트 씨를 사랑하지 않을 수 없습니다. 그 출발에서 아프리카 작은 소년이 말합니다.

"슈미트 씨, 이제 시작이에요."

은퇴는 또 다른 삶의 시작이란 게 사실입니다. 무얼 하든 무얼 원하든 주저하지 말고 적극적으로 나서야겠습니다. 숨 가쁘게 달려왔다면 이제 숨을 고를 시간이 온 것입니다.

 영화를 보는 몇 개의 시선

1 · 가족과 일 사이, 어떻게 살아야 이상적인 삶을 살 수 있을까요?
2 · 은퇴 후 삶을 구체적으로 어떻게 설계해야 후회하지 않을까요?
3 · 노후설계는 한 개인만의 책임일까요? 은퇴자를 위한 사회적 장치란 무엇이 있는지 알아보도록 해요.

세상의 모든 계절(Another Year, 2010)
감독_ 마이크 리

삶은 늘 겨울 같지 않아

    나는 지금 어디쯤에 있는 걸까요? 우리는 무엇으로 삶을 채우고 있을까요? 계절이 바뀌듯 우리의 삶 또한 다양한 변화 속에 있습니다. 봄처럼 따뜻하고 희망에 차 있는 계절이 있는가 하면, 여름의 활기참, 가을 같은 풍성함과 고요, 겨울의 쇠락, 우리 삶과 다르지 않습니다. 그 평범한 진리를 60대 부부의 삶을 통해 보여주는 영화 〈세상의 모든 계절〉은 우리 삶의 진정성에 대해 묻고 있습니다.

삶이
겨울에
접어들었을 때

톰과 제리는 육십에 접어든 부부입니다. 지질학자인 톰, 병원 심리치료사인 제리는 집안일을 함께하고 주말이면 농장에 나가 일하는 금실 좋은 부부입니다. 게다가 착한 변호사 아들 조와 평온한 삶을 살아가지요. 지인들과의 관계도 아주 원만합니다. 부부는 지인들을 초대해 식사와 차를 나누는 즐거움도 누리는 중입니다. 제리의 20년지기 직장동료인 메리는 수다쟁이로 때론 이해할 수 없는 행동으로 상대방을 당황케 하지요. 결혼에 두 번 실패했지만, 몸매에는 자신감이 넘쳐 치장하는 것에 열중하고, 멋진 남자가 있으면 유혹하는 눈길을 먼저 보내는 데 적극적입니다.

이혼 후 과식과 과음으로 몸이 불어 외로움과 우울증에 시달리며 힘들게 살고 있는 톰의 친구 켄, 아내를 떠나보낸 후 혼자 남게 된 톰의 형 로니, 고삐 풀린 망아지 같은 그의 아들 칼, 활달한 조의 여자 친구 케이티 등 다양한 인물들이 톰과 제리 부부와 관계를 맺고 있습니다.

톰과 제리 부부는 이혼으로 상처가 많은 메리를 감싸고 대화상대가 되어줍니다. 가난한 메리는 삶이 늘 불안하지만 톰과 제리를 만나면 행복해집니다. 그런데 톰과 제리의 아들 조가 여자 친구를 데려오는 순간 메리의 눈빛이 싸늘합니다. 아들 여자 친구에게 무례하게 대하는 메리의 행동에 톰과 제리가 당황합니다. 가족처럼 대해준 메리가 아들 조에게 연정을 품고 있었다는 사실을 확인하는 순간, 부부는 메리를 멀리합니다.

겨울의 초입, 톰과 제리가 농장의 겨울준비를 마치고 돌아오던 날, 반갑지 않은 손님 메리가 잎을 다 떨군 겨울나무처럼 벌벌 떨며 찾아왔습니다. 어쩔 수 없다는 듯 집으로 받아들이는 톰과 제리, 때마침 아들이 여자 친구를 초대한 날입니다. 메리가 울음을 터뜨리며 제리를 끌어안고 그간의 일을 사과합니다.

식사가 진행되고 가족 간 즐거운 대화가 오가는 동안, 메리의 눈빛이 그들 사이를 방황합니다.

누군가의
행복을
선망하기보다는…

"내가 관심 있는 것은 바로, 각양각색의 방식으로 살아가는 온갖 다양한 사람들을 보여주는 것이다"라고 했던 감독의 말처럼 영화는 톰과 제리의 삶과 계절을 통해 관계를 맺고 있는 인물 간의 소통을 보여주고 있습니다.

톰과 제리는 참으로 평온한 노후를 보내고 있지요. 친절하고 상냥하며 따뜻한 사람들입니다. 누구나 부러워할 수 있는 그런 삶을 살고 있습니다. 둘 다 안정된 직업이 있고, 주말엔 채마밭을 오가며 유기농채소를 가꾸어 먹습니다. 어디 그뿐인가요. 자식이 있고, 가끔씩 지인을 초대해 따끈한 차와 음식을 나누는 모범적인 부부입니다. 한마디로 부러울 게 없는 가정이지요. 그들과 관계하는 사람들은 그들의 평화로운 삶에 기대어 변화를 꾀하려는 경우도 있을 것입니다.

그러나 영화는 인간의 보편적 삶에 무게를 두고 있지요. 톰과 제리 부부는 그저 주변 사람들을 부담이 되지 않은 거리에 두고 동정과 연민으로 받아주는 그런 수준입니다. 평온한 일상에 예기치 못한 일이 생길 경우, 무섭게 변하지요. 이모같이 예뻐하는 줄만 알았던 메리가 아들에게 연정을 품고 있었다는 사실을 알았을 때, 톰과 제리의 표정이 차갑게 일그러지는 걸 보면 알 수 있습니다. 그렇다고 톰과 제리를 나쁘다고 욕할 수도 없습니다. 어쩌면 바로 우리의 모습이기도 하니까요.

인간은 본능적으로 자신의 권리나 이익이 침해당했을 때 분노하기 마련입니다. 그러니 굳이 톰과 제리를 비난할 수만은 없습니다. 톰과 제리는 상처투성이 메리를 아껴주고 도와주었는데 아들에게 연정을 품었다니 참 어이가 없었겠지요. 메리에게 따스한 봄날 같던 부부는 자신의 행복을 깨트리는 자는 절대 용서할 수 없다는 듯 차갑게 메리를 내치게 됩니다.

관계라는 게 참 그렇습니다. 자신에게 해가 되는 관계를 지속하려는 경우는 흔치 않지요. 그렇다고 항상 손익을 따져가며 관계를 맺는다는 것 또한 삭막하기 그지없습니다. 조금 실수해도 너그럽게 보아주고 웃어주는 그런 관계도 살아가는 데는 필요합니다.

인생이란 미완성의 연속이니만큼, 어떤 관계가 옳고 어떤 관계가 그르다고 말하기에는 좀 무리가 있습니다. 타인의 삶을 섣불리 재단하고 판단하는 것 또한 유의해야겠지요. 타인과의 관계란 벽이 되기도 하고 울타리가 되기도 합니다. 메리에게 연민을 보내는 톰과 제리 부부도 딱 거기까지입니다. 차와 식사를 나누고 얘기를 들어주지만 궁극적으로 메리의 삶에 대한 책임은 지지 않지요. 그러니 메리 또한 언제까지 톰과 제리 부부에게 의지해 자신의 외로움을 덜어낼 수는 없습니다. 그렇다면 톰과 제리 곁을 떠나는 메리는 자신의 삶을 변화시킬 수 있을까요? 그동안 메리는 자신의 불행이 남의 탓인 양 투덜거리며 주변 사람들에게 의지해 살아온 것 같습니다. 늘 남이 나를 바라봐주기 원하는 사람입니다. 그런데 톰과 제리 부부의 태도를 통해 마침내 혼자임을 깨닫게 되었을 테지요. 무언가를 깨닫는 데는 아픔이 수반되기 마련입니다. 자신의 민낯과 마주하게 되었을 때에야 비로소 변화가 시작되지요. 행복한 사람들 곁에 있다고 자신이 행복해질 것이라는 생각은 큰 착각입니다. 누군가의 행복은 그들의 것이지 자신의 것은 아니니까요.

살아가면서 80%는 인간관계로 인해 스트레스를 받는다고 합니다. 『습관을 바꾸는 심리학』의 저자 이토 아키라 박사는 좋은 관계를 유지하기란 쉽지 않지만 기본 원칙만 지키면 된다는군요. 그 기본 원칙 중 가장 마음에 남는 조언은 '함부로 단정 짓는 습관을 버리라는 것'입니다. 누구나 불완전한 삶을 살아가니 누군가를 재단한다는 것 자체가 매우 위험합니다.

톰과 제리가 메리에게 좀 더 너그러울 수는 없었을까요? 채마밭을 가꾸고 식물을 돌보는 부부였지만 자신의 평온한 삶을 흔드는 거친 바람은 절대 용납할 수 없다는 차갑고 단호한 표정에 아쉬움이 남습니다. 어쩌면 메리는 이모가 조카를 아끼고 사랑하는 마음에 연정을 살짝 얹고 있었는지도 모릅니다. 누구나 사랑하는 감정은 가져볼 수 있으니까요. 아들 조에 대해 어떤 행동을 취한 것도 아니었는데 메리를 내친 걸 보면 완벽해 보였던 부부도 결국 평범한 소시민이었다는 것입니다.

계절이 바뀌듯, 삶은 또다시 흘러간다

"어떤 사람들은 살기 좋은 삶의 구조를 만들어내는 데 능하다. 반면에 대부분 사람들은 살기 힘든 삶의 구조를 형성하며, 그 속에서 관계를 맺는다. 즉, 어떤 이들은 자신의 요구에 맞게 관계를 갖는 게 가능하지만, 우리 모두가 그런 능력을 가진 것은 아니다." 감독의 말에 기대어 본다면, 어쩌면 메리를 포함한 보통 사람들은 모든 관계에 있어 그리 원만하지 않다는 것입니다.

인간이 '사회적 동물'이라는 말은, 인간이란 사회관계망 안에서 살아갈 수밖에 없음을 의미합니다. 아름답게 늙어가는 60대 부부, 톰과 제리의 평온한 삶이 행복해 보이지만 그 이면에는 불온한 욕망과 이기심이 도사리고 있다는 사실까지를 감독은 놓치지 않았습니다.

영화적 서사뿐 아니라 우리 살아가는 모습이 다 그렇습니다. 계절과 같이 삶이란 변화 속에서 유유히 흘러가니까요. 겨울 폭풍 속을 걸어가지만 따뜻한 봄바람이 불어올 것입니다. 그 믿음만 있다면 삶이 그리 두렵지 않을 테지요.

'인생이란 게 항상 친절하지만은 않아'라는 영화 대사처럼 우리 삶이란 계절의 변화만큼이나 다양한 일을 겪으며 관계 속에서 살 수밖에 없다는 노장 감독의 삶에 대한 철학과 마주하며, 무엇보다 세상의 모든 계절 안에 모든 삶이 녹아 흘러간다는 평범한 진리를 다시 한 번 깨닫습니다. 삶이란 봄과 여름, 가을을 지나 겨울을 맞는다 해도 반드시 또 봄이 온다는 사실을 메리의 뒷모습에서 만났습니다.

계절의 순환 속에서 봄이 온다는 것은 진리이지요. 우리의 삶 또한 그런 계절과 다르지 않습니다. 평탄한 길을 걸을 수만은 없으니까요. 평범한 삶을 꿈꾸는 일, 그리 어렵지 않아 보입니다. 소소한 일상 안에서 이웃들과 마주하는 삶. '함께하는 시간만큼 책임이 있다'고 한 생텍쥐페리의 말을 마음에 담아두어야겠습니다.

 영화를 보는 몇 개의 시선

1 · '세상의 모든 계절'이 '세상의 모든 삶'으로 읽히는 건 왜일까요? 계절의 순환과 인간의 삶은 어떤 공통점이 있을까요?
2 · '인생이란 항상 친절하지만은 않다'라는 영화 대사는 무엇을 염두에 두고 한 말일까요? 이 말에 동의하나요?
3 · 행, 불행의 기준은 어디에 있을까요?
4 · 무엇이 자신의 삶에서 가장 중요한가요. 왜 그것이 중요할까요?

에필로그

| 영화 그 너머 이야기 |

주말에 함께 찰리 채플린 영화나 볼까?
우리 가족은 영화를 보며 그렇게 조금씩 성장했다!

결혼 후 자식을 낳아 부모가 되었지요. 덜컥 겁이 났어요. 그냥 홀가분하게 살 일이지 아이는 낳아가지고 웬 고민이야, 조금은 후회했습니다. 어느 날, 아이들이 원해서 세상에 나왔을까? 하고 묻게 되었지요. '책임'에 대해 새롭게 눈을 떴습니다. 부모가 되니 아이의 건강과 교육 등 챙겨야 할 게 너무 많았습니다. 두려움도 있었지요. 제대로 양육할 수 있을까. 아이가 행복감을 느끼지 못하면 어떡하지. 우리 같은 부모를 만나 후회하지는 않을까. 생각이 많았습니다. '초보엄마, 육아일기', '아이를 영재로 만드는 법' 같은 수많은 육아 교육서는 '네 양육방법은 엉터리야. 바보 만들기 딱 좋은 엄마군. 저래가지고 되겠어. 쯧쯧. 저러다 아이를 다 망칠 거야' 말이 많았지요.

댁네 자식이나 신경 쓰시죠. 남의 아이까지 신경 쓰느라, 그 댁 논두렁 터질까 염려됩니다. 참견들이 많아요. 그러거나 말거나 내 아이는 내 식으로 책임지기로 했지요. 정보에 압사당하지 않으려고 정신을 바짝 차려야 했습니다. 독서와 영화, 다양한 여행을 통해 좀 더 자유롭게 유쾌하게 살기로 마음을 먹게 되면 부모나 아이들 모두 길에 구르는 차돌이 되어갑니다. 먼지를 뒤집어써도 누군가 발로 툭툭 차대어도 그리 나쁘지 않습니다. 네 발이 아플걸! 그냥 웃어넘길 수도 있게 되지요.

이것 해라, 저것 해라. 이것도 안 했니? 저건 언제 해? 아무리 지적을 해도 도저히 개선의 여지가 없는 아이들과 전쟁을 치르는 부모들을 많이 봅니다. 맘에 드는 구석이라고는 눈을 씻고 봐도 없다는 말을 밥 먹듯 쏟아내지요. 모두 아이들을 위해서라고 합니다. 정말 그럴까요? 그 잔소리에는 부모의 욕망이 들어 있습니다. 네가 일등을 하면 내 체면이 서잖아. 네가 좋은 직장을 갖고 돈을 많이 벌면 내 어깨가 들썩거리지. 아이보다는 부모의 불온한 욕망이 아이의 의지를 꺾고 주눅 들게 하며 세상의 낙오자를 만들기도 합니다.

다 너를 위한 거야, 라는 말을 믿는 아이들이 얼마나 될까요? 아이에게 알게 모르게 상처가 되는 말을 하고 후회합니다. 아이들이 성장하면서 가장 마음에 두어야 할 것이 '말'인 것 같아요. 내가 낳은 자식에게 못 할 말이 어디 있겠냐고 하겠지만, 자식이니 더 주의를 해야 한다고 생각해요. 남에게는 예의를 지키면서도 부모와 자식 간에는, 이해해주겠지, 하면서 함부로 대하지요. 그러다 보면 상처 되는 말들이 오가고 등을 돌리기도 합니다. 남들만 못한 관계가 된 것입니다.

저희 가족에게 영화는 부부 간, 부모 자식 간에 소통을 이어주는 유용한 매개체가 되어왔습니다. 대놓고 할 수 없는 애기도 영화를 보며 서로의 마음을 읽어내게 되지요. 영화는 어떤 문제가 생겼을 때, 문제를 해결하고 갈등을 해소해주는 청량제가 되기도 했습니다. 어떻게 살아갈 것인지, 어떻게 살아야 하는지, 제대로 살고 있는지, 내 가족은 온전한지, 평정심을 잃지 않고 길을 찾아가는 데 기여하는 바가 큽니다.

삶이 버겁다는 생각이 들 때면 영화 〈인생〉이나 〈이키루〉를 보곤 합니다. 마음에 분심이 생길 때 〈카모메 식당〉, 〈바베트의 만찬〉, 〈벌이 날다〉 등을 통해 소소한 일상이 얼마나 소중한지 다시 한번 깨닫습니다. 부부 사이가 소원해질 때면 〈윈터 슬립〉이나 〈어린왕자〉를 보곤 하지요. 이런 영화는 자신의 결핍을 인정하고 상대를 새롭게 바라보는 데 유용합니다. 〈케빈에 대하여〉나 〈아무도 모른다〉는 자식을 온전히 사랑하는 법은 무엇일까, 부모가 된다는 것은 무엇인가라는 질문을 반복하게 만든 영화입니다. 나이가 들며 노후의 삶 또한 생각해볼 수밖에 없었지요. 그럴 때 〈동경가족〉

이나 〈어바웃 슈미트〉 등은 진지한 물음을 던져주었습니다.

아이들 또한 영화를 보며 세상에 대한 호기심과 관심을 넓혀갔지요. 미야자키 하야오의 애니메이션 팬인 아빠 때문에 아이들은 어려서부터 그의 작품을 즐겨 봤습니다. 그 덕에 기계문명이 결코 인간의 행복을 보장할 수 없다는 것, 자연과 환경이 인간의 일부라는 사실을 인식했습니다. 초등 고학생이 되며 〈파워 오브 원〉을 보고 한 사람의 역할이 자신과 우리 사회를 어떻게 변화시킬 수 있는지, 인간의 폭력성과 선에 대한 의지도 알아갔고요. 권력과 부를 가진 자들의 횡포 아래 사회 약자의 삶이 어떻게 무너지는지, 어떤 삶이 행복한 것인지 생각의 싹을 틔우고 키운 것 또한 영화를 통해서입니다. 주말에 한두 시간 가족이 함께 영화를 보고 대화를 나누며 부모인 저희도 성장했고, 아이들 또한 그랬지요. 영화는 힘이 아주 셉니다.

학생이 공부에 집중해야지 무슨 영화냐고 합니다. 아이들이 무슨 기계인가요? 부모는 그렇게 해보기나 했을까요? 부모가 되면 왜 잔소리꾼이 되어 종 흔들 듯 아이들을 흔들어대는 걸까요. 자식을 사랑한다면서도 자식이 주말드라마나 영화 한 편 보는 데 가자미눈을 뜨고, 이글거리는 장작불이 되어가는 부모가 많아요. 결코 아이가 행복감을 느끼지 않을 것이라 생각하면서도 현실을 운운하며 공부, 입시, 취업 공식을 무시할 수가 없지요. 부모가 조금

용감해졌으면 좋겠어요.

에이, 그깟 것이 뭐 대수냐? 얘야, 너 지금 행복하니? 공부 잘했다고 다 잘 사는 건 아니야. 바르게, 성실하게 하루하루 소소하게 평범하게 살며 행복감을 느끼는 게 필요해. 영화도 보고 만화책도 읽고 자연의 아름다움에 눈 떠가는 네 환한 얼굴을 보고 싶구나. 이렇게 말하는 부모가 될 수는 없을까요?

그렇게 말하는 부모 밑에서는 오히려 아이들은 자기 내공을 키워갑니다. 정말 그래도 되는 걸까? 스스로 자기 삶을 책임져야만 하니 생각을 많이 해야 하지요. 부모가 알아서 하라는데, 너를 믿는다는데, 너는 잘하고 있다는데, 어찌 대충대충 건성건성 할 수가 있을까요. 주인이 되어가는 것이지요. 부모가 조종하는 대로 움직이지 않으니 진중해줄 수밖에요. 그렇다고 부모가 방치하는 게 아니라 사랑하고 응원한다는 것도 알겠지요. 부모는 건강한 풀을 먹고 있는 양들 곁에서 풀피리를 불어주고 있는 양치기라는 사실을 알고 있어야겠지요.

옆집 아이는 일등을 했다던데, 대기업에 취업을 했다던데, 무엇이 되었다는데, 돈도 잘 번다던데, 어쩌고저쩌고 하는 부모는 아닌가요? 이런 소문을 머리에 가두어두지 말고 흘려버릴 수는 없을까요? 내 아이가 이웃집 아이처럼 될 수 없다는 것에 마음아파 하지 마세요. 내 아이가 이웃 아이처럼 될 수 있다고 믿는 불온한 생각이 마음에 지옥을 만들 수 있으니까요. 식물도 제 각각 얼굴이 다르듯 아이들도 역량이 다르지요. 개똥이는 어땠는데 너라고 왜 못해? 비교, 비난하고 어르며 아이를 힘들게 합니다. 싸워 이겨야 아이들의 삶이 보장되는 걸까요? 생각하기 나름이에요. 내 아이가 자장면 대신 짜짜로니를 먹으면 안 될까요.

애야, 참 애쓰는구나. 요즘 힘들지? 네가 좋아하는 수제비 해줄까? 다리 좀 쭉 펴 보거라. 벌써 등이 굽었구나. 애야, 네가 무엇이 되는 것은 중요하지 않아. 우리, 좀 느긋하게 살자. 백세인생이라는데 천천히 가도 돼. 푸성귀에 고추장 넣고 양푼에 비벼 숟가락 달그락거리며 비빔밥 먹으면 어때? 영화 한 편 보면 더 좋겠지? 주말엔 모든 걸 내려놓고 몸과 마음을 쉬게 해야 한단다. 우리 휴대폰을 꺼놓자. 아빠가 만화책 몇 권 빌려올까? 요즘 세상이 시끄러우니 찰리 채플린 영화를 볼까? 아니면 〈사운드 오브 뮤직〉은 어때? 네가 추천할래?

이런 대화가 오갈 수 있는, '가족'이라는 이름으로 한솥밥을 먹으며 사랑하고 웃을 수 있는 하루하루, 그런 일상이 되기를 바란다면 무리일까요? 영화가 우리 가족의 길잡이가 되었듯, 다른 가족에게도 도움이 되기를 기원합니다.

엄마의 영화관

1판 1쇄 펴냄 2017년 4월 10일
1판 2쇄 펴냄 2018년 3월 15일

지은이 강안

주간 김현숙 | **편집** 변효현, 김주희
디자인 이현정, 전미혜
영업 백국현, 정강석 | **관리** 김옥연

펴낸곳 궁리출판 | **펴낸이** 이갑수

등록 1999년 3월 29일 제300-2004-162호
주소 10881 경기도 파주시 회동길 325-12
전화 031-955-9818 | **팩스** 031-955-9848
홈페이지 www.kungree.com | **전자우편** kungree@kungree.com
페이스북 /kungreepress | **트위터** @kungreepress

ⓒ 궁리출판, 2017.

ISBN 978-89-5820-445-9 03370

값 15,000원